T45
.24.

BIBLIOTHÈQUE
DES MÉMOIRES

RELATIFS A L'HISTOIRE DE FRANCE

PENDANT LE 18ᵐᵉ SIÈCLE,

AVEC AVANT-PROPOS ET NOTICES,

PAR M. Fs. BARRIÈRE.

TOME II.

PARIS,
TYPOGRAPHIE DE FIRMIN DIDOT FRÈRES, RUE JACOB, 56

MÉMOIRES SECRETS

SUR

LE RÈGNE DE LOUIS XIV,

LA RÉGENCE

ET LE RÈGNE DE LOUIS XV,

PAR DUCLOS,

HISTORIOGRAPHE DE FRANCE, MEMBRE DE L'ACADÉMIE FRANÇAISE
ET DE L'ACADÉMIE DES INSCRIPTIONS ET BELLES-LETTRES.

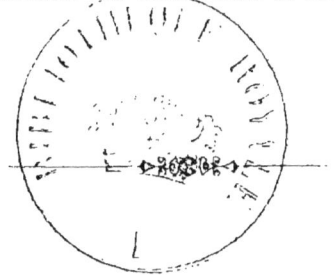

PARIS,

LIBRAIRIE DE FIRMIN DIDOT FRÈRES,
IMPRIMEURS DE L'INSTITUT,
RUE JACOB, 56.

1846.

INTRODUCTION.

Vous ne connaissez pas encore la régence. Préoccupée d'intérêts personnels, madame de Staal, dans ses charmants Mémoires, ne l'a représentée, pour ainsi dire, que de profil. L'inflexible sincérité, l'humeur indépendante, la curiosité maligne et la verve caustique de Duclos, la peindront tout entière, avec ses débats religieux toujours prêts à renaître de leurs cendres, avec sa politique sans dignité, ses malheurs domestiques, la banqueroute et *la peste,* ses prodigalités folles, ses conspirations avortées, et ses mœurs dissolues, entretenues par le système de Law.

Ce système est, à vrai dire, le grand événement de l'époque, tant il apporta de changements dans les idées, les fortunes et les habitudes en France, et surtout dans la capitale. Outre les piquants Mémoires qu'on va lire, Duclos avait commencé des Mémoires *personnels,* qui s'arrêtent malheureusement à sa jeunesse. Né en 1704, et mort âgé de soixante-huit ans, il avait vu les temps et les changements dont il parle. « Si les gens morts il y a soixante ans revenaient, dit-il dans ses Mémoires particuliers, ils ne reconnaîtraient pas Paris à l'égard de la table, des habits, des meubles et des équipages. Il n'y avait par exemple, avant le régent, de cuisiniers que dans les maisons de la première classe ; plus de la moitié de la magistrature ne se servaient que de cuisinières. Il y a trente ans qu'on n'aurait pas vu à pied, dans les rues, un homme vêtu de velours ; et M. de Caumartin, conseiller d'État, mort en 1720, a été le premier homme de robe qui en ait porté. Je me rappelle, au sujet de la modestie de la haute magistrature d'autrefois, que le président à mortier de Nesmond fut le premier qui fit mettre sur sa porte *le marbre d'hôtel.* Quand la plus haute magistrature était modeste, la finance n'aurait osé être insolente. Les financiers les plus riches jouissaient sourdement de leur opulence. J'en ai encore vu qui avaient un carrosse simple, doublé de drap brun et olive, tel que Serrefort le recommande à madame Patin dans la comédie du *Chevalier à la mode*; car les comédies et les romans déposent des mœurs du temps, sans que les auteurs en aient eu le dessein [1]. »

Ce dernier trait frappe juste, puisque la scène et le roman devinrent bientôt de la plus audacieuse licence. Tout explique l'irruption soudaine des joies les plus folles, et des passions les plus déréglées, au milieu d'une société jusqu'alors grave et contenue. L'éclat d'un long règne s'éteignait dans un couchant triste et sombre. Un monarque dévot par crainte, une cour hypocrite par obéissance et flatterie, portaient, jusqu'au milieu de la nation, la contagion de leurs scrupules et de leur ennui. Le pouvoir, en perdant sa splendeur, conservait cependant son autorité. Une vigilance ombrageuse réprimait les moindres écarts. Des générations nouvelles supportaient impatiemment le joug d'une vieillesse chagrine et déchue. La durée d'un règne trop long de quinze ans devenait presque une calamité publique. A peine affranchie de la contrainte imposée par un seul homme à son siècle, la France, d'autant plus avide de libertés et de jouissances qu'elle en avait été plus sevrée, se précipita sans retenue dans tous les excès.

Le régent en donna le signal et l'exemple. Duclos n'a ni flatté ni chargé le tableau de ses désordres. Ils eurent et devaient avoir, sur les mœurs, la plus déplorable influence. Un écrivain auquel nous n'accordons ni grande estime ni grand crédit, l'auteur des *Mémoires* supposés *du duc de Richelieu*, fait, à ce sujet même, des observations qui ne sont point sans portée. C'est le duc qui est censé parler : « Les fê-

---

[1] Œuvres complètes de Duclos, Mémoires particuliers, t. I, p. 61.

tes et les divertissements du genre le plus équivoque devinrent, dit-il, encore plus fréquents à l'arrivée du duc et de la duchesse de Lorraine, sœur du régent, qui étaient venus rendre hommage au roi à cause de leur duché de Bar. Son beau-frère (le beau-frère de qui? quel style!) les logea au Palais-Royal ainsi que la maîtresse du duc, sans que la duchesse y trouvât à redire; au contraire, elle en avait fait sa meilleure amie, tandis que le mari était le favori du duc. Ainsi les cours étrangères se mettaient à l'unisson, et venaient imiter en France celle du régent, dont les fêtes libres étaient le jeu perpétuel du cérémonial et de l'étiquette, qui contrariaient les plaisirs et les divertissements.

« Peu à peu s'introduisit en France cette fausse maxime : que les femmes devaient fermer les yeux sur les égarements de leurs maris, obligés d'avoir les mêmes attentions pour leurs femmes; et bientôt parmi les grands seigneurs on regarda, à la cour, comme une folie inconcevable de se conduire *bourgeoisement :* on disait qu'il fallait laisser cette vie commune au reste de la cour de l'ancien temps. Ces principes passaient de la cour du régent dans le reste de la France; les princes étant pervertis, la corruption se communiquait aisément; et je reconnais encore, vers le déclin de mes jours, les effets funestes de la dépravation de presque tous les ordres dans ce temps-là [1]. »

Soulavie, l'éditeur de ces prétendus Mémoires, ne dit pas bien, mais ici je crois qu'il dit vrai : chose rare! N'admirez-vous pas qu'il ait placé cette leçon de sagesse précisément dans la bouche de Richelieu, l'homme le plus immoral du siècle? Il en fut pourtant le modèle. Mille dons heureux hâtèrent, soutinrent, grandirent et prolongèrent sa célébrité. Dans sa treizième année (encore fut-ce trop tard), on le maria. Mademoiselle de Noailles, qu'il épousa, était, contre l'u-

[1] Mémoires du maréchal de Richelieu, t. II, p. 120.

sage des personnes de sa famille, acariâtre et laide : Richelieu ne le vit que trop : sa première épouse fut peut-être la seule femme de son temps *qu'il n'eut pas*, si j'ose me servir d'une expression de l'époque. Une fort curieuse lettre de madame de Maintenon raconte la présentation du jeune duc à Versailles. Il avait quatorze ans. Beau, bien fait, charmant danseur, intrépide écuyer, plein de grâce, d'esprit, de bravoure, adroit courtisan, audacieux séducteur, entreprenant ou respectueux selon le lieu, le temps, l'occurrence, adorant toutes les femmes, qui le lui rendaient toutes, il eut à la cour le plus éblouissant succès : trop de succès peut-être ! La duchesse de Bourgogne l'appelait *sa jolie poupée*. Ce jeu d'enfant pouvait déplaire au roi. Le vieux duc de Richelieu vint lui-même chercher son fils, pour le conduire à la Bastille.

Il y commença ses études. On dit qu'il entendit Virgile, et ne sut jamais le français. L'Académie fut cependant une de ses plus faciles conquêtes : il y entra à vingt-quatre ans, n'ayant jamais écrit que des billets doux. Tout entier de sa main, son discours abondait en fautes d'orthographe, mais non pas en fautes contre le bon goût. Sa réception (1720) fut presque un acte d'indépendance ; car il était assez mal avec le régent, quoique fort bien avec sa famille. Ce prince le trouvait toujours entre ses plus chères affections et lui. Richelieu, qui lui enlevait ses maîtresses, fut sur le point d'enlever ses filles : mademoiselle de Valois, de la maison d'Orléans, et mademoiselle de Charolais, de la maison de Condé, laissèrent éclater une rivalité dont le jeune duc était l'objet. Une seconde fois il fut conduit à la Bastille, non pas parce que deux princesses avaient des intrigues : on eût enfermé trop de gens ; mais pour s'être battu en plein jour, rue Saint-Thomas du Louvre, avec le comte de Gacé.

Le complot de l'étourdi Cellamare le conduisit une troisième fois à la Bastille. Ici l'affaire était plus grave. Il y allait de sa tête, et sa tête était charmante! Sacrifiant leur rivalité à son salut, les deux princesses parvinrent à dissiper l'orage. Soulavie jure (quelle garantie!) que, déguisées en femmes du commun, elles pénétraient, pour voir Richelieu, dans les cachots de la Bastille. Il est plus sûr qu'elles obtinrent pour lui la faveur de prendre chaque jour l'air, pendant une heure, sur une des tours. Généreuses, amoureuses comme des princesses, toutes les femmes qu'il avait trahies ne virent plus qu'un captif malheureux dans l'infidèle, et se rendirent en carrosse, à cette heure propice, au pied du donjon. Des fossés à la porte Saint-Antoine, circulait une longue file de voitures; et les femmes qu'elles renfermaient témoignaient à l'envi, par leurs gestes, de leurs regrets et de leur amour. On ne dit pas si les maris faisaient à pied la promenade.

Après le régent, changement de fortune et de rôle. De courtisan disgracié qu'il était, Richelieu devient ambassadeur de France à Vienne. Sa bravoure querelleuse y sert ses projets : il repousse d'un violent coup de coude l'ambassadeur d'Espagne, qui voulait pénétrer avant lui dans le cabinet de l'empereur; ou, se délassant par l'amour des soins sérieux donnés aux affaires, il compte ses bonnes fortunes au nombre de ses moyens diplomatiques [1]. Même succès à Vienne qu'à Paris, qu'à Versailles. L'ambassade en fait presque un homme d'État; la guerre doit en faire plus tard un héros. Nous le retrouverons alors : ne dépassons pas ici la limite des Mémoires tracés par Duclos sur la Régence.

Ces aventures peignent l'époque ou plutôt la jeune cour de l'époque. Ne pourrions-nous trouver un tableau de la vie monastique vers le même temps? Cette peinture est dans les Mémoires de Richelieu. La voici : une des princesses, fille du régent, en fournit encore les traits principaux.

[1] Il parvint à se faire aimer de la maîtresse même du prince Eugène, et sut, par elle, bien des secrets.

Née avec le goût des plaisirs, mademoiselle d'Orléans se jeta tout à coup dans la retraite, et devint janséniste outrée. Elle porta pourtant à l'abbaye de Chelles le goût des arts et celui des plaisirs du monde. Des troupes de musiciens, attirées par la princesse dans la sainte maison, y donnaient des concerts. Elle faisait des courses aux environs, conduite dans de brillants équipages, avec des sœurs qu'elle s'était attachées. L'abbesse, madame de Villars, ne pouvant s'opposer à cette vie mondaine, se retira. Mademoiselle d'Orléans devint abbesse de Chelles à sa place. Elle entra fort avant dès lors dans les querelles des jansénistes contre les jésuites, et prit généreusement parti pour les persécutés contre les persécuteurs. La piété méconnue, le mérite opprimé, eurent un asile assuré dans les murs de Chelles. D'où vient que la princesse ne s'y borna point aux soins d'une si noble hospitalité?

« L'abbesse de Chelles, dit Soulavie (et c'est un des passages qu'on peut croire exacts), ne s'était pas seulement occupée de jansénisme et de molinisme : elle pratiquait, dans son abbaye, toutes sortes de métiers, qu'elle se faisait apprendre par de petites ouvrières venues de Paris. Elle savait faire toutes les sortes de modes et de coiffures ; elle faisait des machines au tour, des ouvrages superbes en broderie ; elle s'amusait, avec de la poudre, à faire des fusées volantes et des feux d'artifice ; elle avait une paire de pistolets, avec lesquels, en tirant, elle faisait peur à toute sa communauté. Ses talents allaient jusqu'à faire des perruques.

« Elle avait, comme son père, l'ambition de tout savoir, et de s'occuper des sciences les plus abstraites ou les plus étrangères à son état. La physique la conduisit à la chimie ; les connaissances de la chimie la portèrent jusqu'à la science des simples : elle s'appliqua à la pharmacie ; enfin la science des remèdes la mena jusqu'à la chirurgie, qu'elle voulut apprendre par principes les instruments à la main. A sa mort, on pouvait dire qu'elle était musicienne, artiste, brodeuse, physicienne, chimiste, chirurgienne, apothicaire, théologienne et janséniste, sachant à fond toutes les parties de ces débats subtils qui avaient occupé les plus profonds esprits du dix-septième siècle. » Rien assurément de si permis ! mais une abbesse qui est modiste, qui compose de la thériaque, tire des pétards et fait des perruques, méritait bien cette digression.

Ces détails sur les mœurs nous ont forcément éloignés des faits dont Duclos parlera davantage. On doit à ses Mémoires personnels (pourquoi faut-il qu'ils soient si courts!) cette remarque, que le système et l'agiotage qu'il provoqua portèrent tout à coup la population mobile de Paris à *quatorze cent mille âmes* [1]. « On ne doit pas, dit-il, juger les idées
« de Paris au commencement du siècle par celles d'aujour-
« d'hui. Le système de Law a totalement, à cet égard, dé-
« pravé les imaginations. La révolution subite qui se fit dans
« les fortunes fut pareille dans les têtes. Le déluge de bil-
« lets de banque dont Paris fut inondé, et qu'on se procurait
« par toutes sortes de moyens, excita dans tous les esprits le
« désir de participer à ces richesses de fiction : c'était une
« frénésie. La contagion avait gagné les provinces. La chute
« du système fut, il est vrai, aussi rapide que l'avait été son
« élévation. Mais la cupidité ne disparut plus, et subsiste en-
« core. Avant ce temps, qu'on peut nommer fabuleux, les
« particuliers n'espéraient de fortune que du travail et de
« l'économie. Un bon bourgeois de Paris avec cent mille li-
« vres de bien-fonds passait pour être à son aise, et sans re-
« noncer absolument à augmenter sa fortune, en était satis-
« fait. Aujourd'hui personne ne met de bornes à ses désirs.
« On a tant vu de gens devenus subitement riches ou pau-
« vres, qu'on croit toujours tout avoir à espérer ou à crain-

[1] OEuvres complètes, t. I, p. 60.

« dre. » Qui ne croirait qu'il peint Paris en l'an 1845 ?

Tel s'était couché dans la gêne, qui se relevait millionnaire; tel autre, après avoir vendu terres, contrats, argenterie, joyaux pour se procurer des billets, mourait de faim auprès d'un monceau de papiers. Ni le rang, ni la fortune, ni le respect de soi-même et des autres, ne tenaient en garde contre ce honteux trafic. Cet ardent désir de spéculation rapprochait, comme au jeu, toutes les conditions, et faisait tolérer les plus hardies paroles. L'héritier des Condés, M. le Duc, se vantait d'avoir un grand nombre d'actions : « Toutes ces actions-là, lui répondait-on, n'en valent pas une seule de vos ancêtres. » Mot sévère ! Mais avant même qu'on fût entraîné au torrent, quand l'inexpérience permettait encore l'illusion, les amis les plus dévoués du régent n'avaient point hésité à flétrir la gigantesque opération de Law. *Monsieur*, lui disait Canillac, *je fais des billets, je les passe, et je ne les paye pas : vous m'avez volé mon système.* Peut-être ne croyait-il pas si bien dire.

Nous n'avons pas à détailler en quoi consistait ce système : M. Thiers a porté dans l'examen, dans l'exposé de cette grande opération financière, cette intelligente clarté qui est un des caractères éminents d'un si rare esprit. Quelques particularités sur Law seront moins étrangères à la nature de ces rapides introductions. Il était grand, bien fait, et d'une très-belle figure. Plus d'une galante aventure avait marqué ses premières années ; et même, pendant la régence, il ne passa point pour être mal avec la duchesse douairière de Bourbon. Plus avancé qu'on ne l'était alors dans la science des calculs, audacieux dans ses combinaisons, il était séduisant dans ses promesses ; car il ne garantissait rien moins qu'extinction de la dette, réduction d'impôts, accroissement de revenus. Comment le régent, ami du merveilleux et surtout de la dépense, eût-il éconduit le magicien dont la baguette mettait tant de biens et de trésors à ses pieds? Pour entretenir la faveur qui l'accueillit Law eut recours à de petits moyens, que Duclos même semble avoir dédaigné de noter. Le père Sébastien, mécanicien célèbre, que Fontenelle a placé dans ses éloges, ayant trouvé moyen d'élever, en quelques instants, le parterre de l'Opéra au niveau de la scène et des petites loges, on y donna des bals masqués. Jugez s'ils servaient les goûts et la licence du temps! Mais ces bals, où se précipitait toute la cour, (qui le croirait?) n'étaient éclairés qu'avec des chandelles. Law fit éclairer en bougies : ce fut un succès fou. Puis, quand pour le nommer contrôleur général, d'étranger et de calviniste qu'il était, on le fit à la fois Français et catholique, il donna cent mille francs pour aider à bâtir Saint-Roch. Les dévots applaudirent à leur tour à ce pieux emploi du système. Quelques mois plus tard, dévots et gens de cour le maudissaient; le peuple poursuivait son carrosse à coups de pierres; il quittait la France en proscrit, quoique avec des passeports du régent; et d'Argenson (il en convient lui-même dans ses Mémoires), avait, à la frontière, la maladresse de l'arrêter [1].

De cette immense déception, quels furent, en France, les résultats? Sous le côté sérieux, une expérience fâcheuse sans doute, mais enfin une expérience qui donna l'idée de ce que pouvaient être les ressources plus sagement ménagées du crédit; sous le côté plaisant, une risée générale qui s'éleva aux dépens des dupes, et surtout des nouveaux enrichis. Les écrits, le théâtre du temps, ne sont remplis que de sarcasmes contre les fortunes imprévues. *Saut merveilleux*, dit une pièce de la Foire, *d'une jeunesse qui passe de l'état de fille à celui de veuve, sans avoir été mariée; saut merveilleux d'un cocher qui passe, de son siége, dans son carrosse, sans entrer par la portière.* Laquais et grands seigneurs,

[1] Tome 1er de ce recueil.

femmes, enfants, vieillards, n'avaient-ils pas été tous également sous le charme? Que d'innocences perdues, de fois trahies, de larcins faits, de bassesses commises, de crimes tentés, pour satisfaire un moment cette ardente soif des richesses! Comment! n'arrachait-elle pas même les sages à leur modération habituelle? et Voltaire n'a-t-il pas dit, en nommant l'un d'eux :

> L'Avarice au teint blême,
> Sous *l'abbé Terrasson* calculant son système,
> Répandait à grands flots ses papiers imposteurs,
> Vidait nos coffres-forts et corrompait nos mœurs?

L'abbé Terrasson, traducteur de Diodore de Sicile, savant modeste, homme naïf et désintéressé, fit imprimer, le 21 juin 1720, une brochure qui avait pour objet de prouver que les billets de la Banque étaient bien préférables à l'argent : « leur valeur, y disait-il, est invariable. » Il avait peu le don de l'à-propos : les colporteurs, en vendant sa brochure, criaient en même temps un arrêt qui réduisait les billets à moitié. Le système qui l'avait enrichi le ruina. La fortune était pour ainsi dire venue le trouver d'elle-même. Il ne chercha point à la retenir : « Me voilà tiré d'affaire, dit-il lorsqu'il se vit « réduit au simple nécessaire. Je revivrai de peu; cela m'est « plus commode. » Puis il retourna le soir au café comme avant; car les cafés, qui servaient de rendez-vous aux gens de lettres, ne sauraient être oubliés dans la peinture de l'époque.

Les hommes qui cultivaient les sciences ou la littérature se retrouvaient de préférence dans deux cafés : celui de Procope, en face de la Comédie, qui était alors rue Saint-Germain des Prés, et celui de Gradot, sur le quai de l'École. Les habitués célèbres de ce dernier café étaient Maupertuis, Saurin, Nicole, de l'Académie des sciences; la Faye, homme, poëte, hôte ou convive aimable, et la Motte-Houdard, qui, devenu aveugle et perclus des deux jambes, se faisait porter en chaise chez Gradot, pour oublier ses maux dans des entretiens remplis d'instruction. Au café Procope (de nos jours le café Zoppi), se réunissait Boivin, qui était athée, et ne s'en cachait pas, mais qui, dans les débats religieux du temps, prenait parti pour les jésuites, ce qui le sauva; l'abbé Terrasson; Fréret, dont l'érudition profonde était singulière et hardie; le graveleux Piron, et l'abbé Desfontaines, aussi méprisé que haï.

Duclos, jeune alors, fut du petit nombre des écrivains qui se rendaient alternativement chez Gradot ou chez Procope. Aussi, quand plus tard il commença ses *Considérations sur les mœurs* par ces mots, J'ai vécu, » une femme d'esprit, posant le livre, ne put s'empêcher de dire : *Où? dans un café?* Duclos s'en défendit; mais le trait de la femme d'esprit avait frappé juste. Son style, qui n'a ni douceur, ni souplesse, ni grâce, il faut bien l'avouer; ses traits, d'une humeur moqueuse et souvent amère; ses anecdotes, quelquefois plus piquantes que vraies, semblent se ressentir un peu de ses premières habitudes. Mais dans ses écrits ou ses reparties, qui sont nombreuses et célèbres, règne une verve d'honnête homme, faite pour provoquer la confiance et l'estime. Sa probité était devenue proverbiale. Courageux dans l'amitié, avare par bienfaisance, il avait un cœur droit, un esprit caustique, un caractère élevé, sincère. Il fut un franc Breton dans ses paroles et ses attachements. Quand une commission, choisie non pour juger, mais bien pour condamner l'éloquent la Chalotais, violait, pour le perdre, les formes de la justice, Duclos, son compatriote, en réclamait hautement les droits. M. de Calonne, un des commissaires, fit paraître contre l'accusé un insidieux rapport. On le vendait publiquement aux Tuileries, un dimanche. Duclos s'y promenait ce jour-là. Un de ses amis, indigné, vint lui dire : « Le croiriez-vous? ici, aux

« Tuileries, en plein jour, voilà cet infâme rapport qui se
« vend!.... — Comme le juge! » répondit Duclos. Le mot
courut à l'instant tout Paris.

Qui le croirait? Duclos, homme d'esprit, Duclos, fils d'un
chapelier de Saint-Malo, eut la faiblesse de se laisser anoblir :
preuve qu'avec des qualités et des talents on peut avoir aussi
des travers! Mais de son temps du moins la noblesse était
ou semblait quelque chose. Sa véritable noblesse, son plus
honorable titre, c'est d'avoir été *historiographe*. Succéder
à Voltaire dans les fonctions et les devoirs d'un tel emploi,
pour un écrivain quelle illustration! Il tâcha de s'en rendre
digne en rassemblant sur la régence les documents qu'on
va voir en œuvre. Duclos a composé des *romans*, des *opéras*, une *Histoire de Louis XI*, des *Recherches sur la langue*, des *Considérations sur les mœurs :* de tant d'ouvrages,
qui, chacun pris en soi, ne sont pas sans mérite, que restera-t-il un jour?... Ses Mémoires.

F^s. Barrière.

PRÉFACE.

Aussitôt que le roi m'eut nommé historiographe, mon premier soin fut de rassembler les pièces qui m'étaient nécessaires. J'ai eu la liberté d'entrer dans les différents dépôts du ministère, et j'en ai fait usage longtemps avant d'écrire. J'ai lu une infinité de Mémoires, et les correspondances de nos ambassadeurs. J'ai comparé les pièces contradictoires, et souvent éclairci les unes par les autres. Les *Mémoires* du duc de Saint-Simon m'ont été utiles pour le matériel des faits dont il était instruit ; mais sa manie ducale, son emportement contre les princes légitimés et quelques gens en place, sont à un tel excès, qu'ils avertissent suffisamment d'être en garde contre lui. En effet, quelque vrai que soit cet écrivain, quelque désir qu'il ait de l'être, la seule manière d'envisager les faits peut les altérer. C'est ce qui arrive à cet auteur. J'ai donc contre-balancé son témoignage par des Mémoires que m'ont communiqués des hommes également instruits et nullement passionnés, par des pièces en original. J'ai conversé avec plusieurs de ceux qui ont eu part aux affaires. J'ai tiré de grands secours de la domesticité intime, composée de sujets dont la plupart ont eu la même éducation que les seigneurs, et sont d'autant plus à portée de voir ce qui se passe, que, témoins assidus et en silence, ils n'en observent que mieux ceux qui agissent. J'indiquerai mes sources lorsque le temps et les circonstances le permettront.

J'ai connu personnellement la plupart de ceux dont j'aurai à parler ; j'ai vécu avec plusieurs d'entre eux, et, n'ayant jamais joué de rôle, je puis juger les acteurs.

Je ne me propose pas d'écrire une histoire générale ; celle qui embrasserait toutes les parties du gouvernement ne pourrait être l'ouvrage d'un seul écrivain. La politique, la guerre, la finance, exigeraient chacune une histoire particulière, et un écrivain qui eût fait son objet capital de l'étude de sa matière. L'article de la finance serait peut-être le point d'histoire qu'il serait le plus important d'éclaircir, pour en découvrir les vrais principes. Ceux de la politique dépendent des temps, des circonstances, des intérêts relatifs et variables des différentes puissances. Qu'un négociateur ait l'esprit juste, pénétrant, exercé aux affaires; qu'il soit attentif, prudent, patient ou actif, ferme ou flexible suivant les occasions, sans humeur, et surtout connu par sa droiture; je réponds qu'un négociateur, doué de ces qualités, et qu'on trouve quand on le cherche, n'a pas besoin d'avoir pâli sur les livres. Il lui suffit de bien connaître l'état actuel des affaires, et plutôt ce qui est que ce qui a été. D'ailleurs plusieurs négociations imprimées peuvent, jusqu'à un certain point, servir de premiers guides, et préparer l'expérience. Le seul principe toujours subsistant dans toute négociation est de savoir montrer à ceux avec qui nous avons à traiter que leur intérêt s'accorde avec le nôtre.

Quant à l'art de la guerre, l'homme qui en a le génie n'a besoin pour la faire que de l'avoir faite. Ce n'a guère été l'expérience qui a manqué à nos mauvais généraux, mais le talent et l'application. Il ne me convient pas de prononcer sur un métier que je n'ai pas fait; mais j'ai souvent entendu traiter cette matière par les officiers généraux les plus estimés. Tous prétendaient que dans un assez petit nombre de Mémoires imprimés, on trouve les secours nécessaires pour toute la théorie possible.

Il n'en est pas ainsi de la science économique d'un État, de l'administration des finances, partie du gouvernement plus ou moins imparfaite chez les différentes nations, et qui n'est chez aucune au point de perfection où l'on voit, où l'on sent du moins qu'elle pourrait atteindre. Il serait d'autant plus utile d'en rechercher les principes, pour les consigner dans l'histoire, que la finance est, dit-on, le nerf de toutes les opérations civiles et militaires : axiome incontestable, si, par la finance d'un État, on entend l'art de procurer l'opulence nationale, qui exclut également la misère commune et le luxe particulier, l'épuisement des peuples et l'engorgement des richesses dans la moins nombreuse partie de la nation; l'art enfin d'opérer une circulation prompte et facile, qui ferait refluer dans le peuple la totalité de l'argent qu'on y aurait puisé. Il n'y a donc eu jusqu'ici que des financiers, et nulle finance dans l'État.

Les historiens de tous les pays et de tous les âges ne nous apprennent rien à cet égard. Ils nous parlent de séditions, de révoltes à l'occasion des impôts, mais ils ne nous mettent pas en état de juger si c'était par la surcharge seule, ou, ce qui est plus vraisemblable, par une administration vicieuse. Mézeray, qui s'élève souvent contre les financiers, instruit des maux passés, témoin des maux présents, criait avec les malheureux contre leurs oppresseurs; mais il ne révèle pas le secret de leurs crimes. Pourquoi? C'est qu'il l'ignorait, et n'était pas plus en état de s'en instruire, que ne l'avaient été les historiens antérieurs. Je me suis trouvé, en écrivant l'histoire d'un règne, dans la même disette de monuments.

Des politiques ont développé leurs négociations; des guerriers ont laissé des Mémoires et des ouvrages didactiques. Quels financiers estiment assez sincèrement leurs opérations pour faire gloire de les publier? Leurs Mémoires ne donneraient pas sans doute les vrais principes d'une finance d'État, mais ils feraient connaître les erreurs qu'on doit éviter. C'est ainsi qu'avant d'élever un édifice, il faut nettoyer l'emplacement de tout ce qui peut embarrasser la construction. Ce n'est pas qu'il n'y ait eu dans tous les temps des financiers estimables, qui, n'étant pas en état ou en droit de tracer la vraie route, suivent, le plus honnêtement qu'ils peuvent, les voies tortueuses où on les fait entrer, et laissent leurs stupides confrères admirer ce qu'ils appellent une belle machine. Le secret de la finance est couvert d'un voile que chaque intéressé s'efforce d'épaissir. Depuis quelques années, la philosophie se portait sur cet objet intéressant; le voile allait se déchirer; ceux qu'il couvre étaient déjà dans la consternation, lorsqu'à une occasion dont je parlerai, on intercepta la lumière. On a renouvelé ce que Julien imagina, dit-on, contre les chrétiens, en fermant leurs écoles. Tout ministre assez présomptueux pour méconnaître son ignorance, ou qui craint de la manifester en cherchant à s'instruire, veut tenir le peuple dans les ténèbres, et ne veut avoir que des aveugles pour témoins de ses démarches. S'il a des lumières, et qu'il ait intérêt d'en abuser, il les redoute dans les autres : on couvre les yeux de ceux que l'on condamne à tourner la meule. Les gens en place savent que le plus audacieux dans son despotisme est tôt ou tard forcé de subir la loi d'un peuple éclairé. Cet esprit de servitude qu'on veut inspirer à une nation n'est pas la moindre cause de la dépravation des mœurs ; et les mœurs, une fois corrompues, fortifient ensuite le despotisme qui les a fait naître ou favorisées. Tout amour de la gloire s'éteint, et fait place au désir des richesses, qui procurent le seul bonheur dont on jouisse dans l'avilissement. Nos aïeux aspiraient à la gloire, bien ou mal entendue ; ce n'était pas, si l'on veut, le siècle des lumières ; mais c'était celui de l'honneur. On ne s'intrigue aujourd'hui que pour l'argent. Les vrais ambitieux deviennent rares. On recherche des places où l'on ne se flatte pas même de se maintenir ; mais l'opulence qu'elles auront procurée consolera de la disgrâce. Les exemples en sont assez communs.

Si l'histoire que j'écris n'est ni militaire, ni politique, ni économique, du moins dans le sens que je conçois pour ces différentes parties, on me demandera quelle est donc celle que je me propose d'écrire. C'est l'histoire des hommes et des mœurs. Je rapporterai sans doute, dans tous les genres, les principaux faits qui me serviront de base ; j'en rechercherai les causes, et j'espère en développer quelques-unes d'assez ignorées. Je m'arrête peu sur ces événements, qui se ressemblent dans tous les âges, qui frappent si vivement les auteurs et leurs contemporains, et deviennent si indifférents pour la génération suivante. Au moral comme au physique, tout s'affaiblit et disparait dans l'éloignement. Mais l'histoire de l'humanité intéresse dans tous les temps, parce que les hommes sont toujours les mêmes. Cet intérêt est indépendant des personnages et des époques. Si je rapporte quelques faits peu importants par eux-mêmes, le lecteur jugera bientôt que ces faits particuliers font mieux connaitre l'esprit d'une nation et les hommes que j'aurai à peindre, que ne le feraient des détails de siéges et de batailles.

On dit ordinairement que l'histoire ne doit paraître que longtemps après la mort de ceux dont elle parle ; autrement on craint que l'écrivain n'ait pas eu les moyens de s'instruire, ou n'ait trahi la vérité par égard pour ceux qui existent encore, ou pour leur famille. J'ai prévenu la première de ces craintes en rendant compte des secours que j'ai eus, et des soins que j'ai pris. La lecture seule de mon ouvrage dissipera pleinement la seconde.

Je pense, au contraire, que l'histoire, pour être utile, ne saurait paraître trop tôt. Il serait à désirer que ceux qui ont eu part au gouvernement pussent entendre d'avance la voix de la postérité subir la justice historique, recueillir l'éloge ou le blâme qu'ils méritent[1], apprécier les louanges infectes de leurs adulateurs, connaître les vrais jugements du public, se voir enfin tels qu'ils sont dans le miroir de l'histoire.

On m'a souvent pressé de donner quelques morceaux du règne présent. J'ai toujours répondu que je ne voulais ni me perdre par la vérité, ni m'avilir par l'adulation; mais je n'en remplis pas moins mon emploi. Si je ne puis parler à mes contemporains, j'apprendrai aux fils ce qu'étaient leurs pères. De quelle utilité peuvent être des exemples bons ou mauvais pris de l'antiquité? Mais un fils qui voit la justice prompte qu'on rend à son père s'efforce de mériter le même éloge, ou craint d'encourir un pareil blâme. Averti par des faits récents, il peut être touché de l'honneur ou de la honte que sa mémoire répandra bientôt sur ses enfants. Il se dira quelquefois : On écrit actuellement, et le public, une partie de mes contemporains, ne tardera pas à me juger ; peut-être moi-même en serai-je témoin.

L'intérêt qu'on prend à des ancêtres reculés de plusieurs siècles est d'une tout autre nature. On se glorifie avec raison de descendre d'un grand homme, mais on ne rougit pas d'avoir pour auteur de sa race un fameux fléau de l'humanité. Le grand objet est de venir de loin. J'ai entendu des bourgeois de Paris, excellents citoyens, très-attachés à la monarchie, se faire honneur de descendre de quelques-uns des *Seize* de la Ligue, qui furent pendus. Ils ne pouvaient se flatter de prouver par là que l'ancienneté de leur bourgeoisie. Il y a encore sur cet article une singularité assez bizarre: la plupart des hommes aimeraient mieux pour auteurs un illustre et heureux brigand, qu'un homme uniquement connu par sa vertu. Ils préféreraient Attila à Socrate. Il semble que le temple de la gloire ait été élevé par des lâches qui n'y placent que ceux qu'ils craignent.

Mes réflexions m'ont donc convaincu que si l'histoire doit être écrite après des recherches exactes et une discussion impartiale, elle ne peut

---

[1] *Præcipuum munus annalium, ne virtutes sileantur, utque pravis dictis factisque ex posteritate et infamia metus sit.* TACITE.

aussi paraître trop tôt. La vérité ne pouvant parler aux grands que par la voix de l'histoire, qu'elle la fasse donc entendre quand elle doit faire le plus d'impression.

Quoique bien des gens prétendent jouer un rôle dans le monde, il y en a peu qui se survivent, et les *noms d'histoire* ne sont pas communs. Ceux qui ont bien mérité de la patrie, et ceux qui l'ont desservie ou en ont corrompu les mœurs, sont également du ressort de l'histoire. Les premiers ont droit d'y occuper une place honorable; les autres, grands ou petits, doivent en subir la justice. Persuadé qu'on ne doit punir que pour l'exemple, révéler les fautes que pour en prévenir de pareilles, je ne tirerai point de l'oubli des faits isolés, sans conséquence pour l'État, et dont tout le fruit serait de mortifier gratuitement une famille. Mais je montrerai, quels qu'ils soient, les coupables envers la nation. D'après ce plan, je parlerai de subalternes qui ont influé dans les affaires. L'éclat de leur opulence actuelle et de leurs titres usurpés servira à porter la lumière dans l'obscurité primitive, où ils fabriquaient les ressorts de leur fortune et des malheurs de l'État, sans prévoir qu'ils dussent jamais comparaître au tribunal de l'histoire. Ce sont les cadavres des criminels que l'on expose à la vue des scélérats de leur espèce.

Comme il y a souvent plus à blâmer qu'à louer dans la plupart des hommes, un historien fidèle peut aisément être soupçonné de satire. Mon caractère en est fort éloigné. Ceux qui m'auront connu (et peut-être y en aura-t-il encore beaucoup quand mon ouvrage paraîtra) attesteront ma probité, ma franchise, et j'ose dire la bonté de mon cœur. Je n'ai point eu d'ennemi qui ne le fût par son propre vice, et la réputation de mes amis pourra cautionner la mienne. Ma façon de penser, de parler et d'écrire, était assez publique, lorsqu'on m'a confié la fonction d'historiographe. On savait que je n'étais pas un écrivain servile, et quelques gens m'accusaient du contraire. Je demanderais pardon au lecteur de ce que je dis de moi, s'il n'y avait pas des circonstances (et celle-ci en est une) où il est permis et même de devoir de se rendre une justice aussi libre qu'exacte. Si l'on trouve quelques-uns de mes jugements trop sévères, qu'on examine les faits et qu'on juge soi-même. On remarquera quelquefois dans ces Mémoires l'indignation d'un citoyen, et je ne prétends pas la dissimuler ; mais tout lecteur désintéressé ne m'accusera jamais de partialité ni d'injustice. Il sentira avec quelle satisfaction je rapporte une action louable, et combien je suis affligé de n'en pas avoir des occasions plus fréquentes.

Je n'ai cherché que la vérité ; je ne la trahirai point ; je n'ai jamais pensé qu'en me chargeant d'écrire une histoire, on m'ait pris pour l'organe du mensonge. En tout cas, on se serait fort trompé.

MÉMOIRES SECRETS

SUR

LE RÈGNE DE LOUIS XIV,

LA RÉGENCE,

ET LE RÈGNE DE LOUIS XV.

RÈGNE DE LOUIS XIV.

L'histoire du règne de Louis XV commence presque à la naissance de ce prince, né le 15 février 1710 ; il parvint à la couronne le 1er septembre 1715, à l'âge de cinq ans et demi.

Pour mieux faire connaître les changements qui sont arrivés dans le gouvernement et dans les mœurs de la nation, je remonterai aux dernières années de Louis XIV.

La guerre de la succession d'Espagne, la seule peut-être que ce prince ait entreprise avec justice, mit la France à deux doigts de sa ruine ; et si l'on réfléchit sur nos malheurs, on verra que nous ne devons les imputer qu'à nous-mêmes, et attribuer notre salut à la fortune.

Louis XIV, en plaçant un de ses petits-fils sur le trône d'Espagne, devait bien supposer que cet accroissement de puissance dans sa maison réveillerait la jalousie et la crainte de l'Europe.

L'Angleterre et la Hollande reconnurent d'abord Philippe V ; la Savoie et la Bavière se déclarèrent pour lui ; l'empereur seul fit des protestations ; les autres puissances restèrent neutres. Tout paraissait tranquille, et tout fut bientôt en armes. Puységur se mit, sans obstacle, en possession des Pays-Bas. Si l'on eût pris la précaution de retenir les garnisons hollandaises qui occupaient les places jusqu'à ce que Philippe V fût affermi sur le trône, on mettait la Hollande hors d'état d'entrer en guerre. Il n'y a jamais eu d'expérience pour notre gouvernement ; nous éprouvons toujours les mêmes disgrâces, parce que nous faisons toujours les mêmes fautes. Nous venons de voir dans la guerre présente, en 1755, les Anglais enlever nos matelots, sans crainte de représailles. En faisant parade de modération, nous n'avons excité que le mépris, et nous nous sommes mis hors d'état de défense. Suivons notre conduite dans la guerre de la succession. La voix publique oblige d'envoyer d'abord en Italie Catinat, d'autant plus capable d'y inspirer la confiance, qu'il y avait remporté deux victoires à Staffarde et à la Marsaille ; mais on confie en même temps les troupes d'Espagne au prince de Vaudemont, Lorrain, créature née de l'empereur, ami déclaré du roi d'Angleterre Guillaume III, et père d'un général de l'armée ennemie.

Catinat s'aperçoit que le duc de Savoie [1], notre allié apparent, notre ennemi caché, en combattant pour nous en soldat, nous trahit comme général : il en donne avis. Le caractère connu de Victor suffit pour appuyer les soupçons ; mais Catinat n'a pas la faveur de la cour ; et lorsqu'on est forcé de le croire, il est déjà rappelé, pour prix de sa prudence, et remplacé par le maréchal de Villeroi, protégé de madame de Maintenon.

Les choix du roi n'étaient pas toujours approuvés, mais ils étaient toujours applaudis. La cour s'empressa de complimenter le nouveau général. Le maréchal de Duras fut le seul qui lui dit : *Je garde mon compliment pour votre retour.* Il en fut dispensé.

Villeroi s'étant laissé prendre dans Crémone, les ennemis le rendirent sans rançon, ce qui nous coûta plus cher que si l'on eût payé pour le faire retenir. Le chevalier de Lorraine, son ami, voulut lui persuader de quitter l'armée pour la cour. Villeroi le refusa, prétendant, disait-il, par des succès brillants, réparer son malheur ; car c'est toujours ainsi que l'ineptie nomme ses fautes. Après la perte de la bataille de Ramillies, et quatre ans d'incapacité prouvée en Flandre comme en Italie, bafoué du public, chansonné par les soldats, bons juges des généraux, il

---

[1] Victor-Amédée, duc de Savoie, depuis roi de Sicile, et ensuite de la Sardaigne.

ne céda qu'aux ordres du roi en quittant l'armée. Sa protectrice n'osa le soutenir; on écoutait encore la voix de la nation.

Si la faveur plaçait les généraux, il en était ainsi des ministres. Le département de la guerre était entre les mains du plus honnête homme, mais aussi du plus incapable de son emploi.

Chamillard, produit à la cour pour faire la partie du roi au billard, était conseiller au parlement. La dissipation du courtisan nuisit à l'application du magistrat. Il négligea un procès dont il était rapporteur. La partie condamnée lui fit voir qu'il avait oublié une pièce décisive; et il s'agissait de vingt mille livres. Chamillard, dont la fortune était très-bornée, se condamna lui-même sur-le-champ, courut tout Paris pour emprunter la somme, la restitua au plaideur, et renonça dès ce moment à sa profession.

Ce trait m'en rappelle un du même genre, que le lecteur honnête ne regardera pas comme une digression déplacée. Courtin, intendant de Picardie, ménagea tellement les terres du duc de Chaulnes, son ami, qu'il s'aperçut enfin qu'il avait surchargé de quarante mille livres d'autres paroisses; il les paya, et demanda son rappel. Sur les instances qu'on lui fit pour le faire rester, il répondit qu'il ne voulait ni se ruiner, ni passer sa vie à faire du mal [1].

Le goût du roi pour Chamillard lui fit supposer tous les talents du ministère; d'ailleurs ce prince croyait les lui inspirer. Les malheureuses influences des ministres incapables ne se bornent pas à leurs personnes. Il fallut que le duc de la Feuillade, dont l'unique mérite était d'être gendre de Chamillard, commandât notre armée au siége de Turin; car le duc d'Orléans, depuis régent, chef en apparence, était en tutelle sous la Feuillade et Marsin. Ce prince, qui avait des talents militaires, voulut inutilement sortir des lignes pour attaquer le prince Eugène : la Feuillade s'y refusa; et Marsin, intérieurement de l'avis du prince, n'osa pas insister contre celui d'un gendre de ministre; tout son courage se borna à se faire tuer en combattant.

---

[1] Courtin fut depuis ambassadeur à Londres et conseiller d'État. Il maria sa fille avec Roque de Varangeville, gentilhomme normand, ambassadeur à Venise. La présidente de Maisons et la maréchale de Villars étaient filles de ce Varangeville.

Tels sont les effets de la puissance des ministres. Ce fut ce qui donna occasion au comte de Gramont de répondre au roi, qui s'étonnait de la stupidité d'un ambassadeur à notre cour : *Vous verrez, sire, que c'est le parent de quelque ministre.*

Cependant le caractère de la nation était encore entier, et le cœur du soldat français a toujours été le même. Après la bataille d'Hochstet, Marlborough ayant reconnu, parmi les prisonniers blessés, un soldat qu'il avait remarqué dans l'action, lui dit : *Si ton maître avait beaucoup de soldats comme toi, il serait invincible. Ce ne sont pas*, répondit le prisonnier, *les soldats comme moi qui lui manquent, ce sont les généraux comme vous.* Il y en avait; mais.... Si Louis XIV n'eût suivi que ses propres lumières, il eût puni et récompensé avec assez de discernement. Il a fait des exemples dont nous avons perdu l'usage, quoique nous en ayons eu des occasions très-graves. La Boulaye fut mis à la Bastille pour avoir rendu Exiles; la Mothe exilé, pour avoir remis Gand; la Jonquière dégradé des armes, pour avoir mal défendu le Port-Mahon; le prince de la Tour-d'Auvergne[1], Langallerie[2] et Bonneval[3] furent pendus en effigie, pour désertion aux ennemis.

Le même esprit de justice fit donner la pairie au maréchal de Boufflers, qui fit dans Lille la plus belle défense. Les ennemis avaient été les premiers à lui donner des marques de distinction. Le prince Eugène le conduisit lui-même à Douai, le plaçant avec le chevalier de Luxembourg[4] dans le fond du carrosse, se mettant seul sur le devant, et fit commander l'escorte par le prince d'Auvergne, déserteur de France. Ces honneurs, de la part

---

[1] Ce prince d'Auvergne était neveu du cardinal de Bouillon, et frère cadet de l'abbé depuis cardinal d'Auvergne, qui lui avait cédé son droit d'aînesse.

[2] Des Gentils, marquis de Langallerie, lieutenant général, après avoir déserté aux ennemis en 1706, imagina ensuite de se faire chef d'une espèce de théocratie. Il s'engagea, par un traité signé avec un bacha, à s'emparer de Rome et de l'Italie pour le sultan, moyennant un secours de troupes soudoyées par les Turcs, et quelques vaisseaux. Il devait avoir, pour récompense, quelques îles de l'Archipel, qu'il tiendrait en souveraineté, sous la protection de la Porte. Ses folies firent tant d'éclat, que l'empereur le fit enlever et enfermer dans le château de Raab ou Javarin, en Hongrie, où il mourut en 1717.

[3] C'est ce comte de Bonneval qui revint pendant la régence et obtint des lettres de grâce, épousa une Biron, et passa depuis en Turquie, où il est mort, dans la dignité de bacha à trois queues.

[4] Le chevalier de Luxembourg, nommé ensuite prince de Tingry, enfin maréchal de Montmorency.

du prince Eugène, étaient d'autant plus remarquables que, dans tout le cours de cette guerre, il traita généralement nos prisonniers avec hauteur et dureté.

Il haïssait personnellement le roi. Après la bataille d'Oudenarde en 1708, adressant la parole à Biron, prisonnier, et depuis maréchal de France, en 1735, qui dînait entre lui et Marlborough, il loua beaucoup la valeur que les Suisses avaient montrée. *C'est une belle charge,* ajouta-t-il, *que celle de colonel général des Suisses; mon père l'avait; à sa mort, mon frère pouvait lui succéder : le roi lui préféra un fils naturel. Le roi est le maître; mais on n'est pas fâché quelquefois de faire repentir du mépris.*

Marlborough, bien différent du prince Eugène, eut toujours les plus grands égards pour ses prisonniers, et donna l'exemple des procédés d'humanité qui ont régné depuis dans les guerres.

Louis, que la prospérité avait enivré, ne manqua ni de constance ni de courage dans ses disgrâces. A l'âge de soixante-dix ans, il forma le projet de commander ses armées en personne, et de reprendre Lille. Il n'était plus question, comme dans ses premières campagnes, de traîner à sa suite un faste asiatique : tout devait être porté au nécessaire. Le plan de cette campagne se concertait entre le roi, Chamillard, les maréchaux de Boufflers et de Villars. On ne voulait le déclarer à madame de Maintenon qu'au moment du départ, pour la dispenser du voyage. Elle en fut instruite, et fit avorter le projet; mais elle résolut aussi de punir Chamillard d'avoir été fidèle au secret du roi. Tant que le ministre n'avait fait des fautes que contre l'État, il avait été protégé : dès ce moment, elle releva tout ce qu'elle avait excusé, et la place de Chamillard fut donnée à Voysin, nouvelle créature de madame de Maintenon, et qui n'était pas d'un caractère à suivre son devoir au préjudice des volontés de sa protectrice. On n'était pas encore dans l'usage d'exiler les ministres qu'on renvoyait. Le roi revoyait sans peine ceux qu'il avait disgraciés, témoin Arnauld de Pomponne, qui revint en place; témoin Chamillard lui-même, à qui le roi permit dans la suite de le venir voir, et qu'il recevait avec attendrissement.

Madame de Maintenon fut plus implacable. Chamillard s'était retiré dans une petite terre (l'Étang), peu distante de Versailles; ses parents et amis allèrent l'y voir. Elle en fut choquée, et, le trouvant trop près de la cour, lui fit dire de s'en éloigner; de sorte qu'il fut obligé d'acheter, dans le Maine, la terre de Courcelles, où il se réfugia contre une persécution ignorée du roi seul.

Nos armes ne furent pas plus heureuses sous Voysin que sous Chamillard. Je ne m'arrête point sur des événements dont les histoires sont pleines. Il suffit de considérer que la perte des batailles d'Hochstet, de Ramillies, d'Oudenarde, de Turin, de Malplaquet; la prise de Tournai, de Lille et de quantité d'autres places, mettaient les ennemis en état de pénétrer dans l'intérieur du royaume. Des partis vinrent jusqu'aux portes de Paris, et enlevèrent le premier écuyer, qu'ils prirent pour le Dauphin. D'un autre côté, le fanatisme des Cévennes, enflammé par celui des persécuteurs, formait une armée de révoltés, dont un gouvernement sage aurait fait des défenseurs. Ce monarque si absolu, qui, après cinquante ans de victoires, avait offensé les souverains par sa hauteur, alarmé l'Europe par ses conquêtes, ruiné ses sujets par son faste, était près d'abandonner sa capitale pour se retirer au delà de la Loire. Ce prince, qui tant de fois avait dicté les conditions de la paix, était réduit à l'implorer sans pouvoir l'obtenir. Pressé de toutes parts, dénué de secours, *Je ne puis donc*, dit-il en plein conseil et versant des larmes, *je ne puis faire ni la paix ni la guerre.*

Les impôts dont les peuples étaient accablés ne suffisaient pas aux dépenses nécessaires. La surcharge des impositions, la dureté de la perception, tarissaient chaque jour la source des richesses de l'État. Les ministres de ce temps-là ne soupçonnaient pas, et ceux d'aujourd'hui semblent ignorer encore, que l'impôt forcé est destructif de l'impôt même; ou plutôt la plupart des ministres n'ont, dans tous les temps, pensé qu'à jouir de leur place, sans la remplir; à plaire au roi, en satisfaisant le besoin ou la fantaisie du moment, sans s'inquiéter du sort de l'État. La levée des milices dépeuplait les campagnes des sujets les plus nécessaires. J'ai vu, dans mon enfance, ces recrues forcées conduites à la chaîne comme des malfaiteurs. Pour dérober au roi la connaissance de ces horreurs, on faisait paraître devant lui une troupe de bandits bien payés, qui juraient au nom de tout un peuple.

Au fléau de la guerre s'était joint celui de la famine. L'hiver de 1709 avait détruit le germe des moissons. La misère fut extrême dans les campagnes, dans les villes et jusque dans Paris. Le luxe même, le dernier sacrifice que l'on fait, n'osait paraître. Les seuls en état de s'y livrer le renfermaient dans l'intérieur de leurs maisons. Les étrennes d'usage à la cour furent supprimées; et celles de quarante mille pistoles, que le trésor royal présentait au roi, furent envoyées pour aider au payement des troupes.

La faim éteint tout autre sentiment. Les clameurs s'élevèrent; les placards injurieux s'affichaient aux carrefours, aux pieds des statues du roi. Le Dauphin n'osait plus venir à Paris, au milieu d'un peuple qui le suivait avec des cris de douleur, lui demandait du pain, et à qui il ne pouvait en donner.

Pour satisfaire aux besoins les plus urgents, le roi, en 1709, fit convertir sa vaisselle en espèces, et accepta celle qu'on lui offrit. Cette opération se fit contre l'avis du chancelier de Pontchartrain et du contrôleur général Desmarets. Ils représentaient que cette faible ressource manifestait notre misère aux ennemis, sans y remédier. Le total en effet ne monta pas à trois millions. La même chose s'était pratiquée avec aussi peu de succès en 1688, quoique le roi y eût sacrifié des meubles de toute espèce, dont le travail était d'un prix inestimable. On a recouru, dans la guerre présente, à ce moyen avec plus de raison, puisque le prêt des troupes allait manquer.

L'établissement du dixième des revenus, en 1710, fut d'une tout autre importance pour l'État, et en fit peut-être le salut, quoiqu'on ne le levât pas avec la rigueur qu'on a exercée depuis. Les autres impôts étaient déjà si multipliés, que cette nouvelle surcharge excita beaucoup de murmures. Les états de Languedoc allèrent jusqu'à offrir d'abandonner au roi l'administration de tous leurs biens, pourvu qu'on leur en délivrât le dixième net. Cependant les états de cette province ne manquent pas de complaisance. Asservis au corps épiscopal, ils suivent toutes les impulsions de cet ordre, composé de cadets de noblesse, presque tous nés ou élevés dans l'indigence, et qui, parvenus à l'opulence par les grâces du roi, et en désirant encore, n'ont rien à lui refuser; d'ailleurs le poids des charges porte légèrement sur le haut clergé. C'est de cette assemblée qu'est sorti le projet de la capitation, projet que Pontchartrain, tout contrôleur général qu'il était alors, rejeta longtemps, par l'abus qu'il en prévoyait. Ce zèle ecclésiastique et désintéressé vient encore de donner l'idée d'une taxe sèche de dix-sept millions. Sous prétexte de rétablir la marine, l'archevêque de Narbonne, la Roche-Aymon, maître des états par les prérogatives de sa place, s'avise, pour faire sa cour, d'offrir un vaisseau; les états n'osent le contredire: les autres provinces et les différents corps sont obligés de suivre cet exemple, sous peine de passer pour mal affectionnés. Le prélat, un des plus bornés de son ordre, et peut-être par là même élevé de la pauvreté aux plus hautes dignités de l'Église, est fait à l'instant premier duc et pair ecclésiastique, en attendant le chapeau de cardinal.

Louis XIV résista longtemps à la proposition du dixième. Le jésuite Tellier, son confesseur, le voyant rêveur et triste, lui en demanda le sujet. Le prince lui dit que la nécessité des impôts ne l'empêchait pas d'avoir des scrupules qui augmentaient sur le dixième. Tellier lui dit que ces scrupules étaient d'une âme délicate; mais que, pour le soulagement de sa conscience, il consulterait les casuistes de sa compagnie. Peu de jours après, l'intrépide confesseur assura son pénitent qu'il n'y avait pas matière à scrupule, parce que le prince était le vrai propriétaire, le maître de tous les biens du royaume. Vous me soulagez beaucoup, dit le roi; me voilà tranquille. Sur la décision du jésuite, l'édit fut publié.

Les secours que Louis XIV tirait de ses sujets commencèrent à lui faire sentir qu'un roi est un homme qui a besoin de ses semblables. Le préambule de l'édit du dixième est d'un style moins despotique que les édits précédents. Ce prince, dans ses temps de prospérité, choqué qu'un magistrat eût dit, *Le roi et l'État*, l'interrompit, en disant: *L'État, c'est moi*. Cela doit être, quand le chef ne se sépare pas lui-même du corps. Les lois font la sûreté des princes qui les respectent.

L'adversité parut changer un peu les idées de Louis XIV. Le prévôt des marchands, Bignon, étant venu, à la tête de la ville, haranguer le roi pendant le siége de Lille, le roi, touché du zèle de ses sujets, se servit du mot de *reconnaissance;* mais il ne put s'empêcher de laisser paraître l'altération que lui causait un terme si nouveau de sa part. Ses égards s'étendaient alors jusque sur des particuliers dont il avait besoin. Samuel Bernard ayant refusé des engagements assez forts pour des fournitures d'argent, le contrôleur général Desmarets lui donna un rendez-vous à Marly, où l'ayant présenté au roi, ce prince fit à Bernard le plus grand accueil. La tête du financier fut enivrée de la réception, et il fit tout ce que voulut Desmarets.

Les revers que Louis XIV éprouvait furent encore aggravés dans les conférences tenues à Gertruydenberg. Le prince Eugène et Marlborough y firent les propositions les plus dures, sans néanmoins s'écarter dans les expressions du respect qu'ils devaient personnellement au roi; au lieu que les Hollandais parlèrent en bourgeois insolents qui abusent de leur fortune. Les conditions que les ennemis exigeaient prouvaient assez qu'ils ne voulaient absolument point de paix, et tendaient à l'invasion et au démembrement du royaume. Louis allait jusqu'à offrir des subsides pour aider à détrôner son petit-fils, Philippe V. Ils prétendaient qu'il s'en chargeât seul. Tous les Français en furent indignés, et l'on fut forcé de continuer la guerre [1].

Il serait assez difficile de juger quel eût été le sort de la France, si les intérêts n'eussent changé par la mort de l'empereur Joseph. Si les Anglais ne voulaient pas voir une branche de la maison de France sur le trône d'Espagne, ils craignaient autant la réunion de cette couronne à celle de l'Empire sur une tête de la maison d'Autriche, et commencèrent à écouter les proposi-

---

[1] J'ai lu, dans un mémoire signé de la main du prince Eugène, le plan et les moyens détaillés et très-bien combinés du démembrement de la France. Tercier, mon confrère de l'Académie des belles-lettres, qui faisait, pour le premier Dauphin, l'extrait des plus importantes négociations, me communiqua ce mémoire. Nous doutions de la signature; mais, après l'avoir confrontée à celles de plusieurs lettres du prince Eugène, nous n'avons pu la méconnaître. Comment ce mémoire nous est-il parvenu? Je l'ignore. Il doit être au dépôt.

tions de la France. Marlborough devint suspect à la reine d'Angleterre; et la femme de ce général, commençant à déplaire par des tracasseries de cour, fut bientôt d'autant plus insupportable à la reine, qu'elle en avait été la favorite. Le commandement fut ôté à Marlborough, et donné au duc d'Ormond. Dans ces circonstances, l'impératrice douairière, mère de l'empereur Joseph, écrivit à Louis XIV, pour lui faire part de la mort de ce fils; elle ajoutait que sa consolation était l'espérance de voir bientôt son second fils roi d'Espagne et des Indes, etc. On juge bien que la lettre fut renvoyée sans réponse.

L'intrépidité froide de Philippe V dans les combats lui avait gagné le cœur des Espagnols. S'il n'avait pas les talents d'un général, il avait du moins la sagesse de ne pas décider des opérations militaires; mais, dans l'action à Luzara, il était au milieu du feu, examinant tout avec une curiosité tranquille, et s'en expliquant ensuite avec autant de discrétion que de discernement, nommant ceux dont il avait distingué la valeur, et ne parlant qu'en général des faiblesses qu'il avait remarquées.

L'armée de ce prince manquait souvent des choses les plus nécessaires. Comment, au plus fort d'une guerre qu'on pouvait nommer guerre civile, les finances d'Espagne n'eussent-elles pas été en désordre, puisque, dans les temps les plus tranquilles de la monarchie, l'État a souvent éprouvé des détresses? Depuis que les rois d'Espagne, devenus maîtres des mines du Mexique et du Pérou, ont sacrifié les richesses réelles aux richesses de fiction, les Espagnols ne sont plus à cet égard que les caissiers de l'Europe; ce qui a fait dire par Boccalini que *l'Espagne est à l'Europe ce que la bouche est au corps : tout y passe, et rien n'y reste* [1].

Philippe V éprouva que la plus grande ressource d'un roi est l'amour de ses sujets. La nation espagnole, celle où l'honneur

---

[1] J'ai lu, dans une lettre de l'évêque de Rennes, Vauréal, notre ambassadeur à Madrid en ....., que les conseillers d'Aragon, n'étant pas payés de leurs gages, avaient prié le roi de leur permettre de demander l'aumône. Je ne dois pas oublier à ce sujet qu'en 1701 il arriva par la flottille, pour le général des jésuites, une caisse de chocolat. La pesanteur ne répondant pas à l'étiquette, on l'ouvrit, et l'on y trouva des billes d'or recouvertes de chocolat. Le gouvernement en fit faire de la monnaie, et l'on envoya une vraie caisse de chocolat aux jésuites, qui n'osèrent réclamer autre chose.

s'est le mieux conservé, jalouse du serment qu'elle avait fait à Philippe, fit des actes héroïques pour l'y maintenir, et y parvint seule. Les Espagnols livrèrent leur argenterie pour le payement des troupes ; celle des églises y fut employée : l'honneur étouffa, chez un peuple dévot, des scrupules dont l'hypocrisie se serait prévalue ailleurs. Les curés ne prêchaient que la fidélité au roi. On déclara ennemi de l'État quiconque ne concourrait pas au salut commun. L'archiduc, au milieu de Madrid, ne put empêcher le peuple de crier : *Vive Philippe V* [1] *!* Le marquis de Mansera, homme centenaire, voulait suivre le roi dans sa retraite ; mais ce prince le lui défendit. L'archiduc essaya de se faire prêter serment par Mansera, qui répondit qu'il l'avait prêté au roi, et ne le trahirait pas. L'archiduc respecta la vertu de ce vieillard, et le laissa tranquille [2].

La dernière classe des sujets ne montrait pas moins de fidélité que les grands. La reine, obligée de sortir de Madrid, confia toutes ses pierreries, et entre autres la fameuse perle la Pérégrine, à un valet français nommé Vasu, qui les apporta en France.

Cette princesse, fille du duc de Savoie Victor-Amédée, et sœur cadette de la duchesse de Bourgogne, était adorée des Espagnols, et sa mémoire y est encore en vénération. Longtemps, depuis sa mort, le peuple voyant passer la seconde femme de Philippe V, continuait de crier : *Viva la Savoyana !* Supérieure à toutes les disgrâces, elle ne parut jamais touchée que des maux de ses sujets : aucun péril n'ébranla son courage. Si elle eût perdu la couronne d'Espagne, elle était déterminée à passer dans les Indes. Elle mourut le 14 février 1714, trop tôt pour le bonheur des peuples et l'exemple des rois.

Jamais l'archiduc ne dut mieux comprendre qu'il ne régnerait pas en Espagne, que lorsqu'il fut maître de la capitale. Si la force donne des trônes, ils ne s'affermissent que par l'amour

---

[1] Un trait que sa singularité peut faire excuser dans des Mémoires, c'est que, l'archiduc étant maître de Madrid, les courtisanes les plus perdues se répandirent parmi ses troupes, et en firent périr plus qu'une bataille. Pour ne pas rendre équivoque leur patriotisme, elles se vantaient de s'être refusées aux troupes du roi.

[2] Il mourut à cent sept ans, n'ayant vécu bien des années que de chocolat et de fruits glacés.

des peuples. L'archiduc ne vit dans Madrid qu'éloignement pour lui et attachement pour Philippe. Cependant la guerre continua encore quelque temps entre eux, depuis la pacification des autres puissances.

Pendant que Louis XIV éprouvait toutes les disgrâces de la guerre, il eut à soutenir les plus grands malheurs domestiques. Il vit, en moins d'un an, s'éteindre trois générations. Le Dauphin, son fils unique, meurt le 14 avril 1711. Le duc de Bourgogne, devenu dauphin, meurt l'année suivante, le 18 février, n'ayant survécu que six jours à sa femme, morte le 12. Trois semaines après, le 8 mars, le duc de Bretagne, l'aîné de leurs fils, les suivit au tombeau. Paris vit le même char funèbre renfermer le père, la mère et l'enfant. Le duc d'Anjou, aujourd'hui Louis XV, unique rejeton de la ligne directe, fut à deux doigts de la mort. La duchesse de Ventadour, sa gouvernante, par un amour d'autant plus courageux qu'elle osait se charger de l'événement, éloigna les médecins; et, pleine des idées funestes qui naissaient de tant de morts précipitées, lui donna du contre-poison [1]. Que ce remède ait été nécessaire ou non, on eut le bonheur de conserver un enfant si précieux à l'État.

Le public ne trouva rien que de naturel dans la mort du premier Dauphin, attaqué de la petite vérole: mais il n'en fut pas ainsi de la mort du duc, de la duchesse de Bourgogne, et du duc de Bretagne. Enlevés tous trois presque au même instant, on ne doutait point que ce ne fût l'effet du poison. Fagon, premier médecin du roi, et Boudin, médecin des enfants de France, le disaient sourdement avec une timidité apparente et concertée, qui n'en était que plus persuasive. Maréchal, premier chirurgien, soutenait le contraire, et citait plusieurs exemples récents de pareilles maladies; mais il paraissait moins persuadé lui-même que chercher à consoler le roi, en écartant des images noires. Le jeune duc d'Anjou, faible et languissant, qu'on disait arraché à la mort par un antidote, semblait prouver que le père et la mère avaient péri par le poison. On ajoutait que le premier accès de la maladie de la duchesse de Bourgogne avait été une

---

[1] Cet antidote fut donné par la comtesse de Vérue, qui l'avait apporté de Turin, où elle avait été empoisonnée, étant maitresse du duc de Savoie Victor.

douleur vive à la tempe, suivie de la fièvre, après une prise de tabac d'Espagne; que, sur cette déclaration de la princesse, on avait inutilement cherché la tabatière, qui ne s'était plus trouvée.

Ces soupçons, répandus dans tout le royaume, tombaient uniquement sur le duc d'Orléans, depuis régent, et formèrent bientôt un cri d'accusation publique. Il en fut si consterné, qu'il demanda au roi de se constituer prisonnier avec Hombert, célèbre chimiste, dont il avait pris des leçons, jusqu'à ce que la calomnie fût démontrée et détruite. Le roi, prévenu par les ennemis de son neveu, fut près d'accepter sa proposition; mais il en fut détourné par Maréchal, qui eut le courage de représenter qu'un tel éclat ne servirait qu'à tourner en certitude dans l'imagination du peuple des soupçons qui se détruiraient d'eux-mêmes; au lieu que la justification du duc d'Orléans laisserait toujours à sa réputation la tache d'une accusation indigne de lui, et que la démonstration de son innocence passerait encore pour l'indulgence d'un roi qui ne veut pas déshonorer son sang. Maréchal rappela à ce sujet au roi ce qu'il lui avait entendu dire à lui-même sur son neveu.

Le duc d'Orléans avait eu une maladie, pendant laquelle Maréchal l'avait vu assidûment. Ils eurent ensemble plusieurs conversations sur des matières de sciences. Maréchal, frappé de l'étendue d'esprit et de la quantité de connaissances de ce prince, en parla au roi. Sire, lui dit-il, si M. le duc d'Orléans était un simple particulier sans fortune, il aurait plus de dix moyens de gagner honnêtement sa vie, et c'est d'ailleurs le meilleur homme du monde. Le roi, en convenant des talents du prince, acheva de le peindre par un seul trait : *Savez-vous*, dit-il, *ce que c'est que mon neveu? C'est un fanfaron de crimes.*

L'affaire en resta là ; mais les soupçons ont subsisté longtemps. On ne voulait pas faire attention que Fagon et Boudin étaient intéressés à justifier l'insuffisance de leur art. Le premier était la créature de madame de Maintenon, dont il partageait le ressentiment contre le duc d'Orléans, qui se l'était attiré par des propos indiscrets sur elle. Le second perdait tout à la mort des princes, devait son existence à Fagon, et s'était déjà tellement aliéné le duc d'Orléans, qu'il croyait en avoir tout à craindre dans la suite, s'il ne travaillait à le perdre. Madame de Maintenon avait des desseins plus intéressants qu'une petite vengeance de femme.

Elle ne pouvait pas croire la mort du roi fort éloignée. Pendant la minorité du successeur, Philippe V restant en Espagne, la régence regardait le duc de Berri, dont le génie serait aisément subjugué par celui du duc d'Orléans. Si le duc de Berri mourait, ce qui en effet arriva, le duc d'Orléans se trouverait régent. Elle imagina donc pour sa propre sûreté, si elle survivait au roi, de se faire un appui contre un prince qu'elle redoutait.

De tout temps elle avait travaillé à l'élévation des enfants naturels du roi, et surtout à celle du duc du Maine, dont elle avait été la gouvernante. Nous verrons par quels degrés le roi tâcha d'élever ses enfants naturels au comble de la puissance.

Madame de Maintenon, voulant perdre le duc d'Orléans dans l'esprit du public, n'y trouvait que trop de facilité. Ce prince, incapable d'une action noire ou basse, avait, à force d'imprudences, d'indiscrétions et de mœurs crapuleuses, donné de lui la plus mauvaise opinion, que l'idée même qu'on avait de son esprit aggravait encore. On parlait souvent alors d'empoisonnement, et les soupçons ayant été une fois dirigés contre le duc d'Orléans, se réveillaient à chaque occasion.

Un cordelier, nommé Augustin le Marchand, d'un couvent de Poitou, ayant apostasié, s'était engagé dans les troupes françaises qui servaient en Espagne. Il déserta depuis, et passa dans celles de l'archiduc. Sans m'arrêter sur les différentes aventures de ce misérable, il suffit de dire qu'il fut véhémentement soupçonné d'avoir de mauvais desseins contre le roi d'Espagne, et allait être arrêté, lorsqu'il prit la fuite. Chalais, neveu de la princesse des Ursins, se mit sur ses traces, et l'atteignit à Bressuire en Poitou, dans un couvent de cordeliers. On le conduisit à la Bastille, où le lieutenant de police d'Argenson fut seul chargé de l'interroger. On trouva, dans un sac que ce moine portait sur lui, des paquets d'arsenic, dont il prétendait se servir pour différents remèdes. Sa vie passée, ses correspondances chez les Autrichiens, et plusieurs contradictions ou obscurités dans ses réponses, donnèrent lieu de croire qu'il était un instrument de la maison d'Autriche, contre laquelle on était alors horriblement prévenu. On ne doutait point que Mansfeldt, ambassadeur de Léopold à Madrid, n'eût empoisonné, par le moyen de la comtesse de Soissons, la reine d'Espagne Marie d'Orléans, fille de Monsieur, et femme de Charles II. La mort du prince électoral de Bavière, désigné roi d'Espagne par le premier testament de Charles, fut attribuée aux mêmes moyens. D'ailleurs un mémoire du prince Eugène, adressé au général Merci, et trouvé dans sa cassette, prise après sa défaite en Franche-Comté, portait : *Il faut faire rentrer la France dans les plus étroites limites; et si l'on n'y peut réussir par les armes, il faut recourir aux grands et extraordinaires remèdes.* Ces expressions, tout équivoques qu'elles sont, ne présentent pas un sens favorable.

Si les imputations faites à la maison d'Autriche étaient alors fondées, ce que je n'oserais assurer, il faut avouer que la cour de Vienne est bien changée. Jamais prince n'y a été ennemi plus redouté, plus haï, que le roi de Prusse actuel; et jamais l'impératrice reine n'a été soupçonnée du moindre dessein odieux.

Quoi qu'il en soit, le cordelier, après trois mois de détention à la Bastille fut transféré en Espagne et enfermé dans la tour de Ségovie, où il a vécu plus de vingt ans.

Ce qui faisait supposer que le duc d'Orléans eût pu entrer dans un projet contre le roi d'Espagne, c'était l'accusation qu'on lui avait déjà intentée d'avoir voulu détrôner Philippe V, lorsqu'il en commandait l'armée.

La vérité du fait était que, dans un moment où les affaires de Philippe V paraissaient désespérées, on crut que ce prince abandonnerait l'Espagne, pour aller régner dans les Indes. Les amis du duc d'Orléans lui conseillèrent alors de prétendre à la couronne d'Espagne, du chef de son aïeule Anne d'Autriche. Il se prêta au projet, en cas d'abandon de la part de Philippe V; et, revenant en France, il laissa deux officiers affidés, Flote et Renaud, pour ménager les esprits à cet égard. On ignore jusqu'où ses deux agents usèrent de leurs pouvoirs, mais ils furent arrêtés l'un et l'autre; et le roi d'Espagne, excité par la princesse des Ursins, sa favorite, et l'ennemie du duc d'Orléans, écrivit en France pour en demander justice (1709).

Il fallait que les accusations fussent graves; car le chancelier de Pontchartrain eut ordre du roi de tout disposer pour instruire le procès en forme. On était à la veille d'arrêter le duc d'Orléans, lorsque le chancelier représenta au roi qu'il serait contre le droit des gens de poursuivre en France un homme accusé d'un crime commis en pays étranger. Si le duc d'Orléans, dit-il, est coupable en Espagne, on peut et l'on doit y faire son procès; mais il est innocent à l'égard de la couronne de France: il ne peut donc être poursuivi dans un royaume qui doit être son asile. Ce moyen de défense n'était pas sans réplique dans le cas d'un crime de lèse-majesté contre un roi de la maison de France; mais Louis XIV jugea à propos de s'en contenter, et l'affaire fut abandonnée.

Celle du cordelier n'avait pas le moindre trait au duc d'Orléans. J'ai lu toute l'instruction, et je n'y ai pas vu que d'Argenson ait été à portée de rendre, dans cette circonstance, d'autre service au duc d'Orléans que de dire la vérité. Il lui en fit pourtant sa cour, en lui faisant entendre qu'il avait saisi cette occasion de détruire dans l'esprit du roi beaucoup d'autres préventions fâcheuses.

Il me semble que s'il avait subsisté quelque opinion défavorable au duc d'Orléans, elle aurait dû disparaître à la régence. Cependant la calomnie s'est encore fait sourdement entendre. Mais comment peut-on imaginer qu'un prince, tremblant sous Louis XIV, eût osé commettre les crimes les plus hardis, et se serait arrêté au dernier, lorsqu'il s'agissait de monter sur le trône, et qu'il était tout-puissant? La vie de Louis XV est la démonstration de l'innocence du duc d'Orléans.

Après cette digression, revenons aux princes qui y ont donné lieu.

Louis dauphin, fils unique de Louis XIV, avait dans le caractère de la douceur et de la bonté; son éloge ne s'étend pas plus loin. Né avec un esprit borné, il n'y suppléa par aucunes connaissances acquises. Élevé par Bossuet et Montausier, il prouva que la culture produit peu sur un fonds ingrat; sans vices ni vertus d'éclat, il passait sa vie aussi obscurément que son rang le pouvait permettre, n'ayant de ressource contre l'ennui que la table et la chasse. C'était enfin le meilleur des hommes et le plus médiocre des princes. Il respectait et craignait beaucoup le roi, qu'il croyait aimer, et qu'il traitait plus en roi qu'en père, comme il en était traité plus en sujet qu'en fils. Le Dauphin était chéri du peuple, parce qu'il était très-populaire, et que, n'ayant aucun crédit, on ne pouvait lui imputer aucun des maux dont on était affligé.

Sans délicatesse de sentiment, ni même de galanterie, il eut quelques maîtresses [1], et finit, comme son père, par un mariage de conscience. Mademoiselle Chouin fut celle qui le fixa; elle avait été en qualité de fille d'honneur auprès de la princesse de Conti-Vallière, sœur naturelle du Dauphin. Elle n'était pas jolie; mais, avec beaucoup d'esprit et le plus excellent caractère, elle se fit aimer et estimer de tous ceux qu'elle voyait. J'en ai connu quelques-uns. Elle n'eut jamais ni maison montée, ni même d'équipage à elle, et s'était bornée à un simple logement chez la Croix, receveur général des finances, près le petit Saint-Antoine. Son commerce avec le Dauphin fut longtemps caché, sans en être moins connu. Ce prince partageait ses séjours entre la cour du roi son père et le château de Meudon. Lorsqu'il y devait venir, mademoiselle Chouin s'y rendait de Paris dans un carrosse de louage, et en revenait de même lorsque son amant retournait à Versailles.

Malgré cette conduite simple d'une maîtresse obscure, tout semblait prouver un mariage secret. Le roi, dévot comme il était, et qui d'abord avait témoigné du mécontentement, finit par offrir à son fils de voir ouvertement mademoiselle Chouin, et même de lui donner un appartement à Versailles; mais elle le refusa constamment, et persista dans le genre de vie qu'elle s'était prescrit. Au surplus, elle paraissait à Meudon tout ce que madame de Maintenon était à Versailles, gardant son fauteuil devant le duc et la duchesse de Bourgogne et le duc de Berri, qui venaient souvent la voir, les nommant familièrement *le duc, la duchesse*, sans addition de *monsieur* ni de *madame*,

---

[1] On ne lui a connu qu'une fille naturelle, qu'il eut de la Raisin, fameuse comédienne. On la nomma mademoiselle Fleury. La princesse de Conti-Vallière la maria, en juin 1715, à d'Avaugourg, officier de gendarmerie. Le roi signa le contrat, mais en particulier. Elle mourut en 1716.

en parlant d'eux et devant eux. Le duc de Bourgogne était le seul pour qui elle employât le mot de *monsieur,* parce que son maintien sérieux n'inspirait pas la familiarité; au lieu que la duchesse de Bourgogne faisait à mademoiselle Chouin les mêmes petites caresses qu'à madame de Maintenon. La favorite de Meudon avait donc tout l'air et le ton d'une belle-mère; et comme elle n'avait le caractère insolent avec personne, il était naturel d'en conclure la réalité d'un mariage. Si je me suis permis ces petits détails domestiques, c'est qu'ils donnent les notions les plus justes des personnages.

Pour achever de faire connaître mademoiselle Chouin, j'ajouterai un trait sur son désintéressement. Le Dauphin, à la veille d'un départ pour l'armée, lui ayant donné à lire un testament par lequel il lui assurait la plus grande fortune, elle le déchira en disant : *Tant que je vous conserverai, je ne puis manquer de rien; et si j'avais le malheur de vous perdre, mille écus de rente me suffiraient.* Elle le prouva à la mort du Dauphin; car elle se retira aussitôt dans son ancien et premier logement de Paris, où elle a passé près de vingt ans dans la pratique de toutes sortes de bonnes œuvres; vivant avec un petit nombre de vrais amis qui lui restèrent, et délivrée d'une foule de plats courtisans, qui s'éloignèrent d'elle sans préparatifs ni pudeur. Elle mourut en 1710.

A la mort du premier Dauphin, le roi en fit prendre le titre au duc de Bourgogne [1]. Si ce prince eût régné, c'eût été le règne de la justice, de l'ordre et des mœurs. Pour le faire

---

[1] Le nouveau Dauphin ne voulut être appelé que *Monsieur;* on n'appelait le premier que *Monseigneur.* Ce titre était devenu une espèce de nom propre, puisque le roi l'employait lui-même en parlant de ce Dauphin, comme il disait *Monsieur,* en parlant de son frère; mais en leur adressant la parole, il traitait l'un de fils, l'autre de frère. Lorsque le duc de Beauvilliers entendait quelqu'un appeler le duc de Bourgogne *Monseigneur,* il demandait si on le prenait pour un évêque. Cependant le roi ordonna au parlement de traiter le nouveau Dauphin de *Monseigneur,* en le haranguant; ce qui fit que le premier président commença la harangue par ces mots : Monseigneur (car le roi veut qu'on vous nomme ainsi), *etc.* A la mort du premier Dauphin, le deuil fut d'un an. Les pairs, les ducs et les grands officiers eurent ordre de draper; et le roi en donna la permission au marquis de Beauveau comme parent, la sixième aïeule de Louis XIV étant Beauveau. Voysin, qui fut depuis chancelier, obtint la même distinction pour le marquis de Châtillon, son gendre, en faveur de plusieurs alliances avec la maison royale. Ce Châtillon a été nommé depuis duc et pair, et gouverneur du Dauphin actuel.

Les deux fils naturels du roi reçurent, à cette occasion, des visites comme frères du Dauphin.

complétement connaître, peut-être même pour en relever le mérite, je ne dissimulerai pas les travers de sa première jeunesse; on ne peut les imputer qu'à l'éducation de son enfance, âge où la faiblesse même des organes rend les impressions si fortes, qu'elles subsistent souvent pendant tout le cours de la vie. C'est presque au moment de la naissance que l'éducation devrait commencer ou se préparer. Ces premières et précieuses années des princes sont abandonnées à des femmes ignorantes, faibles, présomptueuses, adulatrices, et ne leur parlant que de leur puissance future. Quand les enfants de l'État passent entre les mains des hommes, ces gouverneurs, s'ils sont dignes de leur place, trouvent plus à détruire qu'à édifier dans leur élève.

Le jeune prince, élevé au milieu d'une cour superstitieuse, où la dévotion et encore plus l'hypocrisie commençaient à être à la mode, ne fut instruit que des pratiques d'une dévotion minutieuse, qu'on substitua à des principes de vertu. Telles furent les leçons de son enfance. Il passa heureusement entre les mains des hommes; il y en avait alors; et quand les rois les cherchent, ils les trouvent ou les font naître. Le sage Beauvilliers, le vertueux Fénelon, l'un gouverneur, l'autre précepteur, éprouvèrent combien il est difficile d'effacer les premières impressions. Leur élève, avec toutes ses habitudes dévotes, ne laissait voir que hauteur, dureté, inapplication, mépris de tous les devoirs qui ne se remplissaient pas à l'église. Dans la campagne qu'il fit en Flandre, il fut accompagné par le roi d'Angleterre Jacques III, qui, sous le nom de chevalier de Saint-George, servit comme volontaire dans l'armée. Au lieu de lui témoigner le respect dû à un prince malheureux, il le traitait avec une légèreté offensante. Gamache, un des menins du duc de Bourgogne, révolté d'une indécence si soutenue, lui dit en franc chevalier : *Votre procédé avec le chevalier de Saint-George est apparemment une gageure : si cela est, vous l'avez gagnée. Ainsi traitez-le mieux dorénavant.* Une autre fois, ennuyé des puérilités du prince : *Vous avez,* lui dit-il, *beau faire des enfantillages, le duc de Bretagne, votre fils, serait encore votre maître.* Après une longue station à l'église pendant qu'on disposait les troupes : *Je ne sais*, lui dit Gamache, *si vous aurez le royaume du ciel; mais, pour celui de la terre, le prince Eugène et Marlborough s'y prennent mieux que vous.*

Enfin les germes d'un bon naturel, presque étouffés par la première éducation, se développèrent tout à coup. Beauvilliers et Gamache se firent écouter. Bossuet n'avait pu communiquer ses lumières à son élève : Fénelon inspira ses vertus au sien ; mais la régénération fut si prompte, que le duc de Bourgogne la dut principalement à lui-même.

Socrate se glorifiait d'avoir rectifié, par les efforts de la philosophie, le caractère vicieux qu'il tenait de la nature. Le duc de Bourgogne aurait pu se donner le même éloge; mais il attribuait son changement à un principe qui lui défendait de s'en glorifier : il en donnait tout l'honneur à la religion, ce qui lui faisait une vertu de plus qu'à Socrate. Il était né intempérant, colère, violent, orgueilleux, méprisant, fastueux, dissipé : il se fit tempérant, indulgent, patient, modeste, humain, économe, appliqué à ses devoirs.

Ses maximes étaient : que *les rois sont faits pour les sujets, et non les sujets pour les rois; qu'ils doivent punir avec justice, parce qu'ils sont les gardiens des lois; donner des récompenses, parce que ce sont des dettes ; jamais de présents, parce que n'ayant rien à eux, ils ne peuvent donner qu'aux dépens des peuples.* Ces paradoxes étaient l'effet de son discernement, et il avait le courage de les avancer au milieu de la cour.

S'étant refusé un meuble dont il avait envie, mais qu'il trouva trop cher, il répondit à un courtisan qui lui conseillait de se satisfaire : *Les sujets ne sont assurés du nécessaire, que lorsque les princes s'interdisent le superflu.*

En remplissant les devoirs religieux qui inspirent aux peuples le respect pour la Divinité, il y sacrifiait les plaisirs, non pas les affaires. Le roi son aïeul, embarrassé quelquefois et peut-être un peu humilié d'une dévotion plus gênante que la sienne, lui dit un jour de fête de se trouver au conseil de l'après-midi; *à moins*, ajouta-t-il, *que vous n'aimiez mieux aller à vêpres.* Le prince vint au conseil; mais il refusa le même jour d'assister à un bal, parce que ce n'était pas un devoir, et qu'il préférait le repos de la nuit, qui le préparait au travail du lendemain. Il approuva fort que la princesse sa femme s'y trouvât; son devoir était de plaire. Il ne blâmait aucun des plaisirs, tels que bals, fêtes, spectacles; mais il ne les pardonnait qu'à l'oisiveté.

Plein de respect pour le roi et de retenue sur le gouvernement, il n'en faisait la critique que par sa conduite. Les libertins auraient pu craindre son règne, les philosophes l'auraient béni; les prêtres n'auraient peut-être pas été les plus contents d'un prince qui aurait mis les intérêts de la religion avant les leurs.

Le roi, reconnaissant de jour en jour les qualités supérieures de son petit-fils, ordonna aux ministres d'aller travailler chez lui. Insensiblement il se trouva à la tête de toutes les affaires, et s'attira, de la part de son aïeul même, ce respect personnel qui est dû à la vertu. Les puissances étrangères espéraient que ce prince, en faisant respecter la France, sans la faire redouter, pourrait assurer la paix et le bonheur de l'Europe. Sa mort fut donc un malheur pour l'humanité entière.

Le pape Clément XI (Albani) témoigna sa douleur par des obsèques pontificales [1].

La duchesse n'avait précédé que de six jours son mari au tombeau. Jamais princesse n'eut plus qu'elle l'art de plaire. Séduisante par mille agréments, elle gagna bientôt l'amitié du roi et de madame de Maintenon. N'osant, par discrétion, donner le nom de mère à la vieille sultane, elle la nommait sa tante. A la faveur des caresses, elle hasardait souvent des plaisanteries assez fortes. *Savez-vous bien, ma tante,* disait-elle un jour devant le roi, *pourquoi les reines en Angleterre gouvernent mieux que les rois? C'est que les hommes gouvernent sous le règne des femmes, et les femmes sous celui des rois.* Sa vivacité l'emportait quelquefois trop loin;

---

[1] Ces obsèques se faisaient anciennement à Rome pour nos rois, et à Paris pour les papes. La cour de Rome les refusa pour Henri III, qu'elle regardait comme excommunié; et l'on cessa de les faire à Paris pour les papes.

mais elle saisissait bien les moments. Un jour qu'elle remarqua que le roi était importuné de la dévotion du duc de Bourgogne : *Je désirerais*, dit-elle, *mourir avant mon mari, et revenir ensuite pour le trouver marié avec une sœur grise, ou une tourière de Sainte-Marie.* Elle savait aussi prendre un ton plus sérieux, et le sentiment le lui inspirait dans les occasions. Un jour qu'on la pressait de jouer dans le salon de Marly pendant le plus grand feu de la guerre : *Eh ! avec qui voulez-vous que je joue ? Avec des femmes qui tremblent pour leurs maris, leurs enfants, leurs frères ? Et moi, qui tremble pour l'État !*

S'étant aperçue que madame la duchesse et la princesse de Conti, deux filles naturelles du roi, jalouses des progrès qu'elle faisait dans le cœur de leur père, avaient haussé les épaules de toutes ses petites folies, elle affecta de dire devant elles, et en sautant et riant : *Je sais bien que tout ce que je dis et fais devant le roi n'a pas le sens commun; mais il lui faut du bruit de ma part, et il en aura. Cela n'empêchera pas,* ajouta-t-elle en les regardant et continuant de rire, *que je ne sois un jour leur reine.*

Cet enfant, si séduisant et si cher au roi, n'en trahissait pas moins l'État, en instruisant son père, alors duc de Savoie et notre ennemi, de tous les projets militaires qu'elle trouvait le moyen de lire. Le roi en eut la preuve par les lettres qu'il trouva dans la cassette de cette princesse après sa mort. *La petite coquine,* dit-il à madame de Maintenon, *nous trompait.*

Comme j'aurai à traiter ce qui concerne les jésuites, je ferai connaître d'avance ici, à l'occasion de la mort de la duchesse de Bourgogne, l'opinion qu'on avait d'eux à la cour, dans le temps le plus brillant de leur règne.

L'acte de catholicité qui doit être le plus libre est sans doute la confession, quant au choix du ministre; et jamais il n'y en eut de plus contraint dans la maison royale, et surtout dans la famille. Le Dauphin a communément pour confesseur celui du roi, son père. Cet usage pourrait faire regretter la confession aux rois protestants.

Toutes les consciences de la maison royale étaient, sous

Louis XIV, entre les mains des jésuites; mais il ne tint qu'à lui de s'apercevoir combien la crainte qu'il inspirait, ou le désir de lui plaire, y avaient de part.

Dès que la duchesse de Bourgogne parut en danger, le jésuite la Rue, son confesseur ordinaire, se présenta pour la disposer à la mort. Dans ce moment, où l'on ne craint plus les rois mêmes, elle montra une telle répugnance, que l'habile jésuite, pour épargner à sa compagnie un plus grand éclat, dit à la princesse que si elle avait plus de confiance en un autre que lui, il irait le chercher. Elle lui nomma sur-le-champ Bailli, prêtre de la paroisse de Versailles. Celui-ci ne s'étant pas trouvé, elle demanda un père Noël, récollet; ce qui prouve un éloignement très-décidé pour les jésuites, d'autant plus que Bailli était fort suspect de jansénisme, la plus noire des taches aux yeux du roi. Les jansénistes avaient alors l'estime publique. Ce dégoût marqué pour la société n'était pas un exemple unique. Henri-Jules de Bourbon-Condé avait réclamé en mourant le père de la Tour, général de l'Oratoire, l'horreur des jésuites [1], et peu agréable au roi. Il est vrai que Henri-Jules se conduisit en courtisan jusque dans la manière de mourir. Il envoyait chercher le père la Tour dans un carrosse de louage, et on l'introduisait comme en bonne fortune, par un escalier dérobé; tandis que, sous prétexte d'un mieux dans la maladie ou du sommeil du prince, on refusait la principale porte de l'appartement à un père Lucas, jésuite, confesseur en titre, et qui, sur la nouvelle du danger, était accouru de Rouen pour se saisir de l'âme du prince; mais elle lui échappa.

Tous les ans, à Pâques, le prince envoyait une chaise de poste qui amenait de Rouen et remenait ce père Lucas : pour cette fois-ci, il en vint par la messagerie, et retourna par la même voie.

La princesse Louise-Marie Stuart, fille de Jacques II, répudia, en mourant, son jésuite pour le curé de Saint-Germain. Son frère en fit autant lorsqu'il fut en danger de mourir de la petite

---

[1] Les jésuites cherchèrent longtemps et inutilement à perdre le père la Tour. Le roi, fatigué des tentatives multipliées, imposa silence. *Il y a deux ans*, dit il, *que je le fais observer, sans qu'il m'en soit rien revenu de répréhensible. Il faut qu'il soit plus sage qu'on me dit, ou plus fin que nous. Qu'on ne m'en parle plus.*

vérole. La reine d'Espagne, première femme de Philippe V, changea, en mourant, son jésuite contre un dominicain.

Les jésuites voyaient souvent se vérifier le mot du premier président de Harlay. Des jésuites se trouvant à son audience avec des oratoriens : *Mes pères*, dit le caustique magistrat en s'adressant aux premiers, *il faut vivre avec vous;* et se tournant vers les oratoriens, *et mourir avec vous.*

Les malheurs domestiques de Louis XIV, tels que nous venons de les voir, n'étaient pas adoucis par la certitude de la paix. On espérait y parvenir, depuis que la négociation était entamée avec les Anglais; mais il se trouvait encore bien des obstacles de la part de leurs alliés[1]. La victoire que le maréchal de Villars remporta sur eux à Denain les rendit plus traitables. Villars, d'une figure distinguée, d'un air avantageux, d'un caractère qui l'était encore plus, fanfaron, mais très-brave, sachant mieux que personne se prévaloir de la part qu'il avait à un heureux succès, et en usurper le reste, était un général fait pour des Français, à qui la gaieté unie au courage inspire la confiance. Un homme de ce caractère frappe et saisit plus leur imagination qu'un homme modeste, à moins qu'il ne soit d'un ordre supérieur et reconnu, tel qu'un Turenne. Lorsque Villars entra dans le monde, sa mère lui dit : *Parlez toujours de vous au roi, et jamais à d'autres*. Il parla de lui à tout le monde, et n'en réussit que mieux. Quoi qu'il en soit, il a été utile à la France.

L'affaire de Denain, suivie de plusieurs autres succès, fit regretter aux alliés de n'avoir pas accepté les conditions offertes à Gertruydenberg; et tous les articles de la paix furent bientôt arrêtés. Celui qui demanda le plus de discussion regardait les renonciations.

Nous avons vu que l'Angleterre exigeait, pour préliminaire, que jamais les couronnes de France et d'Espagne ne pussent se réunir sur une même tête. Il s'agissait donc de faire renoncer Philippe V, pour lui et sa postérité, à la couronne de France,

---

[1] Les préliminaires convenus entre la France et l'Angleterre furent communiqués aux autres puissances, dès le mois de février 1711. Les conférences pour la paix générale s'ouvrirent à Utrecht le 29 janvier 1712. Les ministres hollandais essayèrent d'y parler comme à Gertruydenberg; mais le cardinal de Polignac leur imposa silence : *Messieurs*, leur dit-il, *les circonstances sont changées, il faut changer de ton. Nous traiterons chez vous, de vous, et sans vous.*

et que les ducs de Berri et d'Orléans fissent une pareille renonciation à la couronne d'Espagne, sur laquelle ils avaient des prétentions communes du chef d'Anne d'Autriche, femme de Louis XIII, aïeule du duc d'Orléans et bisaïeule du duc de Berri. Celui-ci avait de plus les droits qu'il tenait de Marie-Thérèse, son aïeule, femme de Louis XIV. Ces renonciations étaient jugées d'autant plus nécessaires, que Philippe V, avant que de passer en Espagne, avait pris, pour la conservation de ses droits à la couronne de France, des lettres patentes, telles que Henri III les avait en allant régner en Pologne. D'ailleurs, Philippe V, dès le commencement de son règne, en 1703, avait donné une déclaration interprétative du testament de Charles II, pour assurer les droits du duc d'Orléans à la couronne d'Espagne; et ceux du duc de Berri faisaient un article du testament même.

Notre ministre opposait « que, par les lois fondamentales de
« France, le prince le plus proche de la couronne est l'héritier
« nécessaire ; qu'il succède, non comme héritier simple, mais
« comme maître du royaume, non par choix, mais par le seul
« droit de naissance ; qu'il ne doit sa couronne ni à la volonté de
« son prédécesseur, ni au consentement de qui que ce soit, mais à
« la constitution de la monarchie, à Dieu seul ; qu'il n'y a que Dieu
« qui puisse la changer, et que toute renonciation serait inutile. »

Milord Bolingbroke répondit : « Vous êtes persuadés, en
« France, qu'il n'y a que Dieu qui puisse abolir cette loi, sur
« laquelle le droit de votre succession est fondé ; mais vous nous
« permettrez aussi de croire, dans la Grande-Bretagne, qu'un
« prince peut renoncer à ses droits par une cession volontaire ;
« et que celui en faveur de qui cette renonciation se fait peut
« être soutenu avec justice dans ses prétentions par les puissan-
« ces qui ont accepté la garantie du traité. Enfin, monsieur, la
« reine m'ordonne de vous dire que cet article est d'une si
« grande conséquence, tant à son propre égard qu'à celui de
« toute l'Europe, qu'elle ne consentira jamais à continuer des
« négociations de paix, à moins qu'on n'accepte l'expédient
« qu'elle a proposé, ou quelque autre aussi solide[1]. »

---

[1] Voyez le rapport du comité secret, imprimé à Londres, où se trouve le mémoire du 23 mai 1712, de la cour de Londres, la réponse du marquis de Torcy,

Louis, qui avait si souvent dicté des conditions, n'était plus en état de rejeter, pas même de discuter, celles qui lui étaient prescrites. Il fallut consentir aux renonciations. Les Anglais n'étaient pas encore séparés de leurs alliés, l'affaire de Denain n'était pas arrivée, et il y avait autant de vérité que de compliment dans la lettre du maréchal de Villars au duc d'Ormond, général anglais, qui venait de remplacer Marlborough : *Les ennemis du roi ont déjà senti qu'ils n'ont plus avec eux les braves Anglais.*

Le ministère de France parut si opposé à la renonciation, que celui d'Angleterre offrit pour Philippe V l'alternative ou de garder l'Espagne et les Indes, en renonçant actuellement pour lui et sa postérité au trône de France, ou d'y conserver tous ses droits, en cédant la couronne d'Espagne au duc de Savoie, et recevant en échange les royaumes de Naples et Sicile, la Savoie, le Piémont, le Montferrat et le duché de Mantoue ; et, au cas que lui ou quelqu'un de ses descendants parvînt à la couronne de France, tous ces états échangés y seraient réunis, à l'exception de la Sicile, qui passerait à la maison d'Autriche. Louis XIV n'oublia rien pour engager son petit-fils à accepter le dernier parti ; mais Philippe avait reçu trop de preuves de l'attachement des Espagnols, pour les abandonner. Il ne balança pas ; et, le 5 novembre 1712, il fit, en pleins *cortès* [1], sa renonciation à la couronne de France. Le jour suivant, il en donna avis à son frère le duc de Berri, par une lettre communiquée à *la junte* [2], et qu'il accompagna d'un modèle de renonciation à la couronne d'Espagne, pour les ducs de Berri et d'Orléans.

La renonciation faite, au nom de ces deux princes, dans les *cortès* d'Espagne, y avait toute la force et l'authenticité possibles. Il n'en était pas ainsi de celle de Philippe en France. Il fallait qu'elle y fût ratifiée avec le même appareil que les deux autres l'avaient été à Madrid. Louis XIV offrait de faire enregistrer au parlement une déclaration contenant les renonciations respectives ; mais les Anglais, et surtout leurs alliés, pour rom-

---

ministre de France, et la réplique du lord Bolingbroke.

[1] Les états-généraux se nomment en Espagne, *las cortes.*

[2] *La junte*, en Espagne, répond au conseil d'État en France.

pre la négociation et pour continuer la guerre, exigeaient la sanction des états généraux de France. Ils savaient combien les renonciations et les serments avaient déjà été illusoires. Louis XIII les avait faits lors de son mariage avec Anne d'Autriche; Louis XIV les avait renouvelés à la paix des Pyrénées, en épousant Marie-Thérèse : cela n'avait pas empêché l'invasion de la Franche-Comté et d'une partie des Pays-Bas espagnols, après la mort de Philippe IV. Quelle forme plus sacrée pouvait-on donner aux nouvelles renonciations, sans la sanction des états?

Louis, accoutumé à concentrer tout l'État dans sa personne, ne concevait pas qu'on pût réclamer une autorité confirmative de la sienne. Cependant la paix devenait tous les jours plus nécessaire, et il fallait contenter les alliés. Un comité, composé des ducs de Beauvilliers, de Chevreuse, de Charost, de Humières, de Saint-Simon et de Noailles, fut chargé de chercher un moyen de parvenir au but qu'on se proposait, sans l'assemblée des états.

On proposa de convoquer les princes du sang, les ducs et pairs, les ducs vérifiés ou héréditaires non pairs, les officiers de la couronne, les gouverneurs des provinces, et les chevaliers de l'ordre, qui représenteraient la noblesse. Mais le corps de la noblesse ne pouvait être régulièrement représenté que par des députés nommés par elle-même; le clergé ne se croirait pas représenté par les pairs ecclésiastiques, si la noblesse ne croyait pas l'être par les ducs et les officiers de la couronne. Le tiers paraîtrait à l'instant, et les parlements, qui en sont la principale partie, ne seraient pas satisfaits de l'unique personne du chancelier, qui d'ailleurs ne serait regardé que comme officier de la couronne. On en concluait que cette assemblée ne serait qu'une fausse image d'états, qui, sans en avoir le poids et l'autorité, n'en blesserait pas moins le roi, qui n'en voudrait ni la réalité, ni l'apparence.

Saint-Simon, ivre jusqu'à la manie de son titre de duc et pair, prétendait que l'assemblée des princes du sang, des pairs, des ducs héréditaires et des officiers de la couronne, représenterait parfaitement les parlements de la première, de la seconde et du commencement de la troisième race.

Les monuments de ces temps-là sont si obscurs, qu'ils se prêtent à toutes sortes de systèmes. Le duc de Saint-Simon avançait que dans ces parlements (*placita*) il ne se trouvait que les grands vassaux laïques et ecclésiastiques, ces derniers par leur titre seul de grands vassaux. L'armée, qui était proprement la noblesse, assemblée dans le champ de mars, sans délibérer elle-même, attendait et recevait les décisions, les lois des *placita*.

Les discussions de notre comité ne décidaient pas l'affaire; Bolingbroke la termina sur la forme avec les alliés, comme il avait déjà fait sur le fond avec notre ministre.

Depuis longtemps la France et l'Angleterre jouent le principal rôle dans les guerres générales de l'Europe. Dès que ces deux puissances, qui fournissent les subsides, sont d'accord, les autres sont bientôt obligées d'accéder. Dans le système actuel, la nation la plus riche fait la loi.

La reine d'Angleterre consentait à la paix, et Bolingbroke, son ministre, avait intérêt de la faire, pour abaisser le parti de Marlborough. D'ailleurs, dans un voyage qu'il avait fait en France pour discuter les préliminaires, il avait été très-sensible aux égards que le roi lui marquait. Quoique ce prince fût alors dans un état d'humiliation, l'Europe était depuis si longtemps accoutumée à le regarder comme le grand roi, que l'impression en subsistait encore. Un étranger, quel qu'il fût, se trouvait très-flatté des moindres distinctions de ce monarque. Buis, plénipotentiaire des Hollandais, qui dans les conférences avait déclamé si indécemment contre le roi, étant venu ensuite ambassadeur en France, devint un de ses plus passionnés admirateurs.

Bolingbroke fit donc approuver aux alliés le projet de déclaration que le roi avait offert sur les renonciations. Il leur fit voir que si la France était jamais assez puissante pour revenir contre ses engagements, rien ne l'arrêterait; mais que l'intérêt des puissances réunies de l'Europe serait la plus sûre des garanties, la force étant toujours entre les princes l'interprète des traités.

Les principes, ou les préjugés nationaux, sont inaltérables. On est généralement persuadé en France que si la famille royale, la branche directe, venait à s'éteindre, l'aîné de la branche espagnole passerait sur le trône de France, au préjudice de tous les princes du sang qui ne seraient pas sortis de Louis XIV, Louis XV, etc. On n'est pas moins convaincu que les deux couronnes ne seraient pas réunies sur la même tête [1].

La forme des renonciations étant convenue, les ducs de Berri et d'Orléans se rendirent, le 15 mars 1713, au parlement, où se trouvèrent le duc de Bourbon, le prince de Conti, princes du sang; les deux légitimés, le duc du Maine et le comte de Toulouse; cinq pairs ecclésiastiques, et ce qu'il y avait de pairs laïques en état d'y assister. Le chancelier (de Pontchartrain) n'ayant point eu ordre du roi d'y aller, ne fut pas fâché de s'en dispenser, sachant mieux que personne la valeur de cette cérémonie.

Le duc de Shrewsbury et Prior, plénipotentiaires d'Angleterre, le duc d'Ossone, plénipotentiaire d'Espagne, à Utrecht, et qui était pour lors à Paris, étaient placés dans une des lanternes ou tribunes, chacun ayant une copie des pièces dont on allait faire le rapport, pour en suivre la lecture.

Les gens du roi ayant exposé le sujet de l'assemblée, le doyen du parlement (le Nain) lut la lettre de cachet et les lettres patentes du mois de décembre 1700, qui conservaient à Philippe V et à sa branche, quoique absente et non régnicole, les droits à la couronne de France. On lut tout de suite sa renonciation, qui fut mise en marge des registres, pour annuler les lettres patentes.

De là, on passa aux renonciations des ducs de Berri et d'Orléans à la couronne d'Espagne, pour eux et pour leur postérité mâle et femelle.

Les conclusions du procureur général et l'arrêt du parlement, furent lus et approuvés; les magistrats sortirent pour prendre

---

[1] Louis XV ayant la petite vérole au mois d'octobre 1728, et le courrier ayant manqué un jour en Espagne, Philippe V supposa que le roi, son neveu, était mort : il fit aussitôt assembler *la junte*, et déclara qu'il allait passer en France avec le second de ses fils, laissant la couronne d'Espagne au prince des Asturies, son aîné, qui la préférait, et qui fit dans la chapelle sa renonciation en forme à celle de France. Les ordres étaient donnés pour partir le lendemain; mais le courrier apporta, au moment du départ, la nouvelle de la convalescence du roi. Je tiens ce fait de la duchesse de Saint-Pierre, dame du palais de la reine d'Espagne, et du maréchal de Brancas, ambassadeur de France à Madrid, présents à la cérémonie de la renonciation du prince des Asturies.

la robe rouge, revinrent se placer aux hauts siéges, et l'arrêt fut prononcé en pleine audience et à portes ouvertes.

Je dois observer que le roi d'Espagne, prenant dans ses qualités celles de roi de Navarre et de duc de Bourgogne, le parlement mit dans l'enregistrement : *Sans approbation des titres.*

Je me permettrai de rapporter ici un fait assez puéril en soi, mais qui n'en fera que mieux connaître dans quel esprit un gouverneur et un précepteur, alors deux hommes de mérite, étaient cependant obligés, sous les yeux de Louis XIV, d'élever des princes qui pouvaient éventuellement monter sur le trône, ce qui venait même d'arriver à Philippe V.

Le premier président (de Mesmes) ayant ouvert la séance par un compliment au duc de Berri, ce prince, qui avait appris une réponse de six lignes, dit et répéta plusieurs fois : Monsieur....; mais sa timidité naturelle, augmentée par le spectacle de l'assemblée, ne lui permit pas d'ajouter un mot; de sorte que le premier président, ayant attendu le peu de temps qu'auraient pu durer deux phrases, s'inclina profondément, comme si la réponse eût été finie, et termina l'embarras du duc de Berri et des assistants.

Ce prince, affligé du déconcertement où il s'était trouvé, ne levait pas les yeux, et garda un silence morne jusqu'à Versailles. Pour ajouter le dépit à la douleur, à son arrivée la princesse de Montauban, Bautru-Nogent, vint au-devant de lui, et, avec une flatterie plate et un engouement de femme de chambre, félicita le pauvre prince sur l'éloquence qu'il avait fait paraître au parlement. Elle ne disait pas un mot qui ne fût un coup de poignard pour une âme déjà noyée dans la douleur. Le prince, n'y pouvant plus tenir, s'échappa brusquement, et, lorsqu'il fut en liberté, s'abandonna aux larmes et aux cris. N'osant nommer le roi, il s'emportait contre le duc de Beauvilliers, son gouverneur, qu'il accusait de sa mauvaise éducation. « J'étais cadet, disait-il en sanglotant, j'avais autant de dispositions que mes aînés : on a eu peur de moi, on ne m'a appris qu'à chasser, on n'a cherché qu'à m'abrutir, on y a réussi ; on m'a rendu incapable de tout. » Cet état violent dura deux heures, avec des apostrophes réitérées à la princesse de Montauban. On eut beaucoup de peine à le calmer, et à lui persuader que le compliment qu'elle lui avait fait n'était qu'une fade adulation sans malice. Pour donner encore un échantillon des platitudes de cour, je noterai ici que la duchesse de Berri étant accouchée d'un fils qui vint à sept mois, les plus robustes courtisans se trouvèrent nés à pareil terme, ce qui n'empêcha pas l'enfant de mourir au bout de huit jours.

Les renonciations ayant été acceptées, la paix fut bientôt conclue entre la France et les alliés, excepté l'empereur. Elle fut signée à Utrecht le 11 avril, et publiée à Paris le 25 mai 1713. Ce traité, et ceux qui en furent la suite, sont si connus et se trouvent dans un si grand nombre de livres, que je n'en rapporterai pas les articles. Une chose peu importante, mais assez singulière, c'est que l'abbé de Polignac, un de nos plénipotentiaires à Utrecht, obtint le chapeau de cardinal à la nomination de Jacques III comme roi d'Angleterre, dans le temps que l'abbé signait les articles qui excluaient ce prince du trône, dont on assurait la possession à la branche protestante d'Hanovre.

Par un accord particulier de la reine Anne avec Louis XIV, cette princesse convint de faire payer sept cent cinquante mille livres de douaire à la reine Marie d'Este, veuve du roi Jacques II ; et, pour éviter toute difficulté sur les quittances qu'elle n'aurait pas pu signer, *Reine d'Angleterre, de France, etc.*, il fut convenu qu'elle signerait simplement : *Marie, reine*.

Quoique l'union des royaumes d'Angleterre, d'Écosse et d'Irlande eût été faite sous le titre de Grande-Bretagne, les Stuarts y avaient encore beaucoup de partisans. Une association nombreuse d'Écossais avait présenté en 1711, à la reine Anne, une adresse par laquelle ils l'assuraient de leur fidélité, puisqu'ils l'avaient reconnue, quoiqu'elle ne dût pas être leur reine, ayant un frère à qui ils la suppliaient d'assurer la couronne, et de lui donner en attendant cent mille livres sterlings de pension.

La reine aurait travaillé de grand cœur à se donner ce frère pour successeur, si elle eût eu la moindre espérance d'y réussir, et avait toujours su gré à Louis XIV d'avoir donné asile à cette famille malheureuse ; et ces sentiments n'avaient pas peu contribué à la disposer à la paix. Dès qu'elle fut conclue, cette princesse désira que Louis XIV acceptât, en signe d'amitié, l'ordre de la Jarretière; et ce prince ne s'y fût pas refusé, sans la crainte qu'il eut d'affliger la reine Marie.

Le 6 mars de l'année suivante, le prince Eugène au nom de l'empereur, et le maréchal de Villars au nom du roi, signèrent la paix à Rastadt; et le 7 septembre, elle fut conclue avec l'Empire à Bade, par le maréchal de Villars, le comte du Luc-Vintimille, et Contest, maître des requêtes.

On ne fit dans le traité de Bade aucune mention de Philippe V, que l'empereur ne reconnaissait pas pour roi d'Espagne; comme Philippe ne reconnaissait pas Charles VI pour empereur.

Les conditions de la paix n'étaient pas assez agréables au roi pour qu'il en reçût les compliments avec plaisir; aussi refusa-t-il d'en recevoir [1].

Croirait-on, si l'on ne savait jusqu'où peut aller la témérité d'une favorite, que la princesse des Ursins arrêta pendant plusieurs mois la conclusion de la paix? Cette femme a joué un rôle si singulier, même dans les affaires générales, qu'il est à propos de la faire connaître.

Anne-Marie de la Trémouille, veuve de Talleyrand, prince de Chalais, épousa ensuite le duc de Bracciano, de la maison des Ursins, dont elle resta encore veuve en 1698. Le duché de Bracciano ayant été vendu pour payer les dettes de la maison des Ursins, elle prit le nom de princesse des Ursins.

Lorsqu'on fit la maison de la première femme de Philippe V, fille du duc de Savoie Victor-Amédée, la princesse des Ursins fut nommée dame d'honneur de la reine, se rendit bientôt maîtresse absolue de l'esprit du roi et de la reine, et rien ne se faisait en Espagne que par ses conseils. Quoiqu'elle eût par elle-même le plus grand crédit, elle était encore appuyée par la France. La marquise de Maintenon, ayant intérêt de prévenir favorablement Louis XIV pour la princesse des Ursins, la lui peignait comme une Française zélée, dont il pouvait se servir pour gouverner lui-même son petit-fils. C'était le prétexte : le

---

[1] Louis XV a pareillement, et par les mêmes raisons, refusé les compliments sur la paix avec les Anglais, conclue à Paris le 10 février 1763, et publiée le 21 juin de la même année. Les préliminaires furent signés le 3 novembre 1762.

vrai motif de madame de Maintenon était d'être instruite par sa protégée de tous les secrets de la correspondance d'Espagne. Torcy, uniquement attaché à Louis XIV, ne s'était jamais asservi à communiquer ses dépêches à madame de Maintenon ; aussi ne l'aimait-elle point. Aucune femme régnante ne pardonne à un ministre de ne la pas préférer à son maître.

La princesse des Ursins, ivre de sa faveur, crut pouvoir tout se permettre. Elle intercepta une dépêche que l'abbé d'Estrées, ambassadeur de France à Madrid, écrivait au roi, et dans laquelle, en faisant un tableau de la cour d'Espagne, il disait que la princesse des Ursins exerçait un empire despotique sur tout ce qui l'approchait, excepté sur un nommé Boutrot d'aubigny, son intendant, par qui elle était subjuguée, et avec qui elle couchait. Il ajoutait, par égards, qu'on les croyait mariés. La princesse, ne se trouvant offensée que du dernier mot, eut l'impudence d'envoyer la lettre à Louis XIV, et d'écrire en marge : *Pour mariée, non.*

Un procédé si leste n'était ni dans les mœurs du roi, ni dans la pruderie de madame de Maintenon. Le prince renvoya la lettre à son petit-fils, et en exigea de chasser madame des Ursins. L'ascendant qu'elle avait sur Philippe céda, pour le moment, à la dévotion et à l'obéissance que Louis avait toujours inspirée à sa famille.

La princesse des Ursins, éloignée de la cour d'Espagne et rejetée de celle de France, resta quelque temps dans une espèce d'exil à Toulouse. Madame de Maintenon n'osa d'abord la défendre ; mais elle regrettait sa correspondance d'Espagne. Elle laissa donc refroidir le ressentiment du roi, fit valoir, par degrés, la douleur qu'avait causée au roi et à la reine d'Espagne le sacrifice de leur favorite, l'utilité dont elle pouvait être à Madrid, les remords qu'elle avait de sa conduite, et surtout d'avoir déplu au roi ; de sorte que ce prince, croyant corriger quand il punissait, consentit au retour de l'exilée, rappela l'abbé d'Estrées, qui ne pouvait être désormais que désagréablement à Madrid ; et, pour l'en dédommager, on lui donna l'ordre du Saint-Esprit. C'est le premier exemple de cette grâce accordée à un ecclésiastique non prélat.

Le roi et la reine d'Espagne avaient un goût si décidé pour la princesse des Ursins, que son absence la leur avait rendue plus chère. Elle reparut à Madrid avec plus d'éclat et d'autorité que jamais. Dans un voyage qu'elle fit aux eaux de Bagnères, pour sa santé, elle fut accompagnée par un détachement de gardes du corps. Elle continua son commerce avec d'Aubigny, mais avec plus de discrétion, par la crainte qu'elle avait de Louis XIV, et surtout qu'on ne la soupçonnât d'être mariée.

D'Aubigny, respectueux en public pour sa maîtresse, la traitait quelquefois en particulier avec l'empire qu'un amant trop inférieur, soit mépris, soit système, prend communément sur une femme d'un haut rang, ce qui ne contribue pas peu à la lui attacher.

Quelque brillante que fût la position de la princesse des Ursins, elle ne la crut pas sûre. Elle s'était déjà vue sacrifiée aux volontés de Louis XIV, elle pouvait l'être encore : elle résolut donc de se faire un état indépendant, en se procurant une souveraineté, et jeta ses vues sur la ville et le canton de la Roche, en Ardenne, *Rupes Ardennæ*, à douze lieues de Luxembourg. Elle engagea le roi d'Espagne, qui ne savait rien lui refuser, à faire de cet article une des conditions de la paix qui se traitait à Utrecht. Pour rendre Louis XIV plus favorable à cette prétention, elle offrait de stipuler dans le traité la réversion, après sa mort, de la souveraineté de la Roche à la couronne de France. Elle avait un projet ultérieur qu'elle ne déclarait pas encore : c'était de proposer dans la suite au roi de la faire jouir des droits de souveraineté en Touraine, en échange de la Roche. Elle goûtait d'avance le plaisir d'étaler sa gloire dans sa patrie, et doutait si peu de l'acceptation du roi, qu'elle envoya d'Aubigny choisir près de Tours un canton agréable, un terrain propre à bâtir un château vaste et commode, et l'étendue nécessaire pour les jardins. D'Aubigny exécuta les ordres de la princesse de la manière la plus conforme à la destination du château. On était étonné de voir faire une si prodigieuse dépense par un simple particulier, que l'on connaissait pour fils d'un procureur de Paris, et dans un lieu sans justice ni seigneurie, circonstances qui auraient paru assez indifférentes, si l'on n'eût su pour qui et pour quoi se faisait un tel établissement. Nous allons voir que la princesse des Ursins n'a jamais pu en jouir. Ce château, nommé Chanteloup, resta à d'Aubigny pour prix de ses services. Il se maria après la mort de sa maîtresse, et mourut en 1733, laissant une fille unique très-riche, qui épousa le marquis d'Armantières-Conflans.

Les plénipotentiaires d'Espagne étant chargés par leurs instructions d'appuyer la demande de la princesse des Ursins, elle crut qu'il était de sa dignité d'avoir à Utrecht une manière de ministre à elle : ce fut le baron de Capres Bournonville, qui se fit assez mépriser par le contraste de sa naissance et de sa commission. Aucun des ministres ne voulut traiter avec lui, ni le reconnaître. Les dégoûts, les humiliations qu'il affronta dans Utrecht firent sa fortune en Espagne, et il se crut bien dédommagé. L'honneur qui se vend, si peu qu'on en donne, est toujours payé plus qu'il ne vaut.

Les recommandations de Philippe V, et les sollicitations de la princesse des Ursins, furent inutiles. Louis XIV avait d'abord vu avec assez d'indifférence les prétentions de cette ambitieuse ; mais la marquise de Maintenon, réduite à voiler sa grandeur réelle, ne put digérer que sa protégée prétendît se faire ostensiblement souveraine, chercha les moyens de la perdre dans l'esprit du roi, et ne tarda pas à les trouver. Les plénipotentiaires d'Espagne sollicitaient vivement en faveur de madame des Ursins, mais ceux de Hollande ne voulurent absolument consentir à rien : la paix ne se concluait point. Louis XIV, impatient d'en recevoir la nouvelle, apprit les motifs du retardement, en fut indigné ; et madame de Maintenon approuvant fort la colère où il était, il fit ordonner aux plénipotentiaires de son petit-fils de signer sur-le-champ ; sans quoi, ajouta-t-il, l'Espagne ne devait plus rien espérer de la France.

La princesse des Ursins, voyant échouer son projet de souveraineté personnelle, ne songea plus qu'à régner précairement à Madrid ; mais elle conçut bientôt de plus hautes espérances.

La reine d'Espagne, attaquée d'humeurs froides, languissait depuis longtemps, et mourut le 14 février 1717. Madame des Ursins s'imagina qu'il ne serait pas impossible de lui succéder. Voici sur quoi elle se fondait.

Philippe V, né avec un caractère doux et paresseux, élevé dans la soumission à l'égard du duc de Bourgogne, son frère aîné, à qui il était d'abord destiné à obéir, en avait contracté toutes les dispositions à se laisser conduire; et madame des Ursins en faisait, depuis plusieurs années, l'expérience par elle-même. Ce prince d'ailleurs, nourri dans la dévotion avec une âme timorée, était partagé d'un tempérament brûlant, qui lui rendait une femme nécessaire. Il n'avait découché d'avec la sienne que cinq jours avant sa mort; et quoiqu'elle fût dans un état fort dégoûtant, il usa toujours des droits d'époux. Il avait plus de besoins que de sentiments; car, le jour même qu'on portait à l'Escurial le corps de la reine, il alla à la chasse; et, en revenant à cheval, ayant aperçu de loin le convoi, il s'en approcha pour le voir passer.

Madame des Ursins était trop âgée pour avoir des enfants; mais le roi avait trois fils qui paraissaient assurer la succession, et, avec son ardeur et ses scrupules, il lui suffisait de trouver une femme, et qu'elle fût la sienne.

Pour resserrer de plus en plus l'intimité, madame des Ursins se fit nommer ou se constitua elle-même gouvernante des enfants, qui ne pouvaient pas être en meilleures mains, pour leur conservation, que dans celles de la personne dont c'était le plus grand intérêt. Elle tira le roi du palais où la reine était morte; et, au lieu de le mener dans un autre, tel que Buenretiro, où la cour pouvait être logée, elle le conduisit à l'hôtel de Medina-Cœli, afin que le peu de logement en écartât l'affluence des courtisans. Il n'approchait du roi que trois ou quatre hommes pour l'amuser, sous le nom de *recreadores*, dont la princesse était sûre. Son appartement n'était séparé de celui du roi que par une galerie découverte. Le prétexte de conduire les infants chez leur père, autorisait assez la gouvernante à traverser librement la galerie; mais elle voulait voir le roi à d'autres heures; et, pour ne pas avoir de témoins de son assiduité, elle donna ordre d'enclore de planches cette galerie. Il se trouva que l'ordre fut donné un samedi au soir. Les ouvriers faisant scrupule de travailler un dimanche, le contrôleur des bâtiments demanda au père Robinet, jésuite français, confesseur du roi, si l'on pouvait travailler un tel jour. Le courtisan voulut d'abord éluder la question ; mais étant pressé de répondre, l'honnête homme prit le dessus : *Oui*, dit brusquement le père Robinet, *travaillez le dimanche, même le jour de Pâques, si c'est pour détruire la galerie*. La princesse des Ursins ayant donné les dispenses, la galerie fut faite.

Dès ce moment, la cour ne douta point que le roi n'épousât madame des Ursins ; mais Robinet rompit absolument ce mariage.

Le roi, aimant à s'entretenir des nouvelles de France avec son confesseur, lui demanda un jour ce qui se disait de nouveau à Paris : *Sire,* répondit Robinet, *on y dit que Votre Majesté va épouser madame des Ursins. Oh ! pour cela, non*, dit le roi sèchement, et passa.

Madame des Ursins, instruite de ce dialogue court, mais intéressant, comprit qu'elle devait abandonner son projet ; mais, ne pouvant monter sur le trône, elle songea du moins à y placer celle qui lui paraîtrait la moins propre à l'occuper, qui lui en eût l'obligation, et la laissât régner. Elle jeta les yeux sur Élisabeth Farnèse, nièce du duc de Parme [1]. Elle imagina que cette princesse, renfermée dans le petit palais de Parme, n'ayant reçu aucune éducation relative à un grand état, devait ignorer toute espèce d'affaires, et se trouverait trop heureuse, non-seulement d'un choix si inattendu, mais d'avoir, en arrivant dans une grande cour, une amie qui voulût bien la conduire. Elle confia ses desseins à l'abbé Jules Alberoni, agent du duc de Parme à Madrid, et lui demanda des éclaircissements sur la princesse de Parme. L'abbé, qui vit dans l'instant la porte de la fortune ouverte devant lui, répondit suivant les désirs de celle qui l'interrogeait, et lui dit, vrai ou faux, tout ce qui pouvait la confirmer dans son projet.

Madame des Ursins, sûre de faire accepter par le roi quelque femme qu'elle eût proposée, lui en parla, la fit agréer, et la demande en fut faite en forme. Pendant que le mariage se traitait,

---

[1] Élisabeth Farnèse, née le 25 octobre 1692, était fille d'Odoard Farnèse et de Dorothée-Sophie, fille de l'électeur palatin Philippe-Guillaume, de la branche de Neubourg. Cette même Dorothée-Sophie, étant veuve, épousa François Farnèse, duc de Parme, frère de son premier mari Odoard.

et presque au moment de la conclusion, madame des Ursins apprit que la princesse de Parme avait en effet eu peu d'éducation, mais qu'elle avait beaucoup d'esprit naturel et du caractère. Ce n'étaient pas des qualités que madame des Ursins désirât dans son élève. Elle en fut alarmée, et dépêcha un courrier pour suspendre tout. Il arriva à Parme le jour même (16 août) que le mariage allait y être célébré par le cardinal Gozzadini, légat *a latere*, en vertu de la procuration du roi d'Espagne, envoyée au duc de Parme, oncle de la princesse, pour représenter Sa Majesté Catholique.

L'oncle et la nièce prirent sur-le-champ leur parti. On enferme le courrier; on lui propose l'alternative, ou de mourir à l'instant, ou de recevoir une somme considérable; moyennant quoi il resterait caché jusqu'au lendemain, qu'il paraîtrait en public, comme ne faisant que d'arriver. Il est inutile de dire que le courrier ne balança pas sur le choix. Le mariage fut célébré, et le courrier ne parut que le jour suivant. On en avait dépêché un autre dès la veille, avec une lettre par laquelle la princesse mandait au roi d'Espagne que le mariage avait été célébré, et qu'elle partait pour se rendre auprès de Sa Majesté. Elle partit en effet, et s'embarqua à Sestri di Levanti; mais, n'ayant pu supporter la mer, elle débarqua à Gênes, se rendit par terre à Antibes, et traversa une partie de la France jusqu'à la frontière d'Espagne. Le roi lui fit rendre, sur la route et dans les lieux où elle séjourna, tous les honneurs qu'elle voulut recevoir. En arrivant à Pampelune, elle trouva Alberoni, et lui dit qu'elle était résolue de chasser madame des Ursins, dès le premier moment qu'elle la verrait. Alberoni lui représenta le danger de ce dessein, et tâcha de la détourner par la crainte du roi, sur qui madame des Ursins avait le plus grand empire. Pour réponse, la reine tira une lettre de sa poche, et, la jetant sur une table, Lisez, dit la reine, et vous ne serez plus si effrayé. Cette lettre était du roi d'Espagne, qui mandait à la reine de chasser madame des Ursins, et finissait par ces mots : *Au moins, prenez bien garde à ne pas manquer votre coup tout d'abord ; car si elle vous voit seulement deux heures, elle vous enchaînera, et nous empêchera de coucher ensemble, comme avec la feue reine.*

Alberoni n'eut plus rien à dire, et la reine continua sa route, moins disposée à recevoir les premiers services de madame des Ursins, qu'à se venger du dernier outrage qu'elle avait été sur le point d'en éprouver.

Le roi, qui n'avait rien su du courrier de madame des Ursins pour rompre le mariage, fut charmé d'apprendre qu'il allait bientôt jouir d'une femme, et s'avança au-devant d'elle jusqu'à Guadalajara, à douze lieues de Madrid.

Quelles que fussent les raisons dont madame des Ursins prétendait se servir pour s'excuser auprès de la reine du contre-ordre sur le mariage, elle avait commencé par se faire nommer *camarera mayor* de cette nouvelle reine, comme elle l'était de la précédente, et alla, pour lui faire sa cour, jusqu'à Quadraqué, sept lieues plus en avant que le roi. S'étant présentée devant elle, on se retira pour les laisser en liberté; un moment après, on entendit parler fort haut : la reine appela ses officiers, criant qu'on fît sortir cette folle, qui lui manquait de respect. Madame des Ursins, tout interdite, demandait en quoi et quel était son crime. La reine, sans lui répondre, ordonna à Damezagua, lieutenant des gardes du corps, commandant le détachement, de faire monter cette femme dans un carrosse avec deux officiers sûrs, de la faire partir sur-le-champ, et de ne la quitter qu'à Bayonne. Damezagua voulut représenter qu'il n'appartenait qu'au roi de donner un pareil ordre. *N'en avez-vous pas un,* lui dit fièrement la reine, *de m'obéir en tout, sans réserve et sans représentation?* Il l'avait, en effet, sans que personne en eût connaissance. Étonné que la reine en fût instruite, il vit qu'il n'avait qu'à obéir.

Alberoni, exilé d'Espagne, et passant en Italie par la France, coucha une nuit à Aix. Le marquis, depuis maréchal de Brancas, commandant à Aix, ayant ordre de ne lui rendre aucun honneur, se borna à lui envoyer faire compliment par un secrétaire. En même temps un officier, nommé Lottier, qui avait été attaché au duc de Vendôme, et fort lié chez ce prince avec Alberoni, demanda au marquis de Brancas la permission d'aller voir cet ancien ami. Le marquis, loin de la lui refuser, y applaudit, et engagea Lottier à faire parler le cardinal. Celui-ci les retint tous deux à souper, et dans la conversation raconta ce que je viens de rapporter ; et je le tiens du maréchal de Brancas, à qui son secrétaire et Lottier en rendirent compte dès le soir même.

Madame des Ursins fut donc mise dans un carrosse, avec une femme de chambre et deux officiers des gardes, sans autres habits ni linge que ce qu'elle avait sur le corps ; et partit à huit heures du soir par un froid très-vif, le 23 décembre 1714.

Le jour suivant, la reine arriva l'après-midi à Guadalajara. Le roi vint lui présenter la main à la descente du carrosse, la conduisit à la chapelle, où ils furent mariés ; de là, dans une chambre, où ils se mirent au lit, et ils ne se levèrent que pour aller à la messe de minuit.

Le roi, qui permit à Lanti et à Chalais, neveux de la princesse des Ursins, d'aller la joindre, les chargea d'une lettre par laquelle il lui témoignait qu'il était touché de son sort ; mais qu'il n'avait pu résister à la volonté de la reine, et qu'il lui conservait ses pensions.

La reine ne changea rien à sa maison, toute composée de créatures de madame des Ursins. On était bien sûr qu'il ne lui en resterait point après sa chute. Cette reine, si ignorante, disait-on, de l'esprit des cours, n'en douta pas un instant.

Cependant madame des Ursins avait marché toute la nuit. Un profond silence régnait dans le carrosse ; elle ne pouvait se persuader ce qui lui arrivait, et ne doutait point que le roi, indigné d'un pareil traitement, ne fît courir après elle. Son illusion dura jusqu'à l'arrivée de ses neveux, qui la joignirent en chemin, et lui remirent la lettre du roi. Elle ne laissa échapper ni soupir ni plainte en la lisant, et ne donna pas la moindre marque de faiblesse. Ses conducteurs, accoutumés à la respecter et la craindre, étaient aussi frappés qu'elle de cet événement, et la quittèrent à Saint-Jean-de-Luz, où elle n'arriva que le 14 janvier 1715. Quand elle fut libre de son escorte, ses neveux lui apprirent que, le soir même de sa disgrâce, la reine avait écrit au roi, qu'il avait paru ému à la lecture de la lettre, mais n'avait donné aucun ordre.

Madame des Ursins, n'espérant plus rien de l'Espagne, et se

flattant de quelque ressource en France, y dirigea sa marche. Arrivée à Bayonne, elle envoya faire des compliments à la reine douairière d'Espagne, Marie-Anne de Neubourg, qui les rejeta, et ne trouva d'asile à Paris que chez le duc de Noirmoutier, son frère, où beaucoup de gens vinrent la voir, moins par intérêt que par curiosité. Pour achever ce qui concerne cette favorite, j'ajouterai qu'elle obtint enfin une audience du roi chez madame de Maintenon, et qu'elle n'eut pas lieu d'en être satisfaite. Peu de jours après, elle essuya un dégoût des plus marqués. La reine d'Espagne, prévoyant la régence du duc d'Orléans, et de quelle importance serait l'union entre les deux monarchies, détrompa le roi d'Espagne sur ce prince. Flote et Renaud, qui étaient toujours prisonniers, furent mis en liberté et déclarés innocents. Philippe V manda au roi qu'ayant reconnu l'injustice des accusations contre le duc d'Orléans, il avait le plus grand désir de se réconcilier avec lui. Le duc d'Orléans écrivit là-dessus, de concert avec le roi, à Philippe V, dont il reçut la réponse la plus obligeante. Comme madame des Ursins avait été le principal auteur de cette affaire, le duc d'Orléans crut qu'il était de son honneur de lui faire sentir son mépris, et lui fit défendre par le roi de se trouver en aucun lieu où lui et toute sa famille pouvaient se rencontrer. Elle vit qu'il fallait penser à une retraite, et aurait choisi la Hollande; mais les états-généraux la refusèrent.

Quinze jours avant la mort du roi, craignant de se trouver à la discrétion du duc d'Orléans, elle partit, cherchant partout un asile, passa à Chambéri, à Gênes, et s'arrêta enfin à Rome. Ses pensions de France et d'Espagne lui furent toujours exactement payées, par les ordres de Philippe V et du duc d'Orléans. Le goût de la cour est si adhérent dans le cœur de ceux qui l'ont suivie longtemps, qu'ils ne peuvent vivre que là, dussent-ils y ramper. Madame des Ursins, ne pouvant jouir de la réalité, s'en consola par l'image. Elle s'attacha à la maison du prétendant, Jacques III, dont elle faisait les honneurs et professait l'étiquette. Elle mourut le 5 décembre 1722, à quatre-vingts ans passés.

Il est à propos que je rapproche encore quelques faits, qui ont concouru avec ceux que je viens de rapporter.

Lorsque madame des Ursins prit, après la mort de la première reine, tant de précautions pour dérober ses desseins aux yeux du public, en retenant le roi dans une retraite inaccessible, elle attira plus que jamais l'attention de la cour sur ses desseins, et le mystère en fit la publicité. Personne ne douta qu'elle ne tendît et ne réussît à épouser le roi. Le marquis de Brancas, ambassadeur de France en Espagne, en fut persuadé. Il était de son devoir d'en instruire son maître; mais sachant, par l'exemple de l'abbé d'Estrées, que la poste ni les courriers n'étaient pas une voie sûre, il demanda un congé à Louis XIV pour affaires importantes, l'obtint, et disposa tout pour son départ.

Madame des Ursins, soupçonnant qu'elle était l'objet de ce voyage, fit partir la veille le cardinal del Giudice [1], pour aller à la cour de France prévenir et détruire tout ce que Brancas pourrait dire, en demander le rappel, et faire agréer au roi un mariage dont il n'était encore instruit que par les nouvelles publiques. L'agrément d'une pareille alliance n'était pas facile à obtenir. La princesse de Parme, lorsqu'elle fut destinée au roi d'Espagne, était déjà promise au duc de la Mirandole, qui tenait à honneur la grandesse et la place de grand écuyer. Les articles allaient être signés avec le domestique, quand on les dressa pour le maître.

Telles étaient les instructions du cardinal en partant de Madrid. Le marquis de Brancas pénétra le motif de ce départ précipité. Quoiqu'il ne pût le suivre que le lendemain, il fit tant de diligence qu'il l'atteignit à Bayonne, où, le trouvant couché, il passa outre, emmena tous les chevaux de poste en poste, arriva à la cour deux jours avant le cardinal, et eut le temps d'apprendre au roi l'état de l'Espagne.

Quoique Louis XIV fût fort mécontent du mariage de son petit-fils, il jugea cependant les choses trop avancées pour s'y opposer, et se contenta d'en recevoir froidement la proposition,

---

[1] Le cardinal del Giudice, grand inquisiteur d'Espagne, était frère du duc Giovenazzo, conseiller d'État, c'est-à-dire ministre, créé grand de la troisième classe, pour trois générations. Leur père, né à Gênes, était venu s'établir à Naples, où il avait fait une fortune immense dans le commerce. Le fils du duc de Giovenazzo, et neveu du cardinal del Giudice, fut le prince de Cellamare, ambassadeur en France, dont il sera question pendant la régence.

sans donner ni refuser son agrément; mais cette affaire acheva de perdre dans son esprit madame des Ursins. Elle s'aperçut bientôt qu'elle était mal à la cour de France; mais, au lieu d'en accuser sa propre conduite, elle s'en prit au peu d'habileté ou même à la mauvaise volonté du cardinal. Elle en fut d'autant plus persuadée, qu'il réussit personnellement à notre cour. Il avait d'ailleurs à celle d'Espagne un crédit qui, sans balancer celui de madame des Ursins, en était indépendant. Ces sortes de sultanes veulent qu'on n'existe que par elles et pour elles. Elle lui tendit un piége où il tomba forcément.

Tout le monde sait que le pape Clément XI, après avoir reconnu Philippe V pour roi d'Espagne, reconnut ensuite l'archiduc Charles dans le moment qu'il vit les troupes autrichiennes sur les terres de l'Église. La crainte est le principe et le ressort de la politique romaine, depuis que la raison a éteint les foudres du Vatican.

Macannas, jurisconsulte espagnol, fiscal ou procureur général du conseil de Castille, fut chargé par le ministère d'examiner de quel poids était, dans l'affaire présente, le parti pour ou contre que prenait le pape. Macannas fit un ouvrage plein d'érudition, fort de principes, et terrible dans les conséquences contre la cour de Rome. Depuis Luther et Calvin, personne ne l'avait attaquée si fortement. Cet adversaire était même plus dangereux que des hérésiarques, parce qu'en discutant le temporel il respectait et professait tous les dogmes. Il réduisit enfin les prétentions de la cour de Rome à leur juste valeur, c'est-à-dire, à peu de chose.

L'ouvrage de Macannas fut approuvé du roi et du conseil; mais, par ménagement pour Rome, on en avait suspendu la publication. Madame des Ursins le fit répandre pour embarrasser le cardinal del Giudice, et le mettre dans la nécessité de se perdre, comme ministre, avec les cours de France et d'Espagne, ou, comme grand inquisiteur, avec celle de Rome.

Le cardinal aurait bien désiré garder la neutralité; cela ne lui fut pas possible. Le nonce et l'inquisition d'Espagne jetèrent les hauts cris, écrivirent au grand inquisiteur, le forcèrent de se montrer sur la scène, et de donner un mandement contre Macannas et son livre. Un mandement d'inquisiteur, daté de Marly et affiché dans Paris, y parut une chose fort bizarre. C'était contre un Espagnol ; mais cet Espagnol soutenait des maximes françaises, et qui devraient être de tout pays.

D'un autre côté, le roi d'Espagne, encouragé par madame des Ursins, protégea Macannas ; le cardinal fut rappelé de France, et reçut en chemin l'ordre de ne pas rentrer dans Madrid.

Les choses en étaient là, lorsque tout changea de face par la disgrâce de madame des Ursins. La nouvelle reine, voulant détruire tout ce qu'avait fait cette favorite, fit rappeler le cardinal del Giudice, qui fut chargé du ministère.

La cabale italienne commença à se former à la cour. La reine, le cardinal et Alberoni en étaient le point de réunion. Les grands, et tous ceux qui avaient le cœur espagnol, formaient le parti contraire ; et la domesticité intime du roi, presque toute composée de Français, influait dans les affaires, et se faisait considérer. Les Français, vivant bien avec les Espagnols, devinrent suspects à la reine. Le plus considérable d'entre eux était le père Robinet, jésuite, qui avait succédé dans la place de confesseur au père d'Aubenton, que madame des Ursins avait fait renvoyer pour avoir quelquefois lutté de crédit contre elle. Quoique Robinet fût le parfait contraste de d'Aubenton, son poste seul lui donnait une autorité qu'il n'ambitionnait point ; et sa vertu lui procura bientôt tout ce que son prédécesseur tenait de l'intrigue. Madame des Ursins eut sujet de s'apercevoir qu'elle n'avait pas autant gagné au change que le roi et l'Espagne.

Jamais confesseur ne convint mieux à sa place, et n'y fut moins attaché que le père Robinet. Plein de vertus et de lumières, pénétré des plus saines maximes, zélé Français, également passionné pour l'honneur de l'Espagne, sa seconde patrie, ce fut lui qui conseilla au roi de réformer la nonciature, lorsque le pape reconnut l'archiduc pour roi d'Espagne. Une action juste et raisonnable causa sa disgrâce.

L'archevêché de Tolède, valant neuf cent mille livres de rente, était vacant ; le cardinal del Giudice le fit demander au roi par la reine. Le prince, avant de se déterminer, voulut consulter son confesseur. Celui-ci fut d'un avis tout différent, et représenta que le cardinal ayant déjà toute la fortune convenable à sa dignité, il fallait répartir les grâces, dont la masse est toujours inférieure à celle des demandes et souvent des besoins. Il proposa pour Tolède Valero Leza, Espagnol, préférable à un étranger, et dont le choix serait applaudi par toute la nation. Ce Valero, étant curé de campagne, avait rendu les plus grands services à Philippe V, dans le temps que la couronne était encore flottante sur sa tête. Le roi lui avait donné l'évêché de Badajoz. Il fut évêque comme il avait été curé, ne voyant dans cette dignité que des devoirs de plus à remplir, et ne paraissant jamais à la cour. Il est vrai que la résidence n'est pas un mérite si rare en Espagne qu'en France, où le roi aurait toujours la commodité d'assembler sur-le-champ à Paris un concile national. Robinet fit sentir au roi que les Espagnols, à la valeur, à l'amour, à la constance desquels il devait sa couronne, se croiraient tous récompensés dans la personne d'un compatriote tel que Valero; et que c'était enfin répandre sur les pauvres le revenu de l'archevêché de Tolède, par les mains d'un prélat qui n'en savait pas faire un autre usage. Le roi le nomma (mars 1715).

La reine et son ministre furent outrés de la victoire de Robinet. Les suites les effrayèrent. Ils se liguèrent contre une vertu si dangereuse, et, à force de séductions et d'intrigues, ils parvinrent à faire renvoyer de la cour un homme qui ne demandait qu'à s'en éloigner.

Robinet, emportant avec lui, pour tout bien, l'estime et les regrets de l'Espagne, se retira dans la maison des jésuites de Strasbourg, où il vécut et mourut tranquille, après avoir plus édifié sa société qu'il ne l'avait servie.

L'exil de Macannas avait précédé la retraite de Robinet, et le roi, en l'exilant, lui donna une pension considérable. L'impulsion à laquelle ce prince obéissait n'altérait point son jugement : vrai caractère de la faiblesse.

Il ne suffisait pas d'avoir privé le roi de son confesseur, il fallait le remplacer. Il ne pouvait pas plus s'en passer que de femme, quoiqu'une femme lui fût encore plus nécessaire qu'un confesseur. L'une était pour ses besoins, l'autre pour ses scrupules.

La reine ne crut pas mieux faire que de rappeler d'Aubenton, que madame des Ursins avait chassé. C'était d'abord un mérite auprès de la reine; et d'ailleurs ce jésuite ayant déjà éprouvé que sa place n'était pas inattaquable, en serait plus souple. Elle en jugea bien pour elle, et l'Espagne s'en trouva plus mal.

D'Aubenton était un de ces hommes que la société n'abandonne pas dans la disgrâce, qui sont quelquefois dans le cas d'être noyés, mais qui surnagent enfin : elle ne s'y trompe guère. L'interrègne de d'Aubenton n'avait pas été oisif. En sortant d'Espagne, il avait passé à Rome, où il fut fait assistant du général, et employa son loisir à fabriquer la fameuse bulle *Unigenitus*, dont il sera grandement question.

Quoique ces Mémoires regardent particulièrement la France, ses relations avec les différentes puissances m'obligent de parler des autres cours, pour l'intelligence de ce qui se passait à la nôtre.

Depuis que la paix était signée, les peuples commençaient à respirer, plus soutenus par l'espérance de l'avenir que par leur situation présente; mais le roi, aussi humilié par les conditions de la paix que par les malheurs de la guerre, avait encore l'âme flétrie de ses disgrâces domestiques. Le duc de Berri mourut au milieu des réjouissances de la paix, le 4 mai 1714. De toute la famille royale il ne restait qu'un faible rejeton, qu'on n'espérait pas de conserver; les princes du sang, éloignés de la tige directe, étaient en petit nombre. Le roi se laissa persuader qu'il y pouvait suppléer par des princes adoptifs. Il avait deux fils naturels, le duc du Maine et le comte de Toulouse. Le premier avait épousé une princesse du sang, de la branche des Bourbon-Condé, dont il avait deux fils.

Par un édit enregistré au parlement le 2 août 1714, le roi appela à la couronne les princes légitimés et leurs descendants, au défaut des princes du sang; et, par une déclaration du 23 mai de l'année suivante 1715, le roi, en confirmant son édit, rendit l'état des princes légitimés égal en tout à celui des princes du sang. Quelque opinion qu'il eût de sa puissance, il sentit si bien à quel degré il élevait des enfants naturels, qu'il leur dit : *Je viens de faire pour vous ce que j'ai pu; c'est à vous à l'affermir par votre mérite.*

Ce ne fut que par degrés que ces princes parvinrent à une telle élévation. Louis XIV pensait bien différemment, lorsqu'aux premières propositions de marier le duc du Maine, il répondit : *Ces enfants-là ne sont pas faits pour se marier.* Étant devenu dévot, il en accorda enfin la permission, par principe de conscience.

Le premier pas, déjà assez difficile, avait été de faire légitimer des enfants sans nommer la mère, la marquise de Montespan, dont le mari vivait. Le procureur général Harlay, homme à moyens, y pourvut; ce qui lui mérita ou lui valut dans la suite la place de premier président. Il imagina l'essai du chevalier de Longueville [1], qu'on fit légitimer le 7 septembre 1672. Sur cet exemple, le duc du Maine fut légitimé le 20 décembre 1673. Le comte de Toulouse et les enfants naturels du roi le furent successivement; et, en 1680, des lettres patentes donnèrent à ces enfants le droit de se succéder les uns aux autres, suivant l'ordre des successions légitimes.

Les distinctions suivirent bientôt. Le duc du Maine fut fait chevalier du Saint-Esprit à seize ans, et commanda la cavalerie dès sa première campagne; honneur qui ne s'accorde aux princes du sang qu'après en avoir servi au moins une à la tête de leurs régiments. Le comte de Toulouse fut chevalier du Saint-Esprit avant quinze ans.

En 1694, une déclaration du roi donna aux légitimés le rang intermédiaire entre les princes du sang, et au-dessus de tous les ducs et pairs. Pour préparer cette grâce, on fit revivre, par un arrêt, en faveur du duc de Vendôme, le rang que Henri IV avait donné, en 1610, à César de Vendôme, son fils naturel, et aïeul de celui à qui Louis XIV le rendait; mais il ne prit séance qu'après les nouveaux légitimés.

Pour ne pas choquer les princes du sang, et que leur traitement et celui des légitimés ne fût pas en tout le même, il fut

---

[1] Il était fils de Charles Paris d'Orléans, duc de Longueville, tué au passage du Rhin le 12 juin 1672, et de la maréchale de la Ferté, dont le mari vivait. La maréchale de la Ferté et la duchesse d'Olonne, sa sœur, étaient d'Angennes; ce furent elles qui, après la vie la plus libertine, imaginèrent, dans leur vieillesse, de faire jeûner leurs gens. Ce chevalier de Longueville fut tué au siège de Philisbourg en 1688; et la maison de Longueville totalement éteinte en 1694, en la personne de l'abbé de Longueville, mort fou.

ordonné que ceux-ci, en allant se placer, ne traverseraient point le parquet[1], comme les premiers; que le premier président, en leur demandant leur voix, les nommerait du nom de leur pairie, au lieu qu'il ne nomme point les princes du sang; que cependant le premier président les saluerait du bonnet, ce qu'il ne fait pas pour les pairs; qu'ils prêteraient serment, ce que ne font pas les princes; et que leurs descendants mâles, ayant des pairies entreraient au parlement à vingt ans. Les princes du sang y entrent à quinze ans commencés [2], et les pairs à vingt-cinq ans faits. On régla quelques autres articles de cérémonial ou d'étiquette très-importants pour ceux que cela regarde, et fort peu intéressants pour d'autres.

En 1710, le roi fit inscrire, sur les registres du grand maître, que les fils du duc du Maine auraient, comme petits-fils de sa majesté, les rangs, honneurs et traitements dont jouissait leur père.

Le roi faisait de temps en temps quelques actes qui annonçaient et préparaient la grandeur où il voulait élever ses fils naturels. A la mort de la veuve du duc de Verneuil, bâtard de Henri IV, il prit le deuil pour quinze jours [3]. La duchesse d'Angoulême, veuve d'un bâtard de Charles IX, ne participa à aucuns de ces honneurs, apparemment parce que son mari n'était pas un Bourbon. Elle vécut longtemps dans le couvent de Sainte-Élisabeth, d'une pension de deux mille livres: le malheur des temps en ayant suspendu le payement, elle serait morte de misère, si une vieille demoiselle de ses amies ne l'eût retirée chez elle dans une campagne. Sa vertu, et peut-

---

[1] L'honneur de traverser le parquet au parlement, en allant se placer, était anciennement réservé au premier prince du sang. Le duc d'Enghien, qui fut depuis le grand Condé, le traversa un jour à la suite de son père, qui voulut l'en détourner. *Allez votre train*, dit le fils; *nous verrons qui osera m'en empêcher.*
Le salut du bonnet, que le premier président refuse aux ducs et pairs, et qu'il accorde aux présidents à mortier, est encore une de ces graves bagatelles qui ont occasioné bien des discussions, du schisme entre les pairs et les magistrats, et qui ne touchent que les parties intéressées.

[2] Les princes du sang peuvent à tout âge, même dans l'enfance, suivre le roi à un lit de justice. Gaston, frère de Louis XIII, se trouva, à six ans, au lit de justice du 2 octobre 1614; Louis de Bourbon, comte de Soissons, âgé de dix ans, à celui du 11 mai 1604; Philippe de France, frère de Louis XIV, âgé de près de onze ans, à celui du 7 septembre 1651.

[3] Elle était fille du chancelier Séguier, veuve en premières noces du duc de Sully.

être la dignité de son maintien, la faisaient estimer et considérer du roi, à qui elle faisait quelquefois sa cour. C'était à peu près tout ce qu'elle en retirait [1]. Ainsi, grandeur de misère est voisine.

On n'omettait rien pour préparer le public à l'élévation des légitimés. Le père Daniel, jésuite, fut chargé et eut soin d'appuyer dans son Histoire de France sur les grands établissements des bâtards de nos rois. Sitôt que l'ouvrage parut, le roi en parla avec éloge, en recommanda la lecture ; il fallait le lire ou l'avoir lu. Daniel en eut le brevet d'historiographe de France, avec une pension. J'espère que ces Mémoires ne me feront pas regarder comme historien à gages, quoique je sois content des miens.

Les princes du sang s'étaient peu inquiétés du rang intermédiaire donné aux légitimés ; ils étaient même assez contents de voir un ordre entre eux et les ducs ; mais ils furent révoltés de l'assimilation. Les ducs et pairs, outrés du rang intermédiaire, se consolaient un peu par l'humiliation des princes du sang ; ne doutant point qu'après la mort du roi ces princes n'attaquassent les légitimés, et que la destruction d'une partie n'entraînât celle de l'autre. Les magistrats jugeaient l'édit contraire à nos lois et à nos mœurs ; et ceux des citoyens à qui le choix des maîtres est indifférent, parce qu'ils n'y gagnent ni n'y perdent, n'y prirent aucun intérêt.

Le comte de Toulouse, homme sage et sensé, répondit aux complimenteurs que cela était fort beau, pourvu que cela pût durer, et lui donner un ami de plus. Valincourt, de l'Académie française, et particulièrement attaché à ce prince, lui dit pour tout compliment : *Monseigneur, voilà une couronne de roses que je crains qui ne devienne une couronne d'épines, quand les fleurs en seront tombées.*

Madame de Maintenon, premier mobile de cette affaire, s'était servie, pour la conduire, du chancelier Voysin, qu'elle avait fait succéder à Pontchartrain. La retraite volontaire de celui-ci, dans cette circonstance, faisait penser qu'il n'avait pas

---

[1] Elle se nommait Françoise de Nargonne, sœur d'un page de son mari. Elle mourut en 1713, cent quarante ans après la mort de son beau-père.

voulu être l'instrument d'un tel ouvrage [1]. Voysin, moins instruit et dès là plus hardi, se prêta volontiers à tout ; madame de Maintenon lui fit aussi conserver la place de secrétaire d'État, afin de l'employer à plus d'une œuvre. Elle avait grand soin de ne laisser approcher du roi que ceux qui, par une intrépide adulation, l'affermissaient dans l'opinion où il était, de concentrer en lui seul l'état constitutif de la monarchie.

Cependant, comme le roi laissait entrevoir des doutes sur le succès de sa volonté dans l'avenir, on résolut d'en tirer parti, en lui faisant donner à ses fils une telle puissance, qu'ils pussent se soutenir par eux-mêmes. Ils étaient déjà en possession des plus grands gouvernements, du commandement des Suisses, des carabiniers, de l'artillerie et de l'amirauté. Il ne fallait plus que prévenir les dangers de la régence d'un prince qui, fortifié de son nom seul, pourrait s'emparer de la puissance absolue, et faire perdre aux enfants naturels tout ce qu'ils avaient obtenu de l'amour de leur père. Madame de Maintenon craignait d'ailleurs de tomber dans la dépendance d'un prince qui n'était pas content d'elle.

On ranima les bruits que la mort des princes avait fait naître contre le duc d'Orléans. On persuada au roi qu'il serait également dangereux et injuste de laisser l'unique rejeton de la famille royale à la merci d'un prince qui, depuis les renonciations, ne verrait entre le trône et lui qu'un enfant dont il tiendrait la vie entre ses mains. On ajouta qu'il était de sa religion de prendre, par un testament, toutes les précautions possibles contre un ambitieux sans scrupule et sans remords, dont il fallait prévenir ou enchaîner le pouvoir.

Le mot de testament était cruel à l'oreille d'un roi toujours traité en immortel ; mais l'idée de régner encore après sa mort en adoucissait l'image. L'assiduité que le travail de Voysin lui donnait auprès du roi, le mettait à portée de saisir les moments favorables, et d'en avertir les intéressés. Ce fut lui qui écrivit de sa main le testament, que le roi signa le 2 août, le jour même que l'édit qui rendait les légitimés habiles à succéder à la cou-

---

[1] L'édit qui appelle les légitimés à la couronne fut enregistré le 2 août, et le chancelier de Pontchartrain s'était retiré en juillet.

ronne fut enregistré au parlement. On ignora absolument pendant plus de trois ans ce qui s'était passé à ce sujet; mais les domestiques intimes, et mesdames de Caylus, d'O, de Dangeau et de Lévi, qui formaient la société habituelle du roi et de madame de Maintenon, remarquaient depuis quelque temps dans ce prince une inquiétude, une inégalité d'humeur, un air sombre, qui décelaient une agitation intérieure, dont madame de Maintenon feignait d'ignorer la cause.

Le roi sortit enfin de cette situation; et, s'adressant au duc du Maine en présence du service domestique : *Quelque chose que je fasse et que vous soyez de mon vivant, vous pouvez n'être rien après ma mort : c'est à vous de faire valoir ce que j'ai fait.* Deux jours après, la reine d'Angleterre, se trouvant avec le roi, voulut le louer sur son attention à pourvoir par un testament au gouvernement du royaume. *Je l'ai fait*, lui dit-il ; *du reste, il en sera peut-être de ce testament comme de celui de mon père : tant que nous sommes, nous pouvons ce que nous voulons, et après notre mort, moins que les particuliers.*

Le jour suivant, le premier président et le procureur général ayant été mandés au lever du roi, le suivirent seuls dans son cabinet, où ce prince, leur mettant en main un paquet cacheté, leur dit : *Messieurs, voilà mon testament. Qui que ce soit*[1] *que moi ne sait ce qu'il contient. Je vous le remets pour le déposer au parlement, à qui je ne puis donner une plus grande preuve de mon estime et de ma confiance. L'exemple du testament du roi mon père ne me laisse pas ignorer ce que celui-ci pourra devenir.* Ces deux magistrats furent aussi frappés du ton que des paroles qu'ils venaient d'entendre.

L'édit du roi portant que son testament serait déposé au greffe du parlement, pour n'être ouvert qu'après sa mort, fut enregistré le 30 août. Par ce testament, Louis XIV établissait un conseil de régence dont le duc d'Orléans devait être le chef, et la personne du jeune roi était mise sous la tutelle et garde du conseil de régence. Le testament fut mis dans un trou creusé

---

[1] Le chancelier Voysin le savait, puisqu'il avait écrit le testament; madame de Maintenon ne devait pas l'ignorer; et le duc du Maine en était vraisemblablement instruit par elle. Voyez, quant aux dispositions, le testament et le codicille imprimés.

dans l'épaisseur du mur d'une tour du palais, sous une grille de fer et une porte fermée de trois serrures.

Le discours adressé aux deux magistrats, le propos tenu à la reine d'Angleterre, et dont elle fit part au duc et à la duchesse de Lauzun, l'apostrophe faite au duc du Maine en présence de témoins, ne laissaient pas douter au duc d'Orléans que le testament ne fût contre ses intérêts. Il se tint dans le silence, et sentit dès lors qu'on pourrait attaquer un testament que le testateur même jugeait attaquable.

Ayant assez fait connaître combien les bruits semés contre le duc d'Orléans étaient calomnieux, j'oserai soutenir que le testament n'en était ni moins sage ni moins régulier. Quelque mal fondée que fût l'opinion qu'on avait du caractère du duc d'Orléans, elle était presque générale. Il n'était donc pas prudent de le rendre maître absolu de l'État et de la personne du jeune roi, d'en confier la garde à celui qui avait le moins d'intérêt à la conservation de cet enfant. La proximité du sang ne donne pas d'ailleurs un droit décidé à la régence. Charles V, dit le Sage, par un testament de 1374, avait préféré à ses trois frères, pour le gouvernement du royaume, son beau-frère le duc de Bourbon. Après la mort de Charles V, les arbitres que les quatre oncles de Charles VI choisirent pour régler leurs prétentions déférèrent à la vérité la régence au duc d'Anjou, l'aîné; mais ils remirent l'éducation et la surintendance de la maison du jeune roi aux ducs de Bourgogne et de Bourbon, les plus éloignés de la couronne.

Louis XI confia le gouvernement de la personne de Charles VIII, son fils, et la principale administration du royaume, à la dame de Beaujeu, sœur aînée de Charles, préférablement au duc d'Orléans, qui fut depuis Louis XII. Les états généraux confirmèrent cette disposition; et comme, Charles VIII étant dans sa quatorzième année, il ne pouvait y avoir de régent, les états nommèrent au roi un conseil de dix personnes. Je ne m'étendrai pas davantage sur les exemples; mais j'en conclurai que le testament de Louis XIV pouvait très-bien se soutenir, si le duc du Maine eût eu l'âme d'un comte de Dunois, et que le parlement n'eût pas été flatté de faire un régent, comme il avait déjà fait les deux dernières régences, les trois seules dont il ait décidé; ce qui ne contribua pas peu à l'initier dans l'administration de l'État, vers laquelle il marche le mieux qu'il peut.

Pendant que le roi s'occupait d'assurer la tranquillité du royaume, il eut la douleur d'apprendre la mort de la reine Anne, pour qui il avait de l'amitié, de la reconnaissance, et à qui il en devait. Cette perte lui aurait encore été plus sensible si elle fût arrivée avant la conclusion de la paix, qui peut-être ne se serait pas faite. L'électeur d'Hanovre, George Ier, monta sur le trône d'Angleterre, et le gouvernement changea absolument.

Le nouveau ministère poursuivit à outrance tout le conseil de la feue reine. Le duc d'Ormond, qui avait succédé à Marlborough dans le commandement des troupes, se réfugia en France. Le grand trésorier Horley, comte d'Oxford, fut cité au parlement, et près de perdre la tête. Bolingbroke, qui avait eu plus de part que personne à la paix, ne sauva sa vie qu'en passant en France, où je l'ai fort connu. Dans plusieurs séjours que j'ai faits à sa campagne, j'ai appris de lui, sur le gouvernement anglais, des détails assez intéressants que j'aurai peut-être occasion de rapporter.

Le lord Stairs vint, en qualité d'ambassadeur, relever en France le lord Schrewsbury. Stairs était un Écossais de beaucoup d'esprit, instruit, aimable dans la société particulière, et très-avantageux en traitant avec nos ministres; audacieux jusque dans son maintien, par caractère et par principe; il paraissait s'en être fait un système de conduite. Il essaya même d'être insolent avec le roi. Dans une audience particulière qu'il eut de ce prince, il lui parla avec peu de retenue sur les travaux qui se faisaient à Mardick, et qui pouvaient, disait-on, suppléer au port de Dunkerque. Le roi l'écouta tranquillement, et pour toute réponse lui dit : *Monsieur l'ambassadeur, j'ai toujours été maître chez moi, quelquefois chez les autres : ne m'en faites pas souvenir.* Ce fut ainsi qu'il le congédia. Stairs le raconta à plusieurs personnes, entre autres au maréchal de Noailles, et ajouta : *J'avoue que la vieille machine m'a imposé.*

Le roi refusa depuis de lui donner audience, et le renvoya pour les affaires au marquis de Torcy, dont Stairs reçut une leçon assez vive. Croyant pouvoir abuser du caractère doux et poli du ministre, il s'échappa un jour devant lui en propos sur le roi. Torcy lui dit froidement : *Monsieur l'ambassadeur, tant que vos insolences n'ont regardé que moi, je les ai passées pour le bien de la paix ; mais si jamais, en me parlant, vous vous écartez du respect qui est dû au roi, je vous ferai jeter par les fenêtres.* Stairs se tut, et de ce moment fut plus réservé.

Les dernières années de la vie du roi étaient aussi tristes que les premières avaient été brillantes. La mort du duc et surtout de la duchesse de Bourgogne faisait un vide affreux dans sa vie privée; cette princesse en était tout l'agrément. Madame de Maintenon, aussi blasée pour lui qu'il l'était pour elle, cherchait inutilement à lui procurer quelques dissipations par des concerts, des prologues d'opéra pleins de ses louanges, par des scènes de comédie, que des musiciens et les domestiques de l'intérieur jouaient dans sa chambre. L'ennui surnageait ; ce qui faisait dire à madame de Maintenon : *Quel supplice d'avoir à amuser un homme qui n'est plus amusable !*

Au défaut d'amusements, le confesseur lui donna l'occupation d'une guerre de religion par le projet de la constitution *Unigenitus*, que si peu de gens attaquent ou défendent de bonne foi. On a tant écrit sur cette matière, si ennuyeuse de sa nature, que je n'en parlerai que pour développer quelques-uns des ressorts peu connus qui auront un rapport direct à l'État, ou qui contribueront à faire connaître l'esprit de la cour. La constitution, digne tout au plus d'exercer des écoles oisives, est devenue une affaire d'État qui l'agite depuis un demi-siècle, et qui, ayant commencé par l'intrigue, continué par le fanatisme, aurait dû depuis longtemps avoir fini par le mépris.

De tout temps la théologie s'est alliée avec la philosophie régnante. Les premiers chrétiens instruits étaient platoniciens. Le péripatétisme a été longtemps, en Sorbonne, aussi respecté que la théologie. Si, depuis la révolution que Descartes a commencée, les théologiens se sont éloignés des philosophes, c'est que ceux-ci ont paru ne pas respecter infiniment les théologiens. Une philosophie qui prenait pour base le doute et l'examen devait les effaroucher. La question qui divise aujourd'hui l'Église ou ses ministres remonte à la plus haute antiquité. Le libre arbitre, la distinction du libre et du volontaire, ont occupé les philosophes avant la naissance du christianisme; et la controverse entre les jansénistes et les molinistes n'était autre chose, dans son origine, que la question philosophique sur la liberté théologiquement traitée. Les discussions sur la grâce étant devenues le fond du procès, le jargon et les subtilités scolastiques ont tellement brouillé les idées, que les uns ni les autres ne se sont entendus, ou ne l'ont jamais été par les gens raisonnables. Il semble qu'après tant de disputes et de difficultés insolubles, on aurait dû faire pour la philosophie, comme pour la théologie, un mystère de la liberté et de la grâce.

Quoi qu'il en soit, l'affaire du jansénisme et du molinisme existait avant le règne de Louis XIV. Les plus célèbres partisans du jansénisme vivaient à l'abbaye de Port-Royal des champs, ce berceau de la première philosophie et de la bonne littérature. Les jésuites, puissants à la cour, avaient des principes opposés à Port-Royal, plus humainement raisonnables, mais peut-être aussi moins conformes à la lettre de l'Évangile. Les premiers, savants logiciens, éloquents, amers ou plaisants, suivant le besoin, avaient une sévérité de mœurs assez ordinaire dans un parti persécuté, et qui fait, sinon des imitateurs, du moins des admirateurs, des disciples et des partisans.

Les jésuites, souples, adroits, insinuants, indulgents en morale, aussi réguliers dans leur vie que leurs antagonistes, pouvaient le paraître moins, parce qu'ils étaient plus répandus dans le monde et à la cour, dont ils dirigeaient les consciences.

Je ne rappellerai point ici Baïus, Molina, Jansénius, et tant d'autres athlètes de la théologie. Je laisse à l'écart des disputes qui ont enfanté tant de volumes, lus par un très-petit nombre de contemporains, et que la postérité laissera dans l'oubli où sont ensevelis les réalistes, les nominaux, et tous ces disputeurs qui se croyaient faits pour l'immortalité.

Il y a eu tant de variation dans les opinions avant et depuis la constitution *Unigenitus*, que des noms de sectes sont devenus des noms de parti. Les savants de Port-Royal seraient indignés, s'ils revenaient, de voir comprendre sous le même nom qu'eux la canaille des convulsionnaires.

Pour l'intelligence des faits, il suffit de prévenir que le public appelle communément aujourd'hui molinistes les jésuites ou leurs partisans, et jansénistes, leurs adversaires, de quelque état que soient les uns et les autres.

Les jésuites ont été les premiers qui aient changé les notions primitives, pour perdre leurs adversaires. Ils les firent envisager à la cour, non-seulement comme des hérétiques, mais comme des républicains, ennemis de l'autorité royale. Ce fut sous ce double aspect qu'on les fit regarder à Louis XIV dès son enfance. Les protestants ayant un culte extérieur qui les faisait reconnaître, il les jugeait bien moins dangereux que les jansénistes, qu'il croyait des ennemis cachés. Sa dévotion ayant augmenté à mesure que ses passions diminuaient, et la jalousie sur son autorité n'ayant fait que se fortifier avec l'âge, il crut devoir être de plus en plus en garde contre une secte et un parti. Sa prévention sur cet article était une espèce de manie, et donna quelquefois des scènes risibles. Par exemple, le duc d'Orléans, allant (1706) commander l'armée d'Italie, voulut emmener avec lui Angrand de Fontpertuis, homme de plaisir, et qui n'était pas dans le service. Le roi, l'ayant su, demanda à son neveu pourquoi il prenait un janséniste. Lui janséniste, dit le prince? N'est-ce pas, reprit le roi, le fils de cette folle qui courait après Arnauld? J'ignore, répondit le prince, ce qu'était la mère; mais pour le fils, loin d'être janséniste, je ne sais s'il croit en Dieu. On m'avait donc trompé, dit ingénument le roi, qui laissa partir Fontpertuis, puisqu'il n'était d'aucun danger pour la foi. Les jésuites profitaient de ces préventions pour perdre leurs adversaires; et le confessionnal du roi, dont ils étaient en possession, leur était d'un merveilleux secours pour leurs desseins.

La place de confesseur est, chez tous les princes catholiques, une espèce de ministère plus ou moins puissant, suivant l'âge, les passions, le caractère et les lumières du pénitent.

Le père la Chaise occupa longtemps ce poste, et procura beaucoup de considération à sa société.

Souple, poli, adroit, il avait l'esprit orné, des mœurs douces, un caractère égal. Sachant à propos alarmer ou calmer la conscience de son pénitent, il ne perdait point de vue ses intérêts, ni ceux de sa compagnie, qu'il servait sourdement, laissant au roi l'éclat de la protection. Persécuteur voilé de tout parti opposé, il en parlait avec modération, en louait même quelques particuliers. Il montrait sur sa table le livre des Réflexions morales du père Quesnel de l'Oratoire, et disait, à ceux qui paraissaient étonnés de son estime pour un auteur d'un parti opposé à la société : Je n'ai plus le temps d'étudier ; j'ouvre ce livre, et j'y trouve toujours de quoi m'édifier et m'instruire. A sa mort, en 1709, le roi en fit publiquement l'éloge, rappela les occasions où le père la Chaise avait pris contre lui la défense de plusieurs gens accusés ou suspects, et ajouta : *Je lui disais quelquefois : Vous êtes trop doux. Ce n'est pas moi qui suis trop doux, me répondait-il; c'est vous, sire, qui êtes trop dur.* Ils se connaissaient bien l'un l'autre.

Peu de jours avant sa mort, il dit au roi : Sire, je vous demande en grâce de choisir mon successeur dans notre compagnie. Elle est très-attachée à votre majesté, mais elle est fort étendue, fort nombreuse, et composée de caractères très-différents, tous passionnés pour la gloire du corps. On n'en pourrait pas répondre dans une disgrâce, et un mauvais coup est bientôt fait. Le roi fut si frappé de ce propos, qu'il le rendit à Maréchal, son premier chirurgien, qui, dans le premier mouvement de son effroi, le rapporta à Blouin, premier valet de chambre, et à Boulduc, premier apothicaire, ses amis particuliers, de qui j'ai appris dans ma jeunesse plusieurs anecdotes.

Ce que le père la Chaise pensait de sa compagnie doit se supposer de tout autre ordre religieux attaché à la cour par le confessionnal. Il serait à souhaiter que ce ministère ne fût jamais confié qu'à un séculier. Le roi de Sardaigne, Victor-Amédée, dit à un de nos ministres, vivant encore, et de qui je le tiens, que son confesseur jésuite étant au lit de la mort le fit prier de le venir voir, et que le mourant lui tint ce discours : Sire, j'ai été comblé de vos bontés ; je veux vous en marquer ma reconnaissance. Ne prenez jamais de confesseur jésuite. Ne me faites pas de questions, je n'y répondrais pas.

Le sujet le plus capable de faire regretter le père la Chaise fut celui qui lui succéda, le père Tellier. Né en basse Normandie, il était le fils d'un procureur de Vire. Animé d'un orgueil de mauvais ange, avec un corps robuste, un esprit ferme et capable d'un travail opiniâtre, sans la moindre vertu sociale, il avait tous les vices d'une âme forte. Possédé du désir de dominer, d'asservir tout à sa compagnie, et sa compagnie à lui-même, appliqué sans relâche à son objet, il était craint de ceux qu'il obligeait, dont il faisait des esclaves, et abhorré de tous les autres, même de sa compagnie, qu'il rendit puissante et odieuse. Si jamais les jésuites sont détruits en France, Tellier aura été le principal auteur de leur ruine. Tel était le directeur de la conscience de Louis XIV.

Le premier instant où il parut à la cour annonça ce qu'il allait être. Il était fort au-dessus de la faiblesse de rougir de sa naissance. Le roi lui ayant demandé, sur la ressemblance de nom, s'il était parent de Tellier de Louvois, *Moi, sire!* répondit le confesseur en se prosternant, *je ne suis que le fils d'un paysan, qui n'ai ni parents ni amis.* Cet aveu ne lui fit tort ni honneur dans l'esprit d'un roi accoutumé à regarder presque du même œil le peuple et ce qu'il appelait de la bourgeoisie, et qui voulait qu'on fût tout à lui. Fagon, premier médecin, en jugea mieux. Attentif au discours, au maintien, aux courbettes du jésuite, *Quel sacre!* dit-il en se retournant vers Blouin.

Tellier commença par afficher une vie retirée et presque farouche. Il sentit que pour régner partout il lui suffirait de subjuguer son pénitent, et n'y réussit que trop. Il savait que madame de Maintenon ménageait plus les jésuites qu'elle ne les aimait. Lors de l'établissement de Saint-Cyr, elle leur préféra les lazaristes pour la direction de cette communauté ; et, sur ce qu'on lui en demanda la raison : C'est, dit-elle, que je veux être maîtresse chez moi. Tellier ne pouvait donc pas s'empêcher de voir, dans les égards pour les jésuites, moins de confiance en eux que de respect humain pour le roi. Il en ressentait un dépit vif, s'en vengeait dans l'occasion, et accoutumait le roi à partager ses sentiments, en le faisant servir d'instrument à sa vengeance.

On avait fait beaucoup de bruit dans l'Église, au sujet des cérémonies chinoises ; on accusait les jésuites de faire dans ce pays-là un monstrueux alliage de christianisme et d'idolâtrie. L'affaire avait très-mal tourné pour eux à Rome même, et avec flétrissure pour le père Tellier, dont on avait mis à l'index un assez mauvais livre qu'il s'était avisé de faire sur cette matière. L'orgueilleux jésuite voulut, par une ostentation de crédit en France, imposer au pape, et l'obliger de compter désormais avec la Société ; mais il eut en même temps l'adresse de choisir un moyen qui pût également élever les jésuites et plaire à la cour de Rome : ce fut la destruction de Port-Royal. Tellier prit la voie la plus sûre, en représentant au roi cette maison comme le foyer du jansénisme et de l'esprit républicain.

La première religion pour Louis XIV était de croire à l'autorité royale. D'ailleurs, ignorant dans les matières de doctrine, superstitieux dans sa dévotion, il poursuivait une hérésie réelle ou imaginaire comme une désobéissance, et croyait expier ses fautes par la persécution. Cependant, il balançait encore. Le grand nombre d'hommes célèbres sortis de Port-Royal [1] combattait dans son esprit en faveur de cette maison.

Il était dans cette perplexité, lorsque Maréchal, dont j'ai déjà parlé, eut occasion d'aller dans ce canton-là. Le roi, plus sûr de la candeur d'un bon domestique que du rapport d'un ministre, le chargea d'observer tout, et de lui en rendre compte. Maréchal le lui promit, et, à son retour, lui dit : *Ma foi ! sire, j'ai bien examiné ; je n'ai vu là que des saints et des saintes.* Le roi soupira, et se tut. Tellier revint à la charge, et persuada à son pénitent qu'il n'y avait rien de si dangereux que ces vertus

---

[1] Tels que les trois Arnauld, Antoine, Henri et Robert ; Nicole, Pascal, le Roi, abbé de Haute-Fontaine, à qui les Lettres provinciales sont adressées, le Nain de Tillemont, le Maître de Sacy, et le célèbre avocat le Maître, Hamont, Hermant, Lancelot, auteur des meilleures grammaires et méthodes générales, française, latine, grecque, italienne, espagnole, dites de Port-Royal, Barcos de Saint-Cyran, Bourseis, le Tourneux, Sainte-Marthe, et quantité d'autres ; sans compter ceux qui leur devaient leur éducation, tels que le duc de Beauvilliers, le duc de Luynes, pour qui fut faite la Logique de Port-Royal.

extérieures qui couvrent le poison de l'hérésie. Le lieutenant de police d'Argenson, qui fut depuis garde des sceaux, ami des jésuites, et dont on peut faire des portraits différents et tous vrais, fut chargé de cette exécution militaire. Port-Royal fut détruit avec la fureur qu'on eût employée contre une ville rebelle, et le scandale qu'on déploie dans un mauvais lieu.

Tellier, voulant affermir de plus en plus son empire sur l'esprit du roi par les démarches où il l'engagerait, entreprit de perdre le cardinal de Noailles, archevêque de Paris. Son premier crime était de ne rien devoir aux jésuites, et de s'être élevé par sa naissance et sa vertu; le second, de jouir dans le public d'une considération qui lui donnait, auprès du roi, beaucoup d'influence dans la distribution des bénéfices, département qui procure tant de courtisans à celui qui en est chargé [1]. Tellier manœuvra tant à Rome par ses agents, qu'il y fit condamner les Réflexions morales du père Quesnel sur le Nouveau Testament, dont le cardinal avait été l'approbateur. Ce prélat retira aussitôt son approbation, mais sans condamner l'ouvrage, qui, depuis nombre d'années, faisait l'édification de l'Église, et avait fait celle du pape même, Clément XI, que les jésuites forçaient à le condamner.

Tellier commença par faire attaquer le cardinal par deux ou trois évêques de bas ordre, sans naissance ni mérite, qui aspiraient à des sièges plus relevés que les leurs, et dont l'ambition était une insolence.

Le schisme entre le cardinal et Tellier fut bientôt public. Le roi, voulant rétablir la concorde, chargea le duc de Bourgogne

---

[1] La feuille des bénéfices a toujours été administrée suivant le caractère de celui qui l'a eue. Le père la Chaise les donnait volontiers aux gens de condition; le mérite s'y trouvait quand il pouvait; mais, en tout, les choix faisaient moins crier. Le père Tellier donnait au fanatisme; le régent, aux sollicitations de toute espèce; le cardinal de Fleury, à la politique, aux convenances bien ou mal jugées; Boyer, évêque de Mirepoix, au cagotisme; le cardinal de la Rochefoucauld chercha communément la vertu et le mérite, dans le peu de temps qu'il a gouverné ce ministère; l'évêque d'Orléans d'aujourd'hui est celui qui a eu et qui aura toujours le moins d'autorité dans sa place, qu'il ne doit qu'à son peu de consistance. On y voulait quelqu'un qu'on pût déplacer sans choquer le public; et c'était, à cet égard, le meilleur choix qu'on pût faire. Il y en a eu de plus bas que lui, aucun de si méprisé. Le régent fit souvent des choix scandaleux; les autres nominateurs ne les ont pas toujours évités; mais les plus pernicieux à l'Église et à l'État ont été ceux de Boyer, parce que la sottise et l'ignorance choisissent encore plus mal que le vice éclairé.

de cette affaire. Le cardinal serait allé au-devant de la paix; mais le jésuite n'en voulait point. Madame de Maintenon, dont la nièce avait épousé le neveu du cardinal, s'intéressait fort à cette éminence, et, pour éclairer les menées du confesseur, engagea l'évêque de Meaux, Bissy, à se lier avec lui, comptant en faire son espion; mais Tellier en fit bientôt le sien auprès d'elle. Résolu de perdre le cardinal, il prit la voie la plus courte et la plus sûre, qui fut de l'accuser de jansénisme auprès du roi. Le livre de Quesnel avait déjà été condamné à Rome par un décret; Tellier entreprit de le faire condamner par une constitution. Tous les évêques, valets de la société, reçurent du confesseur des ordres et des modèles de lettres ou de mandements. Malheureusement pour le jésuite, une lettre originale sur ce sujet tomba entre les mains du cardinal de Noailles, et devint publique [1]. Le duc de Bourgogne, qui, dans son attachement à la religion, savait en séparer les ministres, dit aussitôt qu'il fallait chasser le père Tellier. Le roi fut près de le faire; mais sa répugnance à changer un confident aussi intime qu'un confesseur le retint; en peu de jours tout fut oublié; et le duc de Bourgogne, par respect pour le roi, prit le parti du silence. Tellier, étant échappé de cet orage, n'en fut que plus furieux contre le cardinal, et chercha dans le livre de Quesnel les propositions dont il pourrait faire le sujet de la constitution. Il eut soin d'en choisir qui fussent contraires à la doctrine moliniste; mais comme elles se trouvaient conformes à celle de saint Paul, de saint Augustin et de saint Thomas, un de ses ouvriers lui représenta le danger d'attaquer ainsi de front les colonnes du christianisme. *Saint Paul et saint Augustin*, dit le fougueux jésuite, *étaient des têtes chaudes, qu'on mettrait aujourd'hui à la Bastille. A l'égard de saint Thomas, vous pouvez penser quel cas je fais d'un jacobin, quand je m'embarrasse peu d'un apôtre.*

Pour rendre l'œuvre agréable au pape, on eut soin de favoriser, dans ce projet de bulle, les maximes ultramontaines. Le tout fut envoyé au père d'Aubenton, assistant du général des jé-

---

[1] Cette matière serait si ennuyeuse pour la plupart des lecteurs, que je renvoie ceux qui voudraient en être plus particulièrement instruits, aux Mémoires sur la constitution, au journal de l'abbé Dorsanne, etc.

suites, pour y mettre la dernière main avec le cardinal Fabroni, pensionnaire de la société; et Tellier engagea le roi à demander lui-même au pape cette constitution, désirée, disait le confesseur, par tous les évêques de France.

La bulle étant dressée, Fabroni et d'Aubenton allèrent la communiquer au pape. Quelque rapide qu'en fût la lecture, le saint-père crut entendre un manifeste contre l'Écriture et les Pères. Il en fut effrayé; mais Fabroni, qui avait toujours été le docteur consultant du pape, avait conservé sur lui l'ascendant d'un précepteur sur son disciple. Il le prit donc avec sa hauteur ordinaire, tandis que d'Aubenton, d'un ton modeste, faisait observer au pontife combien cette bulle était favorable aux maximes de la cour de Rome, et quel honneur ce serait de les voir canoniser en France par une constitution demandée par un roi absolu, qui la ferait enregistrer dans tous les tribunaux du royaume.

Quelque flatté que fût le pape d'une si belle victoire en France, il craignait l'opposition des cardinaux sur le dogme. La congrégation nommée pour en juger n'avait pas encore été consultée. Le roi, d'ailleurs, avait exigé que la bulle serait examinée, quant à ce qui concerne les libertés de l'Église gallicane, par le cardinal de la Trémouille, notre ambassadeur à Rome, et on ne lui avait rien communiqué en forme. Le pape se rendit enfin, sur la promesse positive que toutes ces conditions seraient remplies avant que la constitution parût.

Les consulteurs les plus timides s'absentèrent, les plus instruits et les plus fermes furent éloignés. On ne montra que le dispositif et la fin au cardinal de la Trémouille. Il pouvait demander plus, sans y entendre davantage; les cardinaux Carpegua et Cassini, que le pape consulta avant la signature, n'oublièrent rien pour l'empêcher. Fabroni et d'Aubenton l'emportèrent, et le saint-père céda, avec des remords sur le fond et des craintes sur les suites.

La révolte des esprits, à Rome, fut générale; les cardinaux crièrent hautement que la doctrine de l'Église était renversée. Le saint-père en versa des larmes; mais, à chose faite dans cette cour, il n'y a point de remède. Albani, neveu du saint-père, et ses créatures, firent sentir aux cardinaux opposants combien il serait dangereux de se séparer de leur père commun, de donner atteinte à son infaillibilité ; et au contraire l'avantage de faire adopter en France les maximes de Rome. Ce qui acheva de les décider fut la confidence qu'Albani leur fit d'une lettre que Tellier avait suggérée à Louis XIV, et par laquelle ce prince promettait au pape de faire rétracter par le clergé les quatre célèbres propositions de l'assemblée de 1682. En peu de jours les ignorants crurent à la bulle, les politiques la soutinrent. Cette bulle, présentée au roi le 3 octobre, reçut d'abord en France le même accueil qu'à Rome. Bissy même en parut indigné ; Tellier lui ferma la bouche : ce prélat avait la promesse du chapeau de cardinal ; mais la nomination n'était pas faite, il craignit de le perdre, et cette crainte en fit le plus vif apôtre de la bulle.

Le parlement ne fut pas docile. Il n'y a rien de si embarrassant pour la cour que ces hommes qui ont leur honneur à conserver, peu de chose à perdre, et rien à prétendre, quand ils se renferment dans leur devoir.

La quatre-vingt-onzième proposition condamnée est si vraie, que la proposition contraire est une hérésie politique dans tous les gouvernements. *La crainte d'une excommunication injuste*, disait Quesnel, *ne nous doit jamais empêcher de faire notre devoir.* Si ce principe, condamné par la bulle, est faux, il n'y a aucun souverain qui soit en sûreté contre un sujet superstitieux.

Tellier, pressé sur cet article, cherchait à distinguer l'excommunication injuste de la fausse ; mais ces subtilités scolastiques ne sont pas faites pour les bons esprits, et sont inintelligibles ou dangereuses pour le peuple.

Aussitôt que la constitution fut traduite, et entre les mains de tout le monde, chaque société devint une école de théologie. Toutes les conversations furent infectées de la fureur de dogmatiser ; et comme le caractère national ne perd pas ses droits, une dissertation dogmatique était coupée par un vaudeville.

A voir l'opposition des parlements, la division du haut clergé, la résistance du second ordre, la révolte de presque tous les corps séculiers et réguliers, il eût été impossible de prévoir la fortune que cette bulle a faite. Il est pourtant à désirer aujourd'hui, pour le bien de la paix, que cette constitution, ayant triomphé du mépris, soit l'objet d'un respect universel. C'est l'unique moyen de la faire oublier.

Tellier sentait bien que la plupart des évêques qu'il avait à ses ordres donnaient moins de poids à sa cabale qu'ils n'en recevaient eux-mêmes. Bissy ne procurait pas un grand éclat au parti; Tellier entreprit de le décorer d'un nom qui pût balancer la considération personnelle du cardinal de Noailles.

Il n'y avait à cet égard personne à préférer au cardinal de Rohan, prélat d'une naissance illustre, formé par les Grâces pour l'esprit et la figure, magnifique dans sa dépense, avec des mœurs voluptueuses et galantes, dont une représentation de grand seigneur couvrait le scandale. Cet éminent prélat se reposait de la doctrine sur des savants dont il était le bienfaiteur, et des fonctions épiscopales sur un domestique mitré. Ces premiers princes de l'Église ne regardent pas autrement les évêques *in partibus*, quoique souvent très-estimables, qui leur sont attachés [1].

Le cardinal de Rohan, comblé de biens et d'honneurs, paraissait n'avoir rien à prétendre, lorsque la mort du cardinal de Janson fit vaquer la place de grand aumônier [2].

Tellier profita de la conjoncture pour engager le cardinal. Il alla le trouver, et lui proposa brusquement d'entrer dans la ligue,

---

[1] Le cardinal d'Auvergne, qui n'avait qu'une vanité d'éducation, car il était au-dessous de l'orgueil, disait un jour naïvement (je l'ai entendu): Tous mes domestiques, excepté l'évêque de Mecènes, ont été malades cet hiver.

[2] Le cardinal de Janson, Toussaint de Forbin, avait été pauvre dans sa jeunesse, comme le sont presque tous les cadets de noblesse, que recrute le corps épiscopal. Il n'avait eu longtemps, pour subsister, que la chapelle du château de l'Aigle, en Normandie, valant huit cents livres, que lui avait donnée le marquis de l'Aigle. Janson, dans sa plus haute fortune, garda, par reconnaissance, cette chapelle, dont il laissait le revenu à un desservant. Étant grand aumônier, il disait noblement, devant toute la cour, qu'il était toujours l'aumônier du marquis de l'Aigle. Sa fortune commença par la coadjutorerie de l'évêché de Digne. Il faut que ce siége porte bonheur, mérite ou non : l'évêque d'Orléans, Jarente, l'a occupé. Janson fut ensuite évêque de Marseille, puis de Beauvais. Étant ambassadeur en Pologne, il contribua beaucoup à l'élection de Jean Sobieski, dont il eut la nomination au cardinalat. Il fut sept ans chargé des affaires de France à Rome, grand aumônier à son retour, et mourut en mars 1713, laissant la réputation d'un grand négociateur et d'un politique honnête homme. Le roi dit plusieurs fois qu'il aurait fait Janson ministre, s'il ne savait pas qu'il ne fallait jamais de cardinaux, ni même d'ecclésiastiques, dans le ministère. C'était du cardinal Mazarin même qu'il tenait cette leçon; le cardinal de Fleury a, dit-on, donné la même à son élève.

et la grande aumônerie pour prix de l'engagement. Le caractère du cardinal l'éloignait des intrigues qui pouvaient troubler ses plaisirs. D'ailleurs il était attaché d'inclination, de respect et de reconnaissance au cardinal de Noailles, qui l'avait élevé comme son fils, le chérissait, et qui, ne pouvant en faire un saint, le laissait un homme aimable dans la société, et un prélat tranquille dans l'Église.

Rohan fut effrayé de la proposition ; mais sa douceur naturelle l'empêcha de répondre avec la hauteur qui lui convenait, ou avec l'indignation que méritait l'insolent jésuite. Il chercha des excuses dans la reconnaissance qu'il devait au cardinal de Noailles, et que la princesse, sa mère, lui avait recommandée en mourant. Tellier traita ses sentiments d'enfances. Le cardinal, pressé de plus en plus, offrit la neutralité ; le jésuite la rejeta, déclarant qu'il fallait opter, prendre parti pour ou contre la société. Le cardinal demanda du temps pour y réfléchir. Je vous donne trois jours, reprit Tellier en le quittant, pour y penser ; mais pensez aussi que la grande aumônerie ne peut pas être longtemps vacante.

Le cardinal, interdit de l'audace du jésuite, en alla rendre compte au maréchal de Tallard, dont le fils avait épousé la nièce du cardinal. Le maréchal, qui prétendait se servir des Rohan pour entrer au conseil, ne vit dans l'impudence du jésuite que la preuve d'un énorme crédit, et dit au cardinal qu'il devait être flatté du poids qu'on donnait à son nom ; qu'il laisserait à des prélats subalternes les disputes et les platitudes scolastiques; qu'il ne serait qu'un grand seigneur de représentation ; qu'il devait à son honneur, et par conséquent à sa conscience, de ne pas laisser échapper la place de grand aumônier ; que, s'il cédait à de vains scrupules, il se verrait éclipser par Bissy, fait pour le suivre partout. Le maréchal, qui ne croyait pas aux consciences de cour, ni à la reconnaissance, traita de fausse délicatesse celle dont le cardinal se piquait dans une occasion unique. Il le séduisit par des louanges, l'effraya de la puissance des jésuites, et le livra enfin au père Tellier. Ce fut ainsi que le cardinal de Rohan devint, malgré lui, le chef d'une cabale. Une compassion assez voisine du mépris le sauva de la haine publique :

il ne prêta guère que son nom, son palais et sa table aux prélats du parti, et sa voix au père Tellier, dont il recevait bénignement les ordres, et l'avouait quelquefois avec humilité.

Comme je n'écris pas une histoire ecclésiastique, mais celle des hommes de mon temps, je ne rapporterai que des faits purement humains.

Le roi voulant faire recevoir une bulle que son confesseur lui faisait croire qu'il avait demandée, il ordonna une assemblée des évêques qui se trouvaient à Paris. Il y en avait quarante-huit, non compris le cardinal de Noailles; et ils s'assemblèrent pendant quatre mois, sans pouvoir parvenir à l'unanimité des sentiments. Enfin quarante, à la tête desquels était Rohan, et derrière eux Tellier, acceptèrent la bulle; et huit, unis à Noailles, demandèrent des explications.

Les acceptants ne s'accordaient pas trop entre eux, du moins quant aux propos qu'ils tenaient dans les cercles, où la politique, la théologie, la philosophie, la morale, etc., se traitent plus gaiement que dans les lieux qui y sont consacrés.

Bissy et quelques autres criaient que la constitution était admirable. L'évêque de Soissons, Brulart de Sillery, un des acceptants, avouait en soupirant que toute l'affaire, du commencement à la fin, n'avait été qu'un mystère d'iniquité contre le cardinal de Noailles; que quelque parti qu'il eût choisi, à moins qu'il n'eût été déshonorant pour lui, on eût pris l'opposé. L'évêque du Mans, du Crevy, disait: *Je n'ai jamais lu le livre de Quesnel, mais j'en ai entendu dire beaucoup de bien; et si par notre acceptation de la bulle nous avons mis la foi à couvert, nous n'y avons pas mis la bonne foi.* Crillon, évêque de Vence, et depuis archevêque de Narbonne, demandait à de Langle, évêque de Boulogne, un des opposants, s'il prétendait corriger le pape: *Croyez-vous*, répondit de Langle, *que le pape soit incorrigible?*

Le cardinal de Noailles ayant donné un mandement pour suspendre l'acceptation de la bulle, les acceptants en devinrent furieux. Rien ne peint mieux l'opinion qu'on avait des acceptants, même à la cour, qu'une plaisanterie de la duchesse de Bourbon, fille naturelle du roi. Ce prince se plaignant devant elle, chez madame de Maintenon, du chagrin que lui causait la division des évêques : *Si l'on pouvait*, disait-il, *ramener les neuf opposants, on éviterait le schisme ; mais cela ne sera pas facile. Eh bien, sire*, dit en riant la duchesse, *que ne dites-vous aux quarante de revenir à l'avis des neuf? ils ne vous refuseront pas.* On voit quelle idée l'on avait de la souple conscience des quarante prélats.

Cette orageuse constitution ne put être enregistrée au parlement qu'avec des modifications ; et cela ne satisfaisait pas les jésuites, qui voulaient l'enregistrement pur et simple.

Tellier eut un nouveau désagrément. L'évêque de Soissons, Sillery, mourut. Dans ses derniers moments, l'horreur des intrigues dont il avait été complice frappa son imagination ; il déclama contre la bulle, exhalant ses remords par des hurlements qu'on entendait de la rue.

Le pape n'était pas plus content des modifications de la bulle que d'une opposition formelle ; on lui proposa un concile national, qu'il goûtait encore moins. On lui envoya cependant Amelot en qualité de ministre plénipotentiaire, pour en tirer du moins quelques explications, ou demander la tenue d'un concile national.

C'est avec dégoût que je m'arrête sur une matière qui n'intéressera personne un jour ; mais ayant été la seule affaire dont le roi ait été occupé et tourmenté dans les derniers temps de sa vie, je fais céder le dégoût au devoir d'historien.

La seule distraction que Louis XIV ait eue dans ses malheurs domestiques fut l'audience publique qu'il donna à un ambassadeur de Perse qui venait, disait-on, témoigner l'admiration du roi, son maître, pour le plus grand monarque de la chrétienté. Jamais le roi n'avait paru avec plus de magnificence que le jour qu'il reçut cet hommage. Il portait dans sa parure toutes les pierreries de la couronne ; sa vieillesse, son air d'abattement même, inspiraient une sorte de pitié respectueuse, et ajoutaient à sa majesté.

Beaucoup de personnes prétendirent que cet ambassadeur n'était qu'un aventurier produit pour tirer le roi de sa mélancolie, en lui rappelant sa grandeur passée. Ce qu'il y a de certain, c'est que Dipi, interprète des langues orientales, étant mort subitement entre le jour de l'entrée et celui de l'audience, on trouva un curé de campagne qui, ayant voyagé en Perse, fit les fonctions de Dipi; et ce curé, d'après les conversations qu'il eut avec cet ambassadeur, en porta le même jugement.

Il fallut en revenir au désagréable objet de la bulle. Tellier voulait absolument qu'elle fût enregistrée sans la moindre modification, et persuada à son pénitent de tenir à ce sujet un lit de justice. Le roi, pour s'en dispenser, manda le premier président de Mesmes, le procureur général d'Aguesseau, les trois avocats généraux, Joly de Fleury, Chauvelin et Lamoignon, aujourd'hui chancelier. Le premier président et les deux derniers avocats généraux étaient livrés aux jésuites. D'Aguesseau, le plus instruit des magistrats du royaume, plein de probité, de candeur et de religion, était jaloux des droits de l'Église et du roi; mais la douceur de son caractère fit craindre à sa femme (Ormesson) qu'il ne se laissât intimider par la présence du monarque. *Allez*, lui dit-elle en l'embrassant; *oubliez, devant le roi, femme et enfants; perdez tout, hors l'honneur*. Il n'écouta que son devoir, et parla au roi avec autant de lumière et de force que de respect. Fleury le seconda, et les autres n'osèrent les contredire. Le roi, moins touché des raisons que blessé de la résistance, fut près de priver d'Aguesseau et Fleury de leurs charges.

Le confesseur, ayant vu l'inutilité de cette conférence, dit au roi qu'il ne restait d'autre moyen qu'un lit de justice, pour réduire un parlement rebelle et un prélat hérétique; qu'il fallait faire enlever le cardinal de Noailles, le conduire à Pierre-Encise, et de là à Rome, où il serait dégradé en plein consistoire; suspendre d'Aguesseau de ses fonctions, et en charger par commission Chauvelin, qui ferait le réquisitoire.

Le roi répugnait à tant de violence; mais le fougueux confesseur effraya son pénitent du grand intérêt de Dieu, et le projet fut au moment de s'exécuter. Tellier en douta si peu, qu'il écrivit à Chauvelin pour lui détailler le plan de l'opération; mais, Chauvelin ayant été ce jour-là même attaqué de la petite vérole, dont il mourut, la lettre tomba en main tierce, et il s'en répandit des copies.

J'ai sous les yeux, dans le moment où j'écris, ce qu'on prétend être l'original de cette lettre ; et j'avoue que la signature ne m'en paraît pas exactement conforme à celle des trois lettres de Tellier auxquelles je viens de la confronter au dépôt des affaires étrangères.

Je soupçonne cette lettre d'être une de ces fraudes pieuses que les différents partis se permettent, et dont l'usage remonte à la primitive Église.

Quoi qu'il en soit, je n'en suis pas moins certain du projet de Tellier, et de la manière dont il échoua, qui a été ignorée du jésuite même. Mademoiselle Chausseraie en eut tout le mérite. Il est à propos de la faire connaître.

Elle était fille d'un gentilhomme poitevin, nommé le Petit de Verno, et d'une Brissac, veuve du marquis de la Porte-Vesins. Ayant perdu père et mère, elle serait restée dans l'indigence, ou du moins dans l'obscurité, si le marquis de Vesins, son frère utérin, n'en eût pas eu pitié. Il lui procura de l'éducation, et engagea par son exemple les Biron, les Villeroi, les Brissac à s'intéresser pour une orpheline qui leur appartenait de fort près du côté maternel, et dont ils ne voulaient pas d'abord entendre parler. Elle leur fut enfin présentée ; bientôt elle leur plut par sa figure et ses manières, et ils la firent entrer chez Madame, belle-sœur du roi, en qualité de fille d'honneur. Grande, bien faite, et d'une figure agréable, elle avait beaucoup d'esprit et encore plus de jugement, et une physionomie de candeur et une naïveté dont elle eut l'adresse de conserver l'extérieur et le ton, lorsque l'usage de la cour lui en eut fait acquérir toute la finesse. Le roi, qui la vit souvent chez Madame, prit pour elle le goût qu'inspirent naturellement celles qu'on nomme vulgairement de bonnes créatures, espèce si rare dans les cours, et à qui ce titre, une fois confirmé, permet des familiarités que d'autres n'oseraient pas prendre. Elle eut des amis dans tous les temps, dans toutes les classes, dans les partis les plus opposés, et obligea les ministres à des égards pour elle, sans les rendre ses ennemis. Ils lui firent une fortune considérable, qu'elle augmenta encore dans la régence. Elle se retira à un certain âge de chez Madame, dont elle conserva les bontés, et continua d'aller de temps en temps faire sa cour au roi, qui lui donnait toutes les audiences particulières qu'elle voulait. Elle a passé toute sa vie dans l'intrigue, et l'habitude lui en avait fait un besoin. Elle a rendu gratuitement mille services, ignorés de ceux qui les recevaient et qu'elle ne connaissait pas, souvent par le seul plaisir d'intriguer, ou pour traverser des intrigantes à gages; elle en fit renoncer au métier. Ce fut elle qui sauva le cardinal de Noailles.

Quand elle allait passer quelques jours à Versailles, elle logeait chez la duchesse de Ventadour, son amie, le rendez-vous de la cabale jésuitique. L'intimité qui régnait entre la duchesse et elle, l'indifférence, l'inattention que celle-ci avait et affectait encore davantage pour les affaires de la constitution, faisaient que, sans lui confier précisément ce qui se machinait, on ne se cachait pas d'elle. Mais, pour cette fois, le cardinal de Rohan, supposant que tout ce qui se trouvait dans sa société ne pouvait pas avoir d'autres intérêts que les siens, confia le secret à la Chausseraie : Afin, dit-il, qu'étant notre amie, elle jouisse d'avance du triomphe de la bonne cause. Il lui déclara donc que l'ordre d'enlever le cardinal de Noailles devait s'expédier le lendemain. Elle applaudit à cette sainte violence avec un transport dont Rohan fut la dupe, et conçut à l'instant le projet de sauver Noailles, pour qui elle avait un respect que lui avait inspiré l'abbé Digné, son parent et son ami. Elle se procura le jour même un tête-à-tête avec le roi. Elle avait avec lui cette liberté qu'on prend avec quelqu'un qu'on a bien persuadé qu'on l'aime.

Sire, lui dit-elle, *je ne vous trouve pas aussi bon visage qu'hier; vous avez l'air triste; je crois qu'on vous donne du chagrin. Tu as raison*, répondit le roi; *j'ai quelque chose qui me tracasse; on veut m'engager dans une démarche qui me répugne, et cela me fâche... Je respecte vos secrets, sire*, poursuivit-elle; *mais je parierais que c'est pour cette bulle, où je n'entends rien. Je ne suis qu'une bonne chrétienne qui ne m'embarrasse pas de leurs disputes. Si ce n'est que cela, vous êtes trop bon : laissez-les s'arranger comme ils voudront. Ils ne pensent qu'à eux, et ne s'inquiètent ni de votre repos, ni de votre santé. Voilà ce qui m'intéresse, moi, et ce qui doit intéresser tout le royaume. Tu fais bien, mon enfant,* reprit le roi en secouant la tête; *j'ai envie de faire comme toi. Faites donc, sire*, dit-elle; *au diable toutes ces querelles de prêtres! Reprenez votre santé, et tout ira bien.*

Ce fut avec de pareils propos que la Chausseraie dérangea toute la machine. Le lendemain, dès quatre heures du matin, elle monta en chaise de poste, et se fit précéder à l'archevêché par un homme de confiance, un peu plus que son ami, et de qui je tiens ce détail. Elle rendit compte de tout au cardinal, lui recommanda de ne point sortir de Paris, où l'on craindrait de révolter le public par un acte de violence, repartit aussitôt pour Versailles, et rentra dans sa chambre avant que personne eût encore paru. Vers midi, elle trouva chez la duchesse la cabale fort consternée, et sut qu'après la prière le roi avait dit au père Tellier qu'il ne fallait plus penser au parti proposé; que le confesseur ayant voulu insister, le roi avait coupé court si sèchement et avec tant d'humeur, qu'il n'y avait pas lieu d'y revenir, sans s'exposer à se perdre. La Chausseraie en instruisit le cardinal par un exprès, et tout fut fini à cet égard.

Tellier n'en fut que plus ardent à presser le lit de justice; mais il n'y réussit pas mieux. Tout allait bientôt changer de face.

Le roi dépérissait à vue d'œil; cependant, le 9 août, il courut encore le cerf dans sa calèche, qu'il mena lui-même. Le dimanche 11, il tint conseil, et se promena ensuite dans les jardins de Trianon; mais il en revint si abattu, que ce fut sa dernière sortie. Le mardi 13, il fit effort pour donner l'audience de congé à l'ambassadeur de Perse. Il ne cessa de s'habiller que le 19; mais il continua jusqu'au 23 de tenir conseil, de travailler avec ses ministres, et de manger en présence des courtisans qui avaient les entrées. Les soirs, madame de Maintenon, les dames familières de Caylus, d'O, de Dangeau et de Levi, les légitimés, le chancelier et le maréchal de Villeroi, se rendaient chez le roi, où il y avait concert. Cela dura jusqu'au 25, jour de saint Louis.

Le roi, qui avait fait venir la gendarmerie, s'était flatté, jusqu'au 22, d'en faire la revue lui-même, et s'était fait préparer un lit; mais, se trouvant trop faible, il en chargea le duc du Maine. Le duc n'aurait pas laissé d'être embarrassé de remplir une telle fonction aux yeux du public, par préférence au duc d'Orléans, et en sa présence. Pour éviter le parallèle, il fit suggérer au jeune Dauphin, par la duchesse de Ventadour, sa gouvernante, l'envie de voir la revue, afin que le duc du Maine ne parût la faire que sous les ordres du Dauphin. Le roi y consentit, et il fallait que l'arrangement eût été préparé de loin ; car le petit uniforme de capitaine de gendarmerie se trouva fait à point nommé pour l'enfant, qui, depuis quelques jours, venait de quitter la robe. Le duc d'Orléans affecta de paraître à la tête des compagnies de son nom ; il y salua le Dauphin, et se retira ensuite.

Le 25, jour de la Saint-Louis, sur les sept heures du soir, les musiciens s'arrangeaient déjà pour le concert, lorsque le roi se trouva mal ; on les fit sortir, et l'on appela les médecins, qui jugèrent qu'il était temps de faire recevoir au roi les sacrements. Tellier vint aussitôt le confesser ; et, sur les onze heures, le cardinal de Rohan et le curé de la paroisse arrivèrent, et l'on administra au roi le viatique et l'extrême-onction.

Cette cérémonie achevée, le roi fit venir le duc d'Orléans, et lui parla bas environ un quart d'heure.

Le duc d'Orléans prétendit depuis que le roi, en lui témoignant autant d'amitié que d'estime, l'avait assuré qu'il lui conservait tous les droits de sa naissance, lui avait recommandé le royaume et la personne du roi futur, et avait ajouté : *S'il vient à manquer, vous serez le maître, et la couronne vous appartient. J'ai fait les dispositions que j'ai crues les plus sages ; mais comme on ne saurait tout prévoir, s'il y a quelque chose qui ne soit pas bien, on le changera.* Ce qu'il y a de sûr, c'est que personne n'entendit un mot de ce que dit le roi. Le lendemain, 26, le roi, après la messe, fit approcher de son lit les cardinaux de Rohan et de Bissy, en présence de madame de Maintenon, du père Tellier, du chancelier, du maréchal de Villeroi, et des officiers du service intérieur : *Je meurs*, dit-il, en s'adressant aux deux prélats, *dans la foi et la soumission à l'Église. Je ne suis pas instruit des matières qui la troublent ; je n'ai suivi que vos conseils, j'ai fait uniquement ce que vous avez voulu : si j'ai mal fait, vous en répondrez devant Dieu, que j'en prends à témoin.* Les deux cardinaux ne répondirent que par des éloges sur sa conduite ; car il était destiné à être loué jusqu'au dernier instant de sa vie.

Le moment d'après, le roi dit : *Je prends encore Dieu à témoin que je n'ai jamais haï le cardinal de Noailles ; j'ai toujours été fâché de ce que j'ai fait contre lui : mais on m'a dit que je le devais faire.* Là-dessus Blouin, Fagon et Maréchal se demandèrent à demi-haut : *Ne laissera-t-on pas voir au roi son archevêque, pour marquer la réconciliation ?* Le roi, qui les entendit, déclara que, loin d'y avoir de la répugnance, il le désirait, et ordonna au chancelier de faire venir l'archevêque, *Si ces messieurs*, dit-il, en regardant les deux cardinaux, *n'y trouvent point d'inconvénient*. Ils n'en trouvaient que trop pour eux : le moment était critique, et la réponse embarrassante. Laisser le vainqueur de l'hérésie mourir entre les bras d'un hérétique, était d'un grand scandale à leurs yeux. Ils se retirèrent dans l'embrasure d'une fenêtre, pour en délibérer avec le confesseur, le chancelier et madame de Maintenon. Tellier et Bissy jugèrent l'entrevue fort dangereuse, et la firent juger telle à madame de Maintenon. Rohan et le chancelier, portant leurs vues dans l'avenir, ne contredirent ni n'approuvèrent ; et tous, se rapprochant du lit, recommencèrent leurs éloges sur la délicatesse de conscience du roi, et lui dirent que cette démarche pourrait exposer la bonne cause au triomphe de ses ennemis ; qu'ils approuvaient cependant que l'archevêque pût venir, s'il voulait donner sa parole au roi d'accepter la constitution.

Le timide prince se soumit à leurs avis, et le chancelier écrivit en conséquence à l'archevêque. Noailles sentit douloureusement ce dernier trait de ses ennemis, répondit avec respect, mais n'accepta pas les conditions, et ne put voir le roi.

Dès lors ce ne fut qu'un ingrat, un rebelle, et l'on n'en parla plus, afin que le roi mourût en paix.

Dans la même matinée, le roi se fit amener le Dauphin par la duchesse de Ventadour, et lui adressa ces paroles, que j'ai copiées littéralement d'après celles qui sont encadrées au chevet du lit du roi, au-dessus de son prie-Dieu :

Mon cher enfant, vous allez être bientôt roi d'un grand royaume : ce que je vous recommande le plus fortement est de n'oublier jamais les obligations que vous avez à Dieu..... Souvenez-vous que vous lui devez tout ce que vous êtes....

Tâchez de conserver la paix avec vos voisins.

J'ai trop aimé la guerre : ne m'imitez pas en cela, non plus que dans les trop grandes dépenses que j'ai faites.

Prenez conseil en toutes choses, et cherchez à connaître le meilleur, pour le suivre toujours.

Soulagez vos peuples le plus tôt que vous pourrez, et faites ce que j'ai eu le malheur de ne pouvoir faire moi-même.

N'oubliez jamais les grandes obligations que vous avez à madame de Ventadour. Pour moi, madame, en se retournant vers elle, *je suis bien fâché de n'être plus en état de vous en marquer ma reconnaissance.*

Il finit, en disant à M. le Dauphin : *Mon cher enfant, je vous donne de tout mon cœur ma bénédiction ;* et il l'embrassa ensuite deux fois avec de grandes marques d'attendrissement.

La duchesse de Ventadour, voyant le roi s'attendrir, emporta le Dauphin. Le roi fit entrer successivement les princes et les princesses du sang, leur parla à tous; mais séparément au duc d'Orléans et aux légitimés, qu'il fit venir les premiers. Il remercia tous ses officiers domestiques des services qu'ils lui avaient rendus, et leur recommanda le même attachement pour le Dauphin.

L'après-dînée, le roi, s'adressant à tous ceux qui avaient les entrées, leur dit : *Messieurs, je vous demande pardon du mauvais exemple que je vous ai donné ; j'ai bien à vous remercier de la manière dont vous m'avez toujours servi, de l'attachement et de la fidélité que vous m'avez marqués : je suis bien fâché de n'avoir pas fait pour vous tout ce que j'aurais bien voulu. Je vous demande pour mon petit-fils la même application et la même fidélité que vous avez eues pour moi. J'espère que vous contribuerez tous à l'union, et que si quelqu'un s'en écartait vous aideriez à le ramener. Je sens que je m'attendris, et que je vous attendris aussi ; je vous demande pardon. Adieu, messieurs, je compte que vous vous souviendrez quelquefois de moi.*

Le mardi 27, le roi, n'ayant auprès de lui que madame de Maintenon et le chancelier, se fit apporter deux cassettes, dont il fit tirer et brûler beaucoup de papiers, et donna pour les autres ses ordres au chancelier. Il fit ensuite appeler son confesseur, et après lui avoir parlé bas, il fit venir le comte de Pontchartrain, et lui ordonna d'expédier l'ordre de porter son cœur aux Jésuites, et de l'y placer vis-à-vis celui de Louis XIII, son père.

Ce fut avec le même sang-froid qu'il fit tirer d'une cassette le plan du château de Vincennes, et l'envoya à Cavoie, grand maréchal des logis, pour faire les logements de la cour et y conduire *le jeune roi;* ce furent ses termes. Il lui arriva même quelquefois de dire : *Dans le temps que j'étais roi.* Puis, s'adressant à madame de Maintenon : *J'avais toujours ouï dire qu'il est difficile de mourir; je touche à ce dernier moment, et je ne trouve pas cette résolution si pénible.* Madame de Maintenon lui dit que ce moment était effrayant quand on avait de l'attachement au monde et des restitutions à faire. *Je ne dois, comme particulier,* reprit le roi, *de restitutions à personne; pour celles que je dois au royaume, j'espère en la miséricorde de Dieu. Je me suis bien confessé, mon confesseur veut que j'aie une grande confiance en Dieu, je l'ai toute entière.* Quel garant que le père Tellier pour la conscience d'un roi !

Le mercredi 28, le roi, s'entretenant avec son confesseur, aperçut dans la glace deux domestiques qui pleuraient au pied de son lit. *Pourquoi pleurez-vous?* leur dit-il ; *m'avez-vous cru immortel? Mon âge a dû vous préparer à ma mort.* Puis, regardant madame de Maintenon : *Ce qui me console de vous quitter, c'est l'espérance que nous nous rejoindrons bientôt dans l'éternité.* Elle ne répondit rien à cet adieu, qui parut lui répugner beaucoup. Bolduc, premier apothicaire, m'a assuré qu'elle avait dit en sortant : *Voyez le rendez-vous qu'il me donne! Cet homme-là n'a jamais aimé que lui.* Ce propos, que je ne garantirais pas, parce que les principaux domestiques ne l'aimaient point, serait plus de la veuve de Scarron que d'une reine. Elle alla tout de suite à Saint-Cyr, comptant y rester.

Un empirique de Marseille, nommé Lebrun, se présenta avec

un élixir qu'il annonçait comme un remède sûr contre la gangrène, qui faisait beaucoup de progrès à la jambe du roi. Les médecins, n'espérant plus rien de son état, lui laissèrent prendre quelques gouttes de cet élixir, qui parut le ranimer; mais il retomba bientôt. On lui en présenta une seconde prise, en lui disant que c'était pour le rappeler à la vie. *A la vie ou à la mort*, dit-il en prenant le verre, *tout ce qu'il plaira à Dieu*. Il demanda ensuite une absolution générale à son confesseur.

Depuis que le roi s'était alité, la cour se rapprochait sensiblement du duc d'Orléans; bientôt la foule avait rempli son appartement; mais le jeudi 29, le roi ayant paru se ranimer, ce mieux apparent fut si exagéré, que le duc d'Orléans se trouva seul.

Le roi, s'étant aperçu de l'absence de madame de Maintenon, en montra du chagrin, et la demanda plusieurs fois : elle revint aussitôt, et lui dit qu'elle était allée unir ses prières à celles de ses filles de Saint-Cyr.

Le lendemain, 30, elle demeura auprès du roi jusqu'au soir, que, lui voyant la tête embarrassée, elle passa dans son appartement, partagea ses meubles entre ses domestiques, et retourna à Saint-Cyr, d'où elle ne sortit plus.

Depuis ce moment, le roi n'eut que de légers instants de connaissance, et passa ainsi la journée du samedi 31. Sur les onze heures du soir, le curé, le cardinal de Rohan, et les ecclésiastiques du château, vinrent dire les prières des agonisants. Cet appareil rappela le mourant à lui-même; il répondit d'une voix forte aux prières; et, reconnaissant encore le cardinal de Rohan, il lui dit : *Ce sont les dernières grâces de l'Église*. Il répéta plusieurs fois : *Mon Dieu, venez à mon aide; hâtez-vous de me secourir!* et tomba dans une agonie qui se termina par sa mort, le dimanche 1er septembre, à huit heures un quart du matin.

Le lecteur qui aura vu le journal historique du père Griffet, jésuite, copié d'après celui du marquis de Quincy, trouvera quelque différence entre la relation qu'il a faite de la dernière maladie du roi, et ce que je viens d'en écrire. Le père Griffet en donne lui-même la raison : *Cette relation*, dit-il, *avait été communiquée au père Tellier, qui, n'ayant presque pas quitté le* roi pendant sa dernière maladie, devait être instruit mieux que personne de tout ce qui s'était passé dans la chambre. Je le crois. Il ajoute : *Ce père, ayant examiné cette relation, y fit quelques observations, que nous avons vues écrites de sa main.* Je le crois encore, comme si je l'avais vu moi-même. *Le marquis de Quincy*, poursuit-il, *fit plusieurs changements à son manuscrit, pour le conformer à ces observations.* Je le vois bien.

Pour moi, j'ai écrit d'après les Mémoires les plus exacts et les témoins oculaires les plus fidèles ; mais je n'ai communiqué ma relation à personne qui eût intérêt de l'altérer. Aussi le père Griffet et moi ne sommes pas en contradiction : nous différons seulement par nos omissions. Griffet, d'après Tellier, supprime ce qui concerne le cardinal de Noailles. Ils ont supposé, sans doute, que d'autres s'en chargeraient, et ne se sont pas trompés. J'ai omis l'exhortation du cardinal de Rohan au roi, en lui administrant le viatique. On supposera aisément que le cardinal fit un discours très-pieux, et l'on en trouvera des modèles dans les rituels.

Revenons un peu sur nos pas, et voyons les divers mouvements qui agitaient la cour, depuis qu'on prévoyait la mort prochaine du roi.

Quelques avantages que le duc du Maine pût attendre du testament, il ne pouvait se dissimuler ceux que le duc d'Orléans tirerait de sa naissance. Il n'ignorait pas que l'édit de 1714, qui donnait aux légitimés le droit de succession à la couronne, n'avait pas eu l'applaudissement de la nation ; que les princes du sang réclameraient un jour contre l'édit ; que le testament de Louis XIII ayant été annulé [1], celui de Louis XIV pourrait avoir le même sort ; et qu'au point d'élévation où il se trouvait, il avait autant à craindre qu'à espérer de l'avenir.

Le duc d'Orléans ne pouvait pas douter que le testament ne lui fût défavorable ; mais il ne doutait pas davantage du parti qu'il tirerait de sa naissance et de ses qualités personnelles. Il se regardait donc déjà comme régent du royaume, et prenait d'a-

---

[1] Lorsque le testament de Louis XIII, excès de flatterie pour la reine-mère fut cassé au lit de justice de 1643, le Anne d'Autriche, proposa d'aller jusqu'à président Barillon, soit décision, soit bier ce testament des registres.

vance des mesures sur la forme du gouvernement. Il se proposait d'établir des conseils pour les différentes parties de l'administration. Nous verrons bientôt comment il exécuta ce plan. Celui qu'il approuva sur les jésuites mérite d'être rapporté, quoiqu'il soit resté sans exécution. Le procureur général d'Aguesseau, appuyé du duc de Noailles et de l'avocat général Fleury, proposèrent de chasser absolument du royaume toute la société des jésuites, comme on venait de faire en Sicile. Le duc de Saint-Simon, qui ne les aimait pas, prétend, dans ses Mémoires, que ce fut lui qui fit rejeter ce projet, comme ne convenant pas dans un temps de régence, où l'on devait ménager Rome et l'Espagne [1].

On proposa ensuite de mander à Versailles, aussitôt après l'établissement de la régence, les supérieurs des trois maisons de Paris. Le régent les recevrait avec bonté, leur témoignerait de l'estime pour leur compagnie, leur recommanderait de ne s'occuper que de leurs exercices, les exhorterait avec une douceur mêlée de fermeté à concourir à la paix, leur parlerait enfin de façon que, sans menaces directes, on leur fît comprendre qu'ils auraient tout à craindre en s'écartant de la route qu'on leur traçait.

L'instant d'après, le régent devait faire venir le père Tellier seul, lui déclarer que, ses fonctions étant finies, il était temps pour lui de se reposer ; que les circonstances exigeaient qu'il se retirât à la Flèche, où il trouverait tout ce qui peut contribuer à la commodité et à l'agrément, outre six mille livres de pension, payées d'avance, et le congédier sans attendre sa réponse.

Au sortir de cette courte audience, deux hommes sûrs, fermes et polis devaient s'emparer du père Tellier et de son frère compagnon, les faire monter en carrosse, et les conduire tout de suite à la Flèche, pendant qu'on enlèverait les papiers du jésuite.

L'intendant de la province, prévenu des ordres du régent, aurait reçu et installé Tellier indépendant des jésuites, en lui dé-

---

[1] Cette conférence se tint à Versailles, chez le duc de Noailles, le dimanche 18 août. Le mémoire doit se trouver dans les portefeuilles du maréchal de Noailles et des héritiers de d'Aguesseau et de Fleury. J'en ai parlé au fils du dernier ; mais, comme les Fleury d'aujourd'hui ne pensent pas comme leur père en 1715, je n'en ai pas tiré des réponses nettes.

fendant, de la part du roi, d'écrire ou de recevoir aucune lettre que par la voie de l'intendance où elle serait vue. L'intendant devait encore laisser ou changer à son gré le frère servant, et les autres valets de Tellier, payés par le roi; et répondre enfin de toute sa conduite.

Dans l'intervalle du voyage des trois supérieurs à Versailles, les pères Tournemine, Doucin et l'Allemand, devaient être enlevés et leurs papiers saisis; les deux derniers mis au cachot, dans des prisons séparées, ignorées du public, et à la place d'un grand nombre de malheureux qu'ils y avaient fait périr; Tournemine, traité différemment en considération de sa naissance, confiné pour le reste de ses jours dans le donjon de Vincennes, avec tous les secours pour la vie animale; mais sans encre, ni papier, ni la moindre espèce de correspondance extérieure. En renvoyant de Versailles les trois supérieurs, on les aurait avertis de ne tirer aucune conséquence fâcheuse pour la compagnie de ce qu'ils apprendraient à leur arrivée à Paris, ni du traitement fait à trois brouillons pernicieux à l'État, tyrans de leurs confrères, à qui ils n'étaient pas moins odieux qu'au public.

A l'égard du pape et de sa constitution, le duc d'Orléans se proposait de prodiguer les termes de respect et de soumission au saint père; de lui représenter qu'un temps de minorité et l'autorité précaire d'un régent n'étaient pas capables d'opérer ce que le roi le plus absolu n'avait pu faire; l'exhorter à donner la paix à l'Église; laisser cependant voir toute la fermeté d'un parti pris; enfin, en employant les expressions les plus respectueuses, tenir la cour de Rome elle-même en respect. La faiblesse de Clément XI, qui lui avait fait donner la bulle, l'aurait empêché de la soutenir; il l'eût ou retirée, ou regardée comme non avenue.

Le procédé était encore moins embarrassant avec le nonce Bentivoglio, homme sans mœurs, d'une vie scandaleuse, qui entretenait publiquement une fille d'opéra, dont il avait un enfant, que nous avons vu depuis sur le théâtre, sous le nom de *la Duval*, et que le public n'a jamais voulu nommer autrement que la *Constitution*, à cause de son père, porteur de la bulle. Il ne s'agissait que d'instruire le nonce du nouveau plan de gouvernement; lui accorder des audiences rares et courtes; le renvoyer communément au ministre des affaires étrangères ; et, pour peu qu'il voulût cabaler ou élever le ton, le menacer de mander le débordement de sa vie au pape, et de lui faire perdre ainsi le chapeau de cardinal ; donner en conséquence de nouvelles instructions au jésuite Lafiteau, aujourd'hui évêque de Sisteron, chargé alors de cette affaire à Rome, où il vivait comme Bentivoglio à Paris ; avertir les jésuites que leur conduite serait éclairée à Rome, à Paris et dans les provinces ; renvoyer tous les évêques chacun dans son diocèse, les contenir par leurs parents, qui cherchent à s'avancer, et faire tenir la main à la résidence par le procureur général ; remettre en vigueur la règle, qui ne s'était relâchée que depuis l'affaire de la constitution. Par cette règle, toute correspondance avec Rome était interdite aux ecclésiastiques. Tellier en avait affranchi les prélats, et jusqu'aux moines de son parti. Auparavant, aucun évêque n'y pouvait écrire que par la voie du ministre des affaires étrangères, qui devait voir les lettres et les réponses ; et cette permission s'accordait rarement. Le commerce nécessaire pour les bulles et pour les dispenses se faisait uniquement par les banquiers. Il y avait peu d'années (en 1705) que l'archevêque d'Arles, Mailly, depuis archevêque de Reims, et cardinal, avait été sévèrement réprimandé par le roi pour avoir écrit de lui-même au pape et en avoir reçu un bref, quoiqu'il ne fût question que d'un présent de reliques. Les liaisons avec le nonce n'étaient pas moins interdites ; prélats, prêtres ou moines, ne le voyaient que pour causes connues du ministre. Les bonnes lois ne manquent pas en France ; mais il n'y a point de ministre en faveur qui, pour étendre son pouvoir, n'en ait fait plier quelqu'une ; et la longue compression d'un ressort en fait perdre l'élasticité.

Le gouvernement des affaires ecclésiastiques était destiné au cardinal de Noailles. Ce triomphe de Mardochée éloignait les cardinaux de Rohan et de Bissy. Peut-être n'auraient-ils pas fait beaucoup de résistance. Rohan aurait préféré la vie voluptueuse d'un grand seigneur, au commerce dégoûtant que la constitution le forçait d'avoir avec un tas de pédants qui, sans cela, n'étaient pas faits pour passer au delà de ses antichambres. Bissy, affranchi du joug du père Tellier, et n'ayant plus rien à prétendre, n'aurait pas été fâché de faire oublier par quelles voies il s'était élevé.

Tous ces projets pouvaient être bons, et le duc d'Orléans les approuvait; mais, pour les exécuter, il fallait d'abord qu'il fût régent, et il y avait très-grande apparence que Louis XIV nommait par son testament un conseil de régence, et non un régent; mais, ce qui était encore plus difficile, il aurait fallu au duc d'Orléans un caractère plus ferme et plus suivi qu'il ne l'avait.

Le président de Maisons vint lui donner un conseil, qui, s'il n'était pas d'un traître, était au moins d'un fou. Il lui conseilla de venir à main armée au parlement au moment de la mort du roi, de forcer le dépôt et d'enlever le testament. Le duc d'Orléans le remercia de son zèle, et rejeta un parti qui aurait indigné et aliéné toute la nation.

On lui suggéra un autre dessein qu'il fut près d'adopter, et qui, conduit avec prudence et fermeté, pouvait réussir.

Comme il n'y avait encore que les deux dernières régences où le parlement fût intervenu, il fallait, disait-on, par un coup d'éclat, lui faire perdre l'idée qu'il pût prétendre à les donner.

Pour y parvenir, on se proposait d'assembler dans une des pièces de l'appartement du roi, au moment de sa mort, les pairs, les ducs héréditaires, les officiers de la couronne et les secrétaires d'État. Tous étant en séance, le duc d'Orléans, ayant à côté de lui le duc de Bourbon, seul prince du sang en âge, le duc du Maine et le comte de Toulouse, aurait, d'un air de confiance et d'autorité, déclaré que, vu la nécessité pressante de pourvoir à l'administration de l'État, et son droit à la régence, il prenait dès ce moment le timon du gouvernement, et les priait de l'aider de leurs lumières; qu'il ne soupçonnait pas que personne pût ni voulût s'y opposer. Si le duc du Maine, ou quelques-uns de ses amis secrets, eussent pris la parole et montré de l'opposition, les autres auraient applaudi à une action qui relevait leur dignité, les associait au gouvernement, et auraient imposé au peu de mécontents.

L'acte dressé, faire assembler les troupes, et marcher tout de suite au parlement, non pour faire approuver, mais pour notifier la régence; y déclarer le plan de gouverner par des conseils, sans nommer encore ceux qui devaient y entrer, et tenir ainsi chacun en respect, par l'espérance ou la crainte de s'en ouvrir ou de s'en fermer l'entrée; flatter le parlement d'y être admis, et prodiguer ces éloges qui persuadent si aisément la tourbe, mais d'un ton qui ne lui permet que l'approbation; faire lire ensuite le testament, pour en approuver les dispositions qui ne regarderaient pas la régence, et annuler le reste. Le duc du Maine, encouragé par le chancelier et le premier président, ses amis, supposé qu'ils fussent demeurés tels après l'opération de Versailles, aurait peut-être entrepris de réclamer; le duc d'Orléans devait lui imposer silence avec hauteur. On était sûr du lieutenant de police d'Argenson, qui, disposant de la populace, aurait fait recevoir le prince avec des acclamations sur le chemin, aux abords et dans les salles du palais.

Reinold, colonel des gardes suisses, était alors mécontent du duc du Maine; et le duc de Guiche, colonel des gardes françaises, qui se vendit six cent mille livres au duc d'Orléans, pour le soutenir, en cas de besoin, le jour qu'il vint demander la régence au parlement, se serait donné pour moins à un régent déjà reconnu par les pairs.

Le duc d'Orléans méditait encore, dit-on, la réforme de quantité d'abus, l'abolition des survivances, le remboursement successif des brevets de retenues, et beaucoup d'autres réglements que le public désire, et n'aura jamais. Il y a longtemps que de bons Français en sont réduits à souhaiter l'excès du mal, d'où sortira peut-être le remède. Je vois dans tous les temps les mêmes sottises et les mêmes clameurs; je n'espère pas que la réformation nous soit réservée.

La reine de Pologne, d'Arquien, veuve de Jean Sobieski, vint se retirer à Blois. Elle avait voulu autrefois se faire voir en France, sa patrie, sous prétexte de prendre les eaux de Bourbon, et aller de là à la cour; mais elle rompit son voyage, sur ce qu'elle apprit que la reine ne lui donnerait pas la main [1]. Le dépit la rendit ennemie de la France; elle eut grande part à la

---

[1] La reine mère de Louis XIV donna la main à Marie de Gonzague, reine de Pologne, le jour de son mariage.

ligue d'Augsbourg. Après la mort de Sobieski, elle alla à Rome, où, n'ayant pu obtenir le traitement qu'avait eu Christine, reine héréditaire, elle en sortit, et vint se fixer à Blois en 1714.

Sa sœur, qui épousa le marquis de Béthune, était grand'-mère de la maréchale de Belle-Isle.

Avant de nous engager dans le récit des événements du règne présent, rappelons quelques traits de la vie privée de Louis XIV, qui le feront mieux connaître que des portraits tracés par la passion pour ou contre lui. Sa taille, son port, sa beauté dans sa jeunesse, la noblesse de ses traits dans un âge plus avancé, ses grâces naturelles, la dignité de ses propos, la majesté de sa personne, l'auraient fait distinguer au milieu de toutes les cours. Tel fut l'extérieur de Louis XIV, dont j'ai vu les restes dans mon enfance. Voyons son intérieur. Ce prince avait l'esprit droit, un jugement sain, un goût naturel pour le beau et pour le grand, le désir du vrai et du juste. Une éducation soignée pouvait étendre son esprit par des connaissances, on ne pensa qu'à le resserrer; fortifier son jugement par l'usage des affaires, on ne chercha qu'à l'obscurcir, en l'écartant du travail; développer ou rectifier son caractère, on désirait qu'il n'en eût point. Une mère aussi avide qu'incapable de gouverner, subjuguée par le cardinal Mazarin, s'appliquait à perpétuer l'enfance de son fils, qui ne fut, jusqu'à vingt-trois ans, que la représentation de la royauté. Élevé dans la plus grossière ignorance, il n'acquit pas les qualités qui lui manquaient, et ne conserva pas tout ce qu'il avait reçu de la nature.

A la mort du cardinal Mazarin, Louis annonça qu'il allait gouverner par lui-même; et, dès qu'il ne fut plus ostensiblement asservi, il crut régner. En butte alors à tous les genres de séduction, il se laissa persuader qu'il était parfait, et, dès ce moment, il fut inutile de l'instruire. Il céda toujours aux impulsions de ses maîtresses, de ses ministres ou de son confesseur. Il croyait voir une obéissance servile à ses volontés, et ne voyait pas que ses volontés lui étaient suggérées. Quelquefois les choses n'en allèrent pas plus mal. Par exemple, Colbert fait supprimer la charge de surintendant des finances, et le roi croit les gouverner, parce qu'il se charge de toutes les signatures que faisait Fouquet. Cependant Colbert s'empare heureusement de la véritable administration. Il égale la recette à la dépense; forme une marine; étend le commerce; établit et multiplie, peut-être trop, les manufactures; encourage les lettres, les sciences et les arts. Tout fleurit, c'est alors le siècle d'Auguste : voici le constraste.

Louvois, d'un génie puissant, d'une âme féroce, jaloux des succès et du crédit de Colbert, excite la guerre, dont il a le département. Il persuade au roi de s'emparer de la Franche-Comté et des Pays-Bas espagnols, au mépris des renonciations les plus solennelles. Cette guerre en amène successivement d'autres, que Louvois avait le malheureux talent de perpétuer. Celle de 1688 dut sa naissance à un dépit de l'orgueilleux ministre. Le roi faisait bâtir Trianon; Louvois, qui avait succédé à Colbert dans la surintendance des bâtiments, suivait le roi, qui s'amusait dans ces travaux. Ce prince s'aperçut qu'une fenêtre n'avait pas autant d'ouverture que les autres, et le dit à Louvois; celui-ci n'en convint pas, et s'opiniâtra contre le roi, qui insistait, et qui, fatigué de la dispute, fit mesurer les fenêtres. Il se trouva qu'il avait raison; et comme il était déjà ému de la discussion, il traita durement Louvois devant tous les ouvriers. Aman[1], humilié, rentra chez lui la rage dans le cœur, et là, exhalant sa fureur devant ses familiers, tels que les deux Colbert, Villacerf et Saint-Pouange, Tilladet et Nogent : *Je suis perdu*, s'écria-t-il, *si je ne donne de l'occupation à un homme qui se transporte sur des misères. Il n'y a que la guerre pour le tirer de ses bâtiments ; et, pardieu ! il en aura, puisqu'il en faut à lui ou à moi.*

La ligue d'Augsbourg, qui se formait, pouvait être désunie par des mesures politiques. Louvois souffla le feu qu'il pouvait éteindre; et l'Europe fut embrasée, parce qu'une fenêtre était trop large ou trop étroite. Voilà les grands événements par les petites causes. On doit distinguer deux hommes dans Louvois, *ce fondateur du despotisme des secrétaires d'État.* C'était sans

---

[1] C'est sous ce nom que Racine a désigné Louvois dans la tragédie d'*Esther.*

doute un ministre supérieur pour conduire une guerre ; ce qu'il fit pour faire réussir le siége de Gand est admiré par tous les militaires ; mais si on le considère comme citoyen, c'était un monstre : il eût immolé l'État à son ambition, à son humeur, au moindre élan de l'amour-propre. Eh ! que nous importent des talents dont on aurait pu nous épargner le malheureux emploi ? En lisant l'histoire, je ne rencontre point d'éloge ampoulé d'un prince ou d'un ministre, que je ne m'attende à quelque disgrâce pour l'État. Nous admirons quelques-unes de leurs opérations, et nous n'entendons plus les gémissements des malheureux qu'ils ont faits, et qui étaient nos pères. Préférons à ces météores brillants et destructeurs l'administration d'un honnête homme, qui regarde un État comme une famille dont il fait partie, et meurt sans laisser aux historiens une matière intéressante pour les lecteurs. Si le temps me permet d'écrire ces Mémoires jusqu'à nos jours, j'aurai occasion de parler de certains ministres aussi coupables que Louvois, et à qui je ne pourrai pas donner les mêmes éloges. Le chancelier le Tellier, père de Louvois, qui connaissait les talents de son fils, et l'opinion que le roi avait des siens, l'avait proposé à ce prince comme un jeune homme d'un bon esprit, quoiqu'un peu lent, mais propre au travail, et capable de s'instruire si sa majesté prenait la peine de le diriger. Louis, flatté d'être créateur, donna des leçons à Louvois, qui les recevait en novice. Ses progrès furent graduels, mais rapides. Le roi s'étant une fois persuadé que c'était lui qui faisait tout, le ministre fit bientôt faire tout ce qu'il voulait lui-même ; il se rendit maître absolu du militaire ; et comme l'extérieur de la puissance en procure souvent la réalité, il s'attribua des honneurs et des priviléges jusqu'alors inconnus. Il assujettit les généraux à lui rendre compte directement. Le vicomte de Turenne fut le seul qui, ayant par lui-même une trop forte existence pour s'y soumettre, conserva avec le roi une correspondance directe ; ce qui n'empêchait pas le ministre de voir toutes les lettres, et de concerter avec le roi les réponses.

De la part d'un ministre puissant, une prétention vaut un droit ; et l'usurpation le confirme, au point que le plus mince des successeurs, dans quelque département que ce soit, en jouit, et en peut librement abuser.

La plus digne action de Louvois donna la première atteinte à sa faveur. Louis XIV lui ayant communiqué, peu de temps après la mort de la reine[1], le dessein d'épouser madame de Maintenon, il n'oublia rien pour l'en détourner; et, voyant que c'était un parti pris, il tira du moins parole du roi que le mariage ne serait jamais déclaré. La cérémonie se fit dans une chapelle des cabinets, par l'archevêque de Paris Harlay, en présence de Louvois, de Montchevreuil et de Bontems, premier valet de chambre, qui servit la messe, dite par le père la Chaise.

Quelque temps après, Louvois sut que le mariage allait se déclarer. Il en donna avis à l'archevêque, qui avait aussi reçu la parole du roi, et le pria de venir s'unir à lui, pour représenter les engagements pris avec eux. Avant même l'arrivée du prélat, Louvois, se jetant aux pieds du roi, le conjura de lui ôter la vie, plutôt que de faire cet affront à la couronne. Louis voulut l'écarter; mais Louvois, lui serrant les genoux, ne le quitta point qu'il n'en eût obtenu une ratification de sa parole; et l'archevêque, qui vint ensuite, la fit confirmer. Madame de Maintenon employa inutilement tous les ressorts de la séduction: le roi la pria de ne lui en plus parler. On conçoit le ressentiment qu'elle en conserva; elle résolut de perdre Louvois, d'en préparer les moyens, et d'en saisir les occasions.

Les fureurs exercées dans le Palatinat en 1689 excitèrent une indignation générale. Madame de Maintenon n'eut pas besoin d'en exagérer l'atrocité; la religion était inutile : l'humanité suffisait pour servir de texte. Louvois, après avoir fait incendier Worms et Spire, eut encore la barbarie de proposer de brûler Trèves, pour empêcher les ennemis d'en faire leur place d'armes. Le roi en fut révolté, et le lui défendit. Deux jours après,

---

[1] Elle mourut le 30 juillet 1683. Quelques-uns fixent en 1686 le mariage du roi avec madame de Maintenon. Il y a apparence qu'il se fit plus tôt. Louis avait encore besoin de femme, était dévot; et madame de Maintenon trop prude et trop ambitieuse pour n'être pas sage. La maréchale de Noailles, mère du maréchal d'aujourd'hui, était si persuadée de la nécessité d'un second mariage, qu'elle dit à madame de Montespan, après la mort de la reine : *Il faut se presser de marier convenablement cet homme-là; sans quoi il épousera peut-être la première blanchisseuse qui lui plaira.* La maréchale a tenu ce propos à plusieurs personnes, et entre autres au président Hénault, de qui je le tiens.

Louvois revint à la charge, et dit au roi qu'une délicatesse de conscience l'empêchait, sans doute, de consentir à la destruction de Trèves ; mais que guerre et pitié ne s'accordant pas, lui, Louvois, pour en décharger la conscience du roi, avait pris le tout sur soi, et venait d'envoyer l'ordre de cette exécution militaire. Le roi, ordinairement si maître de lui, se transporte de colère, saisit les pincettes, et veut en frapper Louvois. Madame de Maintenon se jette au-devant, et laisse échapper le ministre effrayé. Le roi le rappelle, et, les yeux enflammés : *Dépêchez un courrier, qu'il arrive à temps ; s'il y a une seule maison de brûlée, votre tête en répondra.* Il ne fallut point de second courrier ; le premier n'était pas parti. Les dépêches étaient prêtes ; mais Louvois, déjà sur ses gardes par la façon dont la première proposition avait été reçue, avait suspendu le départ jusqu'à ce qu'il eût vu le succès de sa tentative. Le premier courrier passa, dans l'esprit du roi, pour avoir porté l'ordre sanguinaire ; et le second, pour en avoir empêché l'exécution.

Cependant le roi s'aliénait de plus en plus ; des choses moins graves comblaient la mesure ; et quelquefois des actions louables du ministre achevaient d'aliéner madame de Maintenon. Voici un exemple de l'un et de l'autre.

Le roi voulut faire en personne le siége de Mons. Louvois, préférant avec raison d'appliquer les fonds aux dépenses nécessaires, dissuada ce prince d'emmener madame de Maintenon et ses familières, et Louis partit seul. Pendant le siége, Louis, se promenant un matin autour du camp, trouva une garde de cavalerie mal placée, et la plaça autrement. L'après-dînée, il retrouva cette garde changée de poste, et demanda à l'officier qui l'avait mis là. Il répondit que c'était M. de Louvois. *Lui avez-vous dit que c'était moi qui vous avais placé ? — Oui, sire. — N'admirez-vous pas Louvois ?* dit le roi à ceux qui le suivaient ; *il croit savoir la guerre mieux que moi.* Que cela fût ou non, le ministre ne devait pas en faire montre si publiquement. Le roi en fut apparemment piqué ; car il en reparlait encore après la mort de Louvois.

Au retour de Mons, le roi continuait de travailler avec son

ministre; mais c'était avec un froid, une humeur qui ne laissaient pas douter d'une disgrâce, qui ne fut prévenue que par la mort de Louvois. Le 16 juillet, au milieu d'un travail avec le roi, chez madame de Maintenon, il se trouva si mal, qu'il n'eut que le temps de se retirer et de rentrer chez lui. Son fils, qu'il demanda en arrivant, accourut, et le trouva mort¹.

Dès que le roi l'apprit, il envoya chercher Chamlay, et lui offrit la place de secrétaire d'État de la guerre, quoique Barbesieux en eût la surveillance, depuis six ans qu'il travaillait sous son père. Chamlay avait toujours passé pour le meilleur maréchal des logis d'une armée. Recherché par tous les généraux, estimé du roi, et, qui plus est, de Turenne, il n'en était pas moins cher à Louvois; ce qui prouve qu'il était nécessaire à tous. Le roi, ne pouvant faire un meilleur choix pour le département de la guerre, le pressa fort de s'en charger. Mais Chamlay fit valoir les titres de Barbesieux, et finit par dire : *Si votre majesté ne veut pas absolument donner la place au fils, je la supplie de nommer tout autre que moi, qui ne puis me revêtir de la dépouille de son père, mon ami et mon bienfaiteur.* L'action de Chamlay étonna tout le monde, excepté lui, qui ne fut étonné que des éloges. Un tel procédé mérite bien sa place dans l'histoire; de pareils faits ne surchargeront pas ces Mémoires. Barbesieux fut nommé le soir même. Il n'était pas encore majeur; mais le roi, qui s'imagina avoir créé le père, déclara qu'il formerait également le fils. Avec beaucoup d'esprit, il avait pour le travail une facilité qui devient inutile quand elle est sans suite et sans application. Il fut dix ans décoré du titre de ministre, poursuivi par les affaires, et courut après les plaisirs,

¹ On sut, par l'ouverture de son corps, qu'il avait été empoisonné; et l'on prétendait que le poison avait été mis dans un pot à l'eau qu'il avait toujours sur sa cheminée, dont il buvait quand il se sentait échauffé par le travail. Comme il faisait alors très-chaud, il avait bu un coup de cette eau avant d'aller chez le roi. On arrêta un frotteur; mais, peu de jours après, il fut relâché; et la famille garda là-dessus un silence qui fit beaucoup parler. Les propos commençaient à se calmer, lorsqu'ils furent ranimés par la mort singulière d'un Italien nommé Seroni, médecin, domestique de Louvois, et qui était demeuré chez Barbesieux. Seroni, s'étant enfermé dans sa chambre, jeta les hauts cris, comme un homme tourmenté de convulsions, sans vouloir ouvrir sa porte, et criant, à ceux qui voulaient lui apporter du secours, qu'il n'avait que ce qu'il méritait. Il expirait, quand on força la porte. Les bruits, étouffés avec le même soin que la première fois, firent naître mille soupçons; mais on ne savait sur qui les porter.

qui le tuèrent. A sa mort, en 1710, Chamillard, déjà contrôleur général, eut de plus le département de la guerre. Le roi, en le nommant, s'expliqua encore, comme il avait fait sur Barbesieux. La création de Chamillard était plus difficile; il n'avait pas l'esprit de Barbesieux; et, avec des vertus qui manquaient à Louvois, on aurait désiré qu'il en eût les talents. On a vu comment, et pourquoi il fut sacrifié à madame de Maintenon.

Depuis la mort de Louvois, la guerre, continuée pendant six ans avec assez de succès, n'en avait pas rendu la paix moins nécessaire à l'État. Par le traité de Riswick, où elle fut conclue, Louis, obligé de renoncer au projet de rétablir Jacques II sur le trône d'Angleterre, et d'en reconnaître pour roi le prince d'Orange, sous le nom de Guillaume III, n'en conserva que plus d'aversion pour ce prince. La haine de Louis venait de ce que le prince d'Orange, petit-fils de Charles Ier, roi d'Angleterre, avait refusé d'épouser la fille naturelle du roi et de la duchesse de la Vallière. Louis ne concevait pas qu'un prince d'Orange pût dédaigner une telle alliance. Celui-ci n'avait d'abord rien négligé pour ramener le roi; mais, ne pouvant réussir : *Si je ne puis*, dit-il, *avoir son amitié, j'aurai du moins son estime*. Il la méritait à bien des égards, et ne parlait de Louis qu'avec dignité. Un jeune lord, à son retour de France, ayant dit à Guillaume, que ce qui lui avait paru de plus singulier à la cour de Louis, était que ce prince eût une vieille maîtresse (madame de Maintenon) et un jeune ministre (Barbesieux), il lui répondit : *Cela doit vous apprendre, jeune homme, qu'il n'a besoin ni de l'un ni de l'autre*[1].

Louis ne pouvait pas ignorer combien il avait fallu négocier pour conclure la paix et gagner le duc de Savoie, que l'orgueil de Louvois avait si fort aliéné. Il devait savoir que tous les ressen-

---

[1] Guillaume n'avait pas toujours été si circonspect. N'étant encore que stathouder, et se trouvant à la représentation d'une pièce, à peine eut-il entendu le début d'un prologue à sa louange, qu'il fit retirer l'acteur. *Ce coquin*, dit-il, *me prend pour le roi de France*. On soupçonna cette scène d'avoir été concertée. Le prince Eugène en usa, après la bataille d'Hochstet, d'une manière encore plus offensante. Il invita les prisonniers français à un opéra; et, au lieu d'une pièce suivie, fit chanter cinq prologues de Quinault, pleins d'éloges pour Louis XIV. *Vous voyez*, dit-il aux Français, *que j'aime à entendre les louanges de votre maître.*

timents ne s'éteignent pas à la paix. Au lieu d'en profiter pour soulager les peuples et réparer les malheurs de la guerre, on donna à Compiègne le spectacle d'un camp de Darius; et cette image de la guerre exigea les mêmes dépenses que la réalité.

Depuis que le roi avait prétendu gouverner par lui-même, il n'avait admis dans ses conseils aucun prince du sang. Il ne voulait élever que ceux qu'il pouvait anéantir, comme il les avait créés. Un ministre était tout dans la faveur, et rien après sa chute. Le premier maréchal de Villeroi, gouverneur de Louis XIV, tenait à ce sujet un propos qui, pour être bas, n'en était que plus expressif. *Il faut*, disait-il, *tenir le pot de chambre aux ministres tant qu'ils sont en place, et le leur verser sur la tête quand ils n'y sont plus.* Il ajoutait : *Quelque ministre des finances qui vienne en place, je déclare d'avance que je suis son serviteur, son ami, et même un peu son parent.* Voilà de grandes qualités de courtisan; je doute que ce soit celles d'un homme propre à élever un roi.

Louis n'aimait que l'esprit qui pouvait contribuer à l'agrément de sa cour, à ses plaisirs, à ses fêtes, à la gloire de son règne; l'esprit, enfin, dont il ne pouvait être ni embarrassé ni jaloux. Il protégea Molière contre les faux dévots; mais la dévotion, vraie ou fausse, n'avait pas encore alors percé à la cour. A l'égard de ceux qui l'approchaient et qui pouvaient le juger, il préférait la soumission aux lumières, et disait quelquefois *qu'il craignait les esprits* : crainte assez ordinaire aux princes, et à la plupart de ceux qui les représentent, à moins qu'ils n'aient eux-mêmes assez d'esprit pour ne pas craindre le parallèle. Il goûtait une satisfaction puérile à voir baisser les yeux à ceux qu'il regardait. Tout fléchissait devant un monarque dont la plus forte passion était d'être absolu et de le paraître. Son fils, sans aucun crédit, fut toujours devant lui autant dans la crainte que dans le respect. Tout mérite qui pouvait le blesser lui portait ombrage. Son frère, Monsieur, ayant remporté une victoire à Cassel, reçut un froid éloge, et ne commanda plus. Il n'oubliait rien de ce qui inspirait une sorte de vénération pour sa personne. Lorsque Monsieur venait lui faire sa cour au dîner, il y restait debout, jusqu'à ce que le roi lui ordonnât de s'asseoir sur un tabouret ; et quelquefois il le faisait mettre à table, pourvu qu'il arrivât avant que le roi fût assis. Si Louis faisait sentir sa majesté aux grands de sa cour, il la déposait dans sa domesticité intérieure. Nul maître ne fut plus aisé à servir ; il laissait volontiers prendre à ses valets une espèce de familiarité ; et plusieurs en usaient avec beaucoup d'adresse : il n'était pas indifférent de les avoir pour amis. Ils ont élevé ou renversé bien des fortunes, et peut-être en est-il ainsi dans toutes les cours. Louis aimait à leur voir marquer des égards par les seigneurs. Ayant envoyé un valet de pied porter une lettre au duc de Montbason, ce duc, qui la reçut au moment où il allait se mettre à table, força le valet, aux yeux de la compagnie, d'y prendre la première place, et le reconduisit ensuite jusqu'à la cour, comme étant venu de la part du roi. Ce prince ne s'attendait pas, sans doute, à cet excès de politesse, qu'un autre eût pu prendre pour une dérision ; mais il en sut gré, puisqu'il en reparla quelquefois avec complaisance.

Tout ce qui pouvait rappeler à Louis XIV un temps de faiblesse dans le gouvernement, révoltait son âme. C'est ce qui lui rendit toujours désagréable le séjour de la capitale, d'où il avait été obligé de sortir dans son enfance pendant les troubles de la Fronde. Cette répugnance pour Paris a coûté des milliards au royaume pour les bâtiments du superbe et triste Versailles, qu'on nommait alors un favori sans mérite ; assemblage de richesses et de chefs-d'œuvre, de bon et de mauvais goût. En fuyant le peuple, dont la misère n'aurait blessé que ses yeux, il voulait que sa cour fût également nombreuse et brillante. Il remarquait exactement l'assiduité et les absences des courtisans. Si l'on demandait une grâce pour un homme peu assidu, et fait pour la cour, il ne donnait souvent d'autre raison du refus, sinon que, ne le voyant jamais, il ne le connaissait pas. S'il adressait la parole à quelqu'un qui ne fût pas de ses familiers, c'était une distinction qui faisait la nouvelle du jour. Il choisissait parmi ceux qui se présentaient pour Marly ; mais il voulait toujours qu'on le demandât, dût-on être refusé.

Si Louis n'habita pas sa capitale, il voulut être instruit de tout ce qui s'y passait ; et les rapports ténébreux de la police étaient souvent des délations. Une autre espèce d'inquisition dont Louvois fut l'inventeur, et qui s'est conservée, est la violation du secret de la poste, attentat contre la foi publique. Tout citoyen est comptable de ses actions; le gouvernement a le droit de les éclairer; mais il n'en a aucun sur la pensée écrite, et une lettre est la pensée écrite. On ne doit pas entendre ce qui se dit à l'oreille d'un ami. On ne peut donner atteinte à cet égard à la liberté du citoyen que lorsqu'il s'est rendu justement suspect à l'État.

Un autre motif éloignait encore Louis XIV de sa capitale; il craignait d'abord d'exposer le scandale de ses amours aux yeux de la bourgeoisie, la seule classe de la société où la décence des mœurs subsiste ou subsistait encore. Mais bientôt il se lassa de tant de circonspection. Madame de la Vallière fut la première maîtresse déclarée, et il la fit duchesse de Vaujour. Cette femme, d'un caractère doux, incapable de nuire, même de se venger, en cédant à sa faiblesse pour le roi, regrettait sa vertu. Ses remords, encore plus que les dégoûts causés par une rivale, la conduisirent aux Carmélites, où elle vécut trente-six ans dans la plus dure pénitence. Elle n'était pas encore retirée de la cour, que la marquise de Montespan [1] lui avait déjà enlevé le cœur du roi.

Le scandale d'un double adultère fit le plus grand éclat; et le roi s'en inquiéta si peu, qu'il se fit suivre dans ses campagnes et dans les villes frontières par ses deux maîtresses, l'une et l'autre dans le même carrosse que la reine. Les peuples accouraient pour voir, disaient-ils, les trois reines. Louis ne gardait plus de mesures. La cour se tenait chez la nouvelle favorite.

---

[1] Elle rejeta d'abord les propositions du roi, et conseilla à son mari de l'emmener dans ses terres. Montespan s'opiniâtra à demeurer à la cour; et, lorsque sa femme eut cédé aux poursuites du roi, il fut exilé en Guyenne, après avoir été quelque temps à la Bastille pour les propos qu'il tenait, et la folie qu'il fit de prendre le deuil comme veuf. La femme, de son côté, quitta les armes et les livrées de son mari, et prit celles de sa maison, qui était Rochechouart. Cet exemple fut suivi depuis par madame de Maintenon, et l'a été de nos jours. Le roi, croyant ne pouvoir pas faire duchesse madame de Montespan du vivant de son mari, qu'il ne voulait ou n'osait faire duc, et qui même eût refusé de l'être par un tel canal, la nomma surintendante de la maison de la reine, et par là lui donna le tabouret. On n'a pas été depuis si embarrassé.

La place de surintendante avait été créée pour la comtesse de Soissons, Mancini, qui fut forcée de donner sa démission.

Les couches de la première avaient été secrètes, sans être ignorées; celles de la seconde étaient publiques.

La marquise de Thianges, sa sœur, faisait avec elle les honneurs des fêtes brillantes que le roi donnait sans cesse. L'abbesse de Fontevrault, autre sœur pleine d'esprit, de grâces et d'érudition, aimée et respectée de tout son ordre, y maintenait la règle par son exemple, tant qu'elle était dans le cloître; ce qui ne l'empêchait pas de venir par intervalles montrer son voile et sa croix dans cette cour de volupté. Personne n'y trouvait d'indécence, et l'on en aurait été édifié, si le roi l'avait voulu. En effet, il est le seul prince dont l'exemple n'ait pas fait autorité pour les mœurs publiques. Les courtisans les plus dissolus étaient encore obligés à une sorte de décence extérieure; autrement ils auraient craint de lui déplaire. Quelques-uns n'osaient pas même juger intérieurement leur maître. Ils respectaient en lui ce qu'ils se seraient crus coupables d'imiter; semblables à certains païens que la pureté de leurs mœurs n'empêchait pas d'adorer un Jupiter séducteur et adultère.

Madame de Montespan, belle, et avec ce tour d'esprit alors, dit-on, particulier aux Rochechouart, était haute, capricieuse, dominée par une humeur qui n'épargnait pas même le roi. La reine en éprouvait des hauteurs, et disait souvent : *Cette... me fera mourir;* au lieu que la duchesse de la Vallière, par ses respects, ses soumissions, par sa honte même, semblait lui demander pardon d'être aimée : aussi en fut-elle toujours traitée avec bonté [1].

Je ne parle point de madame de Fontange, dont la vie fut si courte. Je ne réveille point les bruits sur madame de Soubise, qui fortifia souvent les soupçons par son affectation à les écarter. Je ne rappelle les galanteries du roi que pour mieux faire connaître ce prince et sa cour. Je ne m'arrêterai point sur les commencements de madame de Maintenon, si connus par tant de mémoires. Je n'envisagerai que le changement de scène qui se fit à la cour par elle, ou à son occasion.

---

[1] La reine, étant allée la voir aux Carmélites, voulut la faire asseoir comme duchesse; mais cet honneur lui rappelant ses faiblesses, elle pria la reine de l'en dispenser. *Je ne suis et ne dois plus,* dit-elle, *être que religieuse.* Lorsqu'elle apprit la mort de son fils le duc de Vermandois, *Il faut donc,* dit-elle, *que je pleure sa mort avant d'avoir achevé de pleurer sa naissance.*

Tant que le roi avait été occupé de ses amours, la cour avait été galante; aussitôt que le confesseur s'en fut emparé, elle devint triste et hypocrite. On s'était empressé aux fêtes, aux spectacles : on courut à la chapelle; mais le roi était toujours le dieu à qui s'adressait un nouveau culte. Il ne tint qu'à lui de s'en apercevoir quelquefois. Un jour que ce prince devait venir au salut, les travées étaient pleines de dévots et dévotes de cour. Brissac, major des gardes du corps, entre dans la chapelle, dit tout haut aux gardes que le roi ne viendrait point, et les fait retirer. Les travées se vident à l'instant; il n'y reste que la marquise de Dangeau et trois ou quatre autres femmes. Un quart d'heure après, Brissac replace les gardes. Le roi, en arrivant, est étonné d'une solitude si extraordinaire : Brissac lui en dit la raison; le roi en rit, et peut-être excusa-t-il l'indifférence qu'on marquait pour le salut, par le respect et la crainte qu'on témoignait pour sa personne.

Le roi ayant commencé à tourner vers la dévotion, madame de Maintenon l'y porta de plus en plus. Dans les situations fâcheuses et subalternes où elle avait passé sa vie, elle avait affiché la pruderie; il ne s'agissait pas de changer de rôle à un âge où tant d'autres le prennent. Ce n'était plus que par là qu'elle pouvait s'assurer du roi. Née dans la misère, elle avait souvent été obligée, pour en sortir, de se plier aux différents caractères; cette habitude lui fut d'un grand secours auprès du roi. Elle savait que le faible de ce prince, jaloux de son autorité, était de paraître tout faire par lui-même; elle en tirait jusqu'aux moyens de le faire vouloir ce qu'elle désirait. Toujours dans la contrainte, d'abord pour subsister, ensuite pour s'élever, enfin pour régner, elle ne fut jamais heureuse, et n'a mérité l'excès ni des satires ni des éloges dont elle a été l'objet.

Le travail des ministres et des généraux avec le roi se faisait chez elle et en sa présence. Ils comprirent qu'ils ne lutteraient pas de crédit contre elle : ne pouvant la renverser, ils se soumirent, et discutaient avec elle les affaires avant de les rapporter devant le roi. Jamais elle ne prenait la parole qu'il ne l'interrogeât; et elle répondait avec une réserve, un air de désintéressement qui écartait toute apparence de concert entre elle et le ministre. Si le roi venait à soupçonner quelque intérêt de leur part, il prenait le parti opposé; et s'ils osaient insister, il leur faisait une sortie terrible. Il se repaissait alors de l'opinion de son indépendance; et quand il avait bien savouré cette idée, femme, ministres, ou confesseur, avaient pour longtemps la faculté de lui faire adopter les leurs.

Si le roi était flatté de l'air soumis de madame de Maintenon dans les affaires, il l'en dédommageait par plus de marques de respect et de galanteries qu'il n'en avait jamais témoigné à ses maîtresses, ni à la reine. Aux promenades de Marly, enfermée dans une chaise pour éviter les moindres impressions de l'air, elle voyait le roi marcher à côté, se découvrant chaque fois qu'il se baissait pour lui parler. C'était encore ainsi qu'on la vit placée sur une éminence, au camp de Compiègne, entourée de toute la cour, le roi debout à côté pour répondre à ses questions, et la duchesse de Bourgogne assise sur un des bâtons de la chaise.

Dans l'appartement, il était encore moins possible de méconnaître une reine : assise dans une espèce de confessionnal, elle se levait un instant quand Monseigneur ou Monsieur entraient, et parce qu'ils venaient rarement dans cet intérieur. Elle ne se dérangeait nullement pour les princes et princesses du sang, qui n'y étaient admis que par audiences demandées, ou lorsqu'elle les envoyait chercher pour quelque sèche réprimande. Jamais elle n'appela la duchesse de Bourgogne que *mignonne*, et celle-ci ne la nommait que *ma tante*. A l'égard des fils et petits-fils de France, c'était toujours, et même en présence du roi, le Dauphin, la Dauphine, le duc de Berri, etc., sans addition de monsieur ni de madame; bagatelles qui ne mériteraient pas d'être rappelées, si elles ne servaient à constater l'état de madame de Maintenon. Le roi lui laissait tout l'empire qui ne le gênait pas lui-même; car, sur cet article, il était sans aucun égard. S'il arrivait chez madame de Maintenon, et qu'il la trouvât incommodée, quelquefois avec la fièvre, cela ne l'empêchait pas de faire ouvrir les fenêtres, parce qu'il aimait l'air. Il ne souffrait pas la moindre contrariété sur ses voyages. On essaya en vain de rompre celui de Fontainebleau, à cause de la grossesse de madame de Bourgogne; ou de la faire au moins dispenser du voyage : représentations inutiles, il fallut partir. Elle fit une fausse couche, et il en fut consolé par la satisfaction d'avoir été obéi. L'âge et la dévotion semblaient endurcir un cœur naturellement peu sensible.

La révocation de l'édit de Nantes fut l'acte le plus terrible de cette dévotion fanatique. Louis prétendait régner sur les consciences. La France, déjà ruinée par la guerre, le luxe et les fêtes, fut dépeuplée par les proscriptions; et les étrangers se sont enrichis de nos pertes. Louis ne fut que l'instrument aveugle de tant de barbarie. On lui peignait des couleurs les plus noires ces hérétiques, à qui son aïeul Henri devait principalement la couronne ; on ne lui parlait point de la Ligue. Madame de Maintenon, née dans le sein du calvinisme, craignit de rendre sa foi suspecte, en intercédant pour ses premiers frères. Louvois, qui frémissait de devenir inutile s'il n'entretenait comme un feu sacré, celui de la guerre, espérait enflammer tout le protestantisme de l'Europe. Il n'eut pas même pour excuse l'aveuglement du fanatisme ; il ne fut que barbare. D'autre part, des moines ignorants, des prêtres forcenés, des évêques ambitieux, criaient qu'il ne fallait qu'un Dieu, un roi, une religion, et persuadaient à un prince, enivré de sa gloire, que ce prodige lui était réservé. Une telle entreprise passe le pouvoir des rois. Les esprits se séduisent, les cœurs s'avilissent ; mais les consciences se révoltent.

Deux religions sont sans doute un malheur dans un État ; mais un gouvernement éclairé, sage, ferme et vigilant, est le seul et sûr moyen de les contenir. Si l'on se bornait à donner les places, les dignités, les distinctions à la religion nationale et dominante, la secte méprisée tomberait d'elle-même. Si deux religions ne peuvent rester absolument tranquilles dans un État, le seul remède est de les tolérer toutes, subordonnées à la dominante. Les haines partagées s'affaiblissent ; une émulation de régularité et de mœurs peut naître de la division. L'Angleterre et la Hollande doivent peut-être autant leur tranquillité religieuse à la multiplicité des sectes qu'à leur police.

Il est fâcheux pour l'honneur de Bossuet, dont le nom était d'un si grand poids dans les affaires de religion, qu'il n'ait pas employé son éloquence à défendre l'esprit de l'Évangile contre les furieux apôtres du dogme. Au lieu de ses volumes théologiques qu'on ne lit plus, il aurait donné des exemples du christianisme. Ce père la Chaise, dont on vantait la douceur, ne pouvait-il persuader à son pénitent qu'il n'expierait pas le scandale de sa vie passée par des actes de fureur ? Mais ce confesseur était un ministre qui craignait de hasarder sa place, un prêtre timide qui tremblait devant celui qu'il voyait à ses pieds. Loin d'entreprendre de les excuser, avouons que l'un et l'autre furent complices de la persécution. Le ministre de la guerre fut un des casuistes du roi. Le chancelier le Tellier, digne père de Louvois, signa l'édit de sang qui proscrivait trois millions de citoyens, et, prêt à descendre dans le tombeau, se fit l'application sacrilége du cantique de Siméon.

Les gémissements des vrais chrétiens étaient étouffés par des acclamations de louanges fanatiques. Les thèses d'apparat étaient dédiées au vainqueur de l'hérésie. La fureur du panégyrique avait passé du théâtre dans les chaires. Les jésuites, surtout, se signalèrent, en exaltant la puissance et la piété de Louis ; ils flattaient son orgueil et prévenaient ses remords. On ne lui parlait que de conversions opérées à sa voix ; et des dragons étaient ses missionnaires, portant le fer et la flamme. Il se croyait un apôtre, et se voyait canonisé au milieu des monuments de ses adultères.

Le jésuite Tellier en usa dans la suite pour la constitution comme Louvois avait fait contre les protestants. Mêmes intrigues, même inquisition, séductions, menaces et tourments. Si la tyrannie fut plus sourde, elle n'en fut pas moins cruelle ; et Louis en fut toujours l'instrument.

Tel fut ce prince, surnommé le Grand, titre si prodigué aux princes tant qu'ils vivent, et que la postérité confirme si rarement. Louis le dut à ses premières prospérités, au concours des hommes célèbres en tous genres qui ont illustré son règne. Quand il n'en serait que l'époque, un prince en recueille la gloire, et l'on peut en rapporter beaucoup à Louis XIV. Son ardeur pour la gloire, son goût pour le grand et le noble, le désir de lui plaire, dont il faut encore lui faire honneur, puisque ses qualités personnelles l'inspiraient en partie, les récompenses, les distinctions qu'il accorda souvent au mérite; tout concourut à rendre son règne le plus brillant qu'il y ait eu depuis Auguste. Les lettres, les sciences, les arts, tous les talents naissaient à sa voix, et portaient son nom au delà de l'Europe; ses bienfaits allèrent chercher le mérite chez les étrangers. On se glorifiait alors d'être Français, ou d'être connu en France. Les louanges idolâtres que des gens de lettres lui prodiguaient n'étaient pas absolument fausses de leur part, et pourraient être excusées. La majesté de sa personne, le faste même de sa cour, le culte qu'ils lui voyaient rendre, saisissaient leurs imaginations; l'enthousiasme devenait contagieux; l'encens des adorateurs les enivrait eux-mêmes [1].

Cependant, les rayons qui partent du trône n'échauffent que ceux qui en approchent. Ils éblouissent au loin, et n'y portent point cette chaleur vivifiante qui anime une nation. Tout fleurissait à la cour; et la substance du peuple était l'aliment du luxe. Les grâces, disons mieux, la reconnaissance du monarque, car il en doit, ne s'étendait point sur un peuple dont il tirait sa force et son éclat; sur les cultivateurs, genre d'hommes plus précieux que des artistes, des poëtes et des orateurs. Malheureusement, ceux-ci flattent l'orgueil des princes, leur dispensent la gloire, trompent la postérité, et presque les contemporains. On ne connaîtrait pas la vérité, si des écrivains désintéressés, amis de l'humanité, n'avaient le courage de réclamer pour les hommes contre leurs oppresseurs. Je crois remplir ce devoir sacré. Je suis très-éloigné de vouloir dépriser les talents par leurs abus. C'est le premier, le plus beau, le seul

---

[1] Tous ne sont pas de si bonne foi. Quelques écrivains ne se prostituent que trop à ceux dont ils espèrent ou qu'ils craignent. Le plus médiocre des princes, avec huit ou dix pensions répandues sur des écrivains de différentes nations, serait sûr de se faire célébrer comme un grand homme. Ces trompettes de la renommée ne sont pas chères. J'ai eu la curiosité de relever, dans les manuscrits de Colbert, l'état des pensions que Louis XIV donna aux gens de lettres français ou étrangers. Le total ne monte qu'à soixante-six mille livres, savoir, cinquante-deux mille trois cents livres aux Français, et quatorze mille livres aux étrangers. Tous ceux qui en furent gratifiés reconnurent sans difficulté ce prince pour Louis le Grand. Leo Allatius, bibliothécaire du Vatican, refusa noblement la pension de quinze cents livres pour laquelle il était nommé, parce que la cour de Rome était alors brouillée avec celle de France.

luxe utile d'un grand État; mais dans un édifice on ne doit pas préférer les ornements à la base.

Je n'ai dissimulé ni les bonnes qualités ni les défauts de Louis XIV; mais il serait injuste de lui reprocher toutes ses fautes. Nous avons vu le peu d'éducation qu'il avait reçu. Ajoutons le soin qu'on avait pris d'altérer les vertus qu'il pouvait avoir, et voyons ce qu'on doit imputer à ceux qui l'approchaient. Jamais prince n'a été l'objet de tant d'adorations. Les hommages qu'on lui rendait étaient un culte, une émulation de servitude, une conspiration d'éloges, qu'il ne rougissait pas de recevoir, puisqu'on ne rougissait pas de les lui donner. La dédicace de sa statue à la place des Victoires fut une apothéose. Les prologues d'opéras l'enivraient de l'encens le plus infect, au point qu'il les chantait naïvement lui-même. L'évêque de Noyon, Clermont-Tonnerre, si glorieux et si bas, fonde un prix à l'Académie pour célébrer à perpétuité les vertus de Louis XIV, comme un sujet inépuisable. On venait le matin, dans la chapelle du Louvre, entendre le panégyrique de saint Louis; et le soir, à l'assemblée, on assistait avec plus de dévotion à celui de Louis XIV. Ce n'était point à son insu; on allait sans pudeur lui communiquer le sujet de chaque éloge. Ce n'a pas été sans contradiction de la part de quelques serviles académiciens, que je suis venu à bout de dénaturer le sujet du prix : tant l'âme qui a rampé a de peine à se relever[1]. Le duc de Gramont, fils du premier maréchal de ce nom, demanda au roi un brevet d'historiographe, pour être un flatteur en titre. Si on lui en préféra d'autres, la vérité n'y gagna pas davantage.

Faut-il s'étonner qu'au milieu d'une cour d'empoisonneurs, Louis ait pu tomber dans un délire d'amour-propre et d'adoration de lui-même? Les maladies seules pouvaient lui rappeler qu'il était un homme. Il ne concevait pas qu'on pût séparer

---

[1] Rien ne peint mieux l'impression que la présence du roi faisait dans les esprits, que ce qui arriva à Henri-Jules de Bourbon, fils du grand Condé. Il était sujet à des vapeurs, que, dans tout autre qu'un prince, on aurait appelé folie. Il s'imaginait quelquefois être transformé en chien, et aboyait alors de toutes ses forces. Il fut un jour saisi d'un de ces accès dans la chambre du roi. La présence du monarque imposa à la folie, sans la détruire. Le malade se retira vers la fenêtre, et, mettant la tête dehors, étouffa sa voix le plus qu'il put, en faisant toutes les grimaces de l'aboiement.

l'État de sa personne : on ne lui avait pas appris que, pour accoutumer les sujets à confondre ces deux idées, le prince ne doit jamais séparer leur intérêt du sien. Louvois, en inspirant à Louis XIV un esprit de conquête, lui avait persuadé qu'il pouvait disposer des biens et du sang de ses peuples. De là sortirent ces armées immenses, qui forcèrent nos ennemis d'en opposer de pareilles; mal qui s'est étendu, et qui continue de miner la population de l'Europe. J'ai observé, dans ma jeunesse, que ceux qui avaient le plus vécu sous son règne, lui étaient le moins favorables. Ces impressions se sont effacées, à mesure que les malheureux qui gémissaient sous lui ont disparu. Mais, comme il subsiste des monuments de sa gloire, son règne sera toujours une époque remarquable dans les fastes de la monarchie.

On peut regretter une certaine dignité qui faisait alors respecter les hommes en place. Il y a aujourd'hui moins de décence dans nos mœurs. Je sais que de tout temps on a exalté les vertus antiques. Ces discours, répétés d'âge en âge, prouvent que les hommes sont au fond toujours les mêmes. Cependant il y a des siècles où le vice se montre plus ou moins à découvert, et jamais on ne s'est moins caché que pendant et depuis la dernière régence; on pourrait m'objecter l'hypocrisie, ce vice méprisable et odieux, si connu dans les dernières années de Louis XIV; mais il y avait de moins les vicieux que fait naître l'exemple.

Quelle que soit ma façon de voir et de juger, j'ai exposé si fidèlement les faits, que je ne prive pas le lecteur de la faculté de porter un jugement différent du mien.

RÉGENCE DU DUC D'ORLÉANS.

Considérons maintenant les principaux personnages qui vont paraître sur la scène. Le duc d'Orléans était d'une figure agréable, d'une physionomie ouverte, d'une taille médiocre; mais avec une aisance et une grâce qui se faisaient sentir dans toutes ses actions. Doué d'une pénétration et d'une sagacité rares, il s'exprimait avec vivacité et précision. Ses réparties étaient promptes, justes et gaies. Ses premiers jugements étaient les plus sûrs; la réflexion le rendait indécis. Des lectures rapides, aidées d'une mémoire heureuse, lui tenaient lieu d'une application suivie; il semblait plutôt deviner qu'étudier les matières. Il avait plus que des demi-connaissances en peinture, en musique, en chimie, en mécanique. Avec une valeur brillante, modeste en parlant de lui, et peu indulgent pour ceux qui lui étaient suspects sur le courage, il eût été général, si le roi lui eût permis de l'être; mais il fut toujours en sujétion à la cour, et en tutelle à l'armée. Une familiarité noble le mettait au niveau de tous ceux qui l'approchaient; il sentait qu'une supériorité personnelle le dispensait de se prévaloir de son rang. Il ne gardait aucun ressentiment des torts qu'on avait eus avec lui, et en tirait avantage pour se comparer à Henri IV. Son insensibilité à cet égard venait de son mépris pour les hommes; il supposait que ses serviteurs les plus dévoués auraient été ses ennemis, pour peu que leur intérêt les y eût portés. Il soutenait que l'honnête homme était celui qui avait l'art de cacher qu'il ne l'est point; jugement aussi injuste pour l'humanité que déshonorant pour celui qui le porte. Il tenait cette manière de penser de l'homme le plus corrompu, l'abbé depuis cardinal Dubois, qui ne croyait pas à la vertu ni à la probité, et n'était pas fait pour y croire.

Le duc d'Orléans avait eu successivement quatre [1] gouverneurs, qui moururent à si peu de distance l'un de l'autre, que Benserade disait qu'on ne pouvait pas élever de gouverneur à ce prince. Saint-Laurent, officier de Monsieur, et homme du plus grand mérite, fut le précepteur; mais il mourut trop tôt pour son élève. Il avait pris, pour copier les thèmes du jeune prince, l'abbé Dubois, moitié scribe, moitié valet du curé de St.-Eustache. Lorsque Saint-Laurent mourut, le prince était assez grand pour que les sous-gouverneurs, à qui Dubois s'était attaché à plaire, dissuadassent Monsieur de prendre un précepteur en titre; et Dubois en continua les fonctions. La mémoire des gouverneurs et du précepteur fut toujours chère au duc d'Orléans; mais Dubois lui fit perdre celle de leurs leçons.

[1] Le maréchal de Navailles, le maréchal d'Estrades, le duc de la Vieuville et le marquis d'Arcy, chevalier des ordres, et conseiller d'État d'épée. Les sous-gouverneurs furent la Bertière et Fontenay.

Il est assez curieux de connaître l'origine de cet homme singulier. Fils d'un apothicaire de Brives, après avoir fait quelques études, il fut précepteur du fils du président de Gourgues. On prétend qu'il se maria ensuite secrètement. La misère lui inspirant le désir d'aller tenter fortune, d'accord avec sa femme qu'il laissa en Limousin, il se rendit à Paris. Ignoré par sa propre obscurité, il entra au collége de Saint-Michel, pour y faire les fonctions les plus basses. Né avec de l'esprit, il acquit bientôt assez de littérature pour qu'un docteur de Sorbonne le retirât chez lui. Ce premier maître étant mort, le curé de Saint-Eustache le prit à son service. Ce fut là qu'il fut connu de Saint-Laurent, ami du curé. Souple, insinuant, prévenant, il obtint, sinon l'amitié, du moins la compassion de Saint-Laurent, qui le prit et l'employa sous lui, comme nous l'avons vu. On l'habilla convenablement, pour lui donner la vraie figure d'un abbé, relever un peu son extérieur piètre et bas, et le rendre présentable. Il s'insinua par degrés dans l'esprit du jeune prince, et finit par s'en emparer après la mort de Saint-Laurent.

Comme l'intimité laisse bientôt voir le caractère, l'abbé sentit qu'il serait méprisé de son élève, s'il ne le corrompait lui-même : il n'y oublia rien, et malheureusement n'y réussit que trop. On ne fut pas longtemps à s'apercevoir du crédit de l'abbé sur le prince ; mais le peu d'importance du personnage le sauvant alors de la jalousie, on ne fut pas fâché d'avoir quelqu'un dont on pût se servir dans l'occasion, comme d'un instrument sans conséquence.

Le dessein que le roi prit de faire épouser mademoiselle de Blois, sa fille naturelle, au duc de Chartres, mit l'abbé Dubois en œuvre. Le roi, qui sentit bien que Monsieur, tout soumis qu'il était, répugnerait à la proposition, et que la hauteur allemande de Madame en serait indignée, pensa d'abord à s'assurer du consentement du duc de Chartres. Il sut que personne n'y réussirait mieux que l'abbé Dubois, et le fit charger de cette commission. L'abbé avait déjà persuadé à son disciple qu'il n'y avait ni vice ni vertu ; mais n'ayant pas été à portée d'attaquer ni même de connaître les maximes de l'honneur du monde, cela devenait une entreprise. Il était plus difficile de détruire des préjugés d'orgueil que des principes de morale; et ces préjugés ne laissaient pas d'être fondés en raison. Dubois vint à bout d'en triompher, en effrayant le duc de Chartres de la puissance du roi, et en lui présentant l'appât d'une augmentation de crédit et de dignité personnelle, par la continuation des honneurs du fils de France, supérieurs à ceux de petit-fils.

Le mariage fut conclu, malgré les incertitudes du duc de Chartres, les répugnances de Monsieur et les fureurs de Madame, qui donna un soufflet à son fils, à la première déclaration qu'il lui en fit.

Le duc de Chartres trouva d'ailleurs, dans la femme qu'il épousait, figure, esprit, vertu, et noblesse de caractère; mais elle s'était fait sur sa naissance une illusion singulière. Elle s'imaginait avoir fait à son mari autant d'honneur qu'elle en avait reçu. Fière de sa naissance, qu'elle devait au roi, elle ne faisait pas la moindre attention à la marquise de Montespan, sa mère. On la comparait assez plaisamment à Minerve, qui, ne reconnaissant point de mère, se glorifiait d'être fille de Jupiter. Cette manie ne l'empêchait pas de se prévaloir, avec ses frères et ses sœurs, des honneurs qu'elle ne devait qu'à son mariage. Moins sensible à l'amour qu'aux respects qu'elle exigeait de son mari, elle eut toujours plus de dépit que de jalousie des maîtresses qu'il prit, et n'aurait pas fait les moindres avances pour le ramener.

Tant de hauteur fortifia le goût du duc d'Orléans pour une vie libre, qui devint quelquefois crapuleuse. Humain, compatissant, il aurait eu des vertus, si l'on en avait sans principes; l'abbé Dubois les lui avait fait perdre. La sujétion où le roi le tenait, lui faisait donner de grands éloges à la liberté anglaise[1]. Il est vrai que celle qu'il désirait pour lui, il la laissait aux autres. Il eut quelquefois des rivaux qui ne s'en cachaient pas trop. A l'égard de ses sociétés, il n'y était ni difficile, ni

---

[1] Il aimait à raconter que le grand prieur de Vendôme, exilé de la cour de Louis XIV, était allé à Londres, où il devint amoureux d'une maîtresse de Charles II. Ce prince l'ayant prié de cesser ses poursuites, sans pouvoir l'obtenir, lui défendit l'entrée de son palais. Le grand prieur n'en eut que plus d'affectation à suivre cette femme aux spectacles, aux promenades, et toujours aux yeux du roi, qui fut enfin obligé de s'adresser à Louis XIV, et de le prier de rappeler le grand prieur. Louis se fit obéir à Londres; l'exilé revint trembler à Versailles.

gênant. Dès qu'on lui plaisait, on devenait son égal. Malgré ses talents et les ressources de son esprit, il ne pouvait se suffire longtemps à lui-même; la dissipation, le bruit, la débauche, lui étaient nécessaires. Il admettait dans sa société des gens que tout homme qui se respecte n'aurait pas avoués pour amis, malgré la naissance et le rang de quelques-uns d'entre eux. Le régent, qui, pour se plaire avec eux, ne les en estimait pas davantage, les appelait ses *roués*, en parlant d'eux et devant eux. La licence de cet intérieur était poussée au point que la comtesse de Sabran lui dit un jour, en plein souper, que *Dieu, après avoir créé l'homme, prit un reste de boue, dont il forma l'âme des princes et des laquais.* Le régent, loin de s'en fâcher, en rit beaucoup, parce que le mot lui parut plaisant. Le curé de Saint-Côme, Godeau, fit, dans un prône, un tableau, dont l'application était frappante contre le régent. Le prince, à qui l'on en parla, dit sans s'émouvoir : *De quoi se mêle-t-il ? je ne suis pas de sa paroisse.*

Quant à la religion, il serait difficile de dire quelle était celle du régent; il était de ceux dont on dit qu'il cherche maître. Sans faire attention que le respect pour la religion importe plus aux princes qu'à qui que ce soit, le régent affectait et affichait une impiété scandaleuse. Les jours consacrés pour la dévotion publique étaient ceux qu'il célébrait par quelques débauches d'éclat; son impiété était une sorte de superstition. Ces excès, ou ces petitesses, décelaient un homme qui n'est rien moins que ferme dans ses sentiments, et veut s'étourdir sur ce qui le gêne. En cherchant à douter de la Divinité, il courait les devins et les devineresses, et montrait toute la curiosité crédule d'une femmelette. Il y a grande apparence que, s'il fût tombé dans une maladie de langueur, il aurait recouru aux reliques et à l'eau bénite. J'ai rapporté le trait par lequel le roi l'avait si bien caractérisé. Madame ne le connaissait pas moins, lorsqu'elle disait : *Les fées furent conviées à mes couches, et chacune douant mon fils d'un talent, il les eut tous; malheureusement on avait oublié une fée qui, arrivant après les autres, dit : Il aura tous les talents, excepté celui d'en faire bon usage.*

Madame aimait tendrement son fils, quoiqu'elle en blâmât

fort la conduite. Cette princesse, avec un sens droit, était attachée à la vertu, à l'honneur, aux bienséances, à l'étiquette de son rang. Une santé inaltérable, qui l'empêchait de connaître aucune délicatesse pour elle, la faisait paraître dure pour les autres, en qui elle ne supposait pas plus de besoins. Franche jusqu'à la grossièreté, bienfaisante, capable d'amitié, elle ne cherchait point à plaire; elle ne voulait être aimée que de ceux qu'elle estimait. Elle aimait fort sa nation; et il suffisait d'être Allemand pour en être accueilli. Tous ses parents lui étaient chers, et son inclination se réglait sur la proximité du sang, même à l'égard de ceux qu'elle n'avait jamais vus. Elle estimait sa belle-fille, et l'aurait aimée si elle eût été légitime. Sa sévérité sur les devoirs excitait en elle la plus forte indignation contre la duchesse de Berri, sa petite-fille. On ne pouvait louer dans celle-ci que la figure et les grâces; car beaucoup d'esprit, dont elle abusa toujours, n'est pas un sujet d'éloge. Sans avoir les bonnes qualités de son père, elle en outrait tous les vices. Il avait été son précepteur à cet égard; elle devint bientôt son émule, et le surpassa.

Nous avons vu la vanité bizarre que la duchesse d'Orléans tirait de sa naissance; sa fille rougissait de lui devoir la sienne. Une telle opposition d'idées et une trop parfaite égalité d'orgueil ne devaient pas maintenir l'union entre la mère et la fille; les dissensions étaient donc continuelles, et allaient souvent jusqu'à l'éclat. La duchesse d'Orléans s'en affligeait, parce qu'elle était mère; ce sentiment la préservait de la haine pour sa fille; mais celle-ci, qui avait renoncé à tout sentiment honnête, ne dissimulait ni son mépris ni son aversion. Le duc d'Orléans se contentait de la désapprouver, et n'osait la réprimander.

Le père et la fille vivaient dans une telle intimité, que des bruits, qui n'avaient été que des murmures sourds, devinrent des propos publics, et allèrent jusqu'au duc de Berri. Sa religion ne lui permettait pas de les croire; mais, comme il aimait éperdument sa femme, il était importuné des assiduités de son beau-père; et ce tiers incommode lui donnait une humeur qu'il ne contenait pas toujours. Il était d'ailleurs effrayé des discours impies que le père et la fille affectaient devant lui. C'était entre eux deux un assaut d'irréligion et de mépris des mœurs. Leur impiété était autant une manie qu'un vice. La princesse raillait imprudemment son mari sur une dévotion qui était, pourtant, l'unique préservatif qu'il eût contre des soupçons qu'elle devait tâcher de détruire. Le père et la fille n'avaient, pour se justifier, que l'excès d'une folle imprudence; mais la folie de leur conduite, et leur indifférence sur les propos du public, n'étaient pas une preuve d'innocence; et la cour, qui n'avait ni la vertu ni la religion du duc de Berri, n'était pas si réservée dans ses jugements. Le duc d'Orléans en fut averti, et s'en indigna d'horreur; sa fille n'en fut révoltée que d'orgueil; et ni l'un ni l'autre ne se contraignirent davantage.

Si le duc d'Orléans était amoureux de sa fille, il n'en était pas jaloux, et vit toujours avec assez d'indifférence le débordement de sa vie. A peine eut-elle épousé le duc de Berri, qu'elle eut des galanteries, où le respect qu'on devait à son rang l'obligeait de faire les avances. Le commerce qu'elle eut avec la Haye, écuyer de son mari, fut porté à un degré de frénésie incroyable. Non contente de laisser éclater sa passion, elle proposa à son amant de l'emmener en Hollande. La Haye frémit à cette proposition, et se vit obligé, pour ne pas être la victime de sa discrétion sur un pareil délire, d'en faire part au duc d'Orléans. Il fallut tour à tour effrayer et flatter cet esprit égaré, pour que le projet ne perçât pas jusqu'au roi. Peu à peu l'accès se dissipa; et cette furieuse céda enfin à l'impossibilité de se satisfaire, ou à la crainte de rendre sa folie funeste à son amant.

Lorsque son mari fut attaqué à Marly de la maladie dont il mourut, au lieu de venir de Versailles pour le voir, elle se contenta d'en demander la permission au roi, qui répondit qu'étant grosse, elle ferait peut-être une imprudence; mais qu'elle en était la maîtresse. Elle ne vint point, et son mari mourut sans l'avoir vue, et sans en avoir prononcé le nom.

La duchesse de Berri, malgré son orgueil, tremblait devant le roi, et rampait devant madame de Maintenon. Nous verrons bientôt le reste de sa vie, qui fut courte, répondre à ses commencements.

Reprenons la suite des faits. Le lendemain de la mort du roi, le parlement s'assembla pour décider de la régence. Le duc d'Orléans, les princes et les pairs s'y rendirent, et dès huit heures tout était en place.

On sait que Louis XIV nommait par son testament, au lieu d'un régent, un conseil de régence, dont le duc d'Orléans ne serait que le chef, et que le duc du Maine devait avoir le commandement des troupes de la maison du roi.

Comme le procès-verbal de cette séance du 2 septembre, et celui du lit de justice, où le jeune roi vint se faire reconnaître le 12, sont entre les mains de tout le monde, je me contenterai d'y renvoyer le lecteur, et rappellerai seulement quelques circonstances qui ne se trouvent pas dans l'imprimé.

Le duc d'Orléans était également occupé et inquiet d'un jour si décisif. Le premier président s'étant vendu au duc du Maine, le duc d'Orléans acheta le colonel des gardes françaises, le duc de Guiche-Gramont; en conséquence, le régiment occupa sourdement les avenues du palais, et les officiers avec des soldats d'élite, mais sans l'uniforme, se répandirent dans les salles. L'abbé Dubois affecta de mener, dans une des lanternes, Stairs, ambassadeur d'Angleterre, pour insinuer que la cour de Londres, en cas d'événement, appuierait le duc d'Orléans. Ces différentes mesures furent superflues; le personnel des concurrents décida de tout.

Le duc d'Orléans, en réclamant les droits de sa naissance, n'oublia pas de dire des choses flatteuses pour le parlement. Sa contenance ne fut pas d'abord bien libre, mais il se raffermit par degrés, à mesure que les esprits paraissaient lui devenir favorables. Enfin, la régence lui ayant été déférée, il y eut encore, sur la tutelle du jeune roi, et sur le commandement des troupes de sa maison, quelques discussions qui donnaient au régent et au duc du Maine un air de clients aux pieds de la cour. Les amis du premier, sentant que la seule égalité de rôle le dégradait, lui conseillèrent de remettre la séance à l'après-midi, pour régler le reste. Ce conseil fut un coup de parti. Le régent leva la séance et se rendit chez lui, où il eut le temps de reprendre ses esprits. Il fit venir le procureur général d'Aguesseau et le premier avocat général, Joly de Fleury. Ces deux magistrats, les plus éclairés du parlement, n'ont point encore eu de successeurs. Le premier, plein de lumières, de connaissances et de probité, cherchait, voyait et voulait toujours le bien. L'autre, avec autant d'esprit, mais plus fin, distinguait du premier coup d'œil, entre deux biens, celui qui lui convenait le mieux, et savait le faire envisager comme le meilleur.

L'un et l'autre comprirent également qu'il ne s'agissait plus d'examiner si l'exécution du testament eût été préférable, ou non, à la régence déjà déférée au duc d'Orléans. Ils sentirent le danger de séparer l'autorité militaire d'avec l'administration politique. Le régent, appuyé des princes et des pairs contre les légitimés, se serait bientôt servi de l'autorité qu'il avait déjà obtenue, pour s'emparer de celle qui lui serait refusée; ce qui ne pourrait se faire sans troubler l'État; au lieu que le duc du Maine étant dépouillé de tout, sa timidité répondait de la paix.

Les choses, ainsi disposées au Palais-Royal, ne trouvèrent plus de difficulté dans la séance de l'après-midi. Le parlement aima mieux faire un régent, que de risquer qu'il se fît de lui-même. Quelques-uns, en annulant le testament de Louis XIV, n'étaient pas fâchés d'insulter au lion mort, et de paraître accorder librement ce qui ne manquerait pas de leur échapper.

Je vois, dans les lettres du prince Cellamare, ambassadeur d'Espagne en France, que Philippe V s'était flatté d'obtenir la régence, et de la faire administrer, en son nom, par un représentant. Cellamare écrit qu'il a sondé les dispositions de tous ceux qui pourraient servir le roi d'Espagne, et que tous déclarèrent que la proposition seule révolterait la nation entière; mais que tous aussi avouaient ouvertement que si le roi mineur venait à manquer, Philippe V ne trouverait aucune difficulté à passer sur le trône de France. Cellamare cite, parmi ceux à qui il s'est ouvert, la maison de Condé, le duc de Guiche, colonel des gardes, Courtanvaux, capitaine des cent-suisses, le maréchal de Berwick, le cardinal de Polignac, le marquis de Torcy, secrétaire d'État, le duc de Noailles et le maréchal d'Estrées, ces deux derniers particulièrement attachés au duc d'Orléans. Les instructions de Cellamare allaient jusqu'à lui ordonner de faire une protestation contre tout régent qui serait préféré à Philippe V; il fut assez sage pour n'en rien faire.

Le duc du Maine, qui, si le testament eût subsisté, devait jouer un rôle principal, en fit un bien misérable. Ce n'était pas un Dunois que son mérite légitimât. Il ne sut ni retenir ni remettre l'autorité, et s'en laissa dépouiller. La duchesse du Maine, espèce de petit monstre par la figure, vive, ambitieuse, avec de l'esprit, et ce qui peut rester de jugement à un vieil enfant gâté par les louanges de sa petite cour, entreprit, dans la suite, de relever son mari, et pensa le perdre.

Le régent, au sortir du parlement, se rendit à Versailles auprès du roi, et passa ensuite chez Madame, qui lui dit : *Mon fils, je ne désire que le bien de l'État et votre gloire; je n'ai qu'une chose à vous demander pour votre honneur, et j'en exige votre parole.* Il la donna. *C'est de ne jamais employer ce fripon d'abbé Dubois, le plus grand coquin qu'il y ait au monde, et qui sacrifierait l'État et vous au plus léger intérêt.* La suite fera voir que Madame avait plus de jugement que son fils n'avait de parole.

Le régent commença par de grandes réformes dans la maison, les bâtiments et les équipages du roi. Louis XIV n'ayant donné aucun ordre pour ses funérailles, on se conforma à l'économie que Louis XIII avait prescrite pour les siennes. Les entrailles furent portées à Notre-Dame, et le cœur aux Jésuites.

Louis XIV avait ordonné qu'aussitôt après sa mort on conduisît le jeune roi à Vincennes, à cause de la salubrité de l'air. Le régent le désirait, pour être plus à portée de Paris et de ses plaisirs. Les médecins de la cour, plus commodément logés à Versailles qu'ils ne seraient à Vincennes, trouvaient que l'air le plus pur était celui du lieu qui leur était le plus commode; et toute la domesticité, par le même intérêt, approuvait la médecine. Le régent manda les médecins de Paris, qui, par des raisons peut-être aussi désintéressées que celles des médecins de la cour, se déclarèrent pour Vincennes; et le roi y fut conduit le 9, sans traverser Paris. Le même jour, le corps de Louis XIV fut porté à Saint-Denis. L'affluence fut prodigieuse dans la plaine. On y vendait toutes sortes de mets et de rafraîchissements. On voyait, de toutes parts, le peuple danser, chanter, boire, se livrer à une joie scandaleuse; et plusieurs eurent l'indignité de vomir des injures en voyant passer le char qui renfermait le corps.

Le régent, dans son premier travail avec les secrétaires d'État, se fit présenter la liste de toutes les lettres de cachet, et il y en eut beaucoup dont ils ne purent lui dire les motifs. Il fit rendre la liberté à tous ceux qui n'étaient pas détenus pour crime réel, et il s'en trouva peu de ceux-là : presque tous étaient des victimes de ministres et du père Tellier. Il sortit, entre autres, un chevalier d'Aremberg d'un cachot où il était depuis onze ans, pour avoir procuré l'évasion du père Quesnel des prisons de Malines. Je l'ai vu quelquefois depuis dans ma jeunesse; et quoiqu'il ne fût pas âgé, la rigueur de sa prison lui avait donné l'air de la décrépitude. Il se trouva encore à la Bastille un Italien arrêté depuis trente-cinq ans, le jour qu'il était arrivé à Paris. Il représenta que sa liberté serait désormais son plus grand malheur, et qu'il réclamerait inutilement des parents qui peut-être ne vivraient plus, ou dont il serait méconnu. Le régent ordonna qu'il fût bien traité à la Bastille, avec liberté de sortir et de rentrer. L'état dans lequel parurent les prisonniers de la bulle faisait horreur. Ce premier acte de justice fit donner au régent les plus grands éloges; et il n'est pas inutile d'observer que l'ouverture des prisons ne se fit que deux jours après le convoi de Louis XIV, et par conséquent ne fut pas la cause de la joie que le peuple y fit paraître; mais le désir et l'espoir d'un meilleur état étant toujours le seul bien qu'on lui laisse, il applaudit à toute révolution dans le gouvernement, en attendant qu'il se détrompe encore.

Dès que le roi eut tenu son premier lit de justice, le régent rendit au parlement le droit de remontrances [1], dont il n'était plus question depuis longtemps. Il nomma aussi les différents

---

[1] Par l'édit de 1667, il avait été ordonné que, dans le cas où le parlement croirait devoir faire des remontrances, elles seraient présentées dans les huit jours après l'envoi des édits, ordonnances ou déclarations; passé lequel temps les édits, etc., seraient censés enregistrés. Par édit de 1673, il fut ordonné que tout enregistrement se ferait sur le premier réquisitoire du procureur général, sauf à faire des remontrances dans les huit jours qui suivaient; mais sans que l'exécution des édits, ordonnances, etc., pût être suspendue. Les remontrances étant devenues inutiles, on n'en faisait plus. Le régent fit rendre au parlement le droit de remontrances, par une déclaration du roi du 15 septembre 1715.

conseils qu'il avait annoncés. Celui de régence, auquel tous les autres devaient être subordonnés, fut composé en partie de membres nommés par le testament. La Vrillière en fut le secrétaire; Pontchartrain y entra aussi, mais sans fonction, et tous les deux sans voix. Le maréchal de Tallard, quoique nommé dans le testament, ne pouvant se faire employer, allait criant partout qu'il ne lui restait, pour son honneur, que de se faire inscrire le testament sur le dos. Il fut dans la suite admis au conseil de régence.

Le public, touché de la vertu et de la persécution qu'avait éprouvée le cardinal de Noailles, applaudit à sa nomination de chef du conseil de conscience. Il y avait peu de jours que tout tremblait sous la bulle : en vingt-quatre heures tout devint ou se déclara contre.

Le parlement fut flatté de voir d'Aguesseau, Joly de Fleury et l'abbé Pucelle entrer au conseil de conscience, et Roujault, Goeslard et l'abbé Mingui admis dans celui des affaires de l'intérieur du royaume.

Le père Tellier, nommé confesseur par le codicile de Louis XIV, se voyant sans fonction attendu l'âge du roi, demanda au régent quelle était sa destination présente. *Cela ne me regarde pas*, répondit le prince ; *adressez-vous à vos supérieurs.*

A peine les conseils allaient-ils s'assembler, qu'il survint une difficulté dans celui des finances, le seul où il y eût des conseillers d'État. Pour connaître sur quoi elle portait, il faut se rappeler que, lors de la signature du traité de Bade, la Houssaye, conseiller d'État et troisième ambassadeur avec le maréchal de Villars et le comte du Luc, prétendit signer avant le comte, et ne céder qu'aux gens titrés ou grands officiers de la couronne. Le roi, au lieu de décider de la question, rappela la Houssaye, et envoya Saint-Contest, qui, n'étant que maître des requêtes, voulut bien signer après le comte du Luc. D'après cet exemple, les conseillers d'État demandaient la préséance sur le marquis d'Effiat, chevalier des ordres, mais ni titré, ni grand officier de la couronne. Le régent, après force négociations, nomma d'Effiat vice-président du conseil des finances ; et les conseillers d'État y acquiescèrent d'autant plus volontiers qu'ils s'assuraient ainsi la préséance sur tout autre qui, n'étant titré ni grand officier, deviendrait simple membre du conseil. En effet, lorsqu'une affaire obligeait les conseillers d'État de venir au conseil de régence, ils se plaçaient après les maréchaux de France, et au-dessus des autres membres de la régence; et le maître des requêtes rapportait debout.

Le succès des conseillers d'État donna lieu à une prétention des maîtres des requêtes, savoir · de rapporter assis au conseil de régence, à moins que ceux qui n'étaient ni ducs, ni grands officiers, ni conseillers d'État, ne fussent aussi debout. Le régent, toujours embarrassé d'ordonner, souffrit pendant plus d'un an que les chefs ou présidents des autres conseils rapportassent eux-mêmes les affaires; et la plupart s'en acquittaient fort mal. Le maréchal de Villars écrivait de façon que personne, ni lui-même, ne pouvait lire son écriture. Le maréchal d'Estrées s'embrouillait si fort en rapportant, qu'il rendait souvent l'affaire inintelligible. Cela ne finit qu'à la mort du chancelier Voysin. D'Aguesseau trancha la difficulté, en obligeant les maîtres des requêtes de rapporter debout.

Amelot, après avoir inutilement sollicité à Rome la tenue d'un concile national, revint à Paris, et disait librement que le pape gémissait d'avoir donné sa constitution. Le père Tellier ne cessait d'écrire que le roi la désirait, et le pape le dit formellement dans l'exorde de la bulle. Ce pontife, qui se piquait de latinité, avait composé cet exorde; mais Jouvency avait corrigé le thème, dont le cardinal Fabroni et le jésuite d'Aubenton avaient fourni la matière. *Si le père Tellier,* ajoutait le pape, *ne m'avait pas persuadé du pouvoir absolu du roi, je n'aurais jamais hasardé cette constitution.* Amelot, excité par la confiance du pape, lui dit: *Mais pourquoi, saint père, au lieu de cette condamnation* in globo *de tant de propositions différentes, ne vous êtes-vous pas borné à quelques-unes de vraiment répréhensibles, qu'on peut trouver dans quelque livre que ce puisse être, quand on les cherche bien? — Eh! mon cher Amelot, que pouvais-je faire? Le père Tellier avait dit au roi qu'il y avait dans le livre de Quesnel plus de cent propositions censurables : il n'a pas voulu passer pour menteur ; on m'a tenu le pied sur la gorge, pour en censurer plus de cent ; je n'en ai mis qu'une de plus, et l'on en voulait cent trois.* Ce récit simple dispense de toutes réflexions.

Le désordre des finances exigeait la plus forte attention du gouvernement. On a, depuis quelques années, fait tant d'ouvrages bons ou mauvais sur l'agriculture, le commerce et les finances, qu'il faut espérer que les vrais principes seront enfin connus. Il n'y aura plus qu'à désirer des ministres instruits, et plus attachés à l'État qu'à leurs places. Sans entrer dans une discussion systématique sur ces matières, je me bornerai à rapporter les événements.

Le maréchal de Villeroi était le chef de représentation du conseil des finances, et n'a jamais été autre chose, quelque poste qu'il ait occupé. Il avait eu une des belles figures qu'on pût montrer dans un bal, un carrousel ; magnifique, avec l'air et les manières d'un grand seigneur, esprit borné et sans culture, de la vieille galanterie, un jargon de cour, de la morgue, haut ou plutôt glorieux, et plus bas que respectueux auprès du feu roi et de madame de Maintenon.

Le duc depuis maréchal de Noailles, président de ce même conseil des finances, en était le véritable maître, et donnait principalement sa confiance à Rouillé du Coudray, parfaitement honnête homme avec beaucoup d'esprit et de littérature, mais aimant le vin jusqu'à l'ivresse, débauché jusqu'au scandale, et ne se retenant sur rien. Un jour qu'en plein conseil, et en présence du régent, il s'exprimait avec sa liberté ordinaire, le duc de Noailles lui dit : *Monsieur Rouillé, il y a ici de la bouteille. Cela se peut, monsieur le duc*, répliqua Rouillé, *mais jamais de pot de vin.* Le trait fut d'autant mieux senti, que les Noailles passaient pour ne se pas contraindre sur les affaires ; et Rouillé avait les mains si nettes, qu'une compagnie de traitants lui ayant présenté une liste de leurs associés, où il trouva des noms en blanc, il leur en demanda la raison ; ils lui répondirent que c'étaient les places dont il pouvait disposer : *Mais si je partage avec vous*, leur dit-il, *comment pourrai-je vous faire pendre, au cas que vous soyez des fripons ?*

A l'égard du duc de Noailles, en le décomposant on en aurait fait plusieurs hommes, dont quelques-uns auraient eu leur prix. Il a (car il vit encore) beaucoup et de toutes sortes d'esprit, une éloquence naturelle, flexible, et assortie aux différentes matières; séduisant dans la conversation, prenant le ton de tous ceux à qui il parle, et souvent par là leur faisant adopter ses idées, quand ils croient lui communiquer les leurs; une imagination vive et fertile, toutefois plus féconde en projets qu'en moyens. Sujet à s'éblouir lui-même, il conçoit avec feu, commence avec chaleur, et quitte subitement la route qu'il suivait, pour prendre celle qui vient la traverser. Il n'a de suite que pour son intérêt personnel, qu'il ne perd jamais de vue. Maître alors de lui-même, il paraît tranquille, quand il est le plus agité. Sa conversation vaut mieux que ses écrits; car, en voulant combiner ses idées, à force d'analyser il finit par faire tout évaporer. Ses connaissances sont étendues, variées, et peu profondes. Il accueille fort les gens de lettres, et s'en est servi utilement pour des mémoires. Dévot ou libertin suivant les circonstances, il se fit disgracier en Espagne, en proposant une maîtresse à Philippe V. Il suivit ensuite madame de Maintenon à l'église, et entretint une fille d'Opéra au commencement de la régence, pour être au ton régnant. Le désir de plaire à tous les partis lui a fait jouer des rôles embarrassants, souvent ridicules, et quelquefois humiliants. Citoyen zélé quand son intérêt propre le lui permet, il s'appliqua à rétablir les finances, et y serait peut-être parvenu, si le régent l'eût laissé continuer ses opérations. Quelque fortune que le duc de Noailles se fût procurée, ce ne pouvait être un objet pour l'État. On aurait du moins évité la secousse du pernicieux système de Law, qui n'a enrichi que des fripons grands ou petits, ruiné la moyenne classe la plus honnête et la plus utile de toutes, bouleversé les conditions, corrompu les mœurs, et altéré le caractère national.

Comme il n'y a rien de fixe dans l'étiquette et le cérémonial de France, attendu que les ministres ont intérêt que cela soit ainsi, pour être toujours maîtres, dans les occasions, de décider suivant les affections particulières, le service qui se fit à Saint-Denis, pour le feu roi, donna lieu à des discussions assez vives entre le parlement et les ducs et pairs, qui portaient les honneurs. Le régent se garda bien de prononcer. Il aimait assez la division entre les corps, et disait quelquefois : *Divide et impera*; mais il entrait dans sa conduite au moins autant de faiblesse que de politique. Il affectait encore de mépriser l'étiquette ; il y en a cependant des articles qui, au premier coup d'œil, paraîtraient un pédantisme, et seraient approuvés par un jugement plus réfléchi. Dans beaucoup d'occasions, l'étiquette entretient la subordination, supplée aux mœurs, et quelquefois les conserve. Elle est si peu indifférente de nation à nation, que c'est toujours par une diminution de puissance et de considération qu'un prince se relâche de son étiquette à l'égard d'un autre.

Chacun voyant dans la régence qu'on pouvait régler ses droits sur ses prétentions, la duchesse de Berri, plus autorisée que personne, prit quatre dames du palais, quoiqu'aucune fille de France n'eût jamais eu qu'une dame d'honneur et une dame d'atour [1]. Elle voulut aussi avoir une compagnie de gardes. Le régent lui représenta inutilement que jamais fille de France, ni reine, excepté la reine régente, mère de Louis XIV, n'avait eu cette distinction : il fallut la satisfaire ; mais il donna en même temps une pareille compagnie de gardes à sa mère, Madame, veuve de Monsieur.

Au défaut du titre de reine, la duchesse de Berri, cherchant à s'en attribuer les honneurs et même à les outrepasser, traversa Paris, depuis le Luxembourg où elle logeait, jusqu'aux Tuileries, entourée de ses gardes, avec trompettes et timbales sonnantes. Le maréchal de Villeroi représenta au régent que cet honneur n'appartenait à qui que ce fût qu'au roi, dans le lieu où il est ; or il habitait alors les Tuileries, où on l'amena le 30 décembre 1715, pour la commodité des conseils et celle du service. La duchesse de Berri fut donc obligée de s'en tenir à ce premier essai de trompettes et de timbales, qui restèrent depuis au Luxembourg. Elle voulut s'en dédommager par une autre entreprise qui ne lui réussit pas mieux. Elle parut sous un dais à l'Opéra, et le lendemain à la Comédie, quatre de ses gardes sur le théâtre et les au-

---

[1] Voyez les états de la France avant la régence.

tres dans le parterre. Le cri fut général, et, de dépit, elle se renferma depuis dans une petite loge, où elle était *incognito*; et comme la comédie se jouait alors trois fois la semaine sur le théâtre de l'Opéra au Palais-Royal, la loge servait aux deux spectacles.

Le chevalier de Bouillon, qui se faisait alors nommer le prince d'Auvergne, donna le projet des bals de l'Opéra, qui détourneraient des bals particuliers, où il arrivait souvent du désordre; au lieu qu'une garde militaire maintiendrait la police à l'Opéra. Le projet fut approuvé, et valut six mille livres de pension au prince d'Auvergne, pour son droit d'avis. La proximité de l'appartement du régent fit qu'il s'y montra souvent en sortant de souper, dans un état peu convenable à l'administrateur du royaume. Dès le premier bal, le conseiller d'État Rouillé y vint ivre, parce que c'était son goût et son usage; et le duc de Noailles dans le même état, pour faire sa cour.

Si le régent eût eu dessein de maintenir les lois et le bon ordre, il aurait profité du duel entre Ferrant, capitaine au régiment du Roi, et Girardin, capitaine aux gardes, pour faire un exemple; mais il se contenta de leur faire perdre leurs emplois. Sans s'expliquer trop ouvertement, il insinuait que les duels étaient un peu trop passés de mode. Il permit à Caylus de venir se purger du sien contre le comte d'Auvergne. Le régent défendit cependant les voies de fait au duc de Richelieu et au comte de Bavière, qui, ayant eu ensemble quelques paroles vives, avaient pris un rendez-vous. Peu de temps après, le duc de Richelieu et Gacé, fils du maréchal de Matignon, se battirent et se blessèrent légèrement. Le parlement les décréta, et le régent les envoya à la Bastille. Tout se borna au plus amplement informé, sans garder prison. Peu de temps après, Jonsac d'Aubeterre et Villette, frère de la comtesse de Caylus, se battirent aussi. Le parlement procéda contre eux; mais ils sortirent du royaume. Cette affaire réveilla celle de Ferrant et Girardin, qui furent effigiés.

Plus d'un an avant la mort de Louis XIV, Stairs, ambassadeur d'Angleterre en France, avait cherché à se lier avec le futur régent. Il sentit bien que si le duc du Maine avait l'autorité, élevé dans les principes du roi, il serait favorable à la maison de Stuart. Il se tourna donc vers le duc d'Orléans, et, par le moyen de l'abbé Dubois, eut des conférences secrètes, et persuada à ce prince que le roi Georges et lui avaient les mêmes intérêts. Pour gagner d'autant mieux sa confiance, il convenait que George était un usurpateur à l'égard des Stuarts; mais il ajoutait que si le faible rejeton de la famille royale en France venait à manquer, toutes les renonciations n'empêcheraient pas que lui, duc d'Orléans, ne fût regardé comme un usurpateur à l'égard du roi d'Espagne. Il ne pouvait donc, disait Stairs, avoir d'allié plus sûr que le roi George. L'abbé Dubois, qui avait les vues que nous verrons dans la suite, s'appliqua continuellement à inspirer ces sentiments à son maître.

A peine le duc d'Orléans était-il déclaré régent, que Stairs vint le trouver. Il lui parla d'une conspiration, vraie ou fausse, qui était, disait-il, près d'éclater à Londres contre le roi George, et lui proposa un traité de garantie pour les successions de France et d'Angleterre. Quoi qu'il en fût de la conspiration de Londres, le comte de Marr, à la tête d'un parti en Écosse en faveur du prétendant, faisait assez de progrès pour que l'on conseillât à ce prince d'aller le fortifier par sa présence. Il partit de Bar, et traversait la France, pour aller s'embarquer en Bretagne. Stairs en fut averti, et vint demander au régent de faire arrêter ce prince, qui devait passer à Château-Thierry. Le régent, voulant à la fois fomenter les troubles d'Écosse et faire montre de zèle pour le roi George, donna, en présence de Stairs, des ordres à Contade, major des gardes, d'aller à Château-Thierry, surprendre le prétendant à son passage. Contade, homme intelligent et bien instruit des intentions secrètes du régent, partit, bien résolu de ne pas trouver ce qu'il cherchait.

Stairs, se fiant peu aux démonstrations du régent, résolut de délivrer, par un coup de scélérat, le roi George de toutes ses craintes. Il apprit par ses espions que le prétendant était caché à Chaillot, dans une maison du duc de Lauzun, d'où il devait se rendre en Bretagne. Il chargea Douglas, colonel irlandais à la solde de France, d'aller s'embusquer à Nonancourt avec trois assassins. Ils demandèrent en arrivant et avec tant de vivacité si l'on n'avait point vu passer une chaise, qu'ils en devinrent suspects à une madame l'Hôpital, maîtresse de la poste, femme d'esprit et de résolution. La nouvelle du voyage du prétendant s'était déjà répandue depuis qu'il avait disparu de Bar ; et l'empressement de ces courriers fit juger qu'ils avaient de mauvais desseins. En effet, on sut depuis que les trois satellites de Douglas étaient des scélérats déterminés qui, avant que de partir de Londres, avaient fait leur marché pour leur famille, au cas qu'ils fussent pris et exécutés après avoir fait leur coup. La maîtresse de la poste les assura que depuis quelques jours il n'était pas passé de chaises ; qu'il était impossible qu'il en passât sans relayer, ou du moins sans être vues, et qu'ils pouvaient être sûrs que rien ne leur échapperait. Douglas, après être resté deux heures inutilement sur la porte, mit un de ses gens en sentinelle, donna ses ordres au second en lui parlant à l'oreille, et emmena le troisième avec lui, pour aller en avant sur le chemin de Bretagne. La maîtresse détacha aussitôt un de ses gens sur la route de Paris, pour veiller à l'arrivée de la chaise, et la détourner chez une amie sûre, qu'elle alla prévenir en sortant par les derrières de sa maison. A son retour, elle apprit qu'un des deux Anglais, qui par son état paraissait supérieur à l'autre, s'était jeté sur un lit, où il reposait. Elle dit à celui qui était sur la porte qu'il serait aussitôt averti dans la maison que dans la rue, et lui proposa de boire un coup. Il rentra, et un postillon affidé, l'ayant excité à boire, l'enivra complétement. En même temps elle enferma à double tour celui qui reposait, et envoya chercher la maréchaussée ; l'Anglais enfermé fut saisi sur le lit où il dormait. Il entra en fureur de se voir arrêté, et se réclama de l'ambassadeur. On lui répondit que, jusqu'à ce qu'il eût justifié qu'il appartenait au comte de Stairs, il demeurerait en prison, où l'on fit aussi partir celui qui était ivre.

Pendant ce temps-là le prétendant arriva, et fut conduit dans la maison où il était attendu. Madame l'Hôpital alla l'y trouver, et lui expliqua ce qui se passait. Le prétendant, pénétré de reconnaissance, ne dissimula point qui il était, et demeura caché à Nonancourt, pour y prendre des mesures contre ceux qui n'étaient pas arrêtés.

Douglas, bientôt instruit de ce qui venait de se passer à l'égard des deux Anglais de Nonancourt, s'en retourna à Paris. Peu de jours après, le prétendant partit, déguisé en ecclésiastique, dans une chaise que lui procura sa libératrice. Il lui donna une lettre pour la reine d'Angleterre, à qui elle alla rendre compte de tout à Saint-Germain. La reine lui donna son portrait, le prétendant lui envoya aussi le sien ; la situation de la mère et du fils ne leur permettant pas d'autres marques de reconnaissance. La bonne madame de l'Hôpital, contente du service qu'elle avait rendu, ne demanda rien au régent de ce qu'elle avait dépensé, et demeura vingt-cinq ans maîtresse de la poste, que son fils et sa belle-fille tiennent encore. L'audacieux Stairs, pour voiler son crime, eut l'impudence de parler de l'emprisonnement de ses assassins comme d'un attentat au droit des gens. On lui fit sentir combien, pour son honneur, il lui convenait de se taire, et il se tut.

Nesmond, évêque de Bayeux, mourut cette année. C'était un homme simple, naïf, plein de vertu. Il dit un jour à un curé, qui s'excusait de s'être trouvé à un repas de noces, sur l'exemple de Jésus-Christ aux noces de Cana : *Ce n'est pas le plus bel endroit de sa vie*. On ne connut qu'à sa mort ses charités cachées à de pauvres familles de son diocèse. Il faisait remettre secrètement, chaque année, trente mille livres au roi Jacques II.

Le maréchal de Chamilly (Bouton), célèbre par sa belle défense de Grave, mourut aussi cette année. Il avait été beau et bien fait, et avait servi, dans sa jeunesse, en Portugal, où il avait été fort aimé d'une religieuse. C'est à lui que les Lettres Portugaises sont adressées.

Quoique le régent eût donné parole à Madame de ne jamais employer l'abbé Dubois, il lui donna une place de conseiller d'État, au grand scandale de la magistrature. Ce qui détermina principalement le régent fut qu'aucun prélat ne demanda la place, ne voulant pas être précédé au conseil par l'abbé Bignon, simple ecclésiastique. On n'en fut pas moins révolté de voir un tel personnage succéder à un des plus dignes prélats du royaume, Fortin de la Hoguette, archevêque de Sens. Il avait refusé l'ordre du Saint-Esprit, *n'ayant pas*, dit-il, *la naissance exigée par les statuts*. On lui offrit d'altérer sa généalogie; il répondit : *Je ne veux pas dégrader l'ordre par ma naissance, et encore moins me dégrader moi-même par un mensonge.* Le roi lui ayant offert de le dispenser des preuves, il répondit qu'il ne voulait pas servir d'exemple à la violation des règles, et persista dans son refus [1].

Si l'entrée de l'abbé Dubois au conseil marquait peu de considération pour le public, le régent et la duchesse de Berri le respectaient encore moins par leurs mœurs.

Le régent donnait aux affaires la matinée plus ou moins longue, suivant l'heure où il s'était couché. Il y avait un jour fixe destiné aux ministres étrangers; les autres jours se partageaient entre les chefs des conseils; vers les trois heures il prenait du chocolat, et tout le monde entrait, comme on fait aujourd'hui au lever du roi. Après une conversation générale d'une demi-heure, il travaillait encore avec quelqu'un, ou tenait conseil de régence. Avant ou après ce conseil, ou ce travail, il allait voir le roi, à qui il témoignait toujours plus de respect que qui que ce fût, et l'enfant le remarquait très-bien.

Entre cinq et six heures toutes affaires cessaient; il allait voir Madame, soit dans son appartement l'hiver, soit à Saint-Cloud, dans la belle saison, et lui a toujours marqué beaucoup de respect. Il était rare qu'il passât un jour sans aller au Luxembourg voir la duchesse de Berri. Vers l'heure de souper, il se renfermait avec ses maîtresses, quelquefois des filles d'Opéra, ou autres de pareille étoffe, et dix ou douze hommes de son intimité, qu'il appelait tout uniment ses *roués*. Les principaux étaient : Broglie, l'aîné du maréchal de France, premier duc de son nom; le duc de Brancas, grand-père de celui d'aujourd'hui; Biron, qu'il fit duc; Canillac, cousin du commandant des mousquetaires, et quelques gens obscurs par eux-mêmes, et distingués par un esprit d'agrément ou de débauche. Chaque souper était une orgie. Là régnait la licence la plus effrénée : les ordures, les

---

[1] Le maréchal Fabert avait déjà refusé l'ordre du Saint-Esprit, par les mêmes motifs que la Hoquette. Le maréchal de Catinat fit le même refus, parce que ses preuves de noblesse n'auraient pas été totalement complètes. Le roi loua leur modestie, et ne les pressa pas. Ce sont les trois seuls exemples de pareils refus, quoique plusieurs chevaliers aient eu occasion de les imiter.

impiétés étaient le fond ou l'assaisonnement de tous les propos, jusqu'à ce que l'ivresse complète mît les convives hors d'état de parler et de s'entendre. Ceux qui pouvaient encore marcher se retiraient ; l'on emportait les autres : et tous les jours se ressemblaient. Le régent, pendant la première heure de son lever, était encore si appesanti, si offusqué des fumées du vin, qu'on lui aurait fait signer ce qu'on aurait voulu.

Quelquefois le lieu de la scène était au Luxembourg, chez la duchesse de Berri. Cette princesse, après plusieurs galanteries de passage, s'était fixée au comte de Riom, cadet de la maison d'Aydie, et petit-neveu du duc de Lauzun. Il avait peu d'esprit, une figure assez commune, et un visage bourgeonné qui aurait pu répugner à bien des femmes. Il était venu de sa province pour tâcher d'obtenir une compagnie, n'étant encore que lieutenant de dragons ; et bientôt il inspira à la princesse la passion la plus forte. Elle n'y garda aucune mesure, et la rendit publique. Riom fut logé magnifiquement au Luxembourg, entouré de toutes les profusions du luxe ; on allait lui faire la cour avant de se présenter chez la princesse, et l'on en était toujours reçu avec la plus grande politesse ; mais il n'en usait pas ainsi avec sa maîtresse : il n'y a point de caprices qu'il ne lui fît essuyer. Quelquefois, étant prête à sortir, il la faisait rester ; il lui marquait du dégoût pour l'habit qu'elle avait pris, et elle en changeait docilement. Il l'avait réduite à lui envoyer demander ses ordres pour sa parure et pour l'arrangement de sa journée ; et, après les avoir donnés, il les changeait subitement, lui faisait des brusqueries, la réduisait aux larmes, et à venir lui demander pardon des incartades qu'il lui avait faites. Le régent en était indigné, et fut souvent prêt à faire jeter Riom par les fenêtres ; mais sa fille lui imposait silence, lui rendait les traitements qu'elle recevait de son amant, et il finissait par faire à sa fille les soumissions que Riom exigeait d'elle. Si ces différentes scènes n'avaient pas eu tant de témoins, elles seraient incroyables. Ce qui était encore inconcevable, c'était la politesse de Riom avec tout le monde, et son insolence avec la princesse. Il devait ce système de conduite au duc de Lauzun, son oncle. Celui-ci, s'applaudissant de voir son neveu faire, au Luxembourg, le même personnage qu'il avait fait lui-même avec mademoiselle de Montpensier, lui donnait des principes de famille, et lui avait persuadé qu'il perdrait sa maîtresse s'il la gâtait par une tendresse respectueuse, et que les princesses voulaient être gourmandées. Riom avait profité jusqu'au scandale des leçons de son oncle, et le succès en prouvait l'efficacité. Cette princesse, si haute avec sa mère, si impérieuse avec son père, si orgueilleuse avec tout l'univers, rampait devant un cadet de Gascogne. Elle eut cependant quelques goûts de traverse, notamment avec le chevalier d'Aydie, cousin de Riom; mais ce ne fut que des fantaisies courtes, et la passion triompha jusqu'à la fin.

Les soupers, les bacchanales, les mœurs du Luxembourg étaient les mêmes qu'au Palais-Royal, puisque c'étaient à peu près les mêmes sociétés. La duchesse de Berri, avec qui les seuls princes du sang pouvaient manger, soupait ouvertement avec des gens obscurs que Riom lui produisait. Il s'y trouvait même un certain père Reiglet, jésuite, complaisant, commensal, et soi-disant confesseur. Si elle avait fait usage de son ministère, elle aurait pu se dispenser de lui dire bien des choses dont il était témoin et participe.

La marquise de Mouchy[1], dame d'atour de la princesse, en était la digne confidente. Elle vivait en secret avec Riom, comme la duchesse y vivait publiquement; et cette rivale cachée et commode réconciliait les deux amants quand les brouilleries pouvaient aller trop loin.

Ce qu'il y avait de singulier, c'est que la duchesse de Berri croyait réparer ou voiler le scandale de sa vie par une chose qui l'aggravait encore. Elle avait pris un appartement aux Carmélites de la rue Saint-Jacques, où elle allait de temps en temps passer une journée. La veille des grandes fêtes, elle y couchait, mangeait comme les religieuses, assistait aux offices du jour et de la nuit, et revenait de là aux orgies du Luxembourg.

Le régent voulut aussi, de son côté, édifier le public, et n'y réussit pas mieux que sa fille. Il marcha en grand appareil à Saint-

---

[1] Fille de Forcade, commis des parties casuelles, et d'une femme de chambre de madame de Berri. Mouchy, gentilhomme de Picardie, n'avait d'autre bien que son nom.

Eustache le jour de Pâques, et y communia. Le contraste de sa vie habituelle et de cet acte de religion fit le plus mauvais effet.

Quoique la paix régnât pour nous dans l'Europe, les négociations n'en étaient pas moins vives. L'Anglais traitait à la fois avec la France et l'Espagne, et cherchait à étendre son commerce, au préjudice des deux puissances. Notre intérêt était de prendre pour modèle la conduite de la maison d'Autriche, tant qu'elle avait régné sur l'Espagne et dans l'Empire; mais l'abbé Dubois entraînait le régent vers l'Angleterre, dont il lui vantait la puissance et les secours, dans le cas où le roi viendrait à mourir.

D'un autre côté, Alberoni, avec le seul titre d'envoyé de Parme à Madrid, gouvernait la reine, et par conséquent la monarchie. C'était un de ces hommes que la fortune offre quelquefois comme un objet d'émulation aux ambitieux nés dans la poussière. Fils d'un jardinier, il sortit de son état en entrant dans celui de l'Église, qui les admet tous, et souvent les confond. Le duc de Parme, ayant quelques affaires à communiquer au duc de Vendôme, général de l'armée espagnole en Italie, lui envoya Rancoveri, évêque de Borgo. Le duc de Vendôme était en chemise sur sa chaise percée, lorsqu'on lui annonça l'évêque. Il le fit entrer, et ne se contraignit pas plus en lui donnant audience qu'il ne faisait avec l'armée. Tout en parlant d'affaires, il continua les différentes opérations de sa toilette devant le prélat, qui s'en trouva très-scandalisé, et, à son retour, assura que jamais il ne reparaîtrait à une audience si peu décente. Le duc de Parme fit chercher quelqu'un d'intelligent qui ne fût pas en droit d'être difficile sur le cérémonial. On lui présenta l'abbé Alberoni. Le prince, l'ayant entretenu, jugea qu'il conviendrait fort à la négociation; et que le duc de Vendôme, du caractère dont il était, s'embarrasserait peu de la dignité du personnage, qui d'ailleurs était masqué de l'habit ecclésiastique. Alberoni fut reçu comme l'évêque l'avait été; mais, sans se formaliser de rien, il entrecoupa la conférence de plaisanteries assorties à la situation, et qui réjouissaient le duc de Vendôme. Ce général, en se relevant de dessus sa chaise, se présenta de façon que l'abbé s'écria : *Ah! culo di angelo!* Le duc de Vendôme fut si content de l'humeur de l'abbé, qu'il ne voulut traiter qu'avec lui. L'affaire du duc de Parme fut bientôt terminée, et l'abbé, en ayant rendu compte à son maître, vint s'établir commensal de la maison du duc de Vendôme. Son état n'y était pas bien décidé. On le voyait parfois aumônier, secrétaire dans l'occasion, et plus souvent cuisinier, faisant des soupes au fromage pour le duc, et par-dessus tout en possession de l'amuser par des contes orduriers. Cette faveur subalterne procurait dans la maison si peu de considération à l'abbé, qu'un des officiers, offensé de ses libertés, lui donna un jour des coups de canne, sans que l'abbé en parût dégradé; et il n'en fut autre chose que de faire rire le duc, qui ne l'en prisa ni plus ni moins qu'il faisait. A la fin de la campagne, Alberoni suivit en France son maître, qui lui fit donner une pension de mille écus. Il eut alors l'air d'un secrétaire en titre, et retourna en Italie, à la suite du duc de Vendôme. Ce général y étant mort, Alberoni se retira à Parme; et son prince, le connaissant propre aux affaires, en fit son résident à Madrid. Ce fut là qu'ayant eu part au mariage de la princesse de Parme avec Philippe V, il prit le vol qui l'éleva si haut. Il écarta successivement tous ceux qui pouvaient balancer son crédit, et travaillait à se faire cardinal, soit en servant Rome, soit en s'y faisant craindre.

La cour d'Espagne était déjà mal avec celle de Rome au sujet de la Sicile, sur laquelle on avait fulminé un interdit pour un sujet qui mérite d'être rapporté.

Il faut d'abord se rappeler que, vers 1125, Roger, duc de Sicile, fit ériger ses États en royaume héréditaire par le pape, à condition de relever du saint-siége. Mais, par le même acte, il fut convenu qu'il y aurait en Sicile un tribunal perpétuellement subsistant, tout composé de laïques à la nomination du roi, et absolument indépendant du pape; que ce tribunal jugerait souverainement et sans appel toutes les causes civiles et criminelles de laïque à laïque, de laïque à ecclésiastique, et enfin entre ecclésiastiques, archevêques, évêques, prêtres, moines et chapitres, même dans les cas de censures et d'excommunications, sans que ce tribunal fût jamais soumis à rendre compte de sa conduite qu'aux rois, et jamais aux papes; et sans que le roi pût en aucun cas être sujet à citations, censures ou excommunications. Ce tribunal de la monarchie avait, depuis son établissement, joui de toute sa juridiction, lorsqu'en 1711 un fermier de l'évêque de Lipari porta des pois au marché. Les commis aux droits du roi voulurent faire payer le droit ordinaire d'étalage. Le fermier, sans dire qui il était, refusa le payement, et se fit saisir ses pois. L'évêque, se prévalant de l'immunité ecclésiastique, qui l'exemptait du droit, sans aucune information excommunia les commis. Ceux-ci, n'apprenant que par là à qui les pois appartenaient, les rapportèrent aussitôt, et se plaignirent du fermier, qui par un mot aurait prévenu l'affaire. L'évêque exigea des réparations si ridicules, que les commis en rendirent compte à leurs supérieurs, dont les représentations les firent excommunier eux-mêmes. Le tribunal de la monarchie, voulant concilier les esprits, se fit excommunier aussi : troisième excommunication pour des pois chiches. La cour de Rome, supportant impatiemment ce tribunal de Sicile, avait voulu, pour le détruire, profiter d'un nouveau gouvernement qu'elle se flattait de trouver plus faible que le précédent. L'évêque, jugeant que sa dignité ne le sauverait pas de la prison, se réfugia à Rome. L'accueil qu'il y reçut enflamma le zèle de plusieurs autres évêques; et chacun, ayant lancé sa foudre, s'enfuit prudemment à Rome; et le pape mit aussitôt la Sicile en interdit. Alors une populace de prêtres et de moines, n'osant s'exposer aux châtiments dus à ceux qui observeraient l'interdit, suivirent les prélats. Ce schisme était dans toute sa force, lorsque par le traité d'Utrecht, en 1713, la Sicile fut cédée au duc de Savoie, avec le titre de roi. Le pape ne crut pas devoir plus d'égards à Victor qu'à Philippe V; mais le nouveau gouvernement de Sicile tint ferme, d'autant qu'il y demeura assez de prêtres sensés pour faire le service, et que les puissances catholiques blâmèrent cette entreprise ecclésiastique. Le parlement de Paris prit fait et cause à ce sujet; et, par arrêt du 15 février 1716, reçut le procureur général appelant comme d'abus; ce qu'il n'avait osé faire du vivant de Louis XIV.

Les jésuites, voulant observer l'interdit sans renoncer à leurs établissements, employaient tous leurs manéges pour fomenter la sédition. Le comte Maffeï, vice-roi de Sicile, prit si bien ses mesures, qu'une nuit, tous les jésuites, sans exception de pères ni de frères, sains ou malades, furent enlevés, embarqués sur deux vaisseaux, bientôt débarqués sur les côtes de l'État ecclésiastique, et abandonnés à leur bonne ou mauvaise fortune. Ils se rendirent comme ils purent à Rome.

Le pape, très-embarrassé de cette inondation de moines, n'en devint pas plus traitable; mais, la chambre apostolique se lassant bientôt de fournir la subsistance à tant de commensaux, on vit tout d'un coup afficher dans Rome un ordre à tous les proscrits de sortir de la ville, sous des peines rigoureuses, et sans leur procurer aucun moyen de se retirer. Il fallut cependant obéir. La faim refroidissant le fanatisme, ils voulurent regagner la Sicile; mais le comte Maffeï ne leur permit plus d'y rentrer. Ils se répandirent dans les campagnes d'Italie, où la plupart périrent de misère. Le roi de Sicile fut aussi ferme que le pape était opiniâtre. Le pontife, sans lever l'interdit, n'osa pas user, contre le prince ni ses ministres, de censures dont il prévoyait qu'ils feraient peu de cas. Les choses restèrent donc de part et d'autre dans le même état jusqu'au temps où l'empereur devint maître de la Sicile par la cession de la Sardaigne, dont le roi Victor prit le titre. La prétention ecclésiastique s'évanouit; l'interdit se leva de lui-même; le tribunal de la monarchie resta en pleine puissance de sa juridiction, et le pape se trouva très-heureux que l'empereur, déjà maître de Naples et de Milan, voulût bien ignorer les suites de l'aventure des pois chiches, et qu'il n'en fût plus parlé.

Je n'entreprends pas d'écrire, comme j'en ai prévenu, une histoire politique qui exigerait les plus grands détails, et fatiguerait le plus grand nombre des lecteurs; mais je me rappellerai les différents objets de négociations qui seront nécessaires pour éclaircir, lier les faits, et faire connaître le caractère et les intérêts de ceux qui auront eu part aux affaires. Il n'est que trop vrai que les traités de paix ne sont que des trêves : à peine a-t-on quitté les armes, que la guerre de cabinet commence. On négocie, on cherche des alliances, pour se mettre en état de recommencer les hostilités avec plus d'avantage.

Jamais la fermentation des cours ne fut plus grande que dans la régence; mais l'État, fort agité dans son intérieur, demeura tranquille avec ses voisins. Les différents intérêts des princes, en se croisant réciproquement, entretenaient la paix.

Le pape, voyant avec frayeur un puissant armement des Turcs, craignait pour l'Italie, et demandait des secours à la France, à l'Espagne et au Portugal. L'empereur songeait en même temps à se défendre contre le Turc et à s'agrandir en Italie, de sorte que le pape le redoutait autant que le Turc.

L'Espagne négociait avec l'Angleterre, venait de conclure le traité de l'Assiento, si favorable aux Anglais; et la Hollande, ayant son traité de barrière, ne pensait qu'à se réparer par le commerce.

L'Angleterre, où la succession dans la ligne protestante n'était pas encore bien affermie, craignait toujours quelque révolution. Quoique le prétendant eût échoué dans son entreprise, le parti jacobite était encore puissant. Les whigs et les torys [1] luttaient continuellement les uns contre les autres. Toutes les puissances avaient besoin de conserver la paix; et la plupart, craignant la guerre, étaient près de la déclarer.

Le régent désirait plus que personne de maintenir la tranquillité au dedans et au dehors. Stairs et l'abbé Dubois, agissant de concert, lui persuadèrent donc que, si le roi venait à mourir, les renonciations seraient regardées comme nulles; que le régent ne pourrait monter sur le trône qu'en usurpateur; et qu'alors lui et le roi George, ayant des titres pareils, n'avaient d'autre parti à prendre que de s'unir étroitement d'avance, pour se soutenir l'un l'autre, en cas d'événement. Dubois s'assurait, par cette union, la protection du roi d'Angleterre, dont il connaissait le crédit sur l'empereur; quelle autorité celui-ci avait sur le pape; et l'abbé se promit bien de profiter de toutes les circonstances que le temps et ses intrigues feraient naître.

Le régent n'eut jamais un désir vif de régner; le soin qu'il prit de la conservation du roi en est une preuve convaincante; mais il croyait qu'il eût été de son honneur de soutenir les renon-

---

[1] Ces noms ne subsistent plus en Angleterre. Les whigs étaient originairement le parti républicain, et les torys, le parti du roi; mais les uns et les autres ayant changé d'intérêt, on ne connaît plus que le parti de la cour et le parti de l'opposition.

ciations, si le cas en fût arrivé. En le disculpant des horreurs dont la calomnie l'a chargé, et dont les impressions subsistent encore dans quelques esprits, je suis très-éloigné d'en faire le panégyrique : avec tout l'esprit et les talents possibles, il fut toujours incapable d'un bon gouvernement ; et la régence, quoique tranquille au dehors, a été pernicieuse à l'État, et surtout aux mœurs.

Des mesures sages, des précautions, une défiance prudente de la maison d'Autriche et de l'Angleterre, une union constante avec l'Espagne, tel était l'intérêt de la France ; mais ce n'était pas celui de l'abbé Dubois. S'il tâchait de semer la discorde entre deux rois du même sang, il était parfaitement secondé dans ce projet par Alberoni, autre scélérat de même étoffe. Celui-ci, maître de la monarchie d'Espagne, imposait au pape ; et le traité de l'Assiento était si favorable aux Anglais, qu'on ne doutait point qu'Alberoni n'en eût reçu des sommes considérables, dont il comptait acheter le chapeau, s'il ne pouvait le conquérir. Comme il avait remarqué le goût que Philippe V conservait pour la France, il avait soin de présenter à ce prince les renonciations comme illusoires : ainsi Dubois et Alberoni s'appliquaient également, chacun de son côté, à inspirer au roi d'Espagne et au régent de l'éloignement l'un pour l'autre.

Quoique la négociation fût déjà entamée avec l'Angleterre, Stairs continuait de donner des alarmes sur la France, pour procurer au roi George des subsides que le parlement n'aurait pas accordés, s'il eût cru la paix affermie. Cette manœuvre a souvent été employée par le ministère anglais, et presque toujours avec succès. Ce ministère travaillait en même temps à rendre septénaire le parlement, qui n'était que triennal. La plupart des pairs, mécontents du gouvernement, étaient opposés à ce projet, et désiraient un autre parlement, dont ils étaient toujours sûrs d'être membres ; au lieu que ceux de la chambre basse voulaient une prolongation, qui leur épargnait les brigues qu'ils seraient obligés de faire pour obtenir les suffrages dans une nouvelle élection de députés. Les whigs, qui dominaient alors, avaient si cruellement persécuté les torys, qu'ils en craignaient le ressentiment, s'ils reprenaient le dessus dans un nouveau parlement. Les ministres agirent si vivement dans cette occasion, que le parlement fut prolongé.

Le régent, déjà assez occupé de négociations politiques, était encore persécuté par le nonce Bentivoglio, au sujet de la constitution; tandis que Bissy et Rohan, blessés de la faveur du cardinal de Noailles, cherchaient à lui donner des dégoûts. Ils s'avisèrent de proposer de bénir de nouveau la chapelle des Tuileries, où le service s'était toujours fait tant que Louis XIV avait demeuré à Paris, et où le jeune roi entendait journellement la messe depuis son retour de Vincennes. Leur objet était que le cardinal de Rohan eût l'honneur de faire la cérémonie de cette bénédiction, en qualité de grand aumônier. Ils ignoraient que cette question avait déjà été décidée à l'occasion de la chapelle de Versailles, dont la bénédiction avait été déférée au cardinal de Noailles, contre la prétention du grand aumônier, le cardinal de Janson. Tout le fruit que Rohan retira de cette tentative fut de faire ses protestations. Il fit une autre entreprise, qui ne lui réussit pas mieux. Le cardinal de Noailles, en interdisant les jésuites, avait conservé les pouvoirs aux pères Gaillard, de la Rue, Lignières et du Trévoux : ce dernier avait le titre de confesseur du régent. Le grand aumônier a le droit de nommer les prédicateurs de la chapelle du roi; et celui qui prêche à la Toussaint prêche aussi l'Avent. Rohan, en partant pour Strasbourg, affecta de choisir pour le sermon de la Toussaint le père de la Ferté, parent ou allié de toute la cour, et dont les pouvoirs finissaient au mois d'août. Le cardinal de Noailles pouvait l'arrêter tout court, en lui faisant signifier une interdiction personnelle. Il n'en fit rien, voulut éviter un éclat, et se contenta d'en écrire, le lendemain du sermon, au cardinal de Rohan, qui ne fit point de réponse; mais l'archevêque, las d'attendre cette réponse, fit signifier une interdiction générale aux jésuites, et nommément au père de la Ferté. Il s'était fait jésuite malgré le maréchal son père, qui n'en parlait qu'avec emportement, comme de la dernière bassesse. Le duc de la Ferté étant mort sans enfants, le jésuite serait devenu duc et pair, s'il n'eût pas fait ses vœux; et l'humeur qu'il en montra quelquefois en donna aux jésuites, qui le reléguèrent à la Flèche, où il est mort.

Pour prévenir les brigues des jésuites, le régent nomma pour confesseur du roi l'abbé Fleury, si célèbre par son Histoire ecclésiastique, et surtout par les excellents discours qu'il y a joints. Il avait été sous-précepteur des ducs de Bourgogne, d'Anjou et de Berri.

Le régent, tourmenté par Stairs, et fatigué par Bentivoglio, pouvait faire rappeler l'un et l'autre : le premier, en calmant les inquiétudes du roi George par l'abandon ouvert du prétendant, sans se lier formellement par un traité avec l'Angleterre; le second, en instruisant le pape des mœurs scandaleuses de ce nonce. Il est vrai que le pape pouvait objecter celles du jésuite Lafiteau, notre ministre à Rome, où il passait par les grands remèdes, pendant que Bentivoglio s'y préparait à Paris. La crainte de perdre le chapeau, récompense ordinaire de la nonciature de France[1] l'aurait rendu aussi souple que le régent l'aurait voulu ; mais il fallait plus de fermeté qu'il n'en avait. S'il en montrait si peu dans les affaires importantes, on peut juger de toutes ses complaisances pour tous ses entours.

La duchesse de Berri se fit donner le château de la Muette ; et le prix en fut payé par le roi à d'Armenonville, qui eut en outre la jouissance du château de Madrid dans le bois de Boulogne, la survivance pour son fils Morville, et un brevet de retenue de quatre cent mille livres sur sa charge de secrétaire d'État. La princesse obtint encore pour la Haye, son ancien amant réformé, une troisième place de gentilhomme de la manche du roi, avec six mille livres de pension; et bientôt on en fit une quatrième pour un protégé de madame de Ventadour.

La duchesse de Berri, ennuyée du deuil de Louis XIV, obligea le régent de réduire tous les deuils à moitié, à l'occasion de celui de la reine mère de Suède.

Pour passer les nuits d'été dans le jardin du Luxembourg avec une liberté qui avait plus besoin de complices que de témoins, elle en fit murer toutes les portes, à l'exception de la principale, dont l'entrée se fermait ou s'ouvrait suivant les occasions.

---

[1] La France a toujours le choix du nonce. Le pape présente trois sujets, entre lesquels elle choisit, et qu'elle peut rejeter tous trois. L'empereur et l'Espagne ont le même privilège.

Le régent acheta pour son fils naturel le chevalier d'Orléans la charge de général des galères, du maréchal de Tessé, qui y gagna deux cent mille livres.

Rouillé du Coudray persuada aussi de rappeler les comédiens italiens, qui avaient été chassés par le feu roi, pour avoir joué la *Fausse prude*, dont le public fit l'application à madame de Maintenon.

La nouvelle troupe prit le titre de *comédiens du régent*, et fut, sous l'inspection de Rouillé, indépendante des gentilshommes de la chambre. Cette nouveauté fit, pendant quelque temps, déserter le Théâtre Français, et les farces italiennes éclipsèrent les chefs-d'œuvre de notre scène.

Les brevets de retenue se donnaient sans mesure et sans choix. Parmi tant de grâces prodiguées ou prostituées, le régent rendit justice au mérite de Vittemant, en le nommant sous-précepteur du roi. Une harangue qu'il avait faite à la tête de l'université, dont il était recteur, l'avait fait connaître de Louis XIV, qui lui donna la place de lecteur du Dauphin. A peine eut-il commencé les fonctions de sous-précepteur, que le jeune roi parut s'y attacher. Le régent, qui le remarqua, et qui, pendant son administration, s'étudia toujours à donner l'exemple du respect pour le roi, et à chercher ce qui pouvait lui plaire, voulut lui procurer le plaisir de faire une grâce à Vittemant. Il apporta un jour au roi un brevet d'une abbaye de quinze mille livres de rente, en faveur de Vittemant. L'enfant, charmé de faire lui-même cet acte de maître, fit venir Vittemant, et, en présence du régent, du maréchal de Villeroi et de l'évêque de Fréjus, lui donna le brevet, en le nommant par le titre de l'abbaye. Vittemant ne comprenant pas d'abord pourquoi le roi lui donnait un nouveau nom, le régent prit la parole, et lui expliqua la grâce que le roi lui faisait. Vittemant se confondit en remercîments, et dit qu'il était comblé des bienfaits du roi ; que sa fortune était déjà au delà de ses désirs, et que, n'ayant point de parents dans le besoin, il ne saurait à quoi employer une augmentation de revenus. *Vous en ferez des charités*, lui dit l'évêque de Fréjus : *Eh ! pourquoi*, répondit Vittemant, *recevoir l'aumône pour la faire ? D'ailleurs, je ne suis pas à portée, à la cour, de connaître ceux qu'il faudrait secourir, un curé s'en acquittera mieux que moi.* Le régent, Villeroi et l'évêque, peu accoutumés à un tel langage, regardèrent d'abord Vittemant comme un habile hypocrite, et le pressèrent, en souriant, d'accepter; mais le refus était très-sérieux: rien ne put vaincre sa résistance. Il fallut chercher pour cette abbaye un personnage moins étrange, et il ne fut pas difficile à trouver. Le modeste Vittemant ne s'occupa à la cour que de son emploi; et, lorsque ses fonctions furent finies, il se retira à la Doctrine Chrétienne. Je n'ai pas dû laisser dans l'oubli le nom d'un homme si vertueux; je n'aurai pas assez d'anecdotes pareilles pour en fatiguer le lecteur.

La chambre de justice, établie par un édit du mois de mars, commençait ses opérations, dont les effets furent très-différents de ceux qu'on s'en était promis. On s'était flatté de retirer par les taxes, des sommes immenses qui fourniraient aux dépenses les plus urgentes. On devait, disait-on, rembourser tous les brevets de retenue, les charges militaires; les rendre libres, n'en plus laisser vendre, de manière que le roi serait toujours en état de récompenser le mérite et d'entretenir l'émulation. Beaux projets sans doute, mais qui ne sont jamais imaginés que par ceux qui n'ont pas le crédit de les effectuer. Tout le fruit de cette chambre de justice, qui subsista un an, fut d'ouvrir la porte à des milliers de délations, vraies ou fausses. La consternation se mit dans toute la finance et parmi leurs alliés; l'argent fut caché, et la circulation totalement interceptée. On sacrifia quelques financiers à la haine du peuple. Le crédit vendu, les protections achetées firent remettre ou modérer les taxes. Celles qui furent payées devinrent la proie des femmes perdues ou intrigantes et des compagnons de débauche du régent.

L'inutilité de la chambre de justice pour l'État faisait chercher d'autres moyens de le libérer. On alla jusqu'à proposer une banqueroute générale. Ceux qui présentèrent ce cruel remède alléguaient qu'il était également impossible de payer l'immensité des dettes, et de laisser subsister l'énormité des impôts dont le poids écrasait le peuple. Parmi les créanciers de l'État, beaucoup avaient abusé des malheurs publics; toutes les créances, tant légitimes qu'usuraires, se bornaient presque à la capitale; cela ne regardait ni le corps de la noblesse, ni les laboureurs, ni les artisans. Les cris, disait-on, seraient grands ; mais la libération des impôts exciterait des applaudissements capables d'étouffer toutes les clameurs.

On comptait, dans le préambule de l'édit, s'appuyer sur des motifs de droit justes ou spécieux. La couronne, disait-on, n'est pas purement héréditaire comme les biens des particuliers, puisque les femmes n'y peuvent succéder. C'est une substitution de mâle en mâle. Le roi n'est qu'un usufruitier, qui ne peut s'engager au delà de sa vie. Les biens substitués des particuliers ne répondent pas des dettes : la couronne serait-elle de pire condition? Le successeur n'est donc pas tenu du fait de son prédécesseur ; il ne tient rien de lui, mais de la loi. Si ce principe, ajoutait-on, peut s'imprimer dans l'esprit de la nation, l'État ne pourra jamais se trouver dans la situation où il est. Chacun sera convaincu qu'en prêtant au roi, il ne peut compter que sur la vie et la probité personnelle du prince. Le roi, hors d'état d'emprunter et de séduire par l'appât du gain, se trouverait dans l'heureuse impossibilité de ruiner ses sujets, et réduit à un gouvernement économe. Les rentiers ne formeraient plus une classe oisive dans l'État ; la population excessive de Paris refluerait dans les provinces. On pourrait craindre qu'un prince dissipateur, ne trouvant pas à emprunter, n'eût recours à la multiplication des impôts ; mais l'excès, en cette matière, est dangereux pour la personne même du prince.

On répondait : N'y a-t-il point d'alternative entre la banqueroute et la perpétuité des impôts? Ne peut-on, par la suppression des dépenses superflues ou abusives, par une régie économe, par un examen réfléchi, une distinction juste de la nature des créances, et surtout en prouvant à la nation l'intégrité d'une administration nouvelle et la bonne foi du gouvernement, inspirer la confiance, rétablir la circulation, alléger le poids des impôts, et commencer la libération des dettes légitimes et urgentes? Ne mettra-t-on aucune différence entre ceux qui ont tout sacrifié au service de l'État, et ceux qui ont tiré leur fortune de ses malheurs?

Le régent fut touché de ces représentations, et le projet de la banqueroute fut rejeté. La pitié pour les créanciers légitimes et malheureux ne servit que de prétexte au refus. Le vrai motif fut l'intérêt personnel des administrateurs des finances, qui trouvaient, dans la liquidation, dans la continuation des impôts, dans le renouvellement des traites, mille moyens de se faire des créatures et d'amasser des millions.

Le système de Law a fait autant ou plus de malheureux que la banqueroute, a corrompu les mœurs, et n'a eu aucun des avantages de l'édit proposé. Ce système, considéré en lui-même, a eu ses apologistes, qui ont prétendu qu'il n'a été pernicieux que par l'abus qu'on en a fait, et par la mauvaise volonté de ceux qui avaient intérêt de le faire échouer. D'autres ont soutenu, avec plus de raison, qu'il était aussi vicieux dans son principe qu'il a été funeste dans ses effets. D'autres enfin l'ont toujours réprouvé comme insoutenable dans une monarchie absolue, quelques avantages qu'il pût avoir dans une république et dans un gouvernement mixte. L'expérience n'a que trop justifié ce sentiment.

La meilleure opération de Law fut l'établissement de la banque générale, composée de douze cents actions, de trois mille livres chacune. L'avantage s'en fit d'abord sentir : la circulation fut ranimée, et le succès en eût été assuré si cette banque générale n'eût pas dégénéré en banque royale ; ce qui donna bientôt naissance au malheureux système.

Quelques assemblées de protestants, en Poitou, en Languedoc et en Guyenne, donnèrent de l'inquiétude au gouvernement. Elle augmenta encore par la découverte d'un grand amas de fusils et de baïonnettes près d'un lieu où les protestants s'étaient assemblés. La crainte d'un soulèvement, et l'horreur de renouveler les barbaries qui avaient suivi la révocation de l'édit de Nantes, agitèrent fort l'esprit du régent. Il fut sur le point d'annuler l'édit et de rappeler les protestants. Il en conféra séparément avec plusieurs membres du conseil, et presque tous l'en détournèrent. La question pour ou contre la liberté, en fait de religion, se décide communément par la passion. L'irréligion, ainsi que la superstition, a son fanatisme ; et le régent étant très-susceptible du premier, il fallut lui faire envisager l'affaire en homme d'État, et uniquement du côté de la politique.

Il est indubitable que les consciences doivent être libres ; mais la tranquillité de l'État permet-elle que le culte le soit ? L'exemple de l'Angleterre et de la Hollande n'est pas exactement applicable à la France, dans son état actuel : 1° les deux États allégués ont, comme nous, leur culte national : les autres religions n'y sont que tolérées ; 2° elles y sont multipliées, et il est plus facile d'entretenir la paix entre quatre ou cinq religions, qu'entre deux également puissantes, parce que la haine partagée s'affaiblit, et qu'on peut alors se borner à une émulation de bonnes mœurs ; 3° en Angleterre et en Hollande, les hétérodoxes sont aussi nombreux que les orthodoxes. L'expérience de leurs malheurs passés leur fait craindre de voir leur nation armée contre-elle même.

En France, les protestants sont en petit nombre, relativement aux catholiques. Si l'on accorde aux protestants un culte public, et en tout les mêmes avantages qu'aux autres citoyens, leur nombre croîtra ; l'attrait de la nouveauté leur fera des prosélytes parmi les catholiques mêmes. La dissension naîtra dans les familles ; le zèle religieux deviendra fanatisme ; les esprits s'enflammeront ; une émeute populaire sera le signal de la guerre civile : nous nous trouverons replongés dans les horreurs que nous ne pouvons nous rappeler qu'avec effroi.

L'uniformité de religion serait le plus grand bonheur de l'État ; mais ce n'est pas l'ouvrage des hommes. Bornons-nous aux efforts d'une prudence humaine. Que, sans annuler formellement l'édit de révocation, ni remettre les protestants dans le même état où ils étaient auparavant, on leur assure celui de citoyens par une déclaration dûment enregistrée. Qu'ils soient libres de leurs sentiments : n'exigeons plus que, par une complaisance criminelle à leurs yeux, ils viennent partager notre culte ; mais ne leur en permettons point d'extérieur. Que l'exercice de leur religion se renferme dans l'intérieur de chaque famille. Qu'ils jouissent de tous les droits de citoyens, dont ils supportent les charges ; mais qu'ils ne puissent aspirer à aucunes places ni emplois publics. Châtions sévèrement quiconque troublera leur tranquillité. Nulle persécution, beaucoup d'indifférence et d'oubli : c'est la mort de toutes les sectes. Ce qui en subsiste par opiniâtreté aveugle ne fait plus que végéter dans le mépris. La vérité même, constamment méprisée, mais non persécutée, aurait peu de partisans.

Je parle d'après l'expérience. J'ai vu, dans ma jeunesse, une petite ville où les protestants étaient en aussi grand nombre que les catholiques. Un seigneur, d'un caractère bienfaisant, qui en a le domaine, en rendant une exacte justice aux protestants, mais en procurant toutes les distinctions aux catholiques, en favorisant les mariages, a amené les choses au point qu'il n'y reste plus que deux vieillards qui, en persévérant dans leur secte, ont consenti eux-mêmes à l'abjuration de leurs enfants.

La tolérance civile est de droit naturel; mais, pour l'imprimer dans l'esprit d'une nation, il faudrait le règne long d'un prince absolu, conservateur des mœurs par l'autorité et l'exemple, observateur exact et respectueux du culte dominant, fût-il indifférent sur tous. Le régent n'avait malheureusement que la dernière de ces qualités. Elle suffisait pour le rendre favorable au retour des protestants; mais l'abbé Dubois, voulant à toute force devenir cardinal, sentit qu'il n'aurait rien à prétendre de Rome après un tel éclat; et comme il était le grand casuiste du régent en politique et en religion, il lui fit abandonner son dessein.

Dans ce temps-là, les princes du sang présentèrent une requête au roi, signée de monsieur le Duc, du comte de Charolais et du prince de Conti, contre l'édit de 1711 et la déclaration de 1715, qui donnent au duc du Maine et au comte de Toulouse la qualité de princes du sang, et l'habileté de succéder à la couronne.

Aussitôt les ducs et pairs présentèrent une requête au roi, tendante à faire réduire les princes légitimés au rang de leur pairie.

L'Angleterre, en négociant avec le régent, traitait aussi avec l'Espagne, dont elle voulait tirer beaucoup d'avantages pour le commerce; et le régent, qui ne désirait que d'entretenir la paix, se prêta volontiers aux vues de l'Angleterre. Pour cet effet, il représenta au roi George que ce qui plairait le plus à l'Espagne serait la restitution de Gibraltar. George, avec une marine puissante, et maître de Port-Mahon, ne tirait pas une grande utilité de Gibraltar, et y dépensait considérablement. Il consentit donc à faire ce sacrifice; mais, craignant de mécontenter les Anglais, il manda au régent que cette affaire ne pouvait réussir que par le plus grand secret : qu'il fallait charger un homme fidèle, à Madrid, de traiter directement avec le roi d'Espagne, sans la participation d'Alberoni. Le régent en chargea Louville, qui avait été gentilhomme de la chambre de Philippe V, et de tous les Français celui que ce prince avait le plus aimé. On savait qu'il ne l'avait sacrifié qu'à regret à la princesse des Ursins; et l'on ne doutait pas que Philippe, en le revoyant, ne reprît pour lui tout le goût qu'il avait eu dès l'enfance.

Les motifs qui firent choisir Louville furent précisément ce qui fit tout échouer. Muni de ses instructions, il partit secrètement, et arriva à Madrid chez le duc de Saint-Aignan, notre ambassadeur. Alberoni en fut instruit par ses espions, dont il avait grand nombre, conçut les plus vives inquiétudes d'un voyage si mystérieux, et crut qu'il n'avait d'autre objet que de le perdre dans l'esprit du roi. A peine Louville était-il arrivé, qu'il reçut ordre de sortir sur-le-champ d'Espagne. Il répondit qu'il était chargé d'une lettre de créance du roi, et d'une autre du régent, qu'il devait mettre en main propre à sa majesté Catholique; et qu'il ne partirait pas sans avoir exécuté sa commission. La nuit même, il eut une si violente attaque de néphrétique, qu'on lui prépara un bain. Sa réponse n'étant pas propre à rassurer Alberoni, il vint lui-même chez le duc de Saint-Aignan, et trouva Louville dans le bain. Il lui dit que le roi était très-mécontent de son arrivée, qu'il ne voulait absolument pas le voir, et qu'il n'avait qu'à remettre ses dépêches, et repartir sur-le-champ. Louville lui répondit que son devoir lui défendait le premier article, et que son état ne lui permettait pas le second. Alberoni, ne pouvant douter de l'impossibilité où Louville était de se remettre en chemin, feignit de le plaindre, lui exagéra la prétendue colère du roi, et promit de faire ses efforts pour faire agréer une excuse, qui cependant ne pouvait durer qu'autant que la maladie. Au bout de trois jours, Louville reçut de nouveaux ordres, plus absolus encore que les premiers. Voyant enfin qu'il ne pouvait obtenir d'audience, et soupçonnant qu'Alberoni abusait du nom du roi, il hasarda de se présenter sur le passage du prince, dans l'espérance d'en être aperçu et de présenter ses lettres. Mais Alberoni, qui faisait veiller sur les moindres démarches de Louville, rendit la tentative inutile, en enveloppant le roi d'un gros de créatures vendues au ministre. Le moment d'après, le secrétaire d'État Grimaldo, vint trouver Louville, et lui ordonna positivement, de la part du roi, de partir, le menaçant de le faire enlever de force, s'il différait d'un instant. Le duc de Saint-Aignan, peut-être mécontent du secret qu'on lui faisait de l'affaire, et craignant quelque violence, pressa Louville d'obéir. Il partit donc sans avoir rien fait, et sans que le roi ait jamais rien su de ce qui se passait sous son nom; et un insolent ministre fit manquer à l'Espagne la seule occasion qui se soit trouvée de recouvrer Gibraltar. Les mesures étaient si bien prises, que, si Louville eût pu voir le roi d'Espagne, il lui eût fait aisément accepter et signer les conditions peu importantes qu'exigeait le roi George; et celui-ci envoyait aussitôt au roi d'Espagne l'ordre pour le gouverneur de remettre la place; un corps de troupes paraissait à l'instant pour en prendre possession, et Gibraltar eût été au pouvoir des Espagnols avant que le parlement d'Angleterre en eût eu la première nouvelle. Alberoni savait qu'il était odieux aux Espagnols, qu'il ne tirait son autorité que de la reine; qu'il était suspect au roi, et que ce prince le chasserait infailliblement si les plaintes sur l'administration parvenaient jusqu'à lui. Il n'oubliait donc rien pour écarter tous ceux qui pouvaient déceler ses manœuvres ou traverser son crédit. Les deux hommes qui l'inquiétaient le plus à la cour étaient le cardinal del Giudice, premier ministre de nom, grand inquisiteur, et gouverneur du prince des Asturies; l'autre, le jésuite d'Aubenton, confesseur du roi. Celui-ci n'aimait pas Alberoni, mais il n'osait pas lutter contre un ministre cher à la reine, et se souvenait que la princesse des Ursins l'avait fait chasser, et ne redoutait pas moins la reine, qui n'aimait pas les jésuites, et n'en avait jamais voulu aucun pour confesseur.

Alberoni, tout au désir du chapeau de cardinal, savait que del Giudice était indigné qu'on lui destinât un pareil confrère, et n'ignorait pas que le pape avait beaucoup de confiance en d'Aubenton, avec qui il était même en commerce de lettres. En conséquence, il prit le parti de s'attacher à celui-ci pour perdre l'autre; et tous deux y travaillèrent de concert, chacun dans son genre. Alberoni représenta à la reine qu'il était dangereux pour elle de laisser l'héritier de la monarchie entre les mains d'un homme qui lui inspirait les principes de l'ancien gouvernement, et l'éloignerait d'une belle-mère; de sorte que, si elle venait à perdre le roi, elle se trouverait sans considération, et peut-être reléguée dans un couvent.

D'Aubenton, de son côté, fit entendre au roi que les fonctions de grand inquisiteur ne permettaient pas au cardinal del Giudice de donner les soins nécessaires à l'éducation du prince des Asturies, qui avait besoin d'un homme uniquement occupé d'un emploi si important. La reine et le confesseur agirent si efficacement, que la place de gouverneur du prince fut ôtée au cardinal, et donnée au duc de Popoli, Napolitain, homme de beaucoup d'esprit, habile courtisan, foncièrement corrompu, avec toutes les grâces extérieures, qui, en voilant le vice, ne le rendent que plus dangereux. Il était véhémentement soupçonné d'avoir empoisonné sa femme, qui était de sa maison, héritière de la branche aînée, et dont la mort le laissait maître de tous les biens.

Peu de jours après, le cardinal reçut ordre de ne plus venir au conseil. Il se démit alors de la place de grand inquisiteur, et bientôt après se retira à Rome.

Le prince de Cellamare, fils du duc de Giovenazzo, frère du cardinal del Giudice, était alors ambassadeur d'Espagne en France. Dans la crainte de se perdre auprès du puissant et vindicatif Alberoni, il lui écrivit, le priant de ne pas le confondre avec son oncle, et de lui conserver sa protection auprès de la reine. Alberoni tira grand parti de cette lettre, et affectait de la montrer, en disant qu'il fallait que le cardinal eût bien des torts, puisqu'il était même abandonné par un neveu si sage et si éclairé. Cette lettre ne prouvait que l'ambition et la bassesse de Cellamare.

D'Aubenton se vit obligé d'écrire au pape, pour lui exagérer les rares qualités, les vertus même d'Alberoni; mais surtout son zèle pour la cour de Rome, et sa puissance en Espagne. Ce dernier article était le plus décisif pour prémunir le pape contre les accusations de Giudice et des autres ennemis du ministre. D'Aubenton comptait qu'après avoir contribué au cardinalat d'Alberoni, celui-ci, n'ayant plus rien à prétendre, l'aiderait à y parvenir. C'est ainsi que ce précieux chapeau peut mettre en mouvement tout le clergé d'une nation, et quelquefois de l'Europe. Alberoni en connaissait tout le prix, jugeait que la pourpre le mettrait à couvert de tous les événements; et sa chute même a prouvé qu'il n'avait pas tort.

Alberoni, ne craignant plus rien des Espagnols auprès du roi, était encore inquiet des Parmesans, que la curiosité de voir la reine pouvait attirer à Madrid, et n'oubliait rien pour les écarter. La facilité avec laquelle il avait subjugué la reine lui faisait craindre qu'un autre ne prît le même ascendant sur l'esprit de cette princesse. Il vit avec beaucoup de chagrin arriver la nourrice de la reine, avec une espèce de paysan son mari, et un fils capucin. Ces sortes de gens ne paraissent pas ordinairement sur la scène; mais ils placent et déplacent quelquefois les acteurs qui jouent les plus grands rôles. Alberoni était parti de trop bas pour être en droit de ne pas craindre un capucin, frère de lait de la reine : heureusement celui-ci se trouva un sot; mais la nourrice, avec la grossièreté de son premier état, voulut être comptée pour quelque chose, et y parvint. Elle était fine, adroite, et savait employer à propos le manége et la hardiesse : la suite le prouvera.

Le régent, offensé de l'insolence d'Alberoni à l'égard de Louville, et encore plus indigné de voir à quel point le roi d'Espagne était asservi sous un audacieux ministre, se flatta de retirer ce prince de sa léthargie, en lui écrivant directement. La lettre était forte; la difficulté était de la faire parvenir à l'insu d'Alberoni. Le régent chargea le père du Trévoux de l'envoyer au père d'Aubenton, qui devait la rendre uniquement au roi. D'Aubenton la reçut; mais ayant déjà été près d'être perdu pour s'être chargé d'une pareille commission de la part du pape, il porta la lettre au ministre.

Alberoni sentit l'effet que cette lettre aurait pu produire sur l'esprit du roi, avant qu'on l'eût préparé à la recevoir. Il se concerta avec la reine, et commença par écrire à Monti, qui était alors à Paris, une lettre qu'il le chargeait de montrer au régent. Il y disait que le roi était très-mécontent de celle que d'Aubenton avait remise, comme on le verrait par la réponse. Ensuite, pour outrager le régent sous le nom d'autrui, il protestait d'un respect et d'un attachement infini pour ce prince, et ajoutait qu'il était au désespoir de tout ce qu'il entendait dire à Madrid par les ministres étrangers ; savoir, que le régent ne pensait qu'à s'assurer la couronne de France ; que lorsque ses mesures seraient prises, la personne du roi ne l'embarrasserait pas ; et que c'était l'opinion de toute l'Europe.

Alberoni, de concert avec la reine, s'arrangea pour suggérer au roi une réponse confirmative de la lettre écrite à Monti, et cela ne fut pas difficile.

La retraite continuelle où Philippe V vivait depuis longtemps, et ses excès avec la reine, l'avaient fait tomber dans un état que par respect on nommait des vapeurs, et qui bientôt mérita un autre nom, du moins de la part de ceux qui entraient dans l'intérieur.

La reine et Alberoni saisirent un moment favorable pour lui parler de la lettre du régent, et n'eurent qu'à lui répéter contre ce prince ce qu'ils faisaient dire par des étrangers dans la lettre à Monti ; c'était toucher l'endroit sensible. La reine ajouta qu'un roi éclairé, aussi absolu qu'il l'était, ne devait pas souffrir qu'un régent de France entreprît d'entrer dans le gouvernement d'Espagne, et que pour lui imposer silence il suffirait au roi de répondre que tout se faisait par ses ordres, et qu'il voulait être maître chez lui.

Rien ne flatte plus un homme faible, et ne l'entretient mieux dans cet état de faiblesse, que les éloges qu'on lui donne sur sa fermeté. Philippe écrivit donc la lettre telle qu'Alberoni l'avait dictée à la reine, qui eut soin d'y faire ajouter tous les éloges possibles pour son ministre.

Alberoni, délivré d'inquiétude du côté de la France, s'occupa uniquement de sa promotion au cardinalat. Le pape voulait engager Alberoni, par l'espoir du chapeau, à terminer, à l'avantage de Rome, les différends de cette cour avec celle d'Espagne, bien résolu d'user ensuite de défaites. Mais Alberoni, trop fourbe lui-même pour ne pas soupçonner les autres, était très-déterminé à ne rien accorder qu'il ne fût pourvu, sauf à éluder ensuite ses engagements. Cette lutte de défiance et de manége dura longtemps; mais comme elle est étrangère à ces mémoires, je ne m'y arrêterai pas.

Le régent vit clairement, par l'obsession où était le roi d'Espagne, qu'il n'y avait rien à en espérer, et ne pensa plus qu'à conclure avec l'Angleterre un traité qui, par la mésintelligence de la France et de l'Espagne, devenait nécessaire.

L'abbé Dubois alla joindre à la Haye Stanhope, ministre du roi George. Les articles furent arrêtés entre eux à la fin de novembre; mais on convint de tenir le traité secret, pour donner le temps aux Hollandais de se déterminer à y accéder.

Le parlement enregistra, cette année, un édit pour le rétablissement de la surintendance des postes en faveur de Torcy, et de celle des bâtiments en faveur du duc d'Antin. L'enregistrement souffrit beaucoup de difficultés, parce que l'édit de suppression portait qu'elles ne pourraient plus être rétablies, et qu'on trouvait d'ailleurs que plus de quatre-vingt mille livres de gages pour ces deux places seraient une charge pour le peuple, sans utilité pour l'État.

Le prince de Courtenay, descendant de mâle en mâle de Louis le Gros, présenta au régent un mémoire en réclamation du titre de prince du sang. Le droit était incontestable; mais on éluda la décision, comme on avait déjà fait plusieurs fois. Ce prince de Courtenay avait eu deux fils et une fille. L'aîné, étant mousquetaire, fut tué au siége de Mons en 1691, et le roi fit, à cette occasion, une visite au père. Le second fut tué d'un coup de pistolet en 1730, sans qu'on ait su le motif de cette fin désespérée. Il ne reste aujourd'hui, en 1762, de cette maison, que la comtesse de Beaufremont, sœur cadette des deux frères.

Le maréchal de Château-Renaud, vice-amiral, mourut cette année. C'était un brave et honnête homme, connu par de belles actions sur mer. Le malheur de Vigo n'avait point donné d'atteinte à sa réputation.

La vice-amirauté fut donnée à Coëtlogon, avec l'applaudissement du public. Trois jours avant la mort de Château-Renaud, dont le fils unique avait épousé une sœur du duc de Noailles, celui-ci surprit au régent un brevet de retenue de cent vingt mille livres sur la charge de vice-amiral, qui n'avait jamais été vendue. Coëtlogon, à qui on vint demander le payement de ce brevet, répondit qu'il n'en payerait pas un sou ; qu'il avait toujours mérité les honneurs où il était parvenu, et n'en avait jamais acheté. Il s'expliqua enfin si publiquement et si énergiquement, que le duc de Noailles se vit réduit à rapporter ce honteux brevet au régent, qui fit payer cent vingt mille livres aux dépens du roi. La marine ni le public ne se contraignirent pas là-dessus pendant quelque temps.

Pour réunir ici ce qui concerne Coëtlogon, j'ajouterai que M. le duc, devenu premier ministre, fit, le 1er janvier 1724, une promotion de maréchaux de France, où Coëtlogon fut oublié, quoique nommé par le public et par les étrangers. M. le Duc crut apparemment le dédommager en le faisant chevalier de l'ordre. Coëtlogon n'en jugea pas ainsi ; mais il ne fit pas plus de plaintes qu'il n'avait fait de sollicitations. Peu d'années après, il se retira au noviciat des jésuites, pour ne plus s'occuper que de son salut. Sous le ministère du cardinal de Fleury, le duc d'Antin, appuyé du comte de Toulouse, vint trouver Coëtlogon, pour lui offrir, de la part du cardinal de Fleury, le bâton de maréchal, et telle somme d'argent qu'il voudrait, pour sa démission de la vice-amirauté qu'ils voulaient faire avoir à un petit-fils du duc d'Antin. Coëtlogon, toujours le même, leur dit que pour le bâton de maréchal, il lui suffisait de l'avoir mérité ; qu'à l'égard de l'argent, il n'en voulait point ; qu'il ne vendait pas ce qu'il n'avait pas voulu acheter, et ne ferait point cette injure à la marine. Rien ne put l'ébranler. Le public applaudit à la vertu de Coëtlogon, rappela ses actions passées, et les éloges qu'on lui donna firent enfin rougir le gouvernement. Quatre jours avant la mort de ce respectable vieillard, on lui envoya le bâton de maréchal. Son confesseur le lui annonça. Il répondit qu'il y aurait été fort sensible autrefois ; mais que, dans l'état où il était, il ne voyait plus que le néant du monde ; et pria son confesseur de ne lui plus parler que de Dieu.

La veuve du surintendant Fouquet mourut cette année. Sa vie fut une pratique continuelle des vertus ; elle était petite-fille, par sa mère, du célèbre président Jeannin, un des ministres de Henri IV.

L'abbé Servien, fils du surintendant Abel Servien, termina sa vie cynique. Avec des mœurs dépravées et un esprit de saillie, il aurait été fait pour briller dans les soupers du régent, s'il eût été moins vieux. C'était lui qui, voulant assister à une assemblée de l'Académie française où l'on recevait un médiocre sujet, et ne pouvant percer la foule qui s'y trouve toujours, s'écria : *Il est plus difficile d'entrer ici que d'y être reçu.* Il n'y a que trop d'occasions de répéter la même chose. Un autre jour, au parterre de l'Opéra, un jeune homme, qu'il pressait vivement, lui dit : *Que me veut donc ce b..... de prêtre? Monsieur*, répondit l'abbé avec le ton doux de ses pareils, *je n'ai pas l'honneur d'être prêtre.*

Quelque secret qu'on voulût garder sur le traité de la Haye, il fallut enfin en parler au maréchal d'Huxelles, le chef du conseil des affaires étrangères, dont la signature était nécessaire. Le maréchal, piqué de n'avoir eu aucune communication d'une affaire qui était de son département, refusa de signer. Le régent employa inutilement raisonnements, excuses et caresses : le maréchal parut inflexible, disant qu'on lui couperait plutôt le poing que de lui faire signer un pareil traité. Le régent, piqué de tant de résistance, lui envoya le traité, avec ordre de signer à l'instant ou de quitter sa place; et le maréchal signa. D'Huxelles, avec une figure de philosophe austère, était rustre et assez borné, jouant le sage et le Romain. Le maréchal de Villars disait assez plaisamment de lui : *J'ai toujours entendu dire que d'Huxelles était une bonne caboche; mais personne n'a jamais osé dire que ce fût une bonne tête.* Il n'avait pas montré beaucoup de capacité dans les conférences pour la paix d'Utrecht, et était fort étonné que Ménager, un de nos plénipotentiaires, insistât fort sur la pêche de la morue; il ignorait que c'est l'école des meilleurs matelots. Pour peu qu'on traitât d'affaires avec le maréchal d'Huxelles, on connaissait bientôt la portée de son esprit; l'aventure du traité fit connaître son âme.

Lorsqu'on fit au conseil le rapport des articles, il fut de l'avis du traité. Un des opinants, sachant ce qui s'était passé pour la signature dit *qu'il n'était pas assez instruit de l'affaire pour opiner en connaissance de cause; mais qu'il ne risquait rien d'être de l'avis du maréchal d'Huxelles, qui sans doute avait bien examiné le tout.*

Les principales conditions du traité furent la retraite du prétendant hors d'Avignon, l'expulsion de France de tous les jacobites, et la destruction du canal de Mardick, qui pouvait suppléer au port de Dunkerque. Ce traité, après l'accession des Hollandais, du 4 janvier, fut nommé la triple alliance.

La nuit du 1er au 2 de février, le chancelier Voysin mourut subitement. Le régent, l'ayant appris à son lever, envoya chercher le procureur général d'Aguesseau, qui était à la messe de sa paroisse. Sur sa réponse qu'il irait après l'office, le régent fut obligé de lui envoyer ordre de venir sur-le-champ au Palais-Royal. Durant ces messages, la Rochepot, Vaubourg et Trudaine, conseillers d'État, le premier gendre, et les deux autres, beaux-frères de Voysin, apportèrent la cassette des sceaux. Aussitôt que d'Aguesseau fut arrivé, le régent, le présentant à la foule que la curiosité avait attirée dans l'appartement : *Vous voyez*, dit-il, *un nouveau et très-digne chancelier.* Il le fit tout de suite monter en carrosse avec lui, le mena aux Tuileries saluer le roi, qui, instruit par le régent, posa la main sur la cassette, et la remit à d'Aguesseau.

Le chancelier revint à l'instant chez lui, et entra dans l'appartement de son frère d'Aguesseau de Valjouan. Celui-ci, homme de beaucoup d'esprit et de savoir, mais paresseux, voluptueux, très-singulier, et fort indifférent sur tous les événements, était encore en robe de chambre, et fumait tranquillement une pipe auprès du feu. *Mon frère*, lui dit d'Aguesseau, *je viens vous annoncer une nouvelle qui vous fera grand plaisir : je suis chancelier. Vous, chancelier !* lui dit froidement Valjouan; et, sans se détourner : *Qu'avez-vous fait de l'autre ? — Il est mort subitement, et le roi m'a donné sa place. Eh bien, mon frère, j'en suis bien aise*, reprit Valjouan; *j'aime mieux que ce soit vous que moi ;* et il continua de fumer sa pipe.

Le même jour, la charge de procureur général fut donnée à Joly de Fleury, premier avocat général. Ces deux choix furent d'autant plus applaudis que personne n'était en droit d'en être jaloux.

Je ne m'arrêterai pas à faire connaître le mérite du nouveau chancelier. Son éloge, que j'ai fait donner pour sujet du prix de l'Académie française, est entre les mains de tout le monde; mais l'intérêt de la vérité m'oblige de dire qu'on l'a accusé d'une partialité outrée pour la robe. Il a soustrait au châtiment des juges coupables, pour ne pas décrier la magistrature. Le duc de Gramont l'aîné, lui demandant un jour s'il n'y aurait pas moyen d'abréger les procédures et de diminuer les frais : *J'y ai souvent pensé*, dit le chancelier, *j'avais même commencé un règlement là-dessus; mais j'ai été arrêté, en considérant la quantité d'avocats, de procureurs et d'huissiers que j'allais ruiner.* Quelle réponse de la part d'un homme d'État!

Son goût pour les sciences et belles-lettres lui prenait un temps infini, au préjudice de l'expédition des affaires. On lui reprochait encore un esprit d'indécision qu'il tenait, soit de s'être trop exercé au parquet dans la décision du pour et contre, soit de l'abondance de ses lumières, qui l'éblouissaient quelquefois au lieu de l'éclairer. Le comte de Céreste-Brancas, conseiller d'État d'épée, et ami du chancelier, m'a dit qu'il lui parlait un jour de la lenteur de ses décisions. *Quand je pense*, répondit le magistrat, *qu'une décision de chancelier est une loi, il m'est bien permis d'y réfléchir longtemps.*

Le régent, après avoir si bien disposé de la place de chancelier et de celle de procureur général, fit un déluge de grâces qui ne furent pas si approuvées [1].

---

[1] Il donna l'administration des biens de Saint-Cyr au duc de Noailles, qui eut sous lui d'Ormesson, beau-frère du chancelier. Noailles conseilla aussi de détruire Marly, dont les matériaux auraient été à sa disposition; mais on en détourna le régent. Noailles obtint du moins d'en faire vendre les meubles et le linge. Tout s'y donna à si bas prix, que ce fut plutôt un partage qu'une vente; et le remplacement a coûté des sommes immenses au roi.

Le prince de Rohan eut un brevet de retenue de quatre cent mille livres sur le gouvernement de Champagne, et la survivance de la compagnie des gendarmes pour son fils. Le duc de Chaulnes fit aussi donner à son fils la survivance de la compagnie des chevau-légers, avec l'augmentation du brevet de retenue jusqu'à quatre cent mille livres.

La survivance de Desmarais, grand fauconnier, lui fut accordée pour son fils, âgé de sept ans.

Les princes seraient trop heureux s'ils n'avaient à s'occuper que de la politique et du gouvernement temporel de l'État. Malheureusement les affaires de l'Église s'y mêlent toujours ; et comme elles sont communément un tissu de manœuvres, de tracasseries et d'intrigues, elles causent plus d'embarras aux princes que les négociations les plus épineuses avec les puissances étrangères. L'affaire de la constitution était précisément dans ce cas-là ; et le régent, qui travaillait à affermir la paix au dehors, désirait la tranquillité au dedans du royaume.

Après avoir mis à la tête du conseil de conscience le cardinal de Noailles, avoir écarté des affaires le cardinal de Bissy et sa cabale ; avoir chassé de la cour les jésuites ; exilé de Paris Tellier, Doucin, et les autres brouillons de la société, il n'avait plus qu'à laisser agir les parlements, soutenus de la Sorbonne, des universités, des curés, toujours respectés du peuple et de l'honnête bourgeoisie. Les communautés séculières et régulières, les plus distinguées dans les lettres et par leurs établissements, se déclaraient hautement pour le cardinal de Noailles. Quoiqu'il eût

---

Maillebois fit porter jusqu'à quatre cent mille livres son brevet de retenue sur sa charge de maître de la garde-robe.

Le prince Charles de Lorraine, en épousant madame de Noailles, obtint du régent un brevet de retenue d'un million sur la charge de grand écuyer.

Le premier président reçut une somme considérable. La duchesse de Ventadour, en remettant le roi entre les mains des hommes, eut pour soixante mille écus de pierreries.

La duchesse d'Albret se crut aussi bien fondée que les autres à demander des survivances, et obtint celle de grand chambellan pour son fils aîné, et celle de premier gentilhomme de la chambre pour son neveu, le duc de la Trémouille, âgé de neuf ans. Il n'y eut pas jusqu'à l'abbé de Maulevrier, qui se fit donner son neveu pour survivancier dans sa place d'aumônier du roi.

L'abbé Dubois, cherchant à fortifier son existence de toutes les pièces de détail à sa convenance, obtint la place de secrétaire du cabinet avec la plume, vacante par la mort de Callières, homme de mérite. Peu de jours après, il fit entendre qu'étant plus initié que personne dans le nouveau système politique, il était convenable qu'il entrât au conseil des affaires étrangères ; et, pour déterminer le régent, il ajouta qu'il ne se prévaudrait point de sa place de conseiller d'État pour la préséance sur les membres du conseil non titrés, ni officiers de la couronne. Quelque mépris que les autres conseillers d'État fissent du personnel de Dubois, ils ne voulurent pas que son titre de conseiller d'État fût dégradé. Ainsi le régent, croyant tout concilier, imagina de donner à l'abbé d'Estrées, à Canillac et à Cheverny, tous trois du conseil des affaires étrangères, des brevets expectatifs de conseillers d'État, d'une date antérieure à celui de Dubois, afin que leur préséance ne fît point de difficulté. Ils n'étaient pas trop contents de ne le précéder qu'à ce titre. D'autre part, les conseillers d'État trouvaient fort mauvais qu'on leur donnât trois confrères surnuméraires, contre le règlement de 1664, qui fixe leur nombre à trente, vingt-quatre de robe, trois d'Église, et trois d'épée. Cependant il fallut recevoir Dubois pour compagnon, en attendant qu'on l'eût pour maître.

consenti ou ne se fût pas opposé à la destruction de Port-Royal, la haine contre les jésuites, l'opposition à la cour de Rome lui avaient ramené les jansénistes, parmi lesquels il y en avait encore alors de très-distingués par leur réputation ; les évêques acceptants n'étaient pas en état de soutenir le parallèle avec leurs adversaires. L'ambition, l'intérêt, le bon air, si puissant en France, le vent de la cour, auraient décidé les indifférents et ramené les autres. Le petit nombre, que l'opiniâtreté ou le point d'honneur d'un engagement public aurait retenu dans le parti de la constitution, se serait éteint, comme il est arrivé à celui des appelants.

Il n'en aurait pas beaucoup coûté au régent, très-indifférent sur le fond du dogme, d'afficher une neutralité pacifique. Le pape se serait plaint, le nonce aurait crié. Rien de plus facile que d'imposer silence au dernier, ou de le faire rappeler. A l'égard du pape, le régent pouvait lui écrire de ce ton de respect pour la personne, avec lequel on fait cependant sentir la fermeté d'un parti pris. Clément XI aurait sûrement donné les explications qu'on lui demandait sur la bulle, ou elle serait insensiblement tombée en oubli, comme tant d'autres.

Si, d'après ce que je viens d'établir, on me soupçonnait de jansénisme, on se tromperait fort. Les jansénistes d'aujourd'hui ne rappellent pas l'idée de Port-Royal, et il ne serait pas à désirer qu'ils prissent le dessus. Quelle que soit la constitution pour le fond, elle est si généralement acceptée, qu'il faut la regarder comme bonne pour la tranquillité du gouvernement. Les conséquences éloignées que les papes en pourraient tirer pour leurs prétentions ne passeraient pas jusqu'aux effets. La cour de Rome ne hasardera pas désormais de ces coups qu'une partie de l'Europe n'a repoussés qu'en se séparant de l'Église.

Le régent, en cherchant à concilier les deux partis qui la divisaient, n'en put contenir aucun. Celui de la constitution en vint jusqu'à la faire déclarer règle de foi par un certain nombre de prélats. Aussitôt quatre évêques et la Sorbonne publièrent leur appel au futur concile. Si le cardinal de Noailles eût fait alors paraître le sien, presque tous les corps du royaume l'auraient suivi. Il temporisa, et perdit tous ses avantages.

Le régent, piqué de l'éclat de cet appel, dans le temps qu'on tenait au Palais-Royal des conférences pour trouver des tempéraments, fit donner ordre aux quatre évêques de se retirer dans leurs diocèses. Ravechet, syndic de Sorbonne, fut exilé à Saint-Brieuc; mais, en y allant, il mourut à Rennes, chez les bénédictins, où il est inhumé.

Pendant la guerre de la constitution, les princes du sang poussaient vivement celle qu'ils avaient déclarée aux princes légitimés, à qui les ducs et pairs voulaient aussi faire perdre le rang intermédiaire accordé par l'édit de 1694.

Les mémoires respectifs sont si répandus, que je n'en donnerai pas même d'extrait.

Le régent ne prit pas visiblement parti avec les princes du sang : 1° pour ne pas offenser la duchesse d'Orléans, sa femme, sœur des légitimés ; 2° pour ne pas paraître juge et partie dans une affaire qui serait portée au tribunal de régence.

La duchesse du Maine, princesse du sang par elle-même, furieuse de voir attaquer le rang de son mari et de ses enfants, eut recours à tous les moyens qu'un intérêt si cher lui suggérait. Il semble qu'elle aurait dû diriger tous ses efforts contre la requête des princes du sang, parce que, si le rang en était conservé à son mari, la demande des ducs tombait d'elle-même. Mais, comme elle craignait d'échouer dans sa défense contre les princes, elle n'oubliait rien de ce qui pouvait retarder le jugement. D'ailleurs, si elle était affligée de la poursuite des princes, elle se croyait outragée par la réclamation des ducs en faveur de la pairie. Elle imagina donc de leur susciter des ennemis qui pussent la venger, en les attaquant eux-mêmes.

Elle fit entendre à un nombre de gentilshommes que les ducs avaient des prétentions injurieuses à la noblesse, dont ils voulaient se séparer en faisant entre eux un corps particulier. Ces gentilshommes prirent aisément feu, et sonnèrent l'alarme; leur nombre s'augmenta bientôt : chacun s'empressait de s'y joindre; les principaux, par jalousie contre les ducs; les autres, pour faire acte de noblesse; il s'en trouva quelques-uns que la bourgeoisie eût pu revendiquer. Le grand prieur de Vendôme, intéressé personnellement pour les légitimés, persuada aux chevaliers de Malte qui étaient à Paris d'entrer dans l'association. Le bailli de Mesmes, ambassadeur de la religion, et frère du premier président, concourut aux désirs du grand prieur, et y était sourdement poussé par le premier président, secrètement lié avec le duc et la duchesse du Maine, et grand ennemi des ducs depuis l'affaire du bonnet.

Cette confédération se répandit d'abord en propos dans le public, et six[1] des plus considérables présentèrent au régent un mémoire contre les ducs. Ce prince les reçut très-sèchement, leur dit qu'il trouvait fort mauvais un pareil attroupement, refusa le mémoire, et fit défense à tous chevaliers de Malte de s'assembler que pour les affaires de leur ordre ; et un arrêt du conseil de régence défendit toute association de gentilshommes, et de signer aucune requête en commun, sous peine de désobéissance[2].

Plusieurs gentilshommes de l'association ne dissimulaient pas trop leur passion : Beaufremont disait hautement qu'il voulait détruire les ducs, puisqu'il ne l'était pas. On a vu, depuis, le marquis de Châtillon, devenu duc, s'enthousiasmer de ce titre.

Cependant les princes du sang continuaient leurs poursuites contre les légitimés. Le régent aurait peut-être éludé la décision par égard pour sa femme ; mais la duchesse du Maine, emportée par la passion, fit faire à son mari une démarche qui lui nuisit beaucoup. Il s'avisa de dire au régent que cette affaire, en étant une d'État, ne pouvait être jugée que par un roi majeur, ou même par les états généraux.

Le régent sentit quelle atteinte une telle prétention donnait à son autorité : 1° c'est une maxime, que le roi est toujours majeur quant à la justice ; 2° ce qui s'était fait sans l'intervention des

---

[1] Châtillon, de Rieux, de Laval, de Pons, de Beaufremont, de Clermont-Tonnerre.

[2] Cette partie de la noblesse croyait, en 1717, s'autoriser de l'exemple des deux cent soixante-sept gentilshommes qui, en 1649, présentèrent une requête à la régente, mère de Louis XIV, contre le rang de prince accordé à la maison de Bouillon, et contre les tabourets de la princesse de Guémené, de la marquise de Senecay et de la comtesse de Fleix. L'association de 1649 n'était pas plus légale que celle de 1717 ; mais elle avait un objet plus fixe et plus déterminé. Les ducs et pairs présentèrent alors leur requête ; mais le corps de la noblesse concourait au même but. La régente et son conseil craignant les suites de cette fermentation, les concessions furent révoquées pour le moment, et rétablies ensuite, lorsque l'autorité fut plus affermie.

états généraux n'en avait pas besoin pour être défait. En conséquence, il fut rendu, le 6 juin, un arrêt du conseil de régence, qui nommait six conseillers d'État pour recevoir les mémoires respectifs des princes du sang et des légitimés, et en faire le rapport au conseil.

La duchesse du Maine, consternée du mauvais succès de sa démarche, persuada à trente-neuf gentilshommes qu'ils pouvaient stipuler pour le corps de la noblesse, et les engagea à présenter au parlement une requête tendante à demander qu'une affaire qui concernait la succession à la couronne fût renvoyée aux états généraux [1]. C'était du moins au roi seul qu'ils devaient s'adresser, s'ils eussent eu mission de l'ordre de la noblesse. Il était d'ailleurs assez singulier de voir un ordre qui range le parlement dans celui du tiers état, intituler sa requête : *A nos seigneurs du parlement, supplient*, etc. Le premier président et les gens du roi la portèrent au régent, qui fit mettre à la Bastille ou à Vincennes les six principaux gentilshommes.

Le régent résolut sur-le-champ de faire juger l'affaire par le conseil. Les princes du sang, les légitimés et les ducs en furent exclus comme parties. L'archevêque de Bordeaux, d'Huxelles, Biron et Beringhen, les remplacèrent. Saint-Contest fit le rapport; et, le 1er juillet, le conseil de régence rendit un arrêt en forme d'édit qui révoque et annule celui de 1714 et la déclaration de 1715, déclare le duc du Maine et le comte de Toulouse inhabiles à succéder à la couronne, les prive de la qualité de princes du sang, et leur en conserve seulement les honneurs leur vie durant, attendu la longue possession. Cet édit fut enregistré au parlement le 8 juillet. Les honneurs ont depuis été conservés aux deux fils du duc du Maine, accordés au duc de Penthièvre, fils du comte de Toulouse, et ont passé au comte de Lambale, fils du duc de Penthièvre.

En rapportant ce qui concerne l'affaire des légitimés, j'ai particulièrement nommé la duchesse du Maine, parce qu'elle fut

---

[1] Elle était en forme de protestation contre tout jugement sans l'intervention des états généraux, et signifiée au greffier en chef et au procureur général. Le 19 juin, le duc du Maine et le comte de Toulouse vinrent prendre place au parlement, et y présentèrent un acte pareil. Voyez le journal du parlement.

l'âme de tout. Le duc du Maine, au désespoir de sa chute, mais naturellement timide, obéissait à toutes les passions de sa femme. Le comte de Toulouse se joignit à son frère pour la défense de leur état; mais il n'entra dans aucune des intrigues de la duchesse du Maine. Il avait partagé le rang de son frère, sans l'avoir sollicité; il en prévoyait le peu de stabilité, et ne parut ni humilié ni affligé de la révolution de son état.

Pour la duchesse du Maine, transportée et aveuglée de fureur, elle ne s'occupa donc que de projets de vengeance contre le régent, et entretint des liaisons secrètes avec cette partie de la noblesse qu'elle avait déjà échauffée. Nous la verrons bientôt former une conjuration mal organisée, qui devint funeste à plusieurs gentilshommes, et qui pensa perdre absolument le duc du Maine.

Au milieu de toutes les affaires dont le régent était occupé, il fut obligé de donner ses soins à la réception du czar Pierre Ier, qui vint cette année à Paris.

Ce prince, qui s'était créé lui-même, travaillait à devenir le créateur de sa nation, et y serait parvenu si une telle entreprise pouvait être l'ouvrage d'un règne, et qu'il ne fallût pas une suite de siècles pour former ou régénérer un peuple. Quelque génie qu'on remarquât dans le czar, il laissait quelquefois échapper des traits de férocité, mais jamais rien de petit. Il a fait entrer son empire dans le système politique de l'Europe. La Russie y tient un rang distingué; mais les sciences et les arts y paraissent des plantes exotiques, dont il faut renouveler la semence. On ne trouve point encore de noms russes dans la liste des savants qui soutiennent l'Académie de Pétersbourg. Cette société, où il y a des étrangers d'un mérite reconnu, n'a pas du moins pris, comme les nôtres, une devise orgueilleuse. Elle s'est bornée à celle qui conviendra toujours à l'homme, et dont les plus éclairés sentent la justesse: *Paulatim*, peu à peu.

Quoi qu'il en soit, le czar, pour jeter les fondements du grand édifice qu'il projetait, avait voyagé dans tous les États du nord de l'Europe. Cherchant partout à s'instruire, pour instruire ensuite ses sujets, il avait travaillé lui-même dans les ateliers d'Amsterdam.

Il y avait longtemps qu'il désirait de voir la France, et il l'avait témoigné à Louis XIV dans les dernières années du règne ; mais le roi, déjà attristé par les infirmités de l'âge, et à qui l'état de ses finances ne permettait plus d'étaler le faste d'une cour brillante comme il aurait fait autrefois, fit détourner le czar de son projet, le plus honnêtement qu'il fut possible.

Le czar, voyant qu'il n'aurait pas beaucoup à attendre, n'en témoigna rien ; mais, quelque temps après la mort de Louis XIV, il chargea le prince Kurakin, son ambassadeur, de faire part à notre cour du désir qu'il avait de voir le roi, et d'annoncer qu'il partait. Le czar et Kurakin avaient épousé les deux sœurs ; et quoique la czarine eût été répudiée et enfermée dans un couvent, Kurakin n'avait pas perdu la confiance de son maître. Le czar lui en avait même donné une preuve assez forte. Comme il avait conçu le projet d'allier la Russie par des mariages avec les premiers États de l'Europe, particulièrement avec les maisons de France et d'Autriche, il jugea que la différence de religion y serait un obstacle, et crut que la religion grecque, qu'on professe en Russie, n'étant pas fort éloignée de la romaine, il ne lui serait pas difficile de faire adopter celle-ci par ses sujets. Pour cet effet, il envoya Kurakin à Rome, et l'y retint trois ans sans caractère, mais y vivant en grand seigneur, et à portée de s'instruire des principes politiques de la cour de Rome, et de sa conduite avec les puissances catholiques. Le clergé romain, loin de cacher ses prétentions, les étala si indiscrètement, que Kurakin, à son retour, n'eut rien de satisfaisant à dire à son maître. La cour de Rome manqua une si belle acquisition, par les mêmes maximes qui lui ont fait perdre tant d'autres États. Quelque désir qu'eût le czar d'être catholique, il aimait encore mieux être maître chez lui, et prit le parti de laisser en Russie la religion telle qu'elle est, mais de s'en faire déclarer le chef. Il avait déjà senti la nécessité de réprimer le clergé et d'abaisser le patriarche. C'était avec l'appui des patriarches que la maison régnante était montée sur le trône ; et ceux qui l'y avaient élevée pouvaient l'en faire descendre. Il préféra sa sûreté à la reconnaissance, prit des mesures justes, chassa le patriarche de Moscou, et parvint à se faire patriarche de l'Église russe.

Les choses étaient en cet état, lorsque le czar vint en France.

Le régent aurait bien voulu se dispenser de recevoir un tel hôte, non-seulement à cause de la dépense que son séjour exigerait, mais encore par les inconvénients qui pouvaient naître du caractère et des mœurs encore barbares de ce prince, qui, très-populaire avec des artisans et des matelots, n'en serait peut-être que plus exigeant avec la cour. Mais ce qui peinait davantage le régent, alors plein d'égards pour l'Angleterre, était la haine que le czar avait pour le roi George, et qu'il a conservée jusqu'à la mort. On sait que l'ambition du czar était de faire fleurir le commerce dans ses États. Dans ce dessein, il avait fait ouvrir plusieurs canaux. Il y en eut un dont le roi George arrêta la continuation parce qu'il aurait traversé une petite partie de ses États d'Allemagne; et le czar ne put le lui pardonner. Son ressentiment le porta à faire à Amsterdam ce qu'on appelle une espièglerie de page à l'ambassadeur d'Angleterre, qui envoya lui demander une audience. Ce prince, qui sortait alors pour aller à bord d'un vaisseau, lui fit dire de l'y venir trouver. L'ambassadeur s'y étant rendu, le czar, déjà monté sur la hune, lui cria de venir recevoir son audience. L'ambassadeur, peu ingambe, aurait bien voulu s'en dispenser; mais il n'osa témoigner sa crainte. Le czar lui donna audience, et, après avoir joui assez longtemps de la peur du ministre sur ce plancher mobile, le congédia.

Le régent envoya le marquis de Nesle et du Libois, gentilhomme ordinaire, avec les équipages du roi, attendre le czar à Dunkerque, le recevoir au débarquement, le défrayer sur la route, et lui faire rendre partout les mêmes honneurs qu'au roi. Le maréchal de Tessé alla au-devant de lui jusqu'à Beaumont, et le conduisit à Paris, où il arriva le 7 de mai.

Le rang et le mérite personnel du czar exigent que je donne une espèce de journal abrégé de son arrivée et de son séjour. Le czar descendit à neuf heures du soir au Louvre, à l'appartement de la reine, où tout était éclairé et meublé superbement. Il le trouva trop beau, demanda une maison particulière, et remonta sur-le-champ en carrosse. On le conduisit à l'hôtel de Lesdiguières, proche de l'Arsenal. Comme les meubles n'en étaient pas moins magnifiques, il vit bien qu'il fallait prendre son parti là-dessus. Il fit tirer d'un fourgon qui le suivait un lit de camp, et le fit tendre dans une garde-robe. Verton, un des maîtres d'hôtel du roi, était chargé d'entretenir matin et soir, au prince, une table de quarante couverts, sans compter celles des officiers et des domestiques. Le maréchal de Tessé avait le commandement de toute la maison, et devait accompagner partout le czar, escorté d'un détachement de gardes du corps.

Ce prince était grand, très-bien fait, assez maigre, le teint brun et animé, les yeux grands et vifs, le regard perçant et quelquefois farouche, surtout lorsqu'il lui prenait dans le visage un mouvement convulsif qui démontait toute sa physionomie. Ce tic était une suite du poison qu'on lui avait donné dans son enfance; mais lorsqu'il voulait faire accueil à quelqu'un, sa physionomie devenait riante et ne manquait pas de grâce, quoiqu'il conservât toujours un peu de majesté sarmate. Ses mouvements brusques et précipités décélaient l'impétuosité de son caractère et la violence de ses passions. Aucune décence n'arrêtait l'activité de son âme; et un air de grandeur, mêlé d'audace, annonçait un prince qui se sent maître partout. L'habitude du despotisme faisait que ses volontés, ses désirs, ses fantaisies, se succédaient rapidement, et ne pouvaient souffrir la moindre contrariété des temps, des lieux ni des circonstances. Quelquefois, importuné de l'affluence des spectateurs, mais jamais gêné, il les congédiait d'un mot, d'un geste; ou sortait pour aller à l'instant où sa curiosité l'appelait. Si ses équipages n'étaient pas prêts, il entrait dans la première voiture qu'il trouvait, fût-ce un carrosse de place. Il prit un jour celui de la maréchale de Matignon, qui était venue le voir, et se fit mener à Boulogne : le maréchal de Tessé et les gardes couraient alors comme ils pouvaient pour le suivre. Deux ou trois aventures pareilles firent qu'on tint toujours dans la suite des carrosses et des chevaux prêts.

Quelque peu occupé qu'il parût de l'étiquette de son rang, il y avait des occasions où il ne la négligeait pas; il marquait quelquefois, par des nuances assez fines, la distinction des dignités et des personnes. En voici des traits :

Quoiqu'il eût la plus grande impatience de parcourir la ville, dès le moment de son arrivée il ne voulut jamais sortir de chez lui qu'il n'eût reçu la première visite du roi.

Le lendemain de l'arrivée du czar, le régent alla le voir. Le czar sortit de son cabinet, fit quelques pas au-devant du régent, l'embrassa; puis, lui montrant de la main la porte du cabinet, se tourna aussitôt, et passa le premier, suivi du régent, puis du prince Kurakin, qui leur servit d'interprète. Il y avait deux fauteuils, dont le czar occupa le premier, Kurakin restant debout. Après une demi-heure d'entretien, le czar se leva, et s'arrêta où il avait reçu le régent, qui, en se retirant, fit une profonde révérence, à laquelle le czar répondit par une inclination de tête.

Le lundi 10 mai, le roi vint faire sa visite. Le czar descendit dans la cour, reçut le roi à la descente du carrosse; et tous deux, marchant sur la même ligne, le roi à la droite, entrèrent dans l'appartement, où le czar présenta le premier fauteuil, cédant partout la main. Après avoir été assis quelques instants, le czar se leva, prit le roi dans ses bras, l'embrassa à plusieurs reprises, les yeux attendris, avec l'air et les transports de la tendresse la plus marquée. Le roi, quoique enfant, ne fut nullement étonné, fit un petit compliment, et se prêta de bonne grâce aux caresses du czar. Les deux princes gardèrent, en sortant, le même cérémonial qu'à l'arrivée. Le czar, en donnant au roi la main sur lui jusqu'au carrosse, conserva toujours le maintien de l'égalité; et, s'il se permit dans des instants, et peut-être avec dessein, une sorte de supériorité que l'âge peut donner, il eut soin de la voiler par des caresses et des démonstrations d'amour pour l'enfant, qu'il prenait dans ses bras.

Le lendemain 11, le czar rendit au roi sa visite. Il eût été reçu à la descente du carrosse; mais aussitôt qu'il aperçut, sous le vestibule des Tuileries, le roi marchant vers lui, il sauta du carrosse, courut au-devant du roi, le prit dans ses bras, monta ainsi l'escalier, et le porta jusqu'à l'appartement. Tout se passa exactement comme la veille, à l'exception de la main, que le roi donna partout chez lui au czar, comme il l'avait eue chez ce prince.

Aussitôt qu'il eut reçu la visite du roi, il ne cessa de se promener dans Paris, entrant dans les boutiques et chez les ouvriers, s'arrêtant à tout ce qui attirait son attention, questionnant les artistes par le moyen du prince Kurakin, et donnant partout des preuves de ses lumières et de ses connaissances. Les choses de pur goût et d'agrément le touchaient peu; mais tout ce qui avait un objet d'utilité, trait à la marine, au commerce, aux arts nécessaires, excitait sa curiosité, fixait son attention, faisait admirer la sagacité d'un esprit étendu, juste, et aussi prompt à s'instruire qu'avide de savoir. Il ne donna qu'un léger coup d'œil aux diamants de la couronne qu'on lui étala; mais il admira les ouvrages des Gobelins, alla deux fois à l'Observatoire, s'arrêta longtemps au jardin des Plantes, examina les cabinets de mécanique, et s'entretint avec les charpentiers qui faisaient le pont-tournant.

On juge aisément qu'un prince de ce caractère n'était pas recherché dans sa parure. Un habit de bouracan ou de drap, un large ceinturon où pendait un sabre, une perruque ronde sans poudre, qui ne lui passait pas le cou, une chemise sans manchettes: tel était son ajustement. Il avait commandé une perruque. Le perruquier ne douta pas qu'il ne lui en fallût une à la mode, qui était alors de les porter longues et fournies. Le czar fit donner un coup de ciseau tout autour, pour la réduire à la forme de celle qu'il portait.

Madame, mère du régent, la duchesse de Berri, la duchesse d'Orléans, s'étaient attendues à recevoir la visite du czar aussitôt qu'il aurait rendu celle du roi; mais n'en ayant point entendu parler, elles lui envoyèrent faire compliment, chacune par son premier écuyer. Le czar alla ensuite les voir dans l'ordre que je viens de les nommer, et y fut reçu comme le roi l'aurait été.

Le jour qu'il fit sa visite à Madame, vendredi 14, le régent vint l'y trouver, et le conduisit à l'Opéra en grande loge; et tous deux y furent seuls sur le même banc. Vers le milieu de la représentation, le czar demanda de la bière; le régent en fit apporter à l'instant, se leva, en présenta un gobelet sur une soucoupe, et ensuite une serviette. Le czar but sans se lever, remit le gobelet et la serviette au régent toujours debout, et le remercia par un sourire et un signe de tête, et sortit de l'Opéra au quatrième acte, pour aller souper.

Il dînait à onze heures, et soupait à huit. L'état de cette dépense était de 1800 livres par jour. Il était toujours splendidement servi, quoiqu'il eût ordonné des retranchements dès le premier jour. Ce n'était point par sobriété; il aimait la table, et n'en voulait supprimer que le luxe. Il mangeait excessivement à dîner et à souper, buvait deux bouteilles de vin à chaque repas, et ordinairement une de liqueur au dessert, sans compter la bière et la limonade entre les repas. Plusieurs de ses officiers lui tenaient tête là-dessus, et entre autres son aumônier, qu'il aimait et estimait beaucoup à cet égard-là. Il se livrait quelquefois avec eux à des excès, dont les suites avaient besoin d'être ensevelies dans l'obscurité.

Le czar fit une visite particulière au régent; mais il n'en fit à aucun autre de la maison royale, prince ou princesse, qu'aux trois que je viens de nommer. On lui avait dit que les princes du sang viendraient lui rendre une visite, s'il voulait promettre d'aller ensuite voir les princesses. Il refusa avec hauteur cette visite conditionnelle, et il n'en fut plus question. Si les visites d'apparat, les spectacles et les fêtes l'amusaient peu, il n'en était pas ainsi des choses qui pouvaient l'instruire. Le même jour qu'il fut à l'Opéra, il avait passé la matinée entière dans la galerie des plans, conduit par le maréchal de Villars, et suivi des officiers généraux qui se trouvaient à Paris. Le maréchal l'accompagna encore aux Invalides le 16, jour de la Pentecôte. Le czar y voulut tout voir, tout examiner, et finit par le réfectoire, où il demanda un coup du vin des soldats, but à leur santé, les traitant de camarades, et frappant sur l'épaule de ses voisins. Il remarqua parmi les spectatrices la maréchale de Villars, dont la figure était frappante; il apprit qui elle était, et lui fit un accueil distingué. Le maréchal d'Estrées lui donna à dîner dans sa maison d'Issy le mardi 18, et lui plut beaucoup par les cartes et plans de marine qu'il lui montra.

Le czar, passant aux Tuileries le 24, entra chez le maréchal de Villeroi, où le roi vint comme par hasard. Tout cérémonial fut alors supprimé; et le czar se livra encore aux plus vifs transports de tendresse. Le soir même il se rendit à Versailles, et passa trois jours à voir le château, la ménagerie, Trianon, Marly, et surtout la machine, plus admirable alors qu'elle ne l'est aujourd'hui, que la mécanique est plus perfectionnée.

Ce prince coucha à Trianon, où ses officiers avaient mené des filles dans l'appartement de madame de Maintenon; ce que

Blouin, ancien serviteur de la favorite, regarda comme une profanation. Ces mœurs faisaient en effet un furieux contraste avec les dernières années de Louis XIV. On a prétendu que le czar et ses officiers s'étaient ressentis de la compagnie qu'ils avaient menée.

Le 30 mai, il alla dîner à Petitbourg, chez le duc d'Antin, qui le conduisit le même jour à Fontainebleau, où le comte de Toulouse lui donna, le lendemain, le plaisir de la chasse. Il ne voulut, au retour, manger qu'avec ses gens dans l'île de l'Étang. Le comte de Toulouse et le duc d'Antin durent savoir gré au czar de les en avoir exclus. Il fallut porter ce prince et ses gens dans les carrosses pour revenir à Petitbourg, où ils arrivèrent dans un état fort dégoûtant.

Le mardi 1er juin, les fumées de la veille étant dissipées, le czar s'embarqua sur la Seine pour descendre à Paris. Il s'arrêta à Choisy, où la princesse de Conti douairière le reçut. Après avoir parcouru les jardins, il rentra dans sa gondole, traversa Paris, passant sous tous les ponts, et descendit au-dessous de la porte de la Conférence.

Le 3, il retourna passer plusieurs jours à Versailles, à Marly, à Trianon, qu'il voulait revoir avec plus de détail. Le 11, il se rendit à Saint-Cyr, vit toutes les classes, se fit expliquer les exercices des pensionnaires, et monta ensuite chez madame de Maintenon, qui, l'ayant prévu, s'était mise au lit, ses rideaux et ceux de ses fenêtres fermés. Le czar, en entrant, tira les rideaux des fenêtres, puis ceux du lit, la considéra attentivement, et sortit sans dire un mot et sans lui faire la moindre politesse.

Madame de Maintenon fut pour le moins étonnée d'une si étrange visite, et dut sentir la différence des temps.

Le jour qu'il alla voir la Sorbonne, il témoigna plus de considération à la statue du cardinal de Richelieu qu'il n'en avait marqué à la personne de madame de Maintenon. Aussitôt qu'il aperçut le tombeau du cardinal, il courut embrasser la figure de ce ministre, en lui adressant ces paroles : *Je donnerais la moitié de mon empire à un homme tel que toi, pour qu'il m'aidât à gouverner l'autre.*

Le czar alla dîner, le 15, chez le duc d'Antin. Madame la duchesse s'y rendit avec les princesses ses filles, pour le voir du moins une fois avant son départ. Le duc d'Antin, voulant satisfaire leur curiosité, engagea ce prince à se promener dans le jardin, et le conduisit le long de l'appartement du rez-de-chaussée, où les princesses et leur suite étaient aux fenêtres. En approchant d'elles, on prévint le czar que madame la duchesse y était, et du désir qu'elle avait de le voir. Il ne répondit rien, ne demanda pas même laquelle c'était, marcha lentement, les regarda toutes, les salua en général d'une seule inclination de tête, et passa.

Le czar, en entrant dans la salle à manger, fut frappé de voir sous un dais le portrait de la czarine, que le duc d'Antin avait trouvé moyen de se procurer. Cette galanterie lui plut si fort, qu'il s'écria qu'il n'y avait que les Français qui en fussent capables. Il ne tarda pas à en éprouver une encore plus marquée, que je porterai à sa date.

Le 16, il vit la revue de la maison du roi. La magnificence des uniformes parut lui déplaire. Sans attendre la fin, il partit brusquement; et d'un temps de galop se rendit à Saint-Ouen, où il soupa chez le duc de Tresmes.

Le czar parlait facilement le latin et l'allemand; il aurait pu se faire entendre en français, qu'il entendait assez bien; et on le soupçonnait de mettre de la dignité à se servir d'interprète.

Le 18, il reçut la dernière visite du régent, et alla prendre congé du roi, qui le lendemain vint lui dire adieu. Il n'y eut aucun cérémonial d'observé; mais on remarqua toujours la même effusion de cœur et le même attendrissement de la part du czar.

Le même jour, ce prince assista, dans une tribune de la grand'chambre, au jugement d'une cause. L'avocat général Lamoignon, aujourd'hui chancelier, en la résumant parla de l'honneur que la cour recevait ce jour-là, et l'on en fit registre.

L'après-midi, le czar assista à l'assemblée de l'Académie des sciences, et ensuite à celle des belles-lettres, convoquée extraordinairement. Ces deux compagnies l'occupèrent chacune dans leur genre. Il prit séance à l'une et à l'autre, et fit asseoir les académiciens.

La galanterie qu'on lui fit, et que j'ai annoncée, fut à la monnaie des médailles. Le czar, après avoir examiné la structure, la force et le jeu du balancier, se joignit aux ouvriers pour le mettre en mouvement. Rien n'égale la surprise où il fut quand il vit sortir de dessous le coin son portrait, supérieur, pour la ressemblance et pour l'art, à toutes les médailles qui avaient été frappées pour lui; il parut aussi fort satisfait du revers. C'était une Renommée passant du nord au midi, avec ces mots de Virgile : *Vires acquirit eundo*, par allusion aux connaissances que ce prince acquérait dans ses voyages.

Le czar accepta du roi deux tentures de tapisseries des Gobelins, et refusa une épée garnie de diamants. Il donna plusieurs médailles d'or et d'argent des principales actions de sa vie, et son portrait, enrichi de diamants, aux maréchaux d'Estrées et de Tessé, au duc d'Antin et à Verton. Il prit pour celui-ci, qui le fit servir pendant son séjour, une amitié singulière, et demanda au régent de le lui envoyer chargé des affaires de France en Russie. Il fit distribuer soixante mille livres aux domestiques qui l'avaient servi. Il témoigna le plus grand désir de faire une alliance d'amitié avec nous; mais comme cela ne s'accordait pas avec le nouveau plan politique du régent, ou plutôt de l'abbé Dubois, on ne lui répondit que par des démonstrations vagues d'attachement, qui n'eurent point de suites.

Le czar partit d'ici le 20 juin, pour se rendre à Spa, où il avait donné rendez-vous à la czarine. Il s'attendrit beaucoup, en partant, sur la France, et dit qu'il voyait avec douleur qu'elle ne tarderait pas à se perdre par le luxe.

Il arriva, cette année, un de ces événements qui devraient servir d'exemple à ceux qui, abusant d'une autorité précaire, font quelquefois haïr l'autorité légitime. Les habitants de la Martinique, excédés des vexations de la Varenne, gouverneur général, et de Ricouart, intendant de cette île, avaient souvent et inutilement fait passer leurs plaintes au ministère de France. Las de n'en point recevoir de réponse, les insulaires se concertèrent avec tant de justesse et de secret, qu'ils surprirent le gouverneur et l'intendant, qui dînaient ensemble. Ils les empaquetèrent l'un et l'autre dans un bâtiment qui retournait en France, remirent au capitaine un nouveau cahier de leurs griefs, et de protestations de fidélité pour le roi, le firent jurer de le rendre fidèlement, conduisirent le vaisseau à douze lieues au large, avec deux pirogues bien armées, pour s'assurer du départ, et défendirent aux deux vizirs déposés de remettre jamais le pied dans l'île.

La conduite des insulaires après cette expédition fut si tranquille et si soumise, l'ordre si bien maintenu dans la colonie, qu'on prit à la cour le parti de fermer les yeux sur ce qui s'était passé. Les deux bannis furent obligés de dévorer leur rage, et, ce qui est le comble du châtiment en France, se virent l'objet des ris et des ridicules, qu'on ne leur épargna pas.

Plusieurs successeurs de la Varenne et de Ricouart n'ont pas trop profité de l'exemple. Nous venons de voir, par la facilité avec laquelle la Martinique s'est rendue aux Anglais, combien il importe à un gouvernement de ne se pas rendre odieux.

Pendant que les Martiniquois se faisaient justice, les habitants du Périgueux imploraient celle du régent contre Courson, intendant de Bordeaux. Il était fils de Lamoignon de Basville, le despote du Languedoc, et avait été intendant de Rouen. Le brigandage de ses secrétaires, et l'arrogante protection qu'il leur donnait, avaient pensé le faire lapider à Rouen, dont il était d'abord intendant : il fut obligé de s'enfuir; et le crédit de son père le fit passer à l'intendance de Guyenne. L'esprit du despotisme qu'il avait puisé chez son père, sans en avoir la capacité, le porta à imposer des taxes de son autorité privée. La ville de Périgueux lui porta ses plaintes; et, pour réponse, il fit mettre en prison les échevins. La ville envoya des députés à la cour, réclamer contre la tyrannie; mais ils furent plus de deux mois à assiéger le cabinet du duc de Noailles, sans pouvoir passer l'antichambre. Ce ministre, ami de Courson, voulait, à force de longueurs, rebuter ces malheureux. D'ailleurs une maxime des tyrans et sous-tyrans est de donner toujours raison aux supérieurs. Par bonheur, le comte de Toulouse, parfaitement honnête homme, entendit parler de l'affaire. Il en instruisit quelques membres du conseil de régence, et particulièrement le duc de Saint-Simon, ennemi juré du duc de Noailles, et qui mettait à tout la plus grande vivacité.

Le premier jour que le duc de Noailles vint rapporter au conseil de régence, le duc de Saint-Simon lui demanda quand il comptait finir l'affaire de Périgueux, en exposa sommairement, mais très-vivement, l'objet. Le comte de Toulouse l'appuya de ce ton froid et d'indignation qu'un déni de justice donne à un honnête homme. Tout le conseil tourna les yeux sur le duc de Noailles, qui dit, en balbutiant, que cette affaire exigeait beaucoup d'examen, et que des objets plus importants l'avaient empêché d'y travailler. Le comte de Toulouse et Saint-Simon répliquèrent qu'il n'y avait rien de si important que d'éclaircir des accusations vraies ou fausses qui, depuis trois mois, retenaient des citoyens dans les fers. Le régent ordonna donc au duc de Noailles de rapporter cette affaire dans huitaine. Noailles arriva huit jours après, au conseil, avec un sac très-plein. Saint-Simon lui demanda si l'affaire de Périgueux y était; Noailles répondit avec humeur qu'elle était prête, qu'elle viendrait à son tour, et commença le rapport d'une autre, puis d'une autre encore. A la fin de chaque rapport, Saint-Simon demandait toujours : *Et l'affaire du Périgueux?* C'était un jour d'opéra, où le régent allait toujours, en sortant du conseil; et Noailles s'était flatté d'amuser le bureau jusqu'à l'heure du spectacle, et peut-être à la fin de faire oublier Périgueux. Enfin, l'heure de l'opéra étant arrivée, Noailles dit qu'il ne restait plus que l'affaire en question; mais que le rapport en serait long, qu'il ne voulait pas priver M. le régent de son délassement, et se mit tout de suite à serrer ses papiers. Saint-Simon l'arrêtant par le bras, et s'adressant au régent, lui demanda s'il se souciait si fort de l'opéra, et s'il n'y préférerait pas le plaisir de rendre justice à des malheureux qui l'imploraient. Le régent se rassit, et consentit à entendre le rapport.

Noailles l'entama donc avec une fureur concentrée; mais Saint-Simon, qui était à côté de lui, avait l'œil sur toutes les pièces, les relisait après Noailles, et suivait le rapport avec la défiance la plus affichée et la plus outrageante. L'affaire était si criante, que Noailles conclut lui-même à l'élargissement des prisonniers; mais il voulut excuser Courson, et s'étendit sur les services de Basville, son père. Le pétulant Saint-Simon l'interrompit, en disant qu'il ne s'agissait pas du mérite du père, mais de l'iniquité du fils; et, en opinant, ajouta qu'il fallait dédommager les prisonniers aux dépens de Courson, le chasser de l'intendance, et en faire une justice si éclatante, qu'elle servît d'exemple à ses pareils. Le régent dit qu'il se chargeait du dédommagement; qu'il laverait la tête à Courson, qui méritait pis, mais dont le père méritait aussi des égards; qu'il cassait cependant les ordonnances de Courson, avec défense de récidiver. Saint-Simon demanda que l'arrêt fût écrit à l'instant, *n'osant pas*, dit-il, *s'en fier à la mémoire du duc de Noailles;* et le régent l'ordonna. Noailles, tremblant de fureur, pouvait à peine tenir sa plume; Saint-Simon, pour le soulager, se mit à lui dicter. Quand Noailles en fut à la cassation des ordonnances et à la défense de récidiver, il s'arrêta : *Poursuivez donc*, lui dit Saint-Simon; *tel est l'arrêt*. Noailles regarda tout le conseil, pour voir s'il n'y aurait point d'adoucissement. Saint-Simon interpela toute la compagnie, qui fut là-dessus d'un avis unanime. Ainsi finit l'affaire de Périgueux.

Peu de temps après, Courson fut révoqué, et dit, comme cela se pratique en pareil cas, qu'il avait demandé son rappel. Si cela est, la province lui en témoigna sa reconnaissance par des feux de joie. Cela ne l'a pas empêché d'avoir, dans la suite, une place de conseiller au conseil royal des finances.

Quoique ce ne soit ici qu'une affaire particulière, j'ai cru devoir la rapporter, pour donner une idée du manége des ministres, des vexations qui se commettent au nom du roi, de l'impunité qui leur est assurée, sans des circonstances uniques, telles que le hasard qui instruisit le comte de Toulouse, dont l'équité fut échauffée par le ressentiment du duc de Saint-Simon. On voit encore, par la fortune de Courson, que ceux qui ont un nom dans leur classe y font à peu près le même chemin, mérite ou non.

J'ai oublié de dire que le chancelier d'Aguesseau, tout juste qu'il était, fut le seul du conseil qui chercha à adoucir l'arrêt, parce que les gens de robe font toujours cause commune quand ils n'ont point d'intérêt contraire, et qu'ils craignent d'altérer le respect pour la magistrature. Il procura, cette année, la noblesse aux conseillers du grand conseil, avec l'exemption de lods et ventes pour les biens relevant du roi. A propos des égards pour la magistrature, le régent avait eu envie, l'année dernière, d'assister à la procession de la mi-août, pour le vœu de Louis XIII. Le parlement prétendit avoir la droite, alléguant que Gaston n'avait marché qu'à la gauche dans une pareille cérémonie pendant la minorité de Louis XIV, quoique Gaston fût fils de France, et alors lieutenant général de l'État. Le régent, sans entrer en discussion là-dessus, s'abstint de la procession. Cette année, le même désir lui reprit, et il annonça qu'il précéderait le parlement, fondé sur l'exemple du duc de Montpensier, qui l'avait précédé à la procession de Sainte-Geneviève, du 10 septembre 1570. Le parlement lui opposa que le duc de Montpensier n'avait eu cette préséance qu'en vertu d'une procuration du roi, et pour le représenter; il ajouta que le régent, étant lui-même membre du parlement, ne pourrait marcher qu'entre deux présidents, s'il ne représentait pas le roi. Le régent, ne voulant pas se prévaloir de son autorité, ni sacrifier une envie puérile, crut faire merveille de saisir l'expédient du duc de Montpensier, et parut à cette cérémonie comme représentant le roi, avec gardes du corps, cent-suisses, capitaine de quartier, premier gentilhomme de la chambre, enfin tout l'appareil de la royauté. Cela réussit fort mal. Les mécontents disaient que le régent faisait un essai public de la couronne, pour y accoutumer le peuple en cas d'événement; les amis de ce prince trouvaient fort mauvais qu'un régent de France ne précédât le parlement qu'en vertu d'une commission qui ne lui donnait rien de personnel. Le parlement gagnait toujours du terrain, et le peuple n'y voyait qu'un de ces spectacles qui le consolent de tout : on ne les lui épargnait pas. La fête de Saint-Louis fut célébrée aux Tuileries par des feux d'artifices qui attiraient une foule innombrable dans le jardin et dans les cours.

C'était dans ces occasions que le maréchal de Villeroi développait ses grands talents pour l'éducation. Il menait continuellement le roi d'une fenêtre à l'autre, en lui disant : *Voyez, mon maître, voyez ce peuple : eh bien! tout cela est à vous, tout vous appartient, vous en êtes le maître!* Belle leçon! au lieu de lui faire remarquer l'amour des peuples, et lui inspirer la reconnaissance que le roi leur doit. Mais le maréchal n'en savait pas tant.

Le parlement, après avoir essayé, dans une procession, l'égalité avec le régent, fit une entreprise plus importante dans le gouvernement : il fut question d'enregistrer la suppression du dixième ; le parlement demanda l'état des revenus et des dépenses du roi ; le régent le refusa, et répondit *qu'il ne souffrirait pas qu'on donnât atteinte a l'autorité du roi pendant la régence.* Le parlement pourrait, sans doute, être fort utile au peuple ; mais il saisit communément fort mal les occasions de résistance. Il s'agissait, par exemple, ici, d'une suppression que le public attendait avec impatience ; et ce qu'il pouvait y avoir à réformer dans quelques articles n'était pas difficile à régler : ainsi il fallut enregistrer. D'ailleurs, il y eut du schisme dans le parlement sur la nomination des commissaires. Les enquêtes commençaient à soupçonner que le premier président était un fripon double entre son corps et la cour. En effet, le premier président avait déjà reçu deux fois son brevet de retenue de cinq cent mille livres, et ne prétendait pas encore avoir donné quittance : nous verrons dans la suite qu'il avait raison.

Pendant que le régent cherchait à conserver la paix avec nos voisins, il vit avec inquiétude les préparatifs de guerre qu'on faisait en Espagne. Alberoni, ayant terminé les différends de son maître avec le pape, dont il tira un indult pour mettre une imposition sur le clergé d'Espagne, avait préparé un armement considérable, et faisait entendre au pape que c'était pour s'opposer aux entreprises que les Turcs pourraient faire sur l'Italie. Clément XI, pour reconnaître tant de services, lui donna enfin, quoiqu'avec beaucoup de répugnance, le chapeau. Le sacré collège cria beaucoup, le pape en pleura lui-même ; mais enfin Alberoni fut cardinal, et dit alors à ses familiers que, *n'ayant plus rien à prétendre pour lui, il allait travailler pour la gloire du roi.*

Le plan d'Alberoni était, disait-il, 1° de sauver l'honneur du roi d'Espagne ; 2° de maintenir le repos de l'Italie ; 3° d'assurer aux fils de la reine d'Espagne les successions de Toscane et de Parme, et d'obtenir pour le roi d'Espagne Naples, la Sicile, et les ports de Toscane ; 4° diviser l'État de Mantoue, en donnant la ville et une partie du Mantouan aux Vénitiens, l'autre partie au duc de Guastalla ; 5° le Milanais entier et le Montferrat à l'empereur ; 6° la Sardaigne au roi Victor, pour le dédommager de la Sicile ; 7° restituer Comacchio au pape ; 8° partager les Pays-Bas catholiques entre la France et la Hollande.

Alberoni, pour établir dans la suite un équilibre et une paix durable, commençait par allumer un incendie, sans avoir les moyens ni les forces suffisantes pour exécuter ses projets. Tel est cet Alberoni qu'on a cherché à donner pour un grand homme, titre qu'on défère trop légèrement aux hommes extraordinaires, et qu'ils ne doivent qu'à ceux qui auraient le plus d'intérêt à les décrier, à des écrivains nés dans la classe moyenne, qui est la victime, et porte le fardeau des grandes entreprises. Le grand homme est celui qui, pour des objets grands et utiles, proportionne les moyens aux entreprises, les couronne par le succès, et peut s'applaudir des événements, puisqu'il a su les prévoir, les préparer et les amener. Ceux mêmes qu'on appelle à juste titre de grands génies peuvent élever ou détruire les États ; mais ils ne sont pas les plus propres à l'administration. Ils font des malheureux, ne laissent qu'un grand nom, et, pour comble de malheur, excitent l'émulation des successeurs médiocres, qui ne causent que des désordres.

Alberoni, né dans la poussière, s'élève par son esprit, et parvient à une des plus hautes dignités : cela n'est pas d'un homme commun. Mais il engage son maître dans une guerre ruineuse, le met dans la nécessité de faire une paix forcée, finit par se faire chasser lui-même, pour aller à Rome vivre dans l'opulence et le mépris. Il fut près d'y être dégradé, et ne l'évita que par l'intérêt qu'ont tous les cardinaux de rendre la pourpre invulnérable dans ceux mêmes qui la déshonorent. Voilà les faits : que le lecteur juge.

Aussitôt que la flotte espagnole eut abordé en Sardaigne, toutes les puissances furent en mouvement : chacune soupçonnait les autres d'être d'intelligence avec l'Espagne. L'empereur, fier de ses victoires en Hongrie, reprochait au pape d'avoir accordé un indult au roi d'Espagne, sous prétexte d'un armement contre le Turc, et de le voir employé contre les chrétiens. Il menaçait Clément XI de porter incessamment la guerre en Italie. Le pape, effrayé, pleurait amèrement, et disait, dans sa douleur, *qu'il s'était damné en donnant le chapeau à Alberoni*; à quoi le cardinal del Giudice répondit, *qu'il se ferait toujours honneur de suivre sa sainteté, excepté en enfer.*

L'Angleterre était alors divisée dans son intérieur par deux partis opposés. La mésintelligence entre le roi George et le prince de Galles, son fils, éclatait en haine ouverte. Le roi, en faisant la revue de sa maison, n'avait pas voulu passer devant le régiment de son fils, à moins que ce prince ne se retirât; et venait même de le reléguer dans le village de Richemond, près de Londres. George était outré d'avoir pour successeur un prince qu'il ne regardait pas comme son fils. Personne n'ignorait ce qui s'était passé à Hanovre avant que George fût parvenu à la couronne d'Angleterre. Ce prince, soupçonnant un commerce criminel entre sa femme et le comte de Konigsmark, avait fait jeter celui-ci dans un four chaud, et avait tenu longtemps l'électrice enfermée dans un château. La naissance du prince de Galles fut toujours suspecte au roi George, qui ne put jamais le souffrir.

Alberoni, dans une sécurité réelle ou apparente sur les puissances étrangères, eut une vive alarme en Espagne. Le roi tomba dangereusement malade. La reine et Alberoni tenaient ce prince en chartre privée. Presque tous les officiers du palais, réduits à des titres sans fonctions, ne voyaient le prince que des moments, à ses repas ou à la chapelle. Deux gentilshommes de la chambre, dont l'un était même majordome de la reine, et quelques domestiques absolument nécessaires, faisaient tout le service.

La nourrice de la reine entrait seule dans la chambre pour la chausser, dans le moment que le roi se levait, et donnait de fortes jalousies à Alberoni; mais il n'y avait pas moyen de l'exclure, et il était dangereux de le tenter.

La maladie du roi obligea d'appeler le premier médecin et les autres officiers de santé. Le droit et le devoir du majordome major étant d'assister à la préparation et à l'administration de tous les remèdes, le marquis de Villena, duc d'Escalone, voulut faire sa charge, vint dans l'intérieur, et jusqu'au lit du roi. Alberoni chercha à lui faire insinuer que le prince en était importuné; Villena continua son assiduité auprès du roi. Alberoni, piqué, défendit à l'huissier de laisser entrer Villena. Celui-ci s'étant présenté, l'huissier, entre-bâillant la porte, lui dit l'ordre qu'il avait reçu. Villena le traite d'insolent, pousse la porte, entre, et s'avance vers le lit du roi, qui était trop mal pour s'apercevoir de rien. La reine et Alberoni étaient au chevet, et les officiers de service à l'écart. Alberoni, voyant avancer le marquis, courut au-devant, voulut lui persuader de sortir, et le prit par le bras pour le faire retourner. Villena, fort goutteux, en se débattant contre le cardinal tomba dans un fauteuil; mais, saisissant Alberoni par la manche, il lui appliqua, sur les épaules et sur les oreilles, nombre de coups de canne, le traitant de prestolet, de petit faquin, à qui il apprendrait le respect qu'il lui devait.

Alberoni, étourdi d'un pareil traitement fait à un cardinal, et peut-être par un sentiment de son ancienne bassesse, ne songea qu'à se débarrasser des mains du colère marquis, et se réfugia auprès du lit, sans que la reine par dignité, et les domestiques par un plaisir secret, fussent sortis de leurs places. Après cette expédition, un des valets vint aider Villena à se relever du fauteuil, et à sortir de la chambre. Le roi ne s'aperçut pas le moins du monde de cette scène. A peine le marquis fut-il rentré chez lui, qu'il reçut ordre de se rendre dans une de ses terres. Le cardinal n'osa recourir aux censures, dans la crainte de rendre l'aventure publique, qui ne le devint pas moins. Quelques mois après, Villena fut rappelé, se refusa à toutes les avances du cardinal, et le traita toujours avec hauteur.

Le roi fut assez mal pour que la reine lui fît faire un testament, par lequel elle était vraisemblablement nommée régente; car on n'en a jamais su les dispositions. On se contenta de faire certifier et signer par six grands d'Espagne, à qui néanmoins on ne communiqua rien du contenu, que la signature du roi était vraie. La santé de ce prince se rétablit; mais, quoiqu'il ait vécu près de trente ans depuis (il n'est mort qu'en 1746), son esprit resta fort affaibli. Si je continue ces mémoires jusqu'à sa mort, j'en donnerai de singulières preuves, tirées de la correspondance de nos ministres à Madrid.

Alberoni, haï du peuple et méprisé des grands, autant qu'un ministre puissant peut l'être, n'en montrait pas moins d'assurance à toutes les puissances étrangères. Le nonce Aldovandri, ayant reçu un bref du pape qui révoquait l'indult, ne put le notifier au roi, toujours enfermé, et le remit au ministre, qui n'en tint compte, et prétendait, par dérision sans doute, que le pape devait lui être fort obligé d'avoir fait accepter la constitution par les évêques d'Espagne. Clément XI, qui aurait été flatté d'une telle acceptation en France, la trouva téméraire en Espagne. La cour de Rome prétend que ses bulles soient reçues par les évêques espagnols *provoluti ad pedes* (c'est son expression), et ne veut point du terme d'acceptation, qui suppose examen, et qu'elle appelle une phrase française.

D'un autre côté, l'empereur, traitant toujours le pape avec fierté, lui faisait dire, et même ordonner de révoquer le nonce Aldovandri, de citer Alberoni à Rome, ou qu'on lui fît son procès en Espagne.

Alberoni ne s'en émut pas davantage, promettait au pape de le venger bientôt de l'empereur, et demandait, en attendant, une dispense de résider à Malaga, dont il venait de se faire donner l'évêché valant dix mille livres. Le pape, sachant que cette dispense serait un nouveau grief auprès de l'Empereur, la refusa extérieurement; mais, n'osant aussi mécontenter Alberoni, lui fit dire par le père d'Aubenton qu'il lui accordait la dispense pour six mois par an, et que les conciles lui donnant six autres mois, il aurait ainsi une dispense perpétuelle de résider.

Cependant toutes les puissances de l'Europe étaient en mouvement. Jamais les négociations n'avaient été plus actives, plus variables, ni les intérêts plus compliqués. Nous verrons quel en fut le résultat, après avoir rapporté quelques événements particuliers de cette année.

Le roi, ayant eu sept ans le 15 février, passa entre les mains des hommes. Il serait à désirer que les princes leur fussent remis dès la naissance. C'est aux femmes à les soigner, aux hommes à les élever, surtout quand on choisit des Montausier, des Beauvilliers, des Bossuet, des Fénelon. On trouvera, on fera naître leurs égaux, quand on consultera la voix publique. C'est une justice qu'il faut rendre à Louis XIV : il a souvent réglé ses choix sur la renommée. Louvois ne put jamais écarter Turenne.

A l'occasion du passage des femmes aux hommes, les premiers gentilshommes réclamèrent leur ancien droit de coucher dans la chambre du roi. Les premiers valets de chambre opposèrent la longue possession où ils se trouvaient; et le régent, voulant ménager tout le monde, renvoya la décision à la majorité, toutes choses restant en état; et elles y sont demeurées depuis. C'est ainsi que, par négligence et non usage, plusieurs officiers de la cour sont tout autres qu'ils n'étaient dans leur origine. C'est encore par là que le grand écuyer perdit son procès contre le premier de la petite écurie, qui était devenu successivement presque son égal, et s'est maintenu dans l'indépendance.

Le prince électoral de Saxe, aujourd'hui roi de Pologne, se fit ou se déclara catholique cette année, afin de préparer sa succession au trône de son père. Lorsque celui-ci s'était fait catholique, l'électrice sa femme, zélée protestante, ne voulut plus avoir de commerce avec son mari, ni recevoir aucuns honneurs de reine.

Le chevalier d'Oppède, neveu du cardinal Janson, mourut cette année. N'ayant d'autre bien que sa figure, il avait épousé, par besoin, la marquise d'Argenton, maîtresse du régent, et mère du chevalier d'Orléans, et tint, par honneur, son mariage secret. Je ne rapporte un fait si peu important que pour faire voir qu'on voulait encore alors se marier honnêtement. Je n'entends pas blâmer par là les mariages disproportionnés par la naissance ou par la fortune, et justifiés par le mérite.

Massillon, prêtre de l'Oratoire, célèbre par ses sermons, et surtout par son Petit Carême, sans autre protection que son mérite, fut nommé à l'évêché de Clermont. Il n'aurait pas été en état d'accepter, si Crozat, le cadet, n'eût payé les bulles.

La duchesse de Berri mit parmi ses dames la marquise d'Arpajon, fille de Lebas de Montargis, trésorier de l'extraordinaire des guerres, et mère de la comtesse de Noailles d'aujourd'hui.

Avec une figure belle et noble, elle était encore plus distinguée par sa vertu et sa piété. C'était d'elle et de la marquise de la Rochefoucault, fille du financier Prondre, que la duchesse de Berri se faisait accompagner aux carmélites, à qui elle disait : *Je vous amène mes deux bourgeoises.*

On prétendait que le mal aux yeux que le régent eut dans ce temps-ci venait d'un coup d'éventail qu'il avait reçu de la marquise d'Arpajon, avec qui il avait essayé de prendre des libertés un peu vives. Ces deux femmes figuraient mieux aux Carmélites qu'elles n'auraient fait dans les soupers que la princesse faisait avec les roués du régent, et dont elles avaient l'honneur d'être exclues. La duchesse de Berri créa une charge de maître de la garde-robe, qu'elle donna à un marquis de Bonnivet, bâtard de Gouffier, et grand spadassin. Elle était bien aise, disait-elle, d'avoir un homme de main dans sa maison; ce qui ne paraissait pas trop un meuble fait pour la première princesse de France. Je ne rapporterai ce qui concernera cette princesse qu'à mesure que les occasions s'en présenteront. Si l'on voulait réunir tout ce qui la regarde, le récit en serait trop étendu.

Louise-Adelaïde d'Orléans, sa sœur cadette, prit le voile dans l'abbaye de Chelles le 30 mars. Cette princesse, avec de la beauté et beaucoup d'esprit, avait la tête très-vive. Sa mère en craignit les suites, et ne contribua pas peu à la vocation de sa fille[1]. Sa clôture la détermina à se livrer à la chimie, à l'anatomie, à l'étude de l'histoire naturelle. Elle avait la plus grande facilité pour tout ce qu'elle voulait apprendre, et trouva beaucoup de moyens

---

[1] Elle avait pour maître à chanter Caucherau, un des meilleurs acteurs de l'Opéra, d'une figure agréable, et avec de l'esprit. Un jour qu'il chantait une scène très-passionnée, la jeune princesse, qui était dans une loge avec la duchesse d'Orléans sa mère, s'écria : *Ah! mon cher Caucherau!* La mère trouva l'expression de sa fille trop expressive, et sur-le-champ la destina au cloître. Tantôt austère, tantôt dissipée, tour à tour religieuse ou princesse, elle devint fort incommode à l'abbesse, sœur du maréchal de Villars, et très-attachée à la règle. Après quelque temps de patience inutile, madame de Villars donna sa démission en faveur de la princesse, et se retira chez les bénédictines du Cherche-Midi, avec une pension de douze mille livres, y fut l'exemple de la maison, et y est morte fort regrettée.

Une princesse abbesse n'est pas astreinte à une règle fort austère; elle jouit d'une grande liberté, et l'on prétend qu'elle en usa beaucoup avec Augeard, son intendant, aimable et jeune. Enfin, fatiguée elle-même de ses fantaisies, elle se démit de son abbaye; elle se retira à la Madeleine de Tresnel, et y vécut avec la plus grande régularité jusqu'à sa mort.

de ne pas s'ennuyer. Elle écrivit une lettre qu'elle soussigna *épouse de Jésus-Christ;* sur quoi le prince dit qu'il se croyait très-mal avec son gendre : plaisanterie plus digne d'un libertin que d'un philosophe, et messéante à un homme dont toutes les paroles étaient remarquées.

Les chanceliers n'ayant eu jusqu'alors d'autre logement que leur propre maison, le régent attribua à la chancellerie la maison de la place Vendôme, qui faisait partie de la taxe de Bourvalais.

Le régent fit aussi pour la couronne l'acquisition du diamant le plus gros et le plus parfait qu'il y eût en Europe. On le nomme le Régent, et quelquefois le Pitt, du nom du vendeur, beau-frère de Stanhope, secrétaire d'État d'Angleterre, et oncle du célèbre Pitt d'aujourd'hui. On en demandait quatre millions ; mais, faute d'acheteurs, on le donna pour deux, et de plus les rognures qui sortirent de la taille. Il pèse 600 grains. Pitt l'avait acquis d'un ouvrier des mines du Mogol. Parmi ceux qu'on y emploie, il y a des hommes libres qui y passent quelquefois des années; mais lorsqu'ils veulent en sortir, on prend la précaution de les purger, et de leur donner un lavement pour leur faire rendre ce qu'ils auraient pu avaler, ou se fourrer dans le fondement. L'ouvrier dont il est question avait pris le dernier parti ; mais aussitôt qu'il eut caché ainsi son larcin, il se fit une large entaille à la cuisse, comme s'il fût tombé sur une pierre tranchante. Il cria ensuite au secours ; la quantité de sang dont il était couvert fit qu'on le transporta dehors, sans prendre la précaution accoutumée. Il eut l'adresse de retirer et de cacher le diamant dans le peu de temps qu'on le laissa reposer, après avoir simplement bandé sa plaie. Il feignit ensuite d'être hors d'état de travailler, se fit payer de ce qui lui était dû de son salaire, pour ne pas déceler sa fortune, et trouva le moyen de passer en Europe.

Pour faire mieux entendre ce qui va suivre, commençons par donner une idée des différents intérêts qui mettaient les acteurs en mouvement.

Le duc et la duchesse du Maine, désespérés de la perte de leur procès contre les princes du sang, travaillèrent sourdement à fomenter des troubles; ils entretenaient des correspondances en Espagne, et cherchaient à se faire des amis dans le parlement, dont le premier président leur était entièrement dévoué. D'ailleurs, le parlement, qui s'était flaté d'avoir part à l'administration, saisissait toutes les occasions de faire des remontrances; et le régent y fournissait souvent matière. Le maréchal de Villeroi et toute la vieille cour n'oubliaient rien pour le décrier dans le public. Le maréchal affectait là-dessus des procédés aussi indécents que ridicules, mais qui en imposaient au peuple. Il tenait sous la clef le linge et le pain du roi, délivrait avec une ostentation puérile les choses les plus communes pour le service, et cherchait à faire remarquer ses précautions sur le vin du prince. Les sots admiraient, les malintentionnés applaudissaient; les gens sensés riaient de mépris, et sentaient que s'il y avait eu du danger, les viandes, les boissons, et mille autres moyens de crime, auraient rendu inutiles les risibles précautions du gouverneur. Il avait le titre de chef du conseil des finances; et, comme il était incapable d'y rien entendre, il n'en était que plus jaloux du duc de Noailles, qui, n'étant que le président, était cependant le maître de toute l'administration. Celui-ci, à son tour, voyait avec chagrin le crédit que Law prenait auprès du régent. Cette concurrence dans la partie des finances était un obstacle au désir que Noailles eut toujours de devenir premier ministre. L'abbé Dubois, qui tendait de loin au même but, appuyait secrètement Law, dont il tirait beaucoup d'argent. Sans m'arrêter à discuter la nature du système, je remarquerai simplement que, vu le caractère du régent, Law lui plaisait par son esprit, et surtout par des idées extraordinaires, hors de la route commune. C'était aussi par là qu'elles déplaisaient au chancelier, qui d'ailleurs était ami du duc de Noailles. Le régent, les trouvant toujours opposés à ses nouveaux projets, l'un par intérêt, l'autre par droiture, se dégoûta d'eux. On s'attachait en même temps à lui persuader qu'il n'y a rien de moins propre au gouvernement que la magistrature. Si l'on entend par là un corps nombreux, tel qu'un parlement, on peut dire que ses formes arrêteraient souvent l'activité nécessaire des ressorts de l'État. D'ailleurs, des magistrats, habitués au positif des lois, sont rarement propres à faire céder les préjugés de la routine aux vrais principes de l'administration. Mais doit-on plus attendre de certains ministres, qui n'ont donné d'autres preuves de talent que d'avoir passé du sein de la dissipation et des plaisirs à la tête des affaires? On pouvait reprocher au chancelier son indécision; mais ce qu'il avait de plus incommode, c'était sa vertu.

Quoi qu'il en soit, les remontrances du parlement du 26 janvier furent si fortes, et le chancelier si faible, soit par un sentiment d'équité, soit par sa considération habituelle pour la magistrature, que le régent résolut de lui ôter les sceaux, qui furent donnés à d'Argenson, alors lieutenant de police; et le chancelier eut ordre de se retirer à Fresne. Le duc de Noailles, en apprenant la disgrâce du chancelier, ne douta pas de la sienne, et vint à l'instant donner sa démission des finances, dont l'administration fut remise à d'Argenson, en même temps que les sceaux.

L'État ne gagna pas à ce changement, qui favorisa le malheureux système de Law; mais Paris perdit le meilleur lieutenant de police qu'il y ait eu. D'Argenson, avec une figure effrayante, qui imposait à la populace, avait l'esprit étendu, net et pénétrant, l'âme ferme, et toutes les espèces de courage. Il prévint ou calma plus de désordres par la crainte qu'il inspirait, que par des châtiments. Beaucoup de familles lui ont dû la conservation de leur honneur et de la fortune de leurs enfants, qui auraient été perdus sans ressource auprès du roi, si ce magistrat n'eût pas étouffé bien des frasques de jeunesse. Fontenelle a parfaitement peint le plan de la police de Paris, et d'Argenson l'a rempli dans toute son étendue; mais, comme sa fortune était son principal objet, il fut toujours plus fiscal qu'un magistrat ne doit l'être. Machault lui succéda dans la place de lieutenant de police, et la fit avec plus d'intégrité que d'intelligence.

Le régent, pour consoler le duc de Noailles de la perte des finances, le plaça dans le conseil de régence, et donna au fils, âgé de cinq ans, la survivance de la charge et des gouvernements du père.

La facilité que le régent avait d'accorder tout à ceux qui l'obsédaient, engagea le duc de Lorraine, son beau-frère, à venir en France, où il garda l'incognito sous le nom de comte de Blamont. Pour la duchesse de Lorraine, elle parut toujours dans sa qualité de petite-fille de France, dont le rang était décidé. On leur donna toutes les fêtes possibles pendant deux mois de séjour; mais le duc de Lorraine avait un objet plus important que celui de s'amuser : il désirait un arrondissement en Champagne, et le titre d'altesse royale.

Sur le premier article, il tâchait de faire revivre de vieilles prétentions, qui avaient toujours été rejetées et même anéanties par les derniers traités. Il fondait le second sur ce que le duc de Savoie, également beau-frère du régent, avait eu le titre d'altesse royale, que sa femme, petite-fille de France et altesse royale par elle-même, lui avait communiqué ; ce qui n'était pas exactement vrai. Victor-Amédée, avant d'avoir obtenu, en 1713, le titre de roi, avait été longtemps marié et duc de Savoie, sans qu'il eût participé au titre de sa femme. Pour y parvenir, il renouvela celui de roi de Chypre, obtint à Rome la salle royale pour ses ambassadeurs, et à Vienne le traitement de ceux des têtes couronnées; ce qui s'établit successivement dans toutes les cours. Ces articles gagnés lui procurèrent le traitement personnel d'altesse royale ; mais ce qui y contribua le plus fut l'importance de ses États, celle de son alliance, et son influence dans les affaires d'Italie.

Le duc de Lorraine alléguait son prétendu titre de roi de Jérusalem ; mais sa puissance était peu comptée; et il n'avait de commun avec le duc de Savoie que d'avoir un titre chimérique de roi, et d'avoir épousé une petite-fille de France. L'amitié de Madame, passionnée pour tout ce qui tenait à l'Allemagne, décida tout.

Saint-Contest, qui, sous un intérieur simple et grossier, était l'homme le plus fin, le courtisan le plus adroit, fut chargé de rapporter au conseil de régence l'affaire concernant les prétentions du duc de Lorraine en Champagne. Comme il avait été longtemps intendant à Metz, personne n'était plus en état que lui de connaître les inconvénients de ce qu'on allait accorder, et, par conséquent, de les déguiser dans son rapport. Il le fit tel qu'on le désirait, et l'affaire passa tout d'une voix, et ne souffrit pas plus de difficulté au parlement, qui l'enregistra sans la moindre représentation. Le duc de Lorraine gagna une supériorité sur les princes du sang, qui précédemment n'auraient pas souscrit à l'égalité. La réunion de la Lorraine à la France a obvié aux suites fâcheuses que ce jugement pouvait avoir; mais on ne pouvait pas alors le prévoir.

Le grand-duc de Toscane, gendre de Gaston, et dont la maison a donné deux reines à la France, de l'une desquelles la branche régnante est issue, ne tarda pas à prétendre l'altesse royale. Le duc de Holstein-Gotorp fit la même demande; mais l'un et l'autre furent refusés. Quelque temps après, le régent accorda le traitement de majesté au roi de Danemark, et le titre de hautes puissances aux états généraux de Hollande.

L'entrée du duc de Noailles au conseil de régence inspira aux autres chefs le désir d'y entrer; et ils l'obtinrent, sans perdre leurs autres places. Il s'y trouva à la fin près de trente personnes. Il est vrai que cela leur donnait peu de part au gouvernement. L'abbé Dubois s'empara insensiblement de tout le secret des affaires étrangères; et celles de finances se traitaient uniquement entre d'Argenson et Law; ce qui n'empêchait pas que chacun ne tirât les émoluments de ses titres oisifs.

D'Argenson demanda le tabouret pour sa femme, et l'obtint. C'est la première qui l'ait eu à titre de femme d'un garde des sceaux [1].

Le temps des usurpations à la cour est nécessairement celui des tracasseries, qui l'emportent souvent sur les affaires. Le maréchal de Villars, en qualité de chef du conseil de la guerre, écrivit aux colonels des lettres circulaires. Aucun n'aurait osé, sous

---

[1] Avant le chancelier Seguier, aucun office de la couronne ne donnait le tabouret à la femme de l'officier. Seguier obtint de Louis XIII, par la protection du cardinal de Richelieu, que sa femme eût le tabouret à la toilette de la reine, ce qui n'était qu'une espèce d'entrée particulière. Lorsque Seguier fut fait duc à brevet, sa femme fut assise partout, de droit; mais cela tira si peu à conséquence pour la place de chancelier, que Louis XIV trouva fort mauvais que la chancelière de Pontchartrain, qui était assise à la toilette de la duchesse de Bourgogne, eût pris le tabouret à une audience de cette princesse, parce que c'était une occasion publique. Le garde des sceaux d'Aligre, qui le fut pendant deux ans, à la mort de Seguier, sans que l'on nommât un chancelier, ne prétendit point de tabouret pour sa femme; mais elle le prit lorsque son mari fut chancelier. D'Argenson, profitant de l'absence du chancelier, représenta la similitude extérieure des deux places, demanda qu'elle fût entre les femmes comme elle était entre les maris; et le régent le permit : de sorte que la femme du garde des sceaux Chauvelin a été assise en présence de la chancelière, lorsque d'Aguesseau revint de Fresne sans avoir les sceaux.

le feu roi, se plaindre du style des secrétaires d'État. Le marquis de Beaufremont s'avisa de le trouver mauvais de la part d'un maréchal de France, et répondit une lettre si insolente, qu'il fut mis à la Bastille ; et les maréchaux de France demandaient qu'il fît de plus des excuses au maréchal de Villars. Le régent, qui voyait les femmes et toute la jeunesse prendre parti pour Beaufremont, craignit de heurter un corps si respectable, se contenta de faire venir le jeune homme en présence du maréchal, et de dire à celui-ci que Beaufremont n'avait pas eu dessein de lui manquer ; de sorte que, Beaufremont n'ouvrant pas la bouche, il n'y eut que le régent qui fît l'excuse.

Poirier, qui avait succédé à Fagon dans la place de premier médecin, la seule qui se perde à la mort des rois, étant mort, le régent déclara qu'il ne voulait pas se mêler du choix ; mais qu'il donnait l'exclusion à Chirac, parce qu'il était son médecin, et à Boudin, pour les insolents propos qu'il avait tenus contre lui, duc d'Orléans, à la mort du duc de Bourgogne et des autres princes. La place fut donnée à Dodart, homme d'esprit, de mérite et de vertu, qui a laissé deux fils dignes de lui. L'un est aujourd'hui intendant de Bourges ; l'autre sert avec distinction dans les carabiniers.

Le jeudi saint, le grand aumônier étant absent, le cardinal de Polignac, à la messe, prétendit que c'était à lui à donner à baiser au roi le livre des Évangiles, par préférence au premier aumônier. Cette dispute édifiante empêcha le roi de baiser l'Évangile, et l'affaire fut ensuite jugée en faveur du premier aumônier.

L'abbé de Saint-Pierre, premier aumônier de Madame, ayant donné son livre de la Polysynodie, dans lequel il faisait valoir l'avantage de la pluralité des conseils, les ennemis de la régence voulurent voir dans l'ouvrage une satire du gouvernement de Louis XIV, et tâchèrent de mortifier le régent dans un officier de sa maison. Mais, ne pouvant rien faire de juridique contre l'abbé de Saint-Pierre, ils cabalèrent dans l'Académie française, dont il était membre, et l'en firent exclure. Il n'en resta pas moins l'ami des académiciens lettrés, qui obtinrent que sa place ne serait remplie qu'à sa mort. L'exclusion de cet excellent citoyen est une preuve de l'autorité que prennent dans les compagnies littéraires ceux qui n'y entrent que pour usurper un titre de protecteur qu'ils ne remplissent jamais, et une réputation d'esprit qu'ils n'obtiennent pas toujours.

Une affaire très-importante fut alors promptement terminée, parce qu'on s'y prit bien. Il y avait trois archevêques, douze évêques, et quantité d'abbés à qui le pape refusait des bulles, s'ils ne se soumettaient à des conditions contraires à nos libertés. Quelques-uns des prélats nommés n'y répugnaient pas trop ; mais d'autres, plus Français, réclamaient contre cette servitude. Le régent défendit au cardinal de la Trémouille, notre ambassadeur à Rome, de recevoir aucune de ces bulles si on ne les donnait toutes, et nomma, en même temps, une commission prise du conseil de régence, pour statuer sur les moyens de se passer du pape, en cas d'opiniâtreté de sa part. Hennequin, Petitpied et Legros, docteurs de Sorbonne, fournirent aux commissaires des mémoires instructifs à ce sujet; mais la commission n'eut pas la peine de travailler. A peine en fut-on instruit à Rome, que la consternation s'y mit. Le pape fit partir sur-le-champ un courrier qui apporta toutes les bulles. On en aurait envoyé en blanc, si l'on en avait demandé.

Les négociations au sujet des différends entre l'empereur et l'Espagne continuaient cette année avec la plus grande vivacité. L'empereur ne voulait renoncer à aucune de ses prétentions sur plusieurs États de la succession d'Espagne. Alberoni, se flattant de recouvrer tout ce qui avait appartenu à la branche espagnole de la maison d'Autriche, ne traitait, dans ses manifestes, l'empereur que d'archiduc. Alberoni mettait dans ses démarches une hauteur qui n'était pas d'une âme commune, et qui persuadait à chacune des puissances que ce ministre pouvait s'être assuré des autres.

Alberoni voulait, pour préliminaires, 1° que l'empereur fît une renonciation absolue à tous les États dont Philippe V était actuellement possesseur ; 2° que, les maisons de Médicis et de Farnèse venant à s'éteindre, les enfants de la reine héritière de ces deux maisons y succédassent. Il comptait chasser à la fin d'Italie tous les Allemands, et faisait les plus grands préparatifs de guerre.

La duchesse de Saint-Pierre, qui fut placée auprès de la reine d'Espagne par Alberoni, m'a dit qu'il l'avait assurée qu'il ne faisait la guerre que pour obéir à Philippe V ; mais il en imposait sûrement : Philippe n'était pas en état d'avoir une volonté. Sans cesse frappé de l'image de la mort, il se confessait à chaque instant ; et le père d'Aubenton, assidu auprès du lit de ce prince, ne le quittait que lorsqu'il était endormi. D'ailleurs, Alberoni affichait l'autorité la plus absolue, et déclarait aux secrétaires d'État que, s'ils s'écartaient de ses ordres, ils le payeraient de leur tête.

Les choses ont si fort changé de face, l'état de l'Europe est si différent aujourd'hui, que le détail des négociations de ce temps-là n'intéresserait actuellement personne ; mais les intrigues, les artifices des ministres, les manéges de cour, étant de tous les lieux et de tous les temps, on peut, en peignant ce qui s'est passé, donner une idée de ce qui se passe journellement.

Alberoni s'étant fait nommer archevêque de Séville, le pape n'osa lui donner des bulles, dans la crainte d'irriter de plus en plus l'empereur ; et Alberoni, ne pouvant les obtenir, s'empara et jouissait à la fois, par provision, du revenu des églises de Séville et de Malaga.

Le pontife le menaça des censures ecclésiastiques. Alberoni, affectant une sensibilité hypocrite à ces menaces, répondit qu'il croyait le saint père trop prudent pour entreprendre, contre le ministre absolu d'une grande monarchie, ce qu'il n'osait faire contre le cardinal de Noailles, chef d'une poignée d'hérétiques.

Cependant il fit partir la flotte d'Espagne, qui aborda en Sicile. Le marquis de Lede, qui la commandait, s'empara du château de Palerme ; mais comme la suite des opérations ne répondait pas à l'impétuosité d'Alberoni, et que Lede s'excusait sur la nécessité de ménager le soldat, Alberoni lui écrivit humainement que les soldats sont faits pour mourir quand cela convient.

Le peu de déférence de ce ministre pour la médiation des différentes puissances fit conclure le traité de la quadruple alliance entre la France, l'empereur, l'Angleterre et la Hollande. Alberoni, furieux contre le régent, chercha tous les moyens d'exciter des troubles en France, et de profiter des mécontentements du parlement.

La fermentation y était très-grande, et un édit du mois de mai, sur les monnaies, très-préjudiciable au public, l'augmenta encore. Le parlement, ayant fait des remontrances qui n'eurent aucun succès, défendit, par arrêt, l'exécution de l'édit. Le conseil de régence cassa l'arrêt du parlement, comme attentatoire à l'autorité royale; mais cela ne la fit pas respecter davantage. Le parlement manda le prévôt et les six corps des marchands, les principaux banquiers, pour se faire rendre compte de l'état des rentes de la ville et des inconvénients de l'édit des monnaies, et voulut entrer dans toutes les parties de l'administration. Le public, qui croit voir des protecteurs dans les magistrats, applaudissait à leurs démarches; la chaleur gagnait tous les esprits, et une circonstance, plus importante qu'elle ne le paraît, y contribuait encore. Les Mémoires du cardinal de Retz venaient de paraître. Chacun les lisait avec avidité; la plupart, saisis d'un esprit de liberté, se flattaient de voir renaître la Fronde, et d'y jouer un rôle. Le parlement, dont les procédés ne sont pas toujours aussi réguliers que ses plaintes sont justes, cherchait à donner la loi au régent. L'ancienne cohue des enquêtes, se renouvelant, demanda, comme dans la minorité de Louis XIV, l'adjonction des autres cours supérieures. Celles-ci s'en excusèrent, et se contentèrent de faire leurs remontrances. Le parlement redoublait les siennes[1], et n'oubliait rien pour enflammer le public; mais l'esprit de la nation n'était plus le même. Un règne absolu de soixante-douze ans avait plié deux ou trois générations à l'obéissance et à la crainte. Les édits les plus ruineux ne produisaient que des murmures ou des chansons. Cependant le régent n'était pas tranquille; le peuple français est le seul qu'un instant peut régénérer ou corrompre, et la vie dissolue du régent lui faisait plus de tort qu'il ne l'imaginait. Son affectation d'impiété excitait le mépris des sages, l'indignation des hommes religieux, et accréditait l'imputation

---

[1] Les objets des délibérations et des remontrances du parlement étaient l'aliénation des domaines; les traités avec les princes étrangers; les affaires de la cour de Rome; les rentes sur la ville; toutes les dettes du roi; la banque de Law devenue banque royale; enfin toutes les affaires d'État.

des crimes dont on le croyait capable. La profusion des grâces sur les courtisans aigrissait la misère des peuples, et ne lui conciliait la reconnaissance de personne ; on n'attribuait ses bienfaits qu'à la faiblesse et à la crainte, quand on les voyait également répandus sur amis et ennemis. La plupart de ses familiers, tels que d'Effiat, Canillac, Bezons, d'Huxelles, étaient liés de longue main avec le duc du Maine. Une habitude de respect pour les volontés du feu roi, et le désordre des affaires, faisaient regretter que le testament n'eût pas été suivi. On craignait pour les jours du jeune roi ; on les aurait crus plus en sûreté entre les mains d'un prince qui n'aurait pas touché à la couronne de si près que le régent, et ses imprudences autorisaient les calomnies fomentées par les partisans de la vieille cour. Le public applaudissait aux entreprises du parlement, qu'on regardait comme justes et nécessaires dans les circonstances où l'État se trouvait. Le premier président de Mesmes ne s'appliquait qu'à se maintenir entre sa compagnie et le régent, dont il tirait un argent prodigieux, qu'il dépensait avec une magnificence qui donne toujours de la considération. Le régent le connaissait bien ; mais il comptait en être maître à force d'argent, et qu'il ne s'agirait jamais que du prix. Il supposait que ce magistrat pouvait également retenir ou pousser sa compagnie, en quoi il se trompait. Matthieu Molé, avec les meilleures intentions connues et le respect dû à sa vertu, ne fut pas en état de modérer la fougue du parlement dans la Fronde. Aussi voyait-on de Mesmes déserté par les enquêtes, toutes les fois qu'il entreprenait de les contenir. Il en profitait alors pour tirer du régent de nouvelles sommes, et ne ramenait les fugitifs qu'en participant à leurs excès. Le régent devait savoir qu'on n'est jamais sûr de ceux qui se vendent, et que le premier président était de tout temps livré au duc du Maine, par goût et par intérêt[1]. En effet, dans le dessein formé que le parlement montrait de partager l'autorité royale, il devait préférer

---

[1] Il y eut un jour une délibération par laquelle les enquêtes arrêtèrent que qui que ce fût n'irait chez le premier président que pour affaire indispensable, et de l'aveu de la compagnie. Le président Hénault, qui lui était particulièrement attaché, et de qui je tiens ces faits, l'étant allé voir en secret pour l'instruire de cette délibération : *Vous les verrez tous demain chez moi*, lui dit le premier président. En effet, ayant le lendemain montré de l'humeur contre le régent, toute la cohue des enquêtes le suivit chez lui.

au régent le duc du Maine, qui, n'ayant pas les mêmes droits de naissance, ne serait à la tête du gouvernement qu'un membre ou un instrument du corps qui l'aurait élevé.

Ce que le régent avait déjà perdu d'autorité faisait croire à ses ennemis qu'on pourrait l'en dépouiller totalement; et ceux qui devaient lui être le plus attachés s'arrangeaient là-dessus, bien déterminés à suivre la fortune.

Le mécontentement de la capitale gagnait les provinces. Le parlement de Rennes s'était ouvertement déclaré pour celui de Paris. Les états de Bretagne, qui se tenaient alors, étaient fort orageux, et l'aliénation des esprits y avait commencé dès l'année précédente.

Le maréchal de Montesquiou, commandant en Bretagne, pour tenir les états à Dinant, débuta fort mal avec la noblesse. Quatre ou cinq cents gentilshommes allèrent au-devant de lui à quelque distance de la ville. Ils se présentèrent pour lui faire cortége, ne doutant pas qu'il ne montât à cheval avec eux, et ne se mît à leur tête pour entrer ainsi dans la ville. Il se contenta de les saluer de sa chaise, et continua sa route sans leur faire la moindre excuse. Ils furent avec raison choqués de ce premier accueil. Le jour suivant, il fit tout aussi mal. La députation des trois ordres étant allée à pied pour l'inviter à l'accompagner à l'ouverture des états, au lieu de marcher à leur tête il entra dans sa chaise à porteurs, laissant la députation le suivre comme elle était venue. Dès ce moment, tout se tourna de part et d'autre en procédés désagréables.

Le lendemain de l'ouverture des états, la demande du don gratuit se fait par l'intendant, en présence du commandant et des autres commissaires du roi; après quoi ils se retirent, pour laisser les états en délibérer. Anciennement, avant que de répondre à la demande, les états examinaient l'état de leurs fonds, et contestaient quelquefois longtemps sur la quotité de la somme. Il arriva, sous le commandement du duc de Chaulnes, et dans les temps prospères de la France, que les états, emportés par leur zèle, accordèrent le don gratuit par acclamation et sans en délibérer. Cet exemple fut imité dans les états suivants, et devint un usage qui subsista jusqu'en 1717. Alors les états, épuisés par les efforts qu'ils avaient faits pendant la guerre, et déjà indisposés par le maréchal de Montesquiou, voulurent, avant de rien accorder, examiner l'état de leurs affaires. Le maréchal s'en trouva offensé, fut quelques jours à tâcher de ramener les états à l'acclamation, et, ne pouvant y réussir, sépara l'assemblée.

On exila plusieurs gentilshommes des états et du parlement, ce qui ne ramena pas les esprits [1].

Cependant les états furent rassemblés en 1718, et l'on y prit un *mezzo termine*, qui fut que les états délibéreraient sur le don gratuit dans la même séance qu'il serait demandé, et ne pourraient traiter de rien autre chose, ni faire de représentations qu'après l'avoir accordé. Cette forme subsiste encore aujourd'hui.

Si les états de 1718 ne furent pas séparés, ils n'en furent guère plus tranquilles; le procureur général syndic [2] fut exilé, et les esprits restèrent plus aliénés que jamais. Nous en verrons les suites.

Le parlement de Paris, fier de ses succès, excité par le cri public, et calculant ses forces sur la faiblesse du régent, crut que rien ne devait l'arrêter, et rendit le célèbre arrêt du 12 d'août, par lequel il arrêtait toutes les opérations de la banque, et faisait défense à tous étrangers, même naturalisés, de s'immiscer dans l'administration des deniers royaux, etc.

Non content d'avoir rendu cet arrêt, le parlement envoya les gens du roi demander au régent compte des billets qui avaient passé à la chambre de justice, à la compagnie d'Occident ou à la monnaie. Le parlement différait de quelques jours la publication de son arrêt, parce qu'il voulait instruire secrètement le procès de Law. Des commissaires nommés d'office avaient déjà entendu des témoins, et l'on ne se proposait pas moins que de se saisir du coupable, de terminer son procès en deux heures de temps, de le faire pendre dans la cour du palais, les portes fermées, et de les ouvrir ensuite pour donner au public le spectacle du cadavre.

L'arrêt et le projet du parlement furent révélés au régent. On prétend que ce fut par le président Dodun, qui depuis a été contrôleur général. Quoi qu'il en soit, le régent en fut instruit; et

---

[1] Piré, Noyant, Bonamour et du Lambilly, conseiller. Groesquer, le président de Rochefort, et   [2] Coetlogon de Mejusseaume

lorsque les gens du roi vinrent, le 22 août, lui faire la proposition dont ils étaient chargés, au sujet des billets d'État, il se contenta de les écouter, et, sans leur répondre, de rentrer dans son cabinet. Ce silence froid et méprisant les déconcerta plus qu'une réponse vive. Sur le rapport qui en fut fait au parlement, quelques-uns soupçonnèrent que le régent méditait un parti de vigueur, tel que de faire enlever les chefs de meute, ou de tenir un lit de justice. D'autres prétendaient que ce prince n'oserait ni l'un ni l'autre, au milieu d'un peuple de mécontents.

Ce prince, outré des entreprises du parlement, n'avait point encore de projet arrêté. Plusieurs de ceux qui l'entouraient, amis du premier président, entretenaient le régent dans la crainte de la magistrature; et le maréchal de Villeroi ne cherchait qu'à le rendre odieux au public. Le duc de Noailles, dépouillé des finances par le garde des sceaux et par Law, désirait la perte de l'un et de l'autre. De l'autre côté, le duc de Saint-Simon, plein d'un mépris maniaque pour la robe, ne voyait qu'avec dépit la considération du régent pour le parlement, et en parlait comme d'une assemblée de bourgeois que le moindre acte d'autorité ferait rentrer dans le devoir. Le régent aurait bien voulu se le persuader; mais les conseils de Saint-Simon, passionné contre le parlement pour les prérogatives des ducs, lui étaient suspects.

L'indécision du régent jetait Law dans les plus cruelles angoisses. Il craignait d'être pendu, pendant qu'on cherchait si lentement les moyens de l'en garantir; et, ne se jugeant pas en sûreté à la Banque, qui était le lieu et le corps du délit, il se réfugia au Palais-Royal. L'abbé Dubois, plus pendable encore que Law, sentait qu'il pourrait devenir la seconde victime du public; que toute son existence tenait uniquement à la puissance de son maître; et que, si elle était une fois détruite, les dignités dont le ministre était revêtu, loin de le sauver, feraient son premier crime. Le nouveau garde des sceaux n'ignorait pas combien le parlement était blessé de se voir subordonné à celui qu'il avait longtemps traité en subalterne. D'Argenson, étant lieutenant de police, avait plusieurs fois été cité à la barre de la cour; et là, debout et découvert, y avait reçu des réprimandes avec plus de respect que de timidité, et avec un mépris intérieur qu'il était aujourd'hui en état de manifester. C'était l'homme le moins orgueilleux, mais le plus ferme, et plein d'expédients dans les affaires. Celui qui se présentait naturellement était de détruire, dans un lit de justice, tout ce que le parlement avait fait. Le garde des sceaux, pour maintenir l'autorité du roi, l'abbé Dubois, par des motifs moins nobles mais non moins puissants, assiégèrent le régent, lui firent honte de sa faiblesse. Le duc de Saint-Simon les seconda vivement, et M. le Duc, par un intérêt personnel, s'unissant à eux, le lit de justice fut résolu [1].

Depuis que M. le Duc était majeur, il supportait très-impatiemment de voir la surintendance de l'éducation du roi entre les mains du duc du Maine ; prétendait que cette place ne devait appartenir qu'au premier prince du sang majeur ; et que, depuis l'arrêt de 1717, le duc du Maine n'avait que les honneurs de prince, et ne l'était plus. Le régent, n'osant rien lui refuser en face, chargea Saint-Simon de le dissuader d'une prétention qui ne ferait que multiplier les mécontents. En vain Saint-Simon représenta-t-il à M. le Duc les dangers d'une guerre civile ; que le changement de surintendant n'avait pas besoin d'un lit de justice ; que le régent s'engagerait, parole d'honneur, et même par écrit, de satisfaire M. le Duc lorsque les affaires d'État seraient réglées : celui-ci répondit qu'il ne se fiait pas plus à l'écrit qu'à la parole du régent ; qu'il ne voulait pas laisser au duc du Maine le temps de s'établir dans l'esprit du roi, ce qui arriverait infailliblement s'il y restait jusqu'à la majorité ; et que c'était au régent à voir s'il préférait un légitimé à un prince du sang, dont l'amitié ou la haine constante serait le prix de l'acceptation ou du refus de sa demande.

Les plus honnêtes gens de la cour n'oublient jamais leurs intérêts particuliers. Le duc de Saint-Simon, voyant l'opiniâtreté de M. le Duc, voulut en tirer parti pour lui-même. *Mon-*

---

[1] Quoique ce lit de justice paraisse aujourd'hui peu intéressant, j'ai cru devoir en parler avec quelque détail : 1° c'est le premier que le roi ait tenu chez lui ; 2° il fera de plus en plus connaître le caractère, les intérêts, les passions des personnages de ce temps-là, et donnera une idée de ce qui se passe journellement à la cour parmi ceux qui y jouent un rôle dans des intrigues conduites et travaillées de main de courtisans. Les principaux faits de ce lit de justice et des préliminaires sont extraits des Mémoires du duc de Saint-Simon et d'un journal du parlement.

sieur, lui dit-il, *puisque nulle considération ne peut vous détourner de votre projet, je vais vous donner des facilités pour l'exécution. Otez aux légitimés tout extérieur de princes du sang, en les faisant réduire au rang de leur pairie; alors la surintendance de l'éducation tombe d'elle-même. Le maréchal de Villeroi ne peut plus être subordonné à son égal, et même son cadet, dans la pairie. Vous pourrez, dans votre demande, employer cette considération, avec un mot d'éloge pour le maréchal de Villeroi, dont sa vanité sera flattée. Par là vous vous faites un partisan d'un des chefs de la cabale; vous vous fortifiez des ducs, et vous vous les attachez tous. Il n'y en a pas un qui ne vous regarde comme l'auteur du rang intermédiaire laissé aux légitimés. M. le régent, soit pour s'excuser envers les pairs, soit pour rejeter sur vous leur ressentiment, ne leur a pas laissé ignorer que vous seul fûtes opposé à la réduction des légitimés au rang de leur pairie, lorsqu'on leur ôta le droit de succession à la couronne. Il ne vous est pas indifférent d'avoir pour ami ou pour ennemi un corps si considérable. Vous venez de m'assurer qu'un ressentiment inaltérable ou un attachement inviolable pour M. le régent serait le prix de votre demande refusée ou accordée : comptez que tous les pairs vous font ici, par ma bouche, la même protestation à votre égard au sujet de la réduction des légitimés.*

M. le Duc accéda sur-le-champ à la proposition du duc de Saint-Simon : *Je consens,* ajouta-t-il, *à la réduction des légitimés; mais vous me les avez peints si redoutables, par leurs établissements et par l'accumulation de leurs dignités, qu'il faut les dépouiller totalement, et ne leur laisser que ce qui sera nécessaire pour soutenir leur rang de pair. C'est à regret que je sacrifie le comte de Toulouse; mais le danger de laisser subsister le duc du Maine tel qu'il est rend le sacrifice nécessaire. Je veux d'ailleurs pour mon frère le comte de Charolais un gouvernement convenable à sa naissance, et il n'y en a pas de vacant : la dépouille du duc du Maine le procurera. Vous allez, monsieur, beaucoup trop loin,* reprit Saint-Simon; *il est contre la justice de dépouiller qui que ce soit, sans le déclarer criminel. Si l'on en venait à une telle violence, il n'y a personne* dans le royaume qui n'en craignit autant pour soi. Tous ceux qui jouissent des moindres places regarderaient la cause des légitimés comme la leur ; moi-même je m'y joindrais, et le soulèvement serait général. On pouvait, à la mort du roi, imputer aux légitimés le crime de lèse-majesté contre la couronne [1], de s'être fait déclarer capables d'y succéder. Qu'en leur faisant grâce de la vie, de la liberté et de leurs biens, on leur eût accordé le seul rang de duc et pair, par respect pour le sang de leur père, et qu'on les eût dépouillés de tout le reste, tout était juste alors. Mais aujourd'hui que leurs établissements ont été confirmés, vous ne pouvez les attaquer que par le vice de naissance toujours subsistant, et les réduire au rang de leur pairie. M. le comte de Charolais ne manquera pas d'établissements, et vous pourrez lui en procurer, sans recourir à l'injustice et à la violence. A l'égard du comte de Toulouse, il y a un moyen bien simple de le distinguer de son frère : c'est de faire la réduction de l'un ou de l'autre par un édit, et tout de suite de rétablir, par une déclaration, le comte de Toulouse dans le rang dont il jouit aujourd'hui, sans que ces honneurs puissent jamais passer à sa postérité. Par là vous faites justice au mérite, et désunissez les deux frères. Quelque déférence que le comte de Toulouse ait pour son aîné, il est trop sage pour s'unir au ressentiment de ce frère et aux fureurs de la duchesse du Maine. Au reste, si le comte de Toulouse se laissait séduire au point de s'écarter de son devoir, on le dépouillerait de tout, avec l'approbation publique.

M. le Duc, charmé de pouvoir concilier sa haine contre le duc du Maine avec son amitié pour le comte de Toulouse, consentit à tout ce que proposait Saint-Simon ; et celui-ci, profitant des dispositions de M. le Duc : *Ce n'est pas assez*, lui dit-il, *que de consentir ; il faut que vous en fassiez votre*

---

[1] Voilà un de ces excès du duc de Saint-Simon, dont j'ai parlé dans ma préface. Il serait peut-être à désirer que les rois, ne fût-ce que par respect pour les mœurs, ne reconnussent jamais publiquement leurs enfants naturels, en leur procurant néanmoins un sort convenable à leur naissance. Mais, quoi qu'en pense le duc de Saint-Simon, il y a grande apparence qu'au défaut de la race légitime pour une couronne héréditaire, la nation préférerait à tout autre concurrent les fils naturels ou leurs descendants, pour peu que le choix ne fût pas contraint par la force.

propre affaire auprès du régent. C'est vous qui avez perdu les ducs et pairs, c'est à vous à les rétablir, et à faire succéder la reconnaissance au ressentiment. J'en exige votre parole, parce que je sais qu'on y doit compter. M. le Duc la donna, et la tint. Saint-Simon vint rendre compte au régent de sa conférence avec M. le Duc ; mais il ne lui déclara pas d'abord l'engagement que ce prince avait pris en faveur des pairs, et se contenta de lui rappeler combien de fois il lui avait fait espérer le rétablissement des pairs. Le régent, voulant user de faux-fuyants, s'engagea beaucoup plus qu'il ne pensait, rejeta tout sur M. le Duc, et dit que s'il y consentait, lui régent en serait charmé. Le duc de Saint-Simon le laissa paraphraser sa bienveillance pour les pairs, et, quand il le vit bien engagé, lui déclara que M. le Duc y serait d'autant plus porté, qu'il voulait se décharger de la haine des pairs dont on l'avait rendu l'objet. Le régent devint tout à coup sombre et rêveur. Saint-Simon ne lui laissa pas le temps de se remettre, le poussa vivement, et enfin l'obligea à dire, avec l'air d'un homme qui revient à soi, qu'il concourrait avec plaisir à ce que M. le Duc voudrait en faveur des pairs. Saint-Simon le quitta là-dessus, comptant cependant moins sur lui que sur M. le Duc. En effet, celui-ci chargea Millain, longtemps secrétaire du chancelier de Pontchartrain, homme très-intelligent, et qui depuis la retraite de son maître s'était attaché à la maison de Condé, de dresser le projet de l'édit de la réduction des légitimés.

Il n'était plus question que de prendre les mesures pour le lit de justice, dont le parlement ne devait être averti que le matin du jour même. Il n'y avait dans le secret que le garde des sceaux, les ducs de Saint-Simon et de la Force, Law, Fagon et l'abbé Dubois. Ce dernier, qui n'avait d'appui que le régent, voulait tourner l'affaire en négociation, s'en faire le médiateur ; et proposa de remettre à la Saint-Martin la cassation des arrêts du parlement. Il était à craindre que cet avis, si conforme à la mollesse du régent, ne l'emportât ; mais le garde des sceaux toujours ferme, Saint-Simon plus vif que jamais, et la Force, se liguèrent contre l'abbé, et firent résoudre le lit de justice pour le vendredi 26, lendemain de la Saint-Louis.

Tous les obstacles n'étaient pas levés. On fit réflexion que le duc du Maine et le maréchal de Villeroi, à la première proposition d'un lit de justice, allégueraient la crainte d'exposer la santé du roi à la chaleur, à la fatigue, au mauvais air de la ville, où il régnait alors beaucoup de petites véroles; qu'ils prendraient acte de leurs représentations, et en effrayeraient un enfant de huit ans, qui refuserait d'aller au parlement. Ces réflexions commençaient à décourager le comité, lorsque Saint-Simon proposa de tenir ce lit de justice aux Tuileries. Cet expédient ranima tous les acteurs. Nul prétexte sur la santé du roi. Quoiqu'il soit partout le maître, il le paraîtrait encore plus dans son palais; l'imagination des magistrats en serait plus frappée. Ils s'y trouveraient plus étrangers, et moins assurés que sur leurs siéges ordinaires. Il restait encore des difficultés. Il fallait, avant le lit de justice, faire rapport au conseil de régence des arrêts, édits et déclarations qu'on voulait faire enregistrer. Les légitimés étaient de ce conseil; la majeure partie leur était dévouée: des résolutions si importantes demandaient d'être approuvées au moins de la pluralité, et l'on n'y pouvait pas compter. M. le Duc prétendit que l'on ne devait rapporter au conseil que l'arrêt de cassation, et ne rien dire des autres; mais le risque n'était pas moindre: tous les membres du conseil, qui avaient séance au lit de justice, déjà opposés au fond de l'affaire, seraient offensés du secret qu'on leur en aurait fait. Le duc du Maine et ses partisans ne manqueraient pas de déclarer que rien n'avait été communiqué au conseil, et justifieraient ce que le parlement ne cessait de répandre dans le public, que tout se faisait par la volonté seule du régent, contre l'engagement authentiquement pris de se conformer à la pluralité des suffrages, engagement qui avait servi comme de base à la régence. Le maréchal de Villeroi, disait-on, attestera les mânes du feu roi, répandra des larmes, déraisonnera, mais d'un ton pathétique, plus contagieux que des raisons. L'audacieux Villars, le seul général français décoré de victoires, auteur ou instrument du salut de la France à Denain, s'élèvera avec une éloquence militaire qui lui est naturelle, et qui persuade ou entraîne. Le parlement, se voyant appuyé, reprendra ses esprits. La présence d'un roi de huit ans, loin de leur imposer, peut même tourner à leur avantage. Si cet enfant, précieux à l'État, qui sera venu à une telle assemblée comme au spectacle, vient à s'effrayer d'un tumulte si nouveau; s'il vient à se laisser toucher des larmes de son vieux gouverneur; si lui-même en répand, quel parti n'en tirera-t-on pas? Le régent sera représenté comme un tyran qui abuse du nom et de l'autorité d'un roi enfant.

Ces considérations frappèrent le régent, qui fut près de revenir en arrière. M. le Duc, moins éclairé, mais d'une opiniâtreté insurmontable, le raffermit sur un parti pris, déclarant que, la guerre civile dût-elle en être la suite, il l'aimait encore mieux dans une minorité que sous un roi majeur.

Il fut enfin arrêté qu'on préparerait secrètement tout le matériel du lit de justice; qu'on ne le disposerait que le jour même aux Tuileries, en deux heures de temps; que le parlement, les pairs et les officiers de la couronne ne seraient avertis qu'à six heures du matin; que le conseil se tiendrait à huit; qu'on n'y rendrait compte que de l'arrêt de cassation et que les autres actes, tout prêts et scellés, ne se manifesteraient qu'au lit de justice.

La crainte du régent fut extrêmement tempérée par celle que le parlement, le duc du Maine et le maréchal de Villeroi montrèrent. Un côté de la balance ne peut baisser que l'autre ne s'élève. Le régent prit de la fermeté dès qu'il vit mollir ses adversaires. Le duc du Maine, lui ayant fait demander par le comte de Toulouse s'il y avait quelque fondement aux bruits qui se répandaient que lui, duc du Maine, devait être arrêté, il fit voir par là qu'il avait autre chose à se reprocher qu'un mécontentement oisif; et le régent ne répondit pas de façon à le tranquilliser. Le maréchal de Villeroi, avec une contenance embarrassée, demandant les mêmes éclaircissements, le régent lui dit qu'il pouvait se rassurer, et ne le persuada que faiblement; aussi ne voulait-il pas dissiper toutes ses craintes. Le maréchal en parla à l'abbé Dubois, bien étonné de voir s'éclipser devant lui la morgue du fier seigneur. Le parlement eut une conduite encore plus ridicule. Ce Law, qu'il voulait pendre il y avait trois jours, quitta l'asile du Palais-Royal, revint hardiment dans sa maison, et y reçut les avances du parlement. Le duc d'Aumont, aussi avide d'argent que le premier président, son ami, et cherchant à plaire à Law, alla le trouver, lui dit qu'il n'y avait que du malentendu de la part du parlement, et que lui, duc d'Aumont, voulait tout pacifier. Il traitait une convulsion dans l'État comme une tracasserie de société, et se vantait surtout d'être un médiateur sans intérêt. Law, sachant à quoi s'en tenir sur le désintéressement de nos courtisans, convint avec celui-ci d'un rendez-vous pour le 27, parce que tout devait être terminé le 26.

Le régent vit clairement que la cabale était désorientée. Il eut envie de frapper sur le premier président; mais on lui fit sentir qu'il valait beaucoup mieux le rendre suspect dans sa compagnie, en faisant croire qu'il était d'intelligence avec la cour.

Le jeudi 25 fut employé à prendre les mesures nécessaires. On convint d'abord que le lit de justice se tiendrait portes ouvertes, parce qu'alors les affaires s'y traitent comme aux grandes audiences, et que le garde des sceaux, y prenant les voix tout bas, les rapporterait comme il le voudrait; et l'on était sûr de lui; 2° que M. le Duc, lorsqu'il serait question de la surintendance, sortirait comme partie intéressée, et obligerait par là les légitimés de sortir aussi.

Pour parer à tous les inconvénients, on avait prévu tous les cas. Si le parlement refusait de venir, l'interdiction était prête, avec l'attribution des causes au grand conseil. Si une partie venait, et qu'une autre ne vînt pas, interdire les refusants. Si le parlement venu refusait d'opiner, passer outre. Si, non content de ne pas opiner, il sortait, tenir également le lit de justice, et, huit jours après, en tenir un autre au grand conseil, pour enregistrer le tout. Si les légitimés, ou quelques-uns de leur parti, faisaient de l'éclat, les arrêter dans la séance ou à la sortie, suivant les signaux dont on conviendrait avec les officiers des gardes du corps.

Les ordres ne furent donnés aux commandants des troupes de la maison du roi que le 26, à quatre heures du matin. Le duc du Maine, qui revenait d'une des fêtes que sa femme recevait souvent, ou se donnait elle-même, ne faisait que se mettre au lit, lorsque Contade lui fut annoncé. Le duc, craignant que ce ne fût pour l'arrêter, demanda si Contade était seul, et se rassura lorsqu'il apprit que c'était pour assembler les gardes suisses.

A cinq heures, les troupes prirent leurs postes; et à six, le parlement et tous ceux qui devaient se trouver au lit de justice, déjà éveillés par le bruit des tambours, reçurent les lettres de cachet et les billets d'invitation. A huit heures, le conseil de régence était déjà assemblé aux Tuileries. Le garde des sceaux faisait disposer dans une chambre particulière tout l'attirail du sceau; et, aussi froid que s'il ne s'était agi que d'une audience de police, déjeunait tranquillement, pour se préparer contre la longueur d'une séance qui retarderait son dîner.

Chacun s'étant rendu dans la pièce du conseil, le régent y arriva d'un air riant et assuré. Tous n'avaient pas le maintien si libre. Le duc du Maine, pâle et embarrassé, prévoyait qu'il serait question d'autre chose que de cassations d'arrêts. Plusieurs se joignaient, examinaient, se parlaient bas, cherchaient à deviner ce qui allait se passer.

Le duc du Maine et le comte de Toulouse étaient venus en manteau de pair, quoiqu'ils n'eussent point reçu de billets d'invitation. On avait affecté de ne leur en point envoyer, sous prétexte que, depuis l'édit de 1717, qui révoquait celui de 1714, ils ne voulaient plus se trouver au parlement. Le régent s'était flatté, là-dessus, qu'ils se dispenseraient du lit de justice, ce qui l'aurait fort soulagé. C'est pourquoi, s'adressant au comte de Toulouse : *Je suis surpris*, lui dit-il d'un ton d'amitié, *de vous voir en manteau; je ne vous ai pas fait avertir, sachant que vous n'aimiez pas vous trouver au parlement. Cela est vrai*, répondit le comte de Toulouse; *mais quand il s'agit du bien de l'État, j'y fais céder toute autre considération.* Le régent, touché de cette réponse, le prit en particulier, lui confia tout; et le comte de Toulouse, ayant joint son frère, lui en dit assez pour qu'ils prissent le parti de se retirer.

Le régent, les voyant sortir, jugea qu'il n'y avait plus d'inconvénient à faire au conseil le rapport de tout ce qu'on s'était proposé d'y tenir caché. Ils étaient vingt en séance [1].

---

[1] Le régent, M. le Duc, le prince de Conti, le garde des sceaux d'Argenson, les ducs de Saint-Simon, de la Force, de Guiche, le maréchal de Villeroi, le duc de Noailles, le maréchal duc de Villars, le duc d'Antin, le maréchal de Tallard, le maréchal d'Estrées, le maréchal d'Huxelles, le maréchal de Bezons, l'au-

Dès qu'on fut en place, le régent, avec un air d'autorité, ordonna au garde des sceaux de lire ce qu'il avait à rapporter. Le régent annonçait chaque pièce par un discours sommaire, que le garde des sceaux paraphrasait suivant l'importance de la matière.

Le régent, dans ce conseil, opina le premier, contre la règle ordinaire, et prit toujours les avis en commençant par la tête du conseil, pour que les préopinants, dont il était sûr, fissent pressentir aux autres le parti qu'il y avait à suivre.

Lorsqu'on opina sur l'arrêt de cassation, ceux qui se trouvaient gênés des entraves qu'on mettait au parlement se contentèrent de s'incliner, pour marquer leur acquiescement à l'avis ouvert. Le maréchal de Villeroi dit simplement, à voix étouffée, au sujet du parlement : *Mais viendra-t-il? Je n'en doute pas*, dit le régent, d'un ton sec et en élevant la voix; *il m'a fait dire par des Granges qu'il obéirait*.

Le régent annonça l'édit de la réduction des légitimés à leur rang de pairie, par un discours en faveur des pairs plus fort que l'édit même. Le duc de Saint-Simon dit qu'étant partie, il ne pouvait pas être juge; et que, pour tout avis, il n'avait que des remercîments à faire de la justice que son altesse royale rendait aux pairs. Le régent, saisissant cette idée, ne demanda pas l'avis des autres pairs, et ceux qui les suivaient n'opinèrent qu'en s'inclinant. Cependant le duc de Saint-Simon, pour obvier à ce que les maréchaux ducs de Villeroi et de Villars pourraient objecter s'ils prenaient la parole, avait mis sur la table la requête que les pairs avaient présentée l'année dernière contre les légitimés, et au bas de laquelle ces deux maréchaux pouvaient lire leurs noms en gros caractères. M. le Duc prit ensuite la parole, et, s'adressant au régent, dit que, puisqu'on faisait justice aux pairs, il réclamait aussi les droits de sa naissance; que M. du Maine, n'étant plus prince du sang, ne pouvait garder la surintendance; qu'un homme du mérite de M. le maréchal de Villeroi ne devait pas être précédé par son cadet dans la pairie; que lui, M. le Duc, aujourd'hui majeur, demandait cette place, qui

cien évêque de Troyes, Bouthillier de Chavigny, le marquis de Torcy, le marquis de la Vrillière, le marquis d'Effiat, le marquis de Canillac, le Pelletier de Bouzy, conseiller d'État.
Les deux légitimés s'étaient retirés.

ne pouvait être refusée à sa qualité ni à son attachement pour le roi; et qu'il n'oublierait rien pour profiter des leçons de M. de Villeroi et mériter son amitié.

Le régent, opinant le premier, dit que la demande était juste, et, portant les yeux sur tout le monde, ordonna plutôt qu'il ne prit les opinions. Le maréchal de Villeroi, faisant effort pour parler, dit en soupirant : *Voilà donc toutes les dispositions du feu roi renversées! Je ne le puis voir sans douleur : M. du Maine est bien malheureux! Monsieur*, répondit le régent, d'un ton vif et haut : *M. du Maine est mon beau-frère ; mais j'aime mieux un ennemi découvert que caché.* Ce peu de mots, et quelques regards portés sur plusieurs, jetèrent la terreur dans l'âme de ceux qui avaient des reproches à se faire.

Dans ce moment, on demanda le garde des sceaux à la porte. Il sortit, rentra aussitôt, et parla à l'oreille du régent. Celui-ci, dont la fermeté croissait par la consternation du conseil, dit qu'on lui donnait avis que le premier président avait proposé de ne point aller aux Tuileries, où l'on n'aurait point de liberté ; et qu'on délibérait actuellement là-dessus. Le régent demanda au garde des sceaux quel parti il y avait à prendre, si le parlement se portait à une désobéissance si formelle. Le garde des sceaux répondit qu'il n'y en aurait pas d'autre que l'interdiction, et fit entendre que tous les cas étaient prévus, et les remèdes prêts.

L'avis de la désobéissance du parlement était faux. J'ai actuellement sous les yeux un journal très-fidèle de ce qui s'y passa : il ne fut question que d'arrêter ce que le premier président dirait à un lit de justice dont on ne pouvait prévoir absolument l'objet. On se fixa à demander la communication de ce qui serait proposé aux Tuileries, et l'on se mit en marche.

Aussitôt qu'on vit le parlement entrer dans la cour des Tuileries, après avoir traversé la ville à pied, le régent défendit à qui que ce fût de sortir avant que les magistrats fussent en place, afin qu'on ne pût pas les prévenir de ce qui avait été décidé dans le conseil. On passa tout de suite chez le roi, et, la députation étant venue l'inviter, on le conduisit au trône. Le régent, voulant prévenir ce que le maréchal de Villeroi serait tenté de dire au lit de justice, et qu'il avait eu tant de peine à retenir au conseil, le fit assurer de son estime, de sa confiance; lui en fit dire assez pour dissiper une frayeur qui quelquefois rend téméraire, et pas assez pour lui inspirer du courage. On recommanda aussi à Lamoignon de Blancmesnil, premier avocat général, aujourd'hui chancelier, d'être sage; et on lui dit à l'oreille que toute sa fortune répondrait de la moindre ambiguïté dans ses conclusions.

Tant de précautions étaient superflues. La consternation avait gagné depuis le duc du Maine jusqu'au dernier huissier du parlement. Plusieurs conseillers avaient déserté pendant la marche. Le président de Blamont, qui avait tant fait le tribun dans les assemblées du parlement, se trouva mal sur l'escalier des Tuileries; on le transporta dans la chapelle, où l'on employa le vin des burettes pour lui rendre la connaissance. Enfin, hors d'état de paraître en séance, il se fit conduire chez lui [1].

Je ne m'arrêterai pas aux formalités d'un lit de justice; on les trouve partout. J'observerai seulement que le garde des sceaux, au milieu d'un parlement dont il était détesté, était aussi libre dans ses démarches, ses discours et son ton, que s'il n'eût vu autour de lui que des commissaires de police.

Après la lecture de l'arrêté de cassation, le premier président se borna à demander qu'il fût communiqué au parlement, vu l'importance de la matière, pour en délibérer. Sur quoi le garde des sceaux, ayant pris l'ordre du roi pour la forme, dit : *Le roi veut être obéi, et obéi sur-le-champ.* Tout le reste se passa avec tranquillité : les enregistrements faits en présence du roi, sa majesté se leva, retourna dans son appartement, et le parlement s'écoula en silence.

Comme les bagatelles font mieux connaître la disposition des esprits et le caractère que les affaires majeures, je citerai deux traits qui feront voir l'opinion générale qu'on avait du régent, et donneront une idée de son désouci sur les affaires, quand il s'agissait de ses plaisirs.

Lorsque le duc de Saint-Simon alla chez Fontanieu pour convenir avec lui du lit de justice, il commença par lui dire qu'il s'agissait d'une affaire importante; mais qu'il s'agissait,

---

[1] Voyez le procès-verbal imprimé du lit de justice.

avant tout, de savoir si son altesse royale pouvait compter sur lui. Fontanieu devint pâle, ne doutant point qu'il ne fût question de quelque expédition tragique dont il aurait le malheur d'être l'instrument ; il répondit, en balbutiant, que tant que son devoir lui permettrait... il serait... Le duc de Saint-Simon le rassura par un sourire et un geste moitié de compassion, moitié d'indignation. Fontanieu revint à lui, et, par des excuses embrouillées, acheva de faire voir la crainte qu'il avait eue, et ce dont on croyait le régent capable.

Le second trait est que le régent, ayant paru très-pressé d'apprendre ce que Saint-Simon aurait arrangé avec Fontanieu, lui ordonna de lui en venir rendre compte sur-le-champ. La conférence chez Fontanieu ayant exigé de longs détails, lorsque Saint-Simon revint, le régent était dans ses cabinets ; et c'était l'heure des *roués*, heure où tout devait céder à la débauche. Saint-Simon fut réduit à lui écrire ; encore fallut-il bien des mystères pour rendre le billet. Ce n'était pourtant pas que ce prince n'eût tiré une ligne de séparation très-marquée entre ceux qui avaient part aux affaires et ses compagnons de plaisirs ; ce qui faisait dire au duc de Brancas, un des *roués*, qu'il avait beaucoup de faveur et nul crédit. Le régent s'était fait d'ailleurs un système de discrétion auquel il était fidèle jusque dans l'ivresse. La comtesse de Sabran, une de ses favorites, ayant voulu profiter d'un de ces moments-là pour lui faire une question sur les affaires, il l'amena devant une glace, et lui dit : *Regarde-toi ; vois si c'est à un si joli visage qu'on doit parler d'affaires.*

Puisque je me suis permis une digression sur la domesticité du régent, je ne dois pas oublier un homme d'une vertu rare, qui n'était ni du rang ni de la naissance des *roués* ; mais il n'aurait voulu aucune liaison avec eux, et ne leur dissimulait guère son mépris : c'était d'Ibagnet, concierge du Palais-Royal. Attaché à la maison d'Orléans dès son enfance, il avait vu naître le régent, l'aimait tendrement et le servait avec zèle, lui parlait avec la liberté d'un vieux domestique, et avec la droiture et la vérité d'un homme digne d'être l'ami de son maître. Le régent avait pour d'Ibagnet cette sorte de respect où la vertu oblige. Il n'aurait osé lui proposer d'être le ministre de ses plaisirs : il était sûr du refus. Quelquefois, un bougeoir à la main, d'Ibagnet conduisait son maître jusqu'à la porte de la chambre où se célébrait l'orgie. Le régent lui dit un jour, en riant, d'entrer : *Monsieur*, répondit d'Ibagnet, *mon service finit ici ; je ne vais point en si mauvaise compagnie, et je suis très-fâché de vous y voir*.

Une autre fois, il traita comme le dernier des hommes Cauche [1], valet de chambre et Mercure du régent, sur ce que ce domestique avait séduit une jeune fille de douze à treize ans, pour la livrer à son maître.

Revenons à la suite du lit de justice. Il était fini, que la duchesse d'Orléans, étant à Saint-Cloud avec Madame, mère du régent, ignorait encore qu'il y en eût eu un. Qu'on se rappelle sa folie sur sa naissance, qu'elle croyait du moins égale à celle de son mari, on jugera quel coup c'était lui porter que de lui apprendre la dégradation du duc du Maine. Il fallait cependant bien l'en instruire; et le régent chargea de cette cruelle commission le duc de Saint-Simon. Il en instruisit d'abord Madame, qui, élevée dans les principes, ou, si l'on veut, les préjugés allemands, en fut ravie; et dit que son fils aurait dû, depuis longtemps, prendre ce parti [2]. Pour la duchesse d'Orléans, elle fut saisie d'une douleur morne, revint sur-le-champ à Paris; et déposant, pour la première fois de sa vie, son orgueil, dit au régent que l'extrême honneur qu'il lui avait fait en l'épousant étouffait tout autre sentiment dans son cœur; qu'il fallait que son frère fût bien coupable pour s'être attiré le châtiment qu'il recevait, et qu'elle était réduite à le désirer.

Les deux frères, en sortant de la pièce du conseil, s'étaient enfermés avec leurs familiers dans le cabinet du duc du Maine, aux Tuileries, pendant le lit de justice. De là le comte de Toulouse se retira chez lui, où la duchesse du Maine vint avec ses enfants. Elle était dans des convulsions de fureur, reprochait au

---

[1] C'est sous le nom de ce Cauche que l'abbé de Saint-Albin, archevêque de Cambrai, fils du régent et de la Florence, actrice de l'Opéra, a été baptisé.
[2] Après l'édit de 1714 et la déclaration de 1715, les légitimés furent dans l'Almanach royal immédiatement après les princes du sang, et sans séparation. Après l'édit de révocation de 1717, ils furent séparés par une ligne. Après la réduction des légitimés à leur rang de pairie, en 1718, le comte de Toulouse fut inscrit seul dans l'Almanach, et séparé par une ligne. Le duc du Maine n'y fut pas inscrit; mais il ne le fut pas aussi avec les pairs.

comte de Toulouse d'avoir été distingué de son frère, et prétendait qu'il ne pouvait s'en laver qu'en renonçant à l'indigne grâce qu'on lui faisait. Le comte de Toulouse fut enchanté ; mais Valincourt, homme d'un grand sens et fort attaché au prince, le prenant en particulier, lui représenta les suites d'une telle démarche. Le marquis d'O, qui avait été son gouverneur, lui tint le même langage; et le chevalier d'Hautefort, son premier écuyer, échauffé par un intérêt plus vif que celui de son maître, parla encore plus efficacement : *Monseigneur*, lui dit-il, *seriez-vous assez dupe pour vous associer aux fureurs d'une folle? Quand vous aurez fait pendant trois jours l'admiration des sots, vous serez pendant quarante ans la risée des gens sensés. Pour moi, en m'attachant à vous, je comptai être avec un prince du sang, vrai ou apparent : sur ce pied-là j'y resterai toute ma vie. Mais si vous voulez cesser de l'être, ni moi ni tous ceux de votre maison qui valent quelque chose ne pourrons y demeurer.*

Le comte de Toulouse, frappé du néant où il allait se précipiter, laissa partir pour Sceaux le duc et la duchesse du Maine, rendit le lendemain au régent une visite qui tenait lieu de remercîment sans le prononcer, et le jour suivant se trouva au conseil de régence.

Le samedi 27, les chambres s'assemblèrent : on gémit plus qu'on ne délibéra ; on s'écria beaucoup sur l'installation d'un garde des sceaux sans qu'il eût, suivant les règles, présenté sa requête; on prit acte, comme cela se pratique en pareille occasion, du défaut de liberté ; l'assemblée fut continuée au lundi 29. Mais ce jour-là le parlement fut occupé d'un nouveau sujet de délibération. A trois heures du matin, le président de Blamont, Faydau de Calande et Saint-Martin, conseillers, furent enlevés de chez eux chacun par huit mousquetaires et un officier, et conduits, le premier aux îles d'Hières, le second à Belle-Ile, le troisième dans l'île d'Oleron.

Le parlement envoya aussitôt une députation demander au roi la liberté de ces magistrats. Le garde des sceaux répondit que ce qui s'était fait étant pour affaire d'État, demandait le silence, et que la conduite du parlement déterminerait les sentiments du roi à cet égard. La même députation continua ses sollicitations, et reçut toujours les mêmes réponses, jusqu'à la clôture du parlement. Quelques-uns proposèrent de cesser le service, et il fut suspendu un jour; d'autres, de ne point prendre de vacances jusqu'à ce qu'on eût satisfaction : mais les plus avisés aimèrent mieux sortir librement de Paris que de s'exposer à s'en voir exiler. Le parlement se sépara donc, et la chambre des vacations fut chargée de continuer à demander les exilés.

Le parlement de Bretagne écrivit en leur faveur au régent, qui le trouva très-mauvais. Les ministres étrangers, au nom de leurs maîtres, lui applaudirent d'avoir réprimé ces légistes ; langage de princes qui veulent que rien ne résiste à leurs volontés. Il est sûr que l'autorité doit toujours être respectée, pour la tranquillité des peuples mêmes ; mais si aucun corps n'élève la voix en leur faveur, ils seront donc livrés au despotisme des ministres, et même des commis.

Ce fut pendant les vacances, le 3 octobre, que le cardinal de Noailles publia son appel de la constitution au futur concile. L'université, presque tous les curés du diocèse, et quantité de communautés séculières et régulières adhérèrent à l'appel. Le cardinal se retira le même jour du conseil de conscience, qui dès lors ne subsista plus, et dont la chute entraîna celle des autres conseils. Il y avait déjà du temps que ce n'était plus qu'une vaine représentation ; Law faisait tout dans les finances, et l'abbé Dubois dans les affaires étrangères. Celui-ci, sachant que le chapeau de cardinal, où il tendait, dépendrait du crédit qu'on lui verrait en France, se fit nommer seul ministre des affaires étrangères. Leblanc fut déclaré en même temps secrétaire d'État de la guerre. Tous les membres des différents conseils furent remerciés de leurs services, et conservèrent leurs appointements, qui étaient de douze mille livres. Le marquis de Canillac les refusa ; mais il entra au conseil de régence, où la place valait vingt mille livres. Tous ces nobles membres des conseils ressemblaient à des gens qui, en sortant d'une maison, en emportent les meubles. Le comte d'Évreux conserva le détail de la cavalerie; Coigny, celui des dragons; d'Asfeld, les fortifications et le génie; le marquis de Brancas eut les haras; le premier écuyer, Beringhem, les ponts et chaussées; l'archevêque de Bordeaux, Bezons, prit les économats : ainsi des autres. Le régent ne savait rien refuser, et ce qu'il ne donnait pas, on le lui arrachait. Il avait des inconséquences singulières. Le changement dans l'état des légitimés embarrassa fort l'évêque de Viviers, Chambonas, dont le frère et la belle-sœur étaient de la maison du duc du Maine. Le prélat, chef de la députation des états de Languedoc, demanda au régent de quelle manière il traiterait le prince de Dombes, gouverneur en survivance. Le régent lui dit d'en user comme à l'ordinaire : en conséquence, l'évêque traita d'altesse sérénissime le prince de Dombes, qui n'y pouvait plus prétendre.

Le régent se laissa enfin fléchir en faveur des exilés. Ils revinrent successivement; et le parlement, devenu souple, en fit des remercîments, comme d'une grâce. Cela ne l'empêcha pas de faire des difficultés sur l'enregistrement de la banque royale. On trouvait très-indécent de voir le roi devenu banquier. L'événement prouva que cela était encore plus malheureux.

Le coup d'autorité frappé au lit de justice avait étourdi les ennemis du régent, mais ne les avait pas abattus. La fureur que la duchesse du Maine était obligée de cacher n'en était que plus vive, et sa correspondance avec l'Espagne plus fréquente. Le prince Cellamare, attentif à tout ce qui se passait à Paris et en Bretagne, cherchait à faire des créatures au roi son maître; et beaucoup d'officiers avaient pris des engagements avec lui. Le projet était de faire révolter tout le royaume contre le régent, de mettre le roi d'Espagne à la tête du gouvernement de France, et sous lui le duc du Maine. On comptait sur l'union des parlements. Tout s'était traité assez énigmatiquement dans des lettres qui pouvaient être surprises; mais Alberoni voulut, avant d'éclater, voir les plans arrêtés, et les noms de ceux dont on devait se servir. Il était très-dangereux de confier de pareils détails à un courrier, que l'abbé Dubois n'aurait pas manqué de faire arrêter.

Cellamare imagina qu'il n'y aurait rien de moins suspect que le jeune abbé Porto-Carrero, neveu du cardinal de ce nom. Ce jeune homme était depuis quelque temps à Paris. Monteleon, fils de l'ambassadeur d'Espagne en Angleterre, était aussi venu de Hollande ; et ces deux jeunes gens, se rencontrant ensemble à Paris, se lièrent naturellement, cherchaient les mêmes plaisirs, s'embarrassaient peu d'affaires, et firent partie de s'en retourner ensemble.

Cellamare crut que de pareils courriers seraient à l'abri de tout soupçon : l'abbé Dubois n'en prenait point en effet, et cependant tout fut découvert.

Il y avait alors à Paris une femme nommée la Fillon, célèbre appareilleuse, par conséquent très-connue de l'abbé Dubois. Elle paraissait même quelquefois aux audiences du régent, et n'y était pas plus mal reçue que d'autres. Un ton de plaisanterie couvrait toutes les indécences au Palais-Royal, et cela s'est conservé dans le grand monde. Un des secrétaires de Cellamare avait un rendez-vous avec une des filles de la Fillon, le jour que partait l'abbé de Porto-Carrero. Il y vint fort tard, et s'excusa sur ce qu'il avait été occupé à des expéditions de lettres dont il fallait charger nos voyageurs. La Fillon laissa les amants ensemble, et alla sur-le-champ en rendre compte à l'abbé Dubois. Aussitôt on expédia un courrier muni des ordres nécessaires pour avoir main-forte. Il joignit les voyageurs à Poitiers, les fit arrêter ; tous leurs papiers furent saisis, et rapportés à Paris le jeudi 8 décembre. Ce courrier arriva chez l'abbé Dubois précisément à l'heure où le régent entrait à l'Opéra.

L'abbé ouvrit le paquet, eut le temps de tout examiner, et de mettre en réserve ce qu'il voulut : nous verrons pourquoi. Au sortir de l'Opéra, l'abbé joignit le régent, lui rendit compte de la capture. Tout autre prince aurait été pressé de s'éclaircir ; mais c'était la précieuse heure du souper, et rien ne l'emportait là-dessus. L'abbé eut jusqu'au lendemain, assez tard, pour prendre ses mesures avant d'en conférer avec le régent, qui, dans les premières heures de la matinée, avait encore la tête offusquée des fumées de la digestion, n'était pas en état d'entendre affaires, et signait presque machinalement ce qu'on lui présentait.

L'abbé Dubois, en aspirant à tout, sentait pourtant qu'il n'était rien par lui-même, prévoyait les révolutions qui pouvaient arriver par la mort de son maître, et voulait se ménager des protecteurs en cas d'événements.

Il résolut de s'emparer tellement de l'affaire, qu'il pût sacrifier ceux dont la perte serait sans conséquence, et sauver ceux auprès de qui il s'en ferait un mérite. Le régent ne vit rien dans cette affaire que par les yeux de l'abbé. Le garde des sceaux et Leblanc en furent les seuls confidents; et l'abbé, saisi des pièces du procès, se trouva maître de la condamnation ou de l'absolution des coupables.

Le prince Cellamare, instruit par un courrier particulier de ce qui était arrivé à Poitiers, et se flattant que ses deux Espagnols n'avaient été arrêtés que parce qu'ils voyageaient avec un banquier fugitif pour une banqueroute, prit un air d'assurance, et alla, le vendredi 9, sur le midi, chez Leblanc, réclamer le paquet de lettres dont il avait, dit-il, chargé par occasion l'abbé Porto-Carrero. L'abbé Dubois était déjà chez Leblanc. L'un et l'autre répondirent à l'ambassadeur que ces lettres avaient été lues, et que, loin de les lui rendre, ils avaient ordre de faire en sa présence la visite des papiers de son cabinet; et tout de suite le prièrent de monter avec eux en carrosse, pour se trouver tous trois ensemble à cet inventaire.

Cellamare, jugeant que les mesures étaient prises en cas de résistance, ne fit aucune difficulté, et fut ramené à son hôtel, dont un détachement de mousquetaires avait déjà pris possession. On ouvrit les bureaux et les cassettes. Le scellé du roi et le cachet de l'ambassadeur furent mis sur tous les papiers, à mesure qu'on en faisait l'examen et le triage. Après cette opération, les deux ministres se retirèrent, laissant l'ambassadeur à la garde de Dulibois, gentilhomme ordinaire du roi.

Durant la visite des papiers, Cellamare, d'un air libre, affecta de traiter Leblanc avec politesse, et l'abbé avec un mépris froid. Cela fut au point que Leblanc allant ouvrir une cassette : *Monsieur le Blanc*, dit l'ambassadeur, *cela n'est pas de votre ressort, ce sont des lettres de femmes : laissez cela à l'abbé, qui toute sa vie a été maquereau.* L'abbé sourit, et feignit d'entendre plaisanterie.

Le soir, il y eut conseil, où l'on rendit un compte sommaire de la conspiration : on y lut des lettres de Cellamare au cardinal Alberoni, et le régent y justifia très-bien son procédé à l'égard de l'ambassadeur, qui, ayant violé lui-même le droit des gens, avait perdu les priviléges de son titre. Les lettres furent imprimées, répandues partout ; aucun des ministres étrangers ne prit la défense de Cellamare, qui partit de Paris, accompagné de Dubois et de deux capitaines de cavalerie. Ils s'arrêtèrent à Blois, où Cellamare fut gardé jusqu'à l'arrivée en France du duc de Saint-Aignan, notre ambassadeur à Madrid : après quoi, on le laissa continuer librement sa route.

Le matin du samedi 10, le marquis de Pompadour, dernier de son nom, père de la belle Courcillon, et aïeul de la princesse de Rohan, fut mis à la Bastille.

Le comte Daydie, cousin [1], beau-frère et du même nom que Riom, prit la fuite et se retira en Espagne, où il est mort longtemps après, assez bien établi. Le soir même que Cellamare fut arrêté, Daydie, étant dans une maison où il devait souper, voyait jouer une partie d'échecs. On vient dire que Cellamare était arrêté ; Daydie, très-attentif à une nouvelle si intéressante pour lui, ne montra pas la moindre émotion. Un des joueurs ayant dit qu'il ne pouvait plus gagner la partie, Daydie offrit de prendre le jeu, fut accepté, joua tranquillement, et gagna. Quand on servit le souper, il sortit sous prétexte d'incommodité, prit la poste, et partit.

Foucault de Magny, introducteur des ambassadeurs, et fils du conseiller d'État, se sauva aussi ; c'était un fou qui n'avait jamais rien fait de sage que de s'enfuir. Un abbé Brigault, fort enfoncé dans cette affaire, fut arrêté à Montargis, sur son signalement, et emmené à la Bastille. Il ne se fit pas presser pour déclarer tout ce qu'il savait, ajoutant qu'on en verrait le détail dans les papiers qu'il avait laissés au chevalier de Ménil, qui fut arrêté ; mais il avait déjà brûlé les papiers, que le régent regretta fort. On arrêta successivement beaucoup de personnes avant d'en venir au duc et à la duchesse du Maine. Cela ne tarda pas ; le duc fut arrêté à Sceaux par la Billarderie, lieutenant des gardes

---

[1] Sa femme, sœur de Riom, mourut en 1716, dame d'honneur de la duchesse de Berri. Le chevalier et l'abbé Daydie étaient frères du comte.

du corps, conduit au château de Dourlens, en Picardie, et laissé sous la garde de Favancourt, brigadier des mousquetaires.

La duchesse, en considération de sa naissance, fut traitée avec plus de distinction. Ce fut le duc d'Ancenis, capitaine des gardes du corps, qui l'arrêta dans une maison de la rue Saint-Honoré, qu'elle avait prise pour être plus à portée des Tuileries. Le duc d'Ancenis la quitta à Essonne, d'où un lieutenant et un exempt des gardes du corps la conduisirent au château de Dijon.

Le duc du Maine ne montra, dans son malheur, que de la soumission, protesta souvent de son innocence et de son attachement au roi et au régent. Pour la duchesse, elle se plaignait beaucoup du traitement qu'on faisait à une princesse du sang, et déclama avec fureur contre son neveu M. le Duc, quand elle se vit dans le château de Dijon, dont il était gouverneur; et le public n'approuva pas qu'il devînt le geôlier de sa tante.

Tous les domestiques de la maison du Maine furent arrêtés en même temps que leur maître, et renfermés à la Bastille. Mademoiselle Delaunay, qui depuis a été madame de Staal, fut du nombre. Ses Mémoires méritent d'être lus; ses portraits sont assez fidèles, à l'exception de celui du chevalier de Ménil, qu'elle aimait trop pour en bien juger. Je l'ai quelquefois rencontré chez elle, et il m'a paru au-dessous du médiocre.

Pendant que ces choses se passaient à Paris, le duc de Saint-Aignan, notre ambassadeur à Madrid, y était très-désagréablement. Quoiqu'on n'y sût encore rien de ce qui était arrivé à Paris, la rupture entre les deux couronnes paraissait si prochaine et la violence d'Alberoni si connue, que le duc de Saint-Aignan ne se crut pas en sûreté. Il partit secrètement avec sa femme et peu de domestiques, et arriva au pied des Pyrénées. Là, ne doutant point qu'Alberoni ne fît courir après lui, il prit des malles pour lui, sa femme et les valets absolument nécessaires, traversa les montagnes, et ne s'arrêta qu'à Saint-Jean-Pied-de-Port. Il avait pris la précaution de laisser dans son carrosse un valet de chambre et une femme qui s'annonçaient, en continuant leur route, pour l'ambassadeur et l'ambassadrice. Le duc avait à peine avancé une lieue dans les montagnes, que des gens détachés par Alberoni investirent le carrosse. Les domestiques jouèrent bien leur jeu, crièrent fort haut contre la violence, et furent ramenés à Pampelune. Lorsque le duc de Saint-Aignan fut arrivé à Bayonne, il envoya réclamer ses équipages, qui furent rendus; et le gouverneur manda la méprise au cardinal ministre, qui fut dans la plus grande fureur.

Pendant que la guerre s'allumait au Midi, le Nord eut le bonheur d'être délivré du roi de Suède, Charles XII. Un coup de fauconneau en fit justice au siége de Fridérickshall. Ce prince avait des qualités estimables qui l'auraient fait chérir, s'il n'eût été qu'un particulier : une frénésie guerrière en fit un fléau pour le genre humain. Son père, tyran obscur, avait accablé ses sujets, abattu le sénat et la noblesse, anéanti les lois. Le fils, destructeur plus éclatant, fut moins haï, par le brillant de cette gloire qui en impose au vulgaire, admirateur insensé des héros qui font son malheur. Charles fit celui de ses États et de ses voisins. Des milliers d'hommes détruits par le fer et le feu furent les fruits de son règne. La dévastation, la dépopulation de la Suède étaient, à la mort de Charles XII, au point qu'il ne restait plus d'hommes, que des enfants et des vieillards. On ne voyait plus que des femmes et des filles labourer les terres, servir les postes, et jusque dans les bains publics. On était réduit à les employer à toutes les fonctions que la faiblesse et la décence semblent leur interdire. Je tiens ces faits du comte Céreste-Brancas, l'homme le plus vrai, et notre ministre en Suède immédiatement après la mort de Charles XII.

Les Suédois profitèrent des circonstances pour rentrer dans le droit d'élire leurs souverains. Sans égard pour les prétentions du duc de Holstein, fils de la sœur aînée de Charles, ils élurent pour reine Ulrique-Éléonore, sa sœur cadette. Ils consentirent ensuite à lui associer son mari, le prince de Hesse; mais avec une telle limitation de pouvoir dans leurs personnes et celles de leurs descendants, que le despotisme ne peut renaître de longtemps.

Cette année s'ouvrit par la déclaration de guerre contre l'Espagne. Elle avait été précédée d'un manifeste[1], pour prévenir

---

[1] Ce manifeste fut composé par Fontenelle, sur les mémoires de l'abbé Dubois. Cette pièce et les quatre autres, dont je parle ensuite, sont imprimées partout et

les esprits sur la justice de nos motifs. Les ennemis du gouvernement ne s'oublièrent pas dans cette occasion, et répandirent quatre pièces séditieuses. La première était un manifeste du roi d'Espagne, adressé aux trois états de la France; la seconde, une lettre de Philippe V au roi; la troisième, une lettre circulaire aux parlements; et la quatrième, une prétendue requête présentée à Philippe V, de la part des trois états de France. Le parlement se contenta de supprimer, par arrêt, ces libelles, qui méritaient beaucoup plus.

Les officiers qui devaient servir contre l'Espagne furent nommés; et l'on fut, pour le moins, surpris de voir le maréchal de Berwick décoré de la grandesse et de la Toison, et dont le fils, duc de Fitz-James, jouissait des mêmes honneurs en Espagne, accepter le commandement d'une armée contre Philippe V. D'Asfeld, depuis maréchal de France, fit un parfait contraste avec Berwick, qui le demandait pour servir sous lui, il alla trouver le régent : *Monseigneur*, lui dit-il, *je suis Français; je vous dois tout, et n'attends rien que de vous;* puis, montrant sa Toison : *Que voulez-vous que je fasse de ceci, que je tiens du roi d'Espagne? Dispensez-moi de servir contre un de mes bienfaiteurs.*

Il eût été bien étrange que le régent, facile sur tout, n'eût résisté qu'à une action aussi honnête; aussi dispensa-t-il d'Asfeld de servir, et ne l'en estima-t-il que plus. Le roi d'Espagne lui en sut beaucoup de gré, et les nations y applaudirent.

Le prince de Conti eut le commandement de la cavalerie, tira beaucoup d'argent pour ses équipages, fit payer jusqu'à ses frais de poste; et ce fut tout ce qu'il recueillit de gloire de sa campagne.

Les jeux de hasard avaient été défendus. Le duc de Tresmes prétendait, comme gouverneur de Paris, avoir le droit d'un de ces coupe-gorges privilégiés. Le lieutenant de police Machault, qui ne trouvait pas ce privilége-là dans les ordonnances, déclara qu'il tolérerait tous ces repaires si celui du gouverneur subsistait.

---

principalement dans les Mémoires de la régence, ouvrage d'ailleurs aussi mauvais que j'en connaisse. L'auteur et l'éditeur, qui a joint des notes, sont également mal instruits.

Le régent, pour ne mécontenter personne, acheta le désistement du duc de Tresmes de deux mille livres de pension. Peu d'années après, sous le ministère de M. le Duc, la dévote princesse de Carignan obtint de faire tenir un jeu dans son hôtel de Soissons. Aussitôt le duc de Tresmes reprit le sien, en gardant sa pension. Des fripons galonnés, brodés, et même décorés de croix de différents ordres, faisaient les honneurs de ces deux antres, où les enfants des bourgeois venaient perdre ce qu'ils volaient à leurs familles. Plusieurs aventures tragiques firent enfin connaître que ces lieux étaient les séminaires de la Grève. Le cardinal de Fleury, devenu ministre, les défendit. Ce vil droit de gouverneur subsiste encore dans plusieurs provinces. Les protecteurs ne rougissent point de la source infâme du revenu qu'ils en tirent, et pensent apparemment, comme Tibère, que *l'argent n'a point d'odeur* [1].

Ce fut dans ce temps-là que parurent *les Philippiques*, poëme contre le régent, composé par la Grange [2]. Cet ouvrage, où il n'y a que très-peu de strophes poétiques, est un amas d'horreurs où la calomnie la plus effrénée s'appuie de quelques vérités. Les copies s'en répandirent par toute la France. Le régent en entendit parler, et voulut les voir. Le duc de Saint-Simon prétend que ce fut lui qui, pressé par les sollicitations du prince, lui fit lire cet effroyable libelle. Il ajoute que, lorsque le régent en fut à l'endroit où il est représenté comme l'empoisonneur de la famille royale, il frémit, pensa s'évanouir, et, ne pouvant retenir ses larmes, s'écria : *Ah! c'en est trop! cette horreur est plus forte que moi, j'y succombe!* Il ne revint que difficilement de son désespoir.

La Grange fut arrêté, et envoyé aux îles Sainte-Marguerite, d'où il sortit pendant la régence même, et se montra librement dans Paris. J'ai toujours cru que c'était pour détruire l'opinion où l'on était que le régent l'avait fait assassiner; sans quoi c'eût été le comble de l'impudence. Un auteur qui en aurait fait la moi-

---

[1] Ce mot est de Vespasien. (*Note des éditeurs.*)

[2] La Grange avait été page de la princesse de Conti, fille de Louis XIV. Il a fait plusieurs pièces, où l'on trouve des situations, de l'intérêt, et toutes mal ou faiblement écrites.

tié moins contre un conseiller au parlement eût été envoyé aux galères.

On a pu voir jusqu'ici que je ne dissimule ni les mœurs dépravées ni la mauvaise administration du régent; mais je dois rendre justice à sa bonté naturelle. Quand on ne fait attention qu'à son caractère d'humanité, on ne peut s'empêcher de regretter qu'il n'ait pas eu plus de vertus de prince.

Dès que le duc et la duchesse du Maine furent arrêtés, l'alarme se répandit dans leur parti. Le maréchal de Villeroi perdit sa morgue, Villars son audace; d'Huxelles, Tallard, Canillac, d'Effiat et le premier président montraient leur crainte, par les efforts qu'ils faisaient pour la cacher. La meilleure protection que les accusés pussent avoir était dans le cœur du régent. Les bons et les mauvais procédés, les services et les offenses le touchaient faiblement; il donnait, et ne récompensait point, pardonnait facilement, n'estimait guère, et haïssait encore moins.

D'ailleurs, l'abbé Dubois sentait qu'il serait chargé par le public d'avoir animé ou du moins de n'avoir pas arrêté la sévérité du régent. L'impétuosité de M. le Duc faisait craindre que, s'il était une fois délivré du contre-poids des légitimés et de leurs partisans, il ne s'élevât lui-même sur les ruines du régent, et ne recueillît seul le fruit de tout ce que celui-ci aurait fait pour affermir l'autorité. L'abbé comptait, en sauvant le duc du Maine et le premier président, se faire, en cas d'événement, une protection contre le parlement même, qui pouvait le rechercher un jour. Ce qu'il faisait pour sa propre sûreté, il persuada aisément au régent qu'il en était seul l'objet; l'effraya sur le caractère de M. le Duc, et lui fit entendre que le public ne regardait pas absolument les accusés comme criminels de lèse-majesté, mais comme des hommes attachés à l'État, et qui n'avaient cherché qu'à mettre les jours du roi en sûreté. Les mœurs du régent, son irréligion affichée, les bruits anciens et nouveaux, ne favorisaient que trop ces idées. Ce prince en fut frappé; sa paresse naturelle, la crainte de troubler ses plaisirs, se joignant à ses réflexions, il laissa l'abbé maître unique de cette affaire.

Il n'y eut point de procès en règle, ni renvoi au parlement. Le garde des sceaux et Leblanc interrogeaient les prisonniers, et chaque jour on en amenait de nouveaux. On avait vu, par les papiers de Cellamare, que ce ministre entretenait différentes correspondances qui n'avaient aucun rapport à la duchesse du Maine, et qui toutes, cependant, se rapportaient à l'Espagne, sans que les coupables eussent aucune relation entre eux. Par exemple, on mit à la Bastille le duc (aujourd'hui maréchal) de Richelieu, et le marquis de Saillans (d'Estaing). Le jour qu'ils furent arrêtés, le régent dit publiquement qu'il avait dans sa poche de quoi faire couper au duc de Richelieu quatre têtes, s'il les avait. C'étaient quatre lettres adressées au cardinal Albéroni, signées du duc, et par lesquelles il s'engageait à livrer à l'Espagne Bayonne, où son régiment et celui de Saillans étaient en garnison. Ce jeune étourdi, qui n'a guère changé de tête, comptait être l'auteur d'une révolution dans le royaume, et avoir pour récompense le régiment des gardes. Ce complot, que le dernier officier de la place eût fait échouer, n'excita que la risée publique. Ce jeune homme se crut un personnage en se voyant traiter en criminel d'État, et prit sa prison avec la légèreté qu'il a toujours montrée en amour, en affaires et à la guerre. Le régent, qui trouva cela fort plaisant, fit procurer au jeune prisonnier tout ce qu'il demanda, valet de chambre, deux laquais, des jeux, des instruments; de sorte qu'au lieu de liberté, il eut toute la licence possible.

Pendant que le régent était occupé des affaires d'État, il était encore tourmenté de tracasseries domestiques. La duchesse de Berri, emportée par le plus fol orgueil, ou avilie dans la crapule, donnait des scènes publiques dans l'un et l'autre genre.

L'ambassadeur de Venise étant venu pour lui rendre visite, elle s'avisa de le recevoir placée dans un fauteuil, sur une estrade de trois marches. L'ambassadeur s'arrêta un moment, s'avança ensuite avec lenteur, comme un homme qui médite son parti, fit une révérence, et aussitôt tourna le dos, et sortit sans avoir dit un mot. Il assembla le jour même les ministres étrangers, et tous déclarèrent publiquement qu'aucun d'eux ne remettrait le pied chez la princesse s'ils n'étaient assurés d'être reçus comme il leur convenait [1].

La vie domestique de cette princesse faisait un étrange contraste avec ses saillies d'orgueil en public. J'ai déjà parlé du vil esclavage où le comte de Riom la tenait ; et il se relâchait d'autant moins de son insolence avec elle, qu'il s'en était fait un système ; et que ses duretés, ses humeurs, ses caprices, affermissaient la constance de sa maîtresse. On n'a pas oublié non plus que des retraites aux Carmélites précédaient ou suivaient des orgies. Une religieuse qui accompagnait la princesse à tous les offices du couvent, étonnée de la voir prosternée, mêlant des soupirs aux prières les plus ferventes : *Bon Jésus! madame, est-il possible que le public puisse tenir sur vous tant de propos scandaleux qui parviennent jusqu'à nous? Le monde est bien méchant! vous vivez ici comme une sainte.* La princesse se mettait à rire. Ces disparates marquaient certainement un degré de folie. C'était avec le plus violent dépit qu'elle apprenait qu'on osât censurer sa conduite. Elle devint enfin grosse ; et quand elle approcha de son terme, elle se tint assez renfermée, et souvent au lit, sous des prétextes de migraine. Mais les excès de vin et de liqueurs fortes, qu'elle continua toujours, lui allumèrent le sang. Dans sa couche, une fièvre violente la mit dans le plus grand danger. Cette femme hardie, impérieuse, bravant toutes les bienséances, qui avait hautement affiché son commerce avec Riom, se flatte d'en cacher les suites au public ; comme si les actions des princes pouvaient jamais être ignorées ! Il n'entrait dans sa chambre que Riom, la marquise de Mouchy, dame d'atour, digne confidente de sa maîtresse, et les femmes absolument nécessaires à la malade. Le régent même n'entrait que des instants : quoiqu'il ne fût pas possible de le supposer dans l'ignorance de l'état de sa fille, il feignait devant elle de ne s'apercevoir de rien, soit dans la crainte de l'aigrir s'il paraissait instruit, soit dans l'espoir que son silence arrêterait l'indiscrétion des autres. Tant de précautions n'empêchaient pas le scandale,

[1] Jamais reine qui ne l'est pas de son chef n'a donné d'audience sur une estrade.

et allaient bientôt l'augmenter. Le danger fut si pressant, qu'il parvint à la connaissance du curé de Saint-Sulpice, Languet. Il se rendit au Luxembourg, y vit le régent, lui parla de la nécessité d'instruire la princesse du péril où elle était, pour la disposer à recevoir les sacrements; et ajouta qu'au préalable il fallait que Riom et la Mouchy sortissent du palais. Le régent, n'osant ni contredire hautement le curé, ni alarmer sa fille par la proposition des sacrements, encore moins la révolter par le préalable du pasteur, essaya de faire entendre au curé que l'expulsion de Riom et de la Mouchy causerait le plus grand scandale. Il chercha des tempéraments; le curé les rejeta tous, jugeant bien que, dans une occasion d'éclat telle que celle-là, au milieu des querelles de la constitution, où il jouait un rôle, il se serait décrié dans le parti contraire s'il ne se montrait curé en toute rigueur. Le régent, ne pouvant persuader le curé, offrit de s'en rapporter au cardinal de Noailles. Languet y consentit, et n'eût peut-être pas été fâché que la complaisance du cardinal, en débarrassant un prêtre subordonné, qui aurait eu l'honneur de la morale sévère, prêtât le flanc aux constitutionnaires, et belle matière à paraphraser. Le cardinal, prié de se rendre au Luxembourg, y arriva; et, sur l'exposé du régent, approuva la conduite du curé, et insista à congédier les deux sujets de scandale.

La Mouchy, ne pouvant se dissimuler le danger où était sa maîtresse, croyait avoir tout prévu en faisant venir un cordelier pour confesser la princesse, et ne doutait pas que le curé n'apportât ensuite le viatique. Elle ne soupçonnait pas qu'elle fût elle-même le principal sujet de la conférence, lorsque le régent la fit demander. Elle entr'ouvrit la porte; et le régent, sans entrer ni la faire sortir, lui dit quelles conditions on mettait à l'administration des sacrements. La Mouchy, étourdie du compliment, paya pourtant d'audace, s'emporta sur l'affront qu'on faisait à une femme d'honneur, assura que sa maîtresse ne la sacrifierait pas à des cagots, rentra, et, quelques moments après, vint dire au régent que la princesse était révoltée d'une proposition si insolente, et referma la porte. Le cardinal, à qui le régent rendit la réponse, représenta que ce n'était pas celle qu'il fallait chasser qu'on dût charger de porter la parole; que c'était au père à s'acquitter de ce devoir, et à exhorter sa fille à remplir le sien. Le prince, qui connaissait le caractère violent de sa fille, s'en défendit; et, sur son refus, le cardinal se mit en devoir d'entrer, et de parler lui-même. Le régent, craignant que l'aspect du prélat et du curé ne causât à la malade une révolution qui la fît mourir, se jeta au-devant du cardinal, et le pria d'attendre qu'on l'eût préparée à une telle visite. Il se fit encore ouvrir la porte, et annonça à la Mouchy que l'archevêque et le curé voulaient absolument parler. La malade, qui l'entendit, entra dans une égale fureur contre son père et contre les prêtres, disant que ces cafards abusaient de son état et de leur caractère pour la déshonorer, et que son père avait la faiblesse et la sottise de le souffrir, au lieu de les faire jeter par les fenêtres.

Le régent, plus embarrassé qu'auparavant, vint dire au cardinal que la malade était dans un tel état de souffrance qu'il fallait différer. Le prélat, las d'insister inutilement, se retira, après avoir ordonné au curé de veiller attentivement aux devoirs de son ministère.

Le régent, fort soulagé par la retraite du cardinal, aurait bien voulu être encore délivré du curé. Mais celui-ci s'établit à poste fixe à la porte de la chambre; et pendant deux jours et deux nuits, lorsqu'il sortait pour se reposer ou prendre quelque nourriture, il se faisait remplacer par deux prêtres qui entraient en faction. Enfin, le danger étant cessé, cette garde ecclésiastique fut levée, et la malade ne pensa qu'à se rétablir.

Malgré ses fureurs contre les prêtres, la peur de l'enfer l'avait saisie. Il lui en resta une impression d'autant plus forte, que sa santé ne se rétablissait pas parfaitement, et que sa passion était aussi vive que jamais. Riom, aidé des conseils du duc de Lauzun, son oncle, résolut de profiter des dispositions de sa maîtresse pour l'amener à un mariage qui tranquilliserait sa conscience et assurerait ses plaisirs. Le duc de Lauzun imaginait le plan, les moyens, les expédients; et Riom agissait en conformité.

Ils ne trouvèrent pas grande difficulté avec une femme éperdue d'amour, effrayée du diable, et subjuguée de longue main. Riom n'avait qu'à ordonner pour être obéi; aussi le fut-il, et il ne se passa pas quatre jours du projet à l'exécution. Quelques dates rapprochées le prouveront; et comme la duchesse de Berri mourut fort peu de temps après, je rapporterai tout de suite ce qui la regarde.

Cette princesse tomba malade le 26 mars; Pâques était le 9 avril, et dès le mardi saint 4 elle fut hors de danger. Il faut savoir que l'usage des paroisses de Paris est de porter pendant la semaine sainte la communion à tous les malades, sans qu'ils soient dans le cas de la recevoir en viatique : il suffit qu'ils soient hors d'état d'aller faire leurs pâques à l'église. Il y avait donc une double raison de porter les sacrements à la princesse: celle de son état et celle du temps. Loin que le public eût vu remplir ce devoir, les motifs du refus avaient éclaté, et la semaine de Pâques n'en était que plus embarrassante à passer dans Paris.

Quoique cette princesse fût en convalescence, elle était encore loin de soutenir la fatigue d'un voyage : cependant, quelques représentations qu'on lui fît, elle partit le lundi de Pâques, et alla s'établir à Meudon. Son mariage était déjà fait, c'est-à-dire qu'elle et Riom avaient reçu la bénédiction d'un prêtre peu difficultueux et bien payé. Cela suffisait pour calmer ou prévenir des remords; mais non pas pour constater le mariage d'une princesse du sang, petite-fille de France.

Le régent le savait, et s'y était faiblement opposé. Il supposa que si sa fille retombait dans l'état où elle avait été, une confidence faite au curé le rendrait plus flexible, et lui ferait éviter un éclat. La complaisance de ce prince n'en est pas moins inconcevable, et faisait penser qu'il y avait eu entre le père et la fille une intimité qui passait la tendresse paternelle et filiale, et que le père craignait un aveu de sa fille dans un accès de dépit furieux. Malheureusement tout était croyable de la part de deux personnes si dégagées de scrupules et de principes. De toutes les horreurs des *Philippiques*, le régent n'avait paru vraiment sensible qu'à l'article du poison, dont il était incapable.

Quoi qu'il en soit, Riom, qui n'avait pas désiré le mariage par motif de conscience, ne pouvait satisfaire son ambition que par la publicité. Les plus grands établissements en devenaient une suite nécessaire. Il échauffa là-dessus la tête de sa maîtresse, et l'obligea d'en importuner le régent. Ce prince lui opposait en vain des raisons; elle y répondait par des fureurs.

Les altercations entre le père et la fille transpirèrent. Madame et son altesse royale duchesse d'Orléans en apprirent la cause. Son altesse sérénissime ne fut peut-être pas trop fâchée de l'humiliation d'une fille dont elle éprouvait continuellement des hauteurs. A l'égard de Madame, elle n'y voyait aucun embarras; et, outrée de colère, elle ne trouvait rien de si simple que de finir tout en jetant Riom par les fenêtres ou dans la rivière.

Le régent était le plus peiné; et il aurait pu suivre les conseils de Madame, s'il n'eût craint la vengeance et peut-être les aveux d'une fille effrénée. Pour éviter ses persécutions, il la vit rarement, sous prétexte des affaires et de l'éloignement de Meudon; et, pour gagner du temps, fit ordonner à Riom de joindre son régiment, qui était de l'armée du maréchal de Berwick. Tous les colonels étaient déjà partis, et l'honneur ne permettait pas à Riom de différer. Il obéit sur-le-champ, malgré les pleurs de sa maîtresse. Elle en fut au désespoir, et déclara à son père, qui la vint voir quelques jours après, qu'elle était résolue de déclarer son mariage; qu'elle était veuve, maîtresse de sa personne et de ses biens; qu'elle en voulait disposer à sa volonté; et répéta enfin tout ce que Riom lui avait appris de mademoiselle de Montpensier. Le régent, excédé des emportements de sa fille, lui donna des espérances, lui demanda du temps, et la quitta, bien résolu de ne plus revenir.

Au bout de quelques jours, la princesse, inquiète de ne point revoir son père, craignit que cette rareté de visites ne parût une diminution de crédit, le fit prier de venir souper à Meudon, où elle voulait lui donner une fête. C'était dans les premiers jours de mai. Le régent n'ayant pu le refuser, elle voulut que le souper se fît sur la terrasse, quelques remontrances qu'on pût lui faire sur la fraîcheur de la nuit, et sur le danger d'une rechute dans une convalescence mal affermie. Ce fut précisément ce qui la fit s'opiniâtrer, s'imaginant qu'une fête de nuit, et en plein air, détromperait le public de l'opinion qu'elle fût accouchée.

Ce qu'on lui avait annoncé arriva : la fièvre la prit, et ne la quitta plus. Le régent s'étant excusé sur les affaires de la rareté de ses visites, elle prit le parti de se faire transporter à la Muette, où la proximité de Paris engagerait son père à la voir plus fréquemment.

Le trajet de Meudon à la Muette aggrava encore les accidents de sa maladie. Elle se trouva si mal vers la mi-juillet, qu'on fut obligé de lui faire entendre le terrible nom de la mort. Elle n'en fut point effrayée, fit dire la messe dans sa chambre, et reçut la communion à portes ouvertes, comme elle aurait donné une audience d'apparat. L'orgueil inspirait ou soutenait son courage; car, aussitôt que la cérémonie fut achevée, elle fit congédier les assistants, et demanda à ses familiers si ce n'était pas là mourir avec grandeur. Le même jour, elle fit retirer tout le monde, à l'exception de la Mouchy, lui ordonna d'apporter son baguier, qui valait plus de deux cent mille écus, et lui en fit présent. La Mouchy l'ayant reçu sans témoins, craignit qu'on ne l'accusât de l'avoir volé, accusation que sa réputation n'aurait pas détruite. Elle jugea donc à propos de le déclarer pendant que la princesse vivait encore, et alla avec son mari en rendre compte au régent. Ce prince, pour toute réponse, demanda le baguier, le prit, examina s'il n'y manquait rien, le serra dans un tiroir, et les congédia, avec défense de retourner à la Muette.

La mourante ne parut pas s'apercevoir, pendant deux jours qu'elle vécut encore, de l'absence de la Mouchy: uniquement occupée de son dernier moment, sans ostentation ni faiblesse, elle demanda les derniers sacrements, et fut administrée, en présence du curé de Passy, par l'abbé de Castries, son premier aumônier, nommé dès lors archevêque de Tours, et qui depuis l'a été d'Albi. Les médecins n'ayant plus d'espérance, on proposa l'élixir de Garus, qui était alors dans sa première vogue. Garus le donna lui-même, et recommanda surtout qu'on ne donnât aucun purgatif, sans quoi son élixir tournerait en poison. En peu de moments la malade parut ranimée, et le mieux se soutint jusqu'au lendemain : on prétend que Chirac, par un point d'honneur de médecin, qui sacrifierait plutôt le malade que de laisser la gloire de la guérison à un empirique, fit prendre un purgatif à la malade, et qu'aussitôt elle tourna à la mort, tomba en agonie, et mourut la nuit du 20 au 21 juillet. Garus cria au meurtre contre Chirac, qui ne s'en émut pas davantage, regarda l'empirique avec un mépris froid, et sortit de la Muette, où il n'y avait plus rien à faire.

Ainsi finit, à vingt-quatre ans, une princesse également célèbre par l'esprit, la beauté, les grâces, la folie, et les vices. Sa mère et son aïeule apprirent cette mort avec plus de bienséance que de douleur. Le père fut dans la plus grande désolation; mais, sans y faire peut-être réflexion, il se sentit bientôt soulagé de ne plus éprouver les caprices, les fureurs d'une folle, et la persécution d'un mariage extravagant. Cette princesse ne fut d'ailleurs regrettée de personne, parce que les appointements et le logement furent conservés à toute sa maison, à l'exception de la Mouchy, qui fut exilée dans ses terres.

Le duc de Saint-Simon prétend qu'à l'ouverture du corps de la duchesse de Berri, on trouva qu'elle était déjà devenue grosse. En tous cas, elle n'avait pas perdu de temps depuis sa couche. Saint-Simon devait pourtant être instruit, puisque sa femme avait assisté à l'ouverture, comme dame d'honneur de la princesse.

On porta le cœur au Val-de-Grâce, et le corps à Saint Denis. Il n'y eut point d'eau bénite de cérémonie; le convoi fut simple, et au service on s'abstint prudemment d'oraison funèbre. Le deuil du roi fut de six semaines; et quoique la cour ne porte les deuils de respect qu'autant que le roi, on le porta trois mois, comme le régent, et les spectacles furent fermés huit jours.

Une bagatelle peut encore fournir un trait du caractère de la princesse. Dans le commencement de sa maladie, elle voua au blanc, pour six mois, elle et sa maison; et, pour accomplir son vœu, elle ordonna carrosse, harnais et livrées en argent, voulant du moins ennoblir, par le faste, cette dévotion monacale.

La fille de la duchesse de Berri et du comte de Riom, que j'ai vue dans ma jeunesse, est actuellement religieuse à Pontoise, avec trois cents livres de pension.

Une mort qui ne fit pas tant de bruit que celle dont je viens de parler, fut la mort de madame de Maintenon, dont le nom avait, pendant trente-cinq ans, retenti dans toute l'Europe. Du moment qu'elle eut perdu le roi, elle se renferma dans Saint-Cyr, et n'en sortit plus. Elle y était avec une étiquette équivoque de reine douairière. Lorsque la reine d'Angleterre allait dîner avec elle, chacune avait son fauteuil; les jeunes élèves de la maison la servaient, et tout annonçait l'égalité. Quelques anciens amis de la vieille cour lui rendaient des visites, et toujours après l'en avoir fait prévenir, afin qu'elle donnât le jour et l'heure. Aimée, crainte et respectée dans la maison, elle partageait toutes ses journées entre les exercices de piété et l'éducation d'un certain nombre d'élèves qui étaient attachées à sa chambre.

Le duc du Maine était le seul qui pût aller la voir sans le lui faire demander. Il lui rendait des devoirs fréquents, et en était toujours reçu avec une tendresse de mère. Elle fut plus sensible à la dégradation de ce fils adoptif, qu'elle ne l'avait été à la mort du roi. En apprenant qu'il était arrêté, elle succomba à la douleur; la fièvre la prit, et, après trois mois de langueur, elle mourut à quatre-vingt-trois ans, le samedi 15 d'avril.

Les mémoires et les lettres de madame de Maintenon, étant imprimés, me dispensent de m'étendre davantage à son sujet. J'ajouterai seulement qu'elle n'a jamais nié ni assuré formellement qu'elle eût épousé le roi; mais elle le laissait facilement croire. La belle princesse de Soubise, mère du cardinal de Rohan mort en 1749, ayant signé, *avec respect,* une lettre adressée à madame de Maintenon, celle-ci finit sa réponse en disant: *A l'égard du respect, je vous prie qu'il n'en soit plus question entre nous: vous n'en pourriez devoir qu'à mon âge, et je vous crois trop polie pour me le reprocher.* Cette réponse, que j'ai lue, est une défaite. Si elle avait épousé le roi, la princesse de Soubise lui devait beaucoup de respect; sinon, madame de Maintenon en devait elle-même à madame de Soubise. Si elle fût morte avant le roi, c'eût été un événement dans l'Europe; et deux lignes dans la gazette apprirent sa mort à ceux qui ignoraient si elle vivait encore.

La banque, le Mississipi, la constitution, la guerre d'Espagne, occupaient tous les esprits. L'union entre la France et l'Angleterre était telle que le marquis de Senecterre, nommé notre ambassadeur à Londres, ayant demandé ses instructions, l'abbé Dubois répondit qu'il n'en avait point d'autres à donner que de suivre ce que lui prescriraient les ministres du roi George.

Stairs, ministre du roi d'Angleterre à Paris, était trop avantageux pour ne pas chercher les occasions de faire de nouvelles tentatives. Il fit une des plus magnifiques entrées qu'on eût vues; et quand il vint prendre son audience du roi, il prétendit entrer dans la cour, en carrosse à huit chevaux. On l'arrêta à la porte, où il y eut une contestation assez longue; mais il fut à la fin obligé de faire dételer six chevaux, et d'entrer à deux, suivant l'usage. Il ne s'en tint pas là. Après avoir fait sa visite aux princes du sang, il attendait la leur. Le prince de Conti, qui vint le premier pour la rendre, ne voyant point Stairs au bas de l'escalier pour le recevoir, ce qui est de règle, attendit quelque temps dans son carrosse; mais l'ambassadeur ne paraissant point, le prince fit tourner, et alla tout de suite se plaindre au régent. Sur-le-champ les princesses, à qui Stairs avait déjà demandé audience, furent averties de ne le pas recevoir qu'il n'eût rendu aux princes ce qu'il leur devait. Il se passa deux mois de disputes et de négociations là-dessus, et il fallut enfin que Stairs rentrât dans la règle.

Le régent, toujours importuné des querelles sur la constitution, les aurait arrêtées avec de la fermeté; il avait des exemples de ce que peut un prince qui parle en maître. L'archevêque de Malines, de Bossu, ayant voulu se faire un des apôtres de la constitution, l'empereur lui fit défendre de parler ni d'écrire sur cette matière; et le prélat demeura tranquille.

Le roi de Sardaigne, instruit des premières disputes sur le même sujet, manda les supérieurs des jésuites, leur déclara qu'il ne prétendait pas qu'on en usât chez lui comme en France, et que s'il était question le moins du monde de constitution, il les chasserait tous. Les respectueux pères essayèrent de lui persuader qu'ils n'avaient aucune part à ces disputes : *Je n'entre point*, dit le roi, *en éclaircissement là-dessus; mais si j'en entends parler davantage, je vous chasse tous sans retour*. Il les congédia d'un signe de tête, leur tourna le dos, et depuis n'entendit jamais parler de constitution.

Il n'en était pas ainsi en France, où il y avait guerre ouverte entre les constitutionnaires et les appelants. Le parlement, très-opposé à la cour de Rome, en réprimait les entreprises, et rendit un arrêt contre le décret de l'inquisition, qui dénonçait au saint office tous les opposants. Quelque temps auparavant, un huissier du Châtelet, nommé Legrand, était allé à Rome, où, se mêlant dans la foule de ceux qui présentaient des placets au pape, il lui remit en mains propres l'acte d'appel des quatre évêques; le soir, il l'afficha au Vatican, au champ de Flore, et repartit en poste. Il rencontra, en revenant, le courrier du nonce Bentivoglio, qui lui demanda ce qu'il y avait de nouveau à Rome. *Quand vous y serez,* lui répondit Legrand, *vous y apprendrez de mes nouvelles.* Paulucci, secrétaire d'État de Clément XI, fut fort étonné de trouver, parmi les placets que le pape lui renvoya, une signification faite à sa sainteté, *parlant à sa personne.*

Cependant l'armée de France agissait en Navarre. Fontarabie et Saint-Sébastien étaient pris, et l'armée d'Espagne n'était pas en état de s'opposer à la nôtre. Leur flotte avait été battue, l'année précédente par l'amiral Bing, commandant de la flotte anglaise; et le capitaine Bing, fils de l'amiral Bing, en apporta la nouvelle à Paris. C'est celui qui depuis a payé de sa tête le malheur qu'il avait eu devant Mahon, au commencement de la guerre présente. Son sang, justement ou injustement répandu, a été la semence de toutes les victoires des Anglais. Quelques malheurs que nous ayons essuyés, nous pourrions nous relever un jour, si nous avions appris de ces rivaux qu'il faut récompenser et punir.

Pendant qu'on faisait la guerre à l'Espagne, on s'appliquait à découvrir ceux qui avaient eu des intelligences avec Alberoni. Le régent ne voulait pas qu'on fît le procès en forme au duc et à la duchesse du Maine; mais il craignait aussi qu'on ne lui reprochât de les avoir fait arrêter par une haine personnelle. C'est pourquoi il exigea que la duchesse du Maine donnât une déclaration de toute son intrigue avec Cellamare et Alberoni. De quelques détours qu'elle usât dans ses aveux, il en résultait toujours que le projet était de faire révolter, contre le régent,

Paris, les provinces, et particulièrement la Bretagne, où les vaisseaux espagnols devaient être reçus. Pour disculper son mari, elle déclarait qu'il était trop timide pour qu'elle lui eût jamais confié un dessein dont il aurait été effrayé, et qu'il aurait sûrement dénoncé. Si le duc du Maine fut soulagé de se voir justifier, il ne dut pas être fort flatté des motifs.

Elle nomma d'ailleurs tous ceux qui étaient entrés dans la conspiration, parmi lesquels se trouvaient plusieurs gentilshommes bretons.

J'ai lu le procès de ceux qui furent exécutés à Nantes; je me suis entretenu plusieurs fois de cette affaire avec quelques-uns des juges et de ceux qui furent effigiés : je n'ai jamais vu de complot plus mal organisé. Plusieurs ne savaient pas exactement de quoi il était question, ou ne s'accordaient pas les uns avec les autres. Le plus grand nombre pensant seulement qu'il se ferait une révolution, s'était engagé de la seconder; et beaucoup avaient donné leur parole et leur signature sans entrer en plus d'examen. Il y en a qui m'ont avoué une folie dans laquelle je n'aurais pas cru possible de donner, si leur récit n'était pas confirmé par la déclaration de la duchesse du Maine. Ils comptaient, disaient-ils, enlever le roi à un voyage de Rambouillet, le conduire en Bretagne, et de là faire la loi au régent. En suivant les différents chaînons de cette affaire, tel Breton s'y trouva impliqué à qui le nom de la duchesse du Maine n'était jamais parvenu. On ne pouvait se défendre de la compassion pour certains complices que j'ai connus, quand on considérait leur peu de valeur personnelle.

Le duc et la duchesse du Maine obtinrent enfin leur liberté, et le régent la fit rendre successivement à tous ceux qui étaient à la Bastille pour la même affaire. Il y a grande apparence qu'il en eût usé avec la même clémence à l'égard des gentilshommes bretons, si l'on ne lui eût pas persuadé de faire quelques actes de sévérité. On nomma donc une commission, qui alla s'établir à Nantes, pour instruire le procès des accusés. Ainsi on sacrifia les plus innocents, ou du moins les plus excusables. L'amour de ma patrie ne me rendra point partial, ni ne me fera pas trahir la vérité; mais je rendrai justice à une province noblement attachée au roi, et qui réclamait contre la violation de ses priviléges. Les peuples les plus jaloux de leurs droits sont les plus attachés à leurs devoirs, et le mécontentement des Bretons était fondé dans son origine. Les états avaient voulu faire rendre compte à Montaran, leur trésorier; rien n'était plus juste et n'intéressait moins l'État. Le régent devait, au contraire, approuver une conduite si régulière. Malheureusement pour la province, Montaran avait un frère capitaine aux gardes, gros joueur et fort répandu. Un tel sujet est un homme intéressant à Paris. Il employa le crédit de plusieurs femmes, qui prouvèrent clairement qu'on devait beaucoup d'égards au frère d'un homme si utile à la société; et les états eurent le démenti de leur entreprise. De là l'humeur gagna les bons citoyens; et s'ils cessèrent de l'être, le régent devait s'imputer d'en avoir été la première cause, en sacrifiant la justice et le bon ordre à des intrigues de femmes. Nous en verrons les malheureuses suites, lorsque j'aurai rapporté quelques événements antérieurs, pour ne pas trop intervertir l'ordre des temps.

Le duc de Richelieu fut un des premiers qui obtinrent la liberté. Il ne parut pas d'abord à la cour; mais, après deux ou trois mois de courses à différentes campagnes, il se montra avec un vernis d'importance que lui donnait une prison pour affaire d'État, et l'air brillant d'un jeune homme qui doit sa liberté à l'amour. J'aurai quelquefois occasion d'en parler, si je continue ces mémoires jusqu'au terme que je me propose. On verra un homme assez singulier, qui a toujours cherché à faire du bruit, et n'a pu parvenir à être illustre; qui, employé dans les négociations et à la tête des armées, n'a jamais été regardé comme un homme d'État, mais comme le chef des gens à la mode, dont il est resté le doyen.

On a vu ce qui faisait son crime. Pour entendre ce qui lui valut son absolution, il faut savoir que, lors de la chambre de justice, Berthelot de Pleneuf, enrichi dans les vivres et dans les hôpitaux de l'armée, s'enfuit à Turin. Comme il n'avait pas moins l'esprit d'intrigue que celui des affaires, il se lia avec les commis des bureaux, s'insinua par degrés auprès des ministres de cette cour, et, pour se faire un mérite qui pût lui procurer un retour agréable en France, il entreprit de négocier le mariage de mademoiselle de Valois avec le prince de Piémont, fils du roi Victor. Quand il vit la proposition assez bien reçue à Turin, il chargea sa femme, qu'il avait laissée à Paris, d'en instruire le régent, qui goûta fort ce mariage, et chargea l'abbé Dubois de suivre cette affaire. Il ne pouvait pas s'adresser plus mal. L'abbé, dans le dessein de se rendre agréable à l'empereur, dont la protection devait lui procurer le chapeau de cardinal, favorisait le projet que ce prince avait d'enlever la Sicile au roi Victor. Il n'avait donc garde de faire prendre au régent aucun engagement avec la cour de Turin. Il prit le parti de montrer beaucoup d'ardeur pour le succès de ce mariage, de peur que la négociation n'en fût donnée à un autre, et cependant de la faire échouer. Il se servit très-habilement des circonstances, et de la connaissance qu'il avait du caractère de Madame, mère du régent.

Pendant qu'on négociait le mariage de mademoiselle de Valois, cette princesse s'était prise de passion pour le duc de Richelieu ; la fatuité de l'un, l'étourderie de l'autre, firent assez d'éclat pour que Madame en fût instruite. Elle le prit avec autant de hauteur que de vertu, retint le plus qu'elle put sa petite-fille auprès d'elle, et fit avertir le duc de Richelieu que, s'il se souciait de ses jours, il eût à ne pas approcher des lieux où elle serait.

Le duc de Richelieu fut assez prudent pour profiter de l'avis ; d'ailleurs, il avait tiré de l'aventure le fruit le plus précieux pour lui, celui de l'éclat.

L'abbé Dubois saisit ce moment pour laisser transpirer ce qui se négociait au sujet du mariage du prince de Piémont. Cela fut jusqu'à Madame, qui entretenait avec la reine de Sicile une correspondance d'amitié assez suivie. Dans l'accès d'humeur où elle était contre sa petite-fille, elle n'eut rien de plus pressé que d'écrire à la reine de Sicile qu'elle était trop son amie pour lui faire un aussi mauvais présent que mademoiselle de Valois. Quelques jours après, et lorsque la lettre devait être rendue, Madame déclara au duc et à la duchesse d'Orléans le bel acte de franchise qu'elle avait fait. La duchesse d'Orléans en fut au désespoir; mademoiselle de Valois ne s'en soucia guère, l'abbé Dubois joua le fâché, et s'applaudit intérieurement de son manége de coquin : le régent ne fit que rire de l'incartade allemande de sa mère, et s'inquiéta peu du chagrin de sa femme.

Cependant, il songea à se débarrasser de sa fille, craignant qu'elle ne suivît les traces de la duchesse de Berri, sa sœur; et, quoiqu'il ne fût pas fort délicat sur les mœurs de sa famille, il voulut prévenir des écarts plus frappants encore de la part d'une fille que d'une veuve, et ne tarda pas à conclure le mariage de mademoiselle de Valois avec le prince fils du duc de Modène, qui se trouva très-honoré de cette alliance; et, quelques propos qui lui fussent parvenus ou non sur la princesse, il n'était pas en droit d'être si difficile.

Mademoiselle de Valois ne prit pas son parti avec autant de facilité; mais il fallait obéir. Elle exigea du moins, pour prix du sacrifice, la grâce du duc de Richelieu, qui obtint de l'amour ce qu'il eût à la fin obtenu de la clémence du régent.

Ce prince s'inquiétait beaucoup moins de ses disgrâces domestiques que des difficultés du parlement. Cette compagnie, d'abord consternée du lit de justice, était revenue de son étourdissement : son principe est de ne regarder comme juridiques que les enregistrements faits librement et après examen. L'enregistrement n'est point, suivant ses maximes, un simple acte de notoriété; elle pense, sans toutefois le dire formellement, qu'elle donne la sanction à la loi qu'elle enregistre, et que tout ce que le roi fait d'autorité et sans liberté de suffrages est nul. Je n'entrerai pas dans une discussion si délicate. Toujours est-il à désirer qu'il y ait à une autorité absolue un contre-poids qui l'empêche de devenir arbitraire. J'ai cherché quelquefois à éclaircir ces principes avec des hommes très-instruits de nos lois et de notre histoire. Un des plus éclairés et des plus zélés parlementaires, à qui je demandais de me marquer précisément les bornes qui séparent l'usurpation d'avec le droit des parlements : *Les principes*, répondit-il, *en cette matière, sont fort obscurs; mais, dans le fait, le parlement est fort sous un roi faible, et faible sous un roi fort.* Un ministre de bonne foi donnerait peut-être la même réponse, s'il était obligé de s'expliquer sur la puissance royale relativement à la nation.

Le régent, très-mécontent de la résistance du parlement contre les opérations de Law, avait pris le parti de se passer d'enregistrement; mais il n'en sentait pas moins la nécessité de compter avec l'opinion publique, parce que le public compte le parlement pour beaucoup. Cependant Law n'avait rien à désirer pour le succès de son système. Les billets de banque, les actions, tous les différents papiers étaient préférés à l'argent, qui a une valeur fixée par toutes les nations; au lieu que les effets en papier, ayant une valeur idéale, sont toujours susceptibles de celle que l'imagination y met. On ne ferait pas comprendre aujourd'hui la frénésie qui avait saisi toutes les têtes. Il y a des folies qui ne sont concevables que dans le temps où règne leur épidémie. Law, qui prévoyait mieux que personne quel serait le dénoûment de sa pièce, aurait fort désiré de s'appuyer de l'approbation du parlement, et par là mettre un jour l'auteur à couvert de la vindicte publique. Mais le régent trouva toujours dans le parlement la plus grande opposition, peut-être autant contre la nouveauté que contre la folie du système.

Law, n'ayant plus espérance de réussir auprès de cette compagnie, conçut le projet de l'anéantir. Appuyé de l'abbé Dubois et du duc de la Force, il persuada au régent de rembourser en papier toutes les charges de judicature. Le public, prétendaient-ils, verrait avec plaisir supprimer la vénalité des charges; le roi deviendrait ainsi maître du parlement, et chaque place de président ou de conseiller ne serait plus qu'une commission amovible.

Quelles que soient les déclamations contre la vénalité des charges, on comprend, après un examen réfléchi, qu'il est aussi dangereux de supprimer que d'établir de certains abus.

Le remboursement des charges, suivi du nouveau plan d'administration qu'on proposait, anéantissait la magistrature; et de quelle nécessité n'est-elle pas en France! Si le parlement a quelquefois embarrassé mal à propos la marche du gouvernement, quels services n'a-t-il pas rendus! Si tous les membres ne se préservèrent pas du poison de la Ligue, c'est le corps qui l'a étouffée. Ceux mêmes qui formaient le parlement de la Ligue se déclarèrent, au milieu des Guises et des Espagnols, pour les principes de la monarchie. C'est donc le parlement qui a conservé la couronne dans la maison régnante. Quelque exagérées que soient ses prétentions, si le roi fait craindre sa puissance, c'est le parlement qui la fait respecter. Quel avantage n'est-ce pas pour le roi d'avoir un corps dont les principes, toujours subsistants, s'opposent aux entreprises de la cour de Rome, à celles mêmes du clergé de France, séculier ou régulier! Quel avantage pour les sujets que ce même corps puisse mettre quelques entraves aux excès du crédit ministériel! Le parlement peut suppléer à la faiblesse d'un prince timide, éclairer un roi puissant, mais superstitieux, contre les suggestions d'un confesseur fanatique. Dans combien d'occasions un roi ne peut-il pas laisser faire un bien que sa prudence l'empêche d'opérer lui-même ouvertement!

Quoiqu'une nomination de bénéfices ne soit pas un événement d'histoire, je parlerai de celles qui auront quelque chose de singulier. L'abbé de la Tour-d'Auvergne fut nommé à l'archevêché de Tours. L'abbé de Thésul, qui écrivait la liste sous la dictée du régent : *Ah, monseigneur! quel sujet!* s'écria-t-il ; *faites attention au scandale. Que diable!* dit le régent, *je le sais bien; mais les Bouillons me persécutent ; je veux m'en délivrer. Écris toujours*. Thésul écrivit. On nomma en même temps évêque de Sisteron le jésuite Laffiteau, chargé des affaires à Rome, où i vivait comme le nonce Bentivoglio à Paris; de sorte qu'avant de se faire sacrer, il fut obligé de faire, chez un chirurgien, une quarantaine qui lui tint lieu d'une retraite au séminaire. C'était un des grands arcs-boutants de la constitution. Ce ne fut pourtant pas ce qui le fit évêque. L'abbé Dubois lui ayant fait part du désir d'être cardinal, le payait à Rome pour en préparer les voies. Le jésuite, qui avait les mêmes vues, prenait l'argent, et s'en servait pour lui-même. Les coquins se devinent; l'abbé s'en aperçut ; et, n'étant pas encore assez puissant pour en prendre une vengeance qui eût dévoilé ses desseins, résolut de s'en débarrasser, sous prétexte de récompenser ses services. Laffiteau, si différent des anciens évêques, le fut, comme eux, malgré lui. Également éloigné de Rome et de la cour, il se vit honnêtement relégué à Sisteron.

Leblanc, secrétaire d'État, profitant de son crédit, fit, dans la même promotion, donner l'évêché d'Avranches à l'abbé Leblanc, son frère, curé de Dammartin, honnête homme et bon ecclésiastique.

L'abbé Guérin de Tencin alla remplacer Laffiteau à Rome, afin qu'on ne s'y aperçût pas qu'on y eût rien perdu. Celui-ci, à beaucoup d'égards, valait mieux que son prédécesseur. Fils d'un président au parlement de Grenoble, né avec de la figure et de l'esprit, surtout celui d'intrigue, sans scrupules ni mœurs de son état, il parvint à la plus haute fortune, puisqu'il est mort cardinal et archevêque de Lyon. Il fut parfaitement secondé dans sa carrière par une sœur chanoinesse, qui, ne faisant qu'une âme et un cœur avec ce frère, reporta sur lui toute l'ambition qu'elle aurait eue si son sexe la lui eût permise. Elle ne se réserva que la galanterie, qu'elle a aussi souvent employée comme moyen de réussir que pour ses plaisirs. Je l'ai beaucoup connue; on ne peut pas avoir plus d'esprit; elle avait toujours celui de la personne à qui elle avait affaire. Le frère et la sœur s'étaient fait un système suivi de flatterie; et, quoiqu'ils eussent l'indiscrétion de l'avouer, et qu'ils le portassent jusqu'au dégoût, il leur a toujours réussi. Le génie des plus habiles intrigantes s'éclipsait devant celui de la Tencin. Elle était très-jolie étant jeune, et conserva, dans l'âge avancé, tous les agréments de l'esprit. Elle plaisait à ceux mêmes qui n'ignoraient rien de ses aventures.

Ses parents la firent religieuse malgré elle, dans le couvent de Mont-Fleury, près de Grenoble. En faisant ses vœux, elle songea aux moyens de les rompre; et son directeur fut l'instrument aveugle qu'elle employa pour ses desseins. C'était un bon ecclésiastique, fort borné, qui devint amoureux d'elle sans qu'il s'en doutât le moins du monde. La pénitente ne s'y trompa nullement, profita habilement du faible du saint homme, en fit son commissionnaire zélé, en tira les éclaircissements nécessaires; et lorsque les choses furent au point où elle les désirait, elle réclama contre ses vœux, et réussit enfin à passer de son cloître dans un chapitre de Neuville, près de Lyon, en qualité de chanoinesse. Je tiens tout ceci d'elle-même. Bientôt elle fut aussi libre qu'elle pouvait le désirer. L'inclination que l'abbé Dubois prit pour elle acheva le reste. J'ai ouï dire qu'elle eut avec le régent une intrigue qui ne dura pas ; elle se pressa un peu trop d'aller à ses fins, et dégoûta le prince, qui ne la prit qu'en passade, et dit qu'il n'aimait pas les p...... qui parlent d'affaires entre deux draps. Elle tomba du maître au valet, et le crédit qu'elle prit sur l'abbé Dubois la consola. Ce n'était pas son coup d'essai ; elle avait déjà eu un enfant en 1717, de Destouches, appelé communément Destouches-Canon [1].

Elle aimait passionnément son frère, l'abbé de Tencin, dont l'avancement devint presque l'unique objet de toutes ses intrigues. Nullement intéressée, elle regardait l'argent comme un moyen de parvenir, et non comme un but digne de la satisfaire. Elle n'a jamais joui que d'un revenu très-médiocre, et ne voulait de richesses que pour son frère, afin qu'elles pussent aider à l'ambition. Elle était d'ailleurs très-serviable, quand elle n'avait point d'intérêts contraires. Elle ambitionnait la réputation d'être amie vive ou ennemie déclarée, saisit habilement quelques occasions de le persuader, et s'attacha ainsi beaucoup de gens de mérite.

Elle n'eut pas besoin de tout son crédit sur l'abbé Dubois pour l'intéresser en faveur de l'abbé de Tencin. Le premier reconnut bientôt que l'autre était l'ouvrier qu'il lui fallait. Il commença par le charger d'une opération ecclésiastique qui n'était pas difficile, et devait cependant faire du bruit : c'était la conversion de Law. Cet Écossais connaissait déjà assez la France pour savoir qu'on n'y punit guère les coupables qui ont occupé de grandes places. En conséquence, il voulut se faire contrôleur général. Il ne le pouvait sans être naturalisé, ni se faire naturaliser sans se faire catholique. Il se portait pour protestant, et l'abbé de Tencin fut chargé de ce prosélyte. Après le temps supposé nécessaire pour une telle conversion, Law fit son abjuration à Melun, de peur qu'elle ne fût prise en plaisanterie dans la capitale ; et l'abbé de Tencin retira de ce pieux travail beau-

---

[1] Cet enfant est devenu un homme illustre, et qui a autant de vertus que de lumières : c'est d'Alembert.

coup d'actions et de billets de banque. Je vois cependant, dans une de ses lettres à sa sœur, qu'il se plaint de ce que sa fortune ne répond pas à l'opinion publique, et regrette fort de ne l'avoir pas justifiée. Quoi qu'il en soit, cette espèce de simonie ne lui fit point d'affaires ; mais il fut déféré au parlement pour une autre par un abbé de Vessière, et fit une étourderie majeure dans ce procès, où il assista en personne à la plaidoirie. Aubry, avocat adverse, ayant paru faiblir dans ses allégations, l'avocat de l'abbé de Tencin voulut s'en prévaloir, cria contre une accusation vague et destituée de preuves, et nia le marché simoniaque. Aubry joua l'embarras. L'abbé crut faire merveille de saisir ce moment pour confondre la calomnie, et s'offrit de s'en purger par serment, si la cour le permettait. Aussitôt Aubry l'arrêta, dit qu'il n'en était pas besoin, et produisit le marché en original. Ce fut un coup de théâtre. Les juges montrèrent leur indignation ; les huées partirent de l'assemblée ; l'abbé, confondu, essaya de s'évader ; mais des gens charitables lui fermèrent le passage, et ne le laissèrent fuir qu'après l'avoir donné longtemps en spectacle.

L'abbé de Tencin, n'ayant plus rien qui l'engageât à rester à Paris, partit pour l'ambassade de Rome. Je vois encore dans ses lettres qu'il a toujours eu cette affaire-là sur le cœur. Nous le verrons bientôt à Rome, profitant de la leçon de prudence qu'il avait reçue au parlement, montrer lui-même quel parti on peut tirer d'un marché signé.

Le motif qui m'a fait parler d'une nomination de bénéfices qui exigeait quelques remarques, m'engage à m'arrêter un peu sur une nomination de cardinaux de cette même année. Belluga, évêque de Murcie en Espagne, fut de cette promotion. Ce prélat avait rendu les plus grands services à Philippe V dans la guerre de la succession. Lorsque ce prince fut obligé de fuir de sa capitale, Belluga exhorta ses diocésains à la fidélité, et, joignant aux prédications pathétiques un exemple qui l'était encore plus, il vendit tout ce qu'il possédait, paya de son bien deux mois de solde aux troupes, fit subsister l'armée, enflamma enfin tous les Espagnols d'un héroïsme qui remit le roi sur le trône. Belluga, croyant n'avoir fait que son devoir, ne parut point à la cour après le rétablissement du roi, et ne s'occupa, dans son diocèse, que des fonctions épiscopales.

Nous avons vu qu'Alberoni, pour subvenir aux frais de la guerre contre l'empereur, fit demander au pape, par Philippe V, un indult, en vertu duquel on taxa tous les biens ecclésiastiques. La taxe fut poussée bien au delà de l'indult. Belluga, regardant la surtaxe comme un abus de l'autorité, refusa de payer. L'exemple d'un prélat si respecté fut suivi de tout le clergé. Le pape, mécontent de Philippe V, révoqua l'indult; et le roi, voulant de son autorité faire continuer la levée de l'imposition, menaça inutilement l'évêque de Murcie, qui persista dans son refus.

Dans ces circonstances, le pape fit une promotion de dix cardinaux, et y comprit Belluga. Ce prélat déclara qu'il n'accepterait pas sans la permission du roi son maître, qui était fort éloigné de la donner. Philippe V, regardant cette nomination comme une injure personnelle à lui, ne l'eut pas plutôt apprise, qu'il envoya défendre à Belluga d'accepter; mais le refus avait prévenu l'ordre du roi. Le pape, alors plus mécontent que le prince, écrivit à Belluga un bref portant ordre de prendre la pourpre, en vertu de la sainte obéissance. Belluga répondit au saint père qu'il était indifférent pour la religion qu'il fût cardinal ou non; mais qu'il était du devoir d'un sujet d'obéir à son prince. Le pape menaça le prélat, qui ne fut pas plus ému des menaces du saint père qu'il ne l'avait été de celles du roi sur l'imposition, ne s'en fit pas le moindre mérite à la cour, et refusa aussi constamment le chapeau que la taxe.

Plusieurs mois après, l'accommodement se fit entre les deux cours, sans que Belluga daignât s'en informer : alors le roi envoya à Rome sa nomination au cardinalat en faveur de Belluga, à qui il donna ordre en même temps d'accepter. Le cardinal vint à Madrid, présenta sa calotte au roi, la reçut de sa main, et retourna dans son diocèse.

On ne croirait jamais qu'une telle conduite fût celle d'un prélat espagnol; en voici le contraste dans un cardinal français de la même promotion.

Mailly, d'une ancienne noblesse de Picardie [1], né pauvre, et qui le fut longtemps, était enfin parvenu à être archevêque d'Arles, et ensuite de Reims. Il ne lui manquait, pour couronner sa fortune, que le chapeau de cardinal; et il y avait aspiré dès le temps où il était à peine en état de se vêtir. Il entretint une correspondance suivie avec tout ce qui tenait à Rome, et gardait, sur ce commerce, un secret d'autant plus exact, qu'il avait pensé être perdu sous le feu roi, pour avoir écrit au pape. C'était alors un crime d'État, pour un ecclésiastique, que d'écrire à Rome autrement que par le ministre des affaires étrangères ou par les banquiers expéditionnaires. Il fallut pour le sauver, et le faire nommer depuis à Reims, tout le crédit du père Tellier. Mais dès que la constitution eut fait oublier nos principes, et que le régent eut permis toute licence, Mailly ne se contraignit plus. Jaloux de la considération dont jouissait le cardinal de Noailles, il entreprit de se distinguer dans le parti opposé, et y laissa bientôt derrière lui les plus fanatiques, qu'il appelait les tièdes. Il fut si flatté de voir une de ses lettres pastorales brûlée par un arrêt du parlement, qu'il fonda une messe *en actions de grâces*, disait-il, *d'avoir été digne de participer aux opprobres de Jésus-Christ, et de souffrir pour la justice*. Il espérait que le parlement l'attaquerait là-dessus; mais on voyait si clairement qu'il ambitionnait le titre de martyr, dont la couronne serait le chapeau de cardinal, que, pour le punir, on le laissa en paix.

Cependant ses incartades faisaient merveilleusement pour lui à Rome, et il acheva de gagner le cœur du pape en le priant de lui faire part de ses homélies, *dont on parlait*, disait-il, *avec admiration*. C'était l'endroit sensible du bon Clément XI, qui se piquait d'écrire supérieurement en latin; et cela pouvait bien être, avec le secours du jésuite Jouvency et autres. Le pape, charmé de trouver à la fois dans Mailly tant de religion et de goût, le nomma cardinal *proprio motu*.

Le régent, déjà très-mécontent de l'archevêque, entra dans la

---

[1] Il était frère du comte de Mailly, qui épousa une nièce de madame de Maintenon. La comtesse de Mailly fut dame d'atour de la duchesse de Bourgogne. Le marquis de la Vrillière épousa une fille du comte de Mailly. Le comte de Saint-Florentin et la comtesse de Maurepas sont enfants de cette Mailly.

plus violente colère, et ordonna aussitôt à Villeron [1], enseigne des gardes du corps, d'aller à Reims défendre à l'archevêque d'en sortir et de porter la calotte; de la lui arracher, s'il la lui trouvait; et s'il le rencontrait en chemin, de le faire rétrograder.

La Vrillière, neveu de l'archevêque, lui avait dépêché un courrier pour le prévenir de la colère du régent, et parer aux imprudences que l'engouement de la calotte lui ferait faire. Cela ne l'empêcha pas de partir pour Paris, et il avait déjà passé Soissons lorsque Villeron le rencontra. Heureusement l'archevêque n'avait pas sa calotte; il était trop bien averti : Villeron fut fort aise de n'avoir pas de violence à faire, notifia ses ordres à l'archevêque, l'exhorta à retourner sur ses pas, et, après beaucoup de pourparlers, le ramena à Soissons, où ils couchèrent. Le lendemain il fut question de continuer la route vers Reims. L'archevêque dit à Villeron qu'il était inutile de le conduire; que cela ne ferait qu'un éclat désagréable; que l'ordre était censé exécuté; que pendant qu'il retournerait à Reims Villeron irait à Paris rendre compte au régent de l'obéissance avec laquelle ses ordres avaient été reçus. Villeron se rendit; mais à peine était-il parti, que l'archevêque le suivit assez lentement pour ne le pas retrouver, et assez vite pour arriver le même jour à Paris, où il se tint caché.

L'abbé de la Fare, intrigant, actif, bavard, ne doutant jamais de rien, difficile à déconcerter, et très-propre à essuyer la première bordée de l'abbé Dubois, vint le trouver de la part de l'archevêque, dont il était grand vicaire. Dubois, enragé de voir deux cardinaux français [2] nommés à la fois, sentant qu'un troisième chapeau, auquel il aspirait sans oser encore le dire, n'en serait que plus difficile à obtenir, avait lui-même enflammé la colère du régent. On peut juger de là comment il traita la Fare. L'orage fut violent : la Fare laissa tout couler; puis, d'un air affectueux, il représenta à l'abbé Dubois qu'il ne convenait pas à un

---

[1] Gentilhomme provençal, fils d'une sœur du cardinal de Janson. Il s'appela, dans la suite, le comte de Cambis, fut chevalier des ordres et ambassadeur à Londres, où il est mort.

[2] Le cardinal de Gesvres, archevêque de Bourges, était l'autre. Il avait eu successivement la nomination du roi de Pologne, Auguste, puis de Stanislas, et une seconde fois du roi Auguste après son rétablissement. Il se démit ensuite de son archevêché en faveur de l'abbé de Roye, qui a été le cardinal de la Rochefoucauld.

homme de son mérite, à un grand ministre comme lui, fait pour être cardinal, de s'opposer aux grâces du pape, le supplia d'y faire réflexion, et se retira.

L'abbé Dubois profita de l'avis, comprit que tôt ou tard il faudrait accommoder cette affaire, et qu'il valait encore mieux s'en faire un mérite à Rome que de le laisser à d'autres. Il était d'ailleurs si flatté que l'abbé de la Fare le trouvât fait pour la pourpre! Le projet était donc naturel; mais il ne fallait pas non plus y mettre soi-même obstacle.

Il manda l'abbé de la Fare, et, sans passer trop brusquement de la fureur de la veille à des caresses maladroites, il ne montra plus qu'un reste d'humeur et d'embarras. La Fare le pénétra, résolut de lui abréger la moitié du chemin, en prenant lestement son parti : *Monsieur*, lui dit-il, *je vais vous parler franchement. Je n'ai aucun ressentiment de la manière dure dont vous me traitâtes hier; je vis bien que vous me parliez en ministre. Vous autres grands politiques, vous ne pouvez pas faire autrement; mais vous n'êtes sûrement pas fâché de faire quelque chose d'agréable au pape, dont vous aurez incessamment besoin; car on voit bien que vous ne pouvez pas manquer d'avoir bientôt le chapeau.* La Fare partit de là pour se répandre en éloges avec une fausse naïveté dont le ministre fut la dupe. L'abbé Dubois, très-content de l'ouverture que la Fare lui donnait pour sortir d'embarras, lui dit en souriant : *Vous êtes trop clairvoyant, l'abbé : il faut bien que j'avoue que vous m'avez deviné. Laissez-moi ramener M. le régent; mandez seulement à votre archevêque de se rendre secrètement ici, et de s'y tenir caché jusqu'à ce que je l'avertisse : cela ne sera pas long.* Nos deux fripons s'embrassèrent, se louèrent réciproquement sur leur pénétration, et se séparèrent fort contents l'un de l'autre, chacun s'applaudissant en soi-même, la Fare cependant avec plus de raison que Dubois. Il fut enfin convenu que l'archevêque se rendrait secrètement au Palais-Royal, ferait au régent les plus respectueuses excuses; de là retournerait à Reims, n'y prendrait ni titre ni marque de la dignité de cardinal; que, dans toutes ses lettres adressées dans l'intérieur du royaume, il ne signerait qu'*archevêque de Reims*, avec permission cependant de signer *cardinal de Mailly* dans celles qu'il écrirait pour le pays étranger.

Tout fut ponctuellement exécuté. L'archevêque, retourné à Reims, y languit plus de trois mois, avec la consolation de tirer tous les jours de sa poche la précieuse calotte, de la regarder, de la baiser, de l'essayer devant un miroir, mourant d'impatience de l'arborer en public.

Le régent voulut tirer parti de cette situation pour procurer, sinon la paix, du moins une trêve dans l'Église. Le cardinal de Noailles venait de donner un corps de doctrine, approuvé des cardinaux de Rohan et de Bissy, et qu'ils eurent pourtant l'art de faire échouer dans la suite, par un tour de prêtres. Il s'agissait de faire signer l'ouvrage par les prélats absents. On n'avait garde d'oublier l'archevêque de Reims, dont la signature ferait d'autant plus d'impression sur les autres, qu'il était ennemi déclaré du cardinal de Noailles; et cela faisait craindre un refus.

L'abbé Dubois proposa cette commission à la Fare, qui était resté à Paris le négociateur de son archevêque. La Fare objecta la difficulté d'obtenir la signature d'un homme qu'on laissait depuis si longtemps dans une position humiliante. Il ajouta qu'il n'y avait pour l'y engager d'autre moyen que de lui accorder enfin les marques de sa dignité, et lui donner en même temps une distinction qui pût réparer le traitement qu'il avait essuyé. Le corps de doctrine n'était porté aux autres prélats que par des ecclésiastiques du second ordre. La Fare proposa de l'envoyer par Languet, évêque de Soissons, premier suffragant de Reims; nous verrons pourquoi. Le régent y consentit; mais pour flatter la vanité de l'archevêque, et s'assurer en même temps de la signature, il chargea Languet de deux lettres cachetées. Dans l'une il ordonnait à l'archevêque de signer sur-le-champ; sans quoi il devait renoncer pour toujours au chapeau, et passer sa vie en exil. Dans la seconde, il l'exhortait à signer dans les termes les plus flatteurs, lui laissant néanmoins toute liberté, et l'assurant que, refusant ou acceptant, il pouvait venir recevoir sa calotte des mains du roi. L'archevêque, à la lecture des deux lettres, fut bientôt déterminé. Il signa tout ce qu'on voulut, montra la seconde lettre à tout le monde, supprima la première, et vint jouir de l'objet de ses vœux, en recevant la calotte.

Le dessein de la Fare, en proposant Languet, n'avait pas été seulement d'honorer le cardinal de Mailly, mais encore de relever son triomphe par l'humiliation du prélat qui avait le plus déclamé contre la promotion. Si la pourpre était le prix du fanatisme, Languet n'avait pas absolument tort d'être jaloux. Mailly avait eu un mandement brûlé par la main du bourreau ; mais Languet en avait eu deux. Son zèle n'en fut pas refroidi ; il continua de servir Rome en troublant l'Église, et mourut enfin, sans calotte, plus de trente ans après.

La promotion de dix cardinaux ne fit pas tant de bruit en Europe que la chute du seul Alberoni.

Nous avons vu le soin qu'il prenait d'écarter de Madrid tous les Parmesans, pour n'avoir pas de témoins de son ancienne bassesse, ou par crainte qu'ils n'eussent plus de facilité que d'autres d'approcher de la reine. Il ne put cependant réussir à empêcher cette princesse de faire venir sa nourrice, Laura Piscatori, dont elle fit son *assafeta* ou première femme de chambre, place plus distinguée en Espagne qu'en France, où elle donne pourtant le crédit qui suit toujours l'intimité domestique.

Laura, paysanne aussi fine que rustre, sachant tout ce qu'Alberoni avait fait pour l'empêcher d'arriver, ne fut pas la dupe des ménagements extérieurs du ministre, aperçut la haine, et la rendit. Le cardinal insinuait sourdement à la reine la distance qu'elle devait mettre dans sa confidence entre elle et sa nourrice. Laura, sans entrer dans ces distinctions fines, attaquait brutalement le ministre, n'aiguisait pas ses traits, mais portait des coups assommants.

Le régent voulait se délivrer d'Alberoni, son ennemi personnel. L'abbé Dubois, instruit par ses espions de l'ascendant de Laura sur la reine d'Espagne, et sachant, par le sien sur son maître, combien ce ressort est puissant, entreprit de s'en servir pour accabler le ministre. Il fit offrir à Laura tout l'argent qu'elle voudrait ; car elle ne pouvait pas prétendre autre chose de sa faveur. Ainsi, l'intérêt réuni à la haine détermina la nourrice. Il n'était pas difficile de lui persuader que le bien de l'État s'accordait avec le sien. Quelque idée avantageuse qu'Alberoni eût pu donner de ses projets à leurs majestés catholiques, il lui était impossible de cacher les mauvais succès : la flotte détruite, des places prises, des troupes battues ou forcées de se retrancher, un roi sans alliés, obligé de soutenir une guerre ruineuse et malheureuse contre les premières puissances, les projets du ministre, grands si l'on veut, mais sans moyens satisfaisants, et dès là insensés.

Laura profita de tous ses avantages, fit envisager à la reine, et par elle au roi, l'ambition et la folie d'Alberoni. On est trop heureux quand les princes jugent, comme le peuple, les ministres et les généraux par les succès : c'est le plus sûr. La reine, consternée de ces désastres, humiliée de son choix, se dégoûta de son ministre ; et comme tous les manifestes des États ligués contre l'Espagne n'attaquaient directement qu'Alberoni, elle crut, en le sacrifiant, mettre à couvert l'honneur de la monarchie ; et Alberoni reçut, par un billet de Philippe V, ordre de sortir en vingt-quatre heures de Madrid, et dans quinze jours de la domination d'Espagne ; avec défense de voir personne, d'écrire au roi, à la reine, et à qui que ce fût. On mit en même temps auprès de lui un officier des gardes du corps, pour veiller sur sa conduite jusqu'à la frontière.

A Barcelone, le lieutenant de roi lui donna une escorte de cinquante cavaliers qui lui furent très-utiles ; car deux cents miquelets l'ayant attaqué à Trenta-Passos, le cardinal, à la tête de l'escorte et de ses domestiques, fit face à ces brigands, et parvint à les écarter.

Pendant qu'Alberoni s'éloignait, on s'aperçut à Madrid qu'il emportait des papiers de conséquence, et entre autres le testament de Charles II, qui instituait Philippe V héritier de la monarchie. Il avait apparemment dessein de gagner la protection de l'empereur, en lui livrant un titre si précieux. On fit courir après lui, et il fallut user de violence pour le fouiller ; mais le détachement qui l'avait défendu contre les miquelets obéissant alors aux ordres du roi, l'officier fit défaire le bagage et ouvrir les coffres du cardinal. Tout, jusqu'à sa personne, fut exactement visité. Le testament et généralement tous ses papiers furent saisis ; et l'officier, jusqu'à ce moment respectueux pour le cardinal, le traita en exécuteur militaire, et le quitta en l'envoyant, en termes formels, *à tous les diables.* Jamais victoire n'avait fait éclater, en Espagne, autant de joie que la disgrâce du ministre : chacun en publiait ce qu'il savait et ne savait pas. Des actes de despotisme ministériel sont toujours si communs, qu'on n'est pas réduit à citer faux. Le roi était le seul à les ignorer; la reine devait les savoir; mais, pour son honneur, elle feignait de les apprendre. Les puissances étrangères félicitèrent, à cette occasion, leurs majestés catholiques; et, dès ce moment, on ne douta plus de la paix.

La manière dont Alberoni venait d'être visité, et les insultes qu'il craignait encore en Espagne, lui firent presser sa marche vers la France, et y entrer avant même qu'il eût reçu le passeport qu'il avait fait demander.

Le chevalier de Marcieu, qui l'avait fort connu avant sa fortune, reçut ordre d'aller le joindre à la frontière, sous prétexte de civilité et de sûreté pour sa personne, sans souffrir pourtant qu'il lui fût rendu aucun des honneurs d'usage; de l'engager à parler sur les affaires d'Espagne, le roi, la reine, le ministère actuel, et sur tout ce qu'il nous importait de connaître; et de ne le quitter qu'à son embarquement à Antibes, d'où il comptait passer en Italie.

Le cardinal, en voyant le chevalier de Marcieu venir à sa rencontre, ne douta pas que ce ne fût pour l'observer et en rendre compte, et le lui dit franchement. Marcieu s'en défendit toujours; et quoique le cardinal sût à quoi s'en tenir, il ne se contraignit pas davantage sur le roi et la reine, qu'il traitait d'ingrats. *Si la reine,* disait-il, *qui a le diable au corps, trouve un bon général, elle troublera l'Europe : il lui est facile de gouverner son mari, qui, dès qu'il a dit à voix basse,* Je veux être maître, moi, *finit par obéir, et à qui il ne faut qu'un prie-Dieu et les cuisses d'une femme.* Il ajoutait que lui, Alberoni, loin d'avoir excité la guerre, s'y était toujours opposé; qu'il n'avait eu aucune part à la conjuration du prince; que le duc du Maine n'y avait point paru; mais que la duchesse était une *méchante diablesse,* et que la plupart de ses partisans, qu'il ne nommerait jamais, ne valaient pas *un écu de bon argent;* que le débarquement en Bretagne était une folie qu'il avait toujours blâmée; qu'il avait même traversé l'embarquement en Espagne; qu'il serait partout pour M. le régent, tel que ce prince pourrait le désirer; et que les écrits contre la régence avaient tous été faits en France. Il prétendait que le ministère qu'il laissait en Espagne ne serait plus composé que d'ignorants, obligés à des égards pour tous ceux qui approchaient un roi faible. Il ne doutait pas qu'on n'eût voulu le faire assassiner par les miquelets, en l'obligeant de passer par la Catalogne, dont il avait fait punir la rébellion, au lieu de le laisser sortir par Pampelune, comme il l'avait demandé.

Le chevalier de Marcieu, suivant ses ordres, fit prévenir secrètement la douane de Narbonne de visiter exactement le bagage du cardinal, sous prétexte de voir s'il n'y avait rien de sujet aux droits. On n'y trouva que douze cents pistoles, et aucun bijou de prix. Il fallait, vu l'état qu'il tint dans la suite à Rome, qu'il eût placé à tout événement, pendant sa faveur, des sommes considérables chez les étrangers. Il voulut persuader qu'il était pauvre; mais qu'il s'en inquiétait peu, attendu qu'il n'avait de parents qu'un neveu, qu'il avait, disait-il, *fait châtrer*, c'est-à-dire fait prêtre; et une nièce qu'il faisait religieuse. Ces détails et plusieurs autres se trouvent dans les lettres du chevalier de Marcieu, des 6 janvier 1720 et jours suivants, jusqu'au 1er février, qu'il vit embarquer à Antibes, sur une galère génoise, le cardinal, qui le chargea d'un mémoire et d'une lettre où il lui offrait les moyens de faire à l'Espagne la guerre la plus dangereuse. Le régent ne l'honora pas d'une réponse. J'ai rapporté ailleurs ce que le cardinal dit, en passant à Aix, sur le renvoi de la princesse des Ursins.

Alberoni passa d'Antibes à Livourne, et se rendit à Parme, où il reçut tous les honneurs dus à sa dignité, par ordre du duc de Parme, dont il était né sujet. Cette vaine étiquette ne le consolait pas de n'avoir d'asile qu'au milieu de ses compatriotes, qui l'avaient méprisé dans son origine, jalousé dans son élévation, haï par l'abus de son pouvoir, ce que les Italiens expriment par la *prepotenza,* et qui triomphaient de son abaissement. Il sortit de Parme, et fut, plus d'un an, errant, fugitif, et comme exilé de la terre entière. Le respect pour la pourpre romaine ne lui parut pas une sauvegarde suffisante à Rome contre le ressentiment du pape, qu'il avait traité insolemment. Ce ne fut qu'en 1721 qu'il se rendit à Rome, au conclave qui suivit la mort de Clément XI.

Le plus vif chagrin d'Alberoni fut de n'avoir pas obtenu les bulles de l'archevêché de Séville, après avoir donné sa démission de l'évêché de Malaga; et, comme s'il eût été en droit d'attester le ciel, il entrait quelquefois en fureur, en s'écriant que le pape, l'empereur et leurs majestés catholiques en répondraient devant Dieu. Il est sûr que, s'il fût resté en possession d'un siège considérable, il aurait pu, aidé de la superstition espagnole, lutter souvent contre la puissance royale.

Je terminerai cette année par quelques événements particuliers qui auraient coupé la narration de faits plus importants.

Le régent accorda à l'université l'éducation gratuite, c'est-à-dire que par arrêt du conseil du 14 avril, enregistré au parlement le 8 mai, on assigna le vingt-huitième du prix du bail des postes et messageries pour le payement des professeurs, au moyen de quoi la jeunesse serait instruite gratuitement. Cette grâce a peut-être beaucoup nui à l'émulation. Il ne faut pas que les gens de lettres soient dans le besoin, mais qu'ils aient intérêt de réussir et de se distinguer. Je sais que depuis cet établissement plusieurs professeurs se sont fort relâchés. Le *gratis* fera dans les lettres ce que l'ordre du tableau fait dans le militaire.

Par édit du mois de mai les compagnies des Indes orientales et occidentales furent réunies, sous le nom de compagnie des Indes. Cet édit ayant trouvé des difficultés au parlement, fut regardé par le régent comme enregistré, en conséquence du règlement fait au lit de justice de 1718, au sujet des remontrances et des enregistrements.

Le conseil en usa encore ainsi pour l'édit du mois d'avril 1719, par lequel le roi créait des officiers dans l'ordre de Saint-Louis, à l'instar de celui du Saint-Esprit. Le garde des sceaux d'Argenson en fut chancelier; Leblanc, prévôt maître des cérémonies; et Fleurieu d'Armenonville, greffier. On trouva un peu étrange de voir trois hommes de robe porter sur leur habit une étoile d'or, avec ces mots inscrits autour : *Præmium bellicæ virtutis*. On disait, avec assez de raison, que le cordon rouge ne devait se porter que par ceux qui l'avaient teint de leur sang.

On essaya cette année un nouveau plan de perception pour la taille, afin d'en ôter l'arbitraire. Cela n'a pas eu de succès, ou n'a pas été suivi, soit qu'on s'y prît mal, soit par la raison qu'il n'y a rien de si difficile à faire que le bien, surtout en France, où le particularisme l'emporte toujours sur l'intérêt général.

Le fameux père Quesnel, dont le nom serait peut-être déjà oublié s'il n'eût pas été l'occasion de la bulle *Unigenitus*, mourut à Amsterdam. Le jésuite Tellier, quelques mois avant la mort de Quesnel, rendit son âme atroce. Après avoir été le fléau des gens vertueux, l'horreur du public, la terreur de sa compagnie, dont il était détesté, relégué à la Flèche, méprisé de ses confrères, il succomba à la rage de ne pouvoir plus faire de mal.

Pecoil, maître des requêtes, mourut aussi cette année. Je ne parlerais pas d'un si petit événement, s'il ne me rappelait la terrible fin de son père, qui avait fait une fortune immense, en partant des plus bas emplois de la gabelle. Il ne jouit jamais de ses richesses, et ne songea qu'à les accumuler. Il avait fait faire un caveau fermé à trois portes, dont la dernière était de fer. Il y allait de temps en temps jouir de la vue de son trésor : quoique ce fût le plus secrètement qu'il pouvait, sa femme et son fils s'en étaient aperçus. Un jour qu'il y était allé, et qu'on le croyait sorti, sa famille, ne le voyant point rentrer le soir, s'en inquiéta. La mère et le fils n'osèrent, pendant deux jours, enfoncer la porte de la cave, dans la crainte de le mettre en fureur, s'il venait à rentrer. Ils s'y déterminèrent à la fin. Après avoir enfoncé les deux premières portes, ils se trouvèrent arrêtés par celle de fer, qu'ils ne pouvaient ni rompre ni desceller sans maçon ; et comme ils avaient commencé cette opération à la nuit, il fallut encore attendre jusqu'au jour. Alors, ayant fait démonter la porte, dont la clef était en dedans, comme celle des deux premières, ils trouvèrent le malheureux vieillard étendu mort entre plusieurs coffres-forts, les bras rongés, et à côté de lui une lanterne, dont la chandelle était finie.

Quelques précautions qu'on pût prendre, cet affreux spectacle avait eu trop de témoins pour que cette aventure ne fût pas connue. Ce fut à Lyon que cela arriva. La mère et le fils vinrent s'établir à Paris, où le fils acheta une charge de maître des requêtes, comme tant d'autres. Il n'en fit presque aucunes fonctions, épousa une fille de Legendre, honnête et illustre négociant de Rouen, et mourut cette année, laissant une fille unique mariée au duc de Brissac, frère aîné de celui d'aujourd'hui.

Law, s'étant déclaré catholique, prit des lettres de naturalité; et le régent, lui trouvant alors toute l'orthodoxie et les qualités nécessaires à ses desseins, le déclara contrôleur général. Le garde des sceaux, prévoyant dès lors quelle serait l'issue du système, se retira de l'administration des finances.

Il y avait déjà longtemps que Law était obsédé de solliciteurs qui soupiraient après ses grâces; mais aussitôt que son état parut assuré, il eut une cour dans toutes les formes. Des femmes titrées se montraient courageusement sur le devant du carrosse de sa femme et de sa fille, et des hommes du plus haut rang assiégeaient son antichambre. Ils croyaient se disculper de leur bassesse en la tournant en plaisanterie. Mais le ton plaisant, déjà usé, est en cette matière le dernier symptôme de l'incurabilité. Cette noblesse, qui sacrifie si gaiement sa vie à son honneur, immolait sans scrupule son honneur à la fortune. Nous verrons dans la suite la gangrène de la cupidité gagner la classe de la société dévouée par état à l'honneur (le militaire). Si la régence est une des époques de la dépravation des mœurs, le système en est une encore plus marquée de l'avilissement des âmes.

Il n'était pas possible qu'au milieu de tout l'encens qu'on brûlait devant Law, la fumée ne lui portât pas à la tête. Il demanda que son fils fût admis parmi les jeunes seigneurs qui devaient danser avec le roi, dans un ballet que le maréchal de Villeroi avait imaginé comme la plus précieuse partie de l'éducation. Le régent ne trouva rien d'étrange dans la demande de Law; mais le maréchal en fut avec raison très-révolté. Le petit Law fut inscrit, et voulut vivre de pair avec les premiers enfants de l'État. Ces petits seigneurs, qui n'avaient encore que l'orgueil de leur naissance, n'eurent point du tout la politique de leurs pères, et firent justice du fils de l'aventurier, par toutes les niches possibles. Les parents les réprimandaient ; mais le public, plus juste et moins poli que la cour, leur applaudissait ; ainsi, ils n'avaient garde de cesser. Heureusement pour le petit intrus, il tomba malade, ce qui le priva de danser avec le roi, mais le délivra de mille désagréments.

Le prince de Conti joua au père un tour un peu plus sérieux. Law, fatigué de prodiguer à ce prince les actions et les billets, refusa à la fin de se prêter à sa cupidité : aussitôt le prince envoya demander à la banque le payement d'une si grande quantité de billets, qu'on en ramena trois fourgons chargés d'argent. Law se plaignit au régent d'un exemple qui, s'il était suivi, allait renverser le système. Le régent ne le sentit que trop, fit au prince de Conti la plus forte réprimande, le contint pour la suite ; et le public, également indigné de l'avidité et de l'ingratitude, se déclara pour Law contre le prince de Conti.

C'était là en effet les attaques que Law redoutait ; il ne s'inquiétait plus guère de celles du parlement : cette cour avait été si consternée du lit de justice, qu'au lieu de s'occuper de remontrances sur les opérations de finances, elle s'était bornée à demander le rappel des exilés, comme une grâce ; et lorsque le régent rendit la liberté au président de Blamont, l'arrêté du parlement fut qu'on ferait au prince les remercîments les plus forts. Blamont, jugeant de là que sa compagnie était un frêle appui, y fut depuis l'espion du régent. On a quelquefois vu dans le parlement de ces sortes de conversions.

Le premier président, loin de ranimer alors le feu de sa compagnie, en craignait la vivacité. Le régent avait sur ce magistrat un avantage qu'on ignorait, et qui est encore aujourd'hui une anecdote très-peu connue, si ce n'est de cinq ou six personnes : la voici. Lorsque le duc et la duchesse du Maine furent arrêtés, le premier président, qui ne se sentait pas net, et désirait fort s'éclaircir de ce que le régent pouvait en savoir, lui fit demander une audience secrète par mademoiselle Chausseraye, dont j'ai déjà parlé. Le régent la chargea de faire entrer le premier président par une petite porte de la rue de Richelieu, qui est au bas d'un escalier dérobé répondant aux cabinets intérieurs ; et pour cet effet on confia la clef à Duplessis[1]. Le premier président, introduit par Duplessis dans le cabinet du régent, qu'il trouva avec mademoiselle Chausseraye, arrivée par la porte ordinaire, débuta par un grand étalage de respect, de reconnaissance, d'attachement inviolable ; sentiments dont il était, disait-il, bien aise de renouveler les assurances dans un temps où tant d'autres s'écartaient de leur devoir.

Il cherchait, en parlant, à lire dans les yeux du régent quelle impression faisait son discours. Le prince s'observa si exactement, que le magistrat, n'apercevant aucun nuage, s'échauffa en nouvelles protestations, et allait se retirer fort content de lui-même, lorsque le régent, lui présentant un papier, lui dit froidement : *Reconnaissez-vous cela ? lisez.* C'était une lettre de la main du premier président par laquelle il répondait du parlement à l'Espagne, et s'expliquait si clairement qu'il n'y avait point de commentaire à proposer.

Le premier président, frappé comme d'un coup de foudre, tomba aux pieds du régent, protestant de ses remords et implorant sa grâce. Le prince, sans lui répondre, lui lança un regard d'indignation, et passa dans une autre chambre.

La Chausseraye, étourdie de la scène, reprocha au premier président de l'avoir engagée à demander cette audience, dont le régent la soupçonnerait d'avoir su les motifs. De Mesmes, pour toute justification, la conjura de suivre le prince, et de tâcher de le fléchir. La Chausseraye, émue de pitié, alla trouver le régent, qui se récria sur le crime et l'audace du magistrat, qu'il voulait, disait-il, faire arrêter. La Chausseraye, sachant à qui elle avait affaire : *Vous êtes trop habile, monseigneur,* lui dit-elle en souriant ; *vous n'en ferez rien, cela est trop heureux pour vous. Voilà un homme dont vous ferez tout ce que vous*

---

[1] Ce Duplessis, qu'on nomme aujourd'hui et depuis longtemps Bussy, très-honnête homme, était alors d'une figure fort aimable, fort connu du régent, et l'homme de confiance de la Chausseraye. Bussy, des affaires étrangères, qui a été deux ou trois fois ministre de France à Londres, passe pour le neveu de celui dont il s'agit ; et il y a apparence qu'il est le fruit de l'intimité domestique de Bussy et de la Chausseraye : au surplus, c'est un homme de mérite. Je dînai hier avec le vieux Bussy ; et nous remîmes sur le tapis l'affaire dont je parle ; il me la récapitula avec beaucoup d'autres qui étaient dans les Mémoires de la Chausseraye. Elle les fit tous brûler avant sa mort, à la persuasion de l'abbé Daudigné, son parent et son directeur.

voudrez dans le parlement. Vous avez quelquefois besoin de pareils coquins (car elle ne ménagea pas le coupable pour le sauver). *Il suffit,* ajouta-t-elle, *monseigneur, de le tenir entre l'espérance et la crainte. Je vais lui remettre un peu l'esprit, afin qu'il ait la force de se retirer.* Là-dessus elle revint trouver le premier président, le rassura, et le remit entre les mains de Duplessis, qui le soutint comme il put dans cet état d'abattement, et le fit enfin sortir comme il l'avait fait entrer.

Le premier président resta dans la plus cruelle inquiétude tant que dura la prison de la duchesse du Maine et la commission de Bretagne. Aussitôt que l'affaire fut finie et l'amnistie publiée, il reprit un ton d'assurance, se ménagea entre sa compagnie et le régent, se fit acheter aussi cher que jamais, et retira toujours de ses différentes intrigues tout l'argent nécessaire à un faste qui imposait au prince même qui en fournissait les moyens. Il y a apparence que l'abbé Dubois appuya le conseil de la Chausseraye, dans la vue qu'il pouvait un jour avoir besoin pour lui-même d'un juge corrompu.

Le cardinal de la Trémouille étant mort à Rome, laissa vacant l'archevêché de Cambrai. L'effronté Dubois ne crut pas la place au-dessus de lui, alla la demander au régent; et, pour entrer en matière : *Monseigneur,* lui dit-il, *j'ai rêvé cette nuit que j'étais archevêque de Cambrai.* Le régent, regardant l'abbé avec un sourire de mépris : *Tu fais des rêves bien ridicules!* lui dit-il. L'abbé, d'abord déconcerté, se remit aussitôt : *Mais pourquoi, monseigneur, ne me feriez-vous pas archevêque comme un autre? — Toi, archevêque de Cambrai! toi! c'est actuellement que tu rêves.* L'abbé, sans lâcher prise, lui cita tous les mauvais, les plats, les ignorants sujets, les garnements dont le régent et Tellier avaient farci l'Église ; mais il n'y en avait aucun qui, à quelque égard de naissance, de rang ou d'alliance, ne valût mieux; au lieu qu'il réunissait en lui seul ce qu'on pouvait leur reprocher à tous.

Le régent, ennuyé de la liste et fatigué de la persécution, espéra s'en défaire en lui disant : *Mais tu es un sacre! Eh! quel est l'autre sacre qui voudra te sacrer? — Oh! s'il ne tient qu'à cela, mon affaire est bonne; j'ai mon sacre tout prêt.*

— *Eh! que diable est celui-là, dis donc? — Votre premier aumônier, monseigneur l'évêque de Nantes* (Tressan); *il est dans votre antichambre, je vais vous l'amener; il sera charmé de la préférence, car vous me promettez l'archevêché;* et là-dessus accable le prince de remercîments, sort dans l'antichambre, dit à Tressan la grâce que lui Dubois vient d'obtenir, et le désir qu'a le régent que Tressan soit le consécrateur. Celui-ci accepte : Dubois le prend par la main, le présente au régent, redouble de remercîments, et Tressan ajoute l'éloge du sujet. Le prince est si étonné qu'il ne répond rien, et Dubois sort, et publie qu'il est archevêque de Cambrai, pour arrêter toute demande. Les roués applaudissent, les libertins en rient, et les honnêtes gens les moins scrupuleux témoignent leur indignation.

Quoique le régent parût avoir de la répugnance pour cette nomination, ce n'était de sa part qu'une comédie; car Dubois était très-sûr d'obtenir l'archevêché, puisque, dans ce temps, le régent cherchait à lui procurer le chapeau de cardinal, en avait écrit au pape deux mois auparavant, et que le jésuite Laffiteau en était le négociateur à Rome. Je vois, dans la correspondance des deux cours, que dès 1718 le prétendant, réfugié à Rome, était dans une telle détresse qu'il avait offert sa nomination à Dubois s'il lui faisait payer la pension promise par le régent, et qui était fort en retard. Mais l'abbé n'avait garde d'accepter une nomination qui l'aurait décrédité à Londres auprès du roi George. Il prit le parti de se faire un mérite de son refus, pour engager ce prince à s'intéresser lui-même auprès du régent en faveur d'un ministre auteur de leur union. Le roi George sollicita en effet, en faveur de l'abbé, le régent, et même l'empereur, sur qui il avait beaucoup de crédit. Clément XI était assez disposé à lui donner le chapeau, pourvu que la France voulût concourir à l'ôter au cardinal de Noailles, dont l'abbé Dubois aurait alors la dépouille. Il n'était pas facile de satisfaire le pape sur le cardinal de Noailles. Cependant, comme le saint père destinait alors le même traitement au cardinal Alberoni, fugitif d'Espagne, Dubois essaya de le faire arrêter par les Génois, pour l'envoyer prisonnier à Rome; mais ils le refusèrent.

Pendant que Laffiteau intriguait à Rome [1] pour la promotion de Dubois, celui-ci jugea que la dignité d'un siège tel que Cambrai préparerait très-bien la décoration de la pourpre, et rendrait le candidat plus présentable. Il prit donc, pour se faire archevêque, la même voie qu'il suivait déjà pour le chapeau. Il écrivit à Néricault Destouches, qu'il avait laissé à Londres chargé des affaires à sa place, d'engager le roi George à demander au régent l'archevêché de Cambrai pour le ministre auteur de l'alliance. Destouches, homme d'esprit, sentant que toute sa fortune dépendait de l'abbé Dubois, et avec quelle ponctualité il voulait être servi, fit la proposition au roi d'Angleterre. Ce prince la reçut d'abord avec un éclat de rire. Il avait de la bonté pour Destouches, et lui permettait une sorte de familiarité : *Sire, lui dit-il, je sens, comme votre majesté, la singularité de la demande ; mais il est de la plus grande importance pour moi de l'obtenir. — Comment veux-tu*, répondit le roi en continuant de rire, *qu'un prince protestant se mêle de faire un archevêque en France ? Le régent en rira lui-même, et n'en fera rien. — Pardonnez-moi, sire, il en rira, mais il le fera : premièrement, par respect pour votre majesté ; en second lieu, parce qu'il le trouvera plaisant. D'ailleurs, l'abbé Dubois est mon supérieur ; mon sort est entre ses mains ; il me perdra si je n'obtiens de votre majesté une lettre pressante à ce sujet : la voici toute écrite, et les bontés dont votre majesté m'honore me font espérer qu'elle voudra bien la signer. — Donne, puisque cela te fait tant de plaisir*, dit le roi ; et il la signa [2].

Destouches, charmé d'avoir ce dimissoire, le fit partir à l'instant. Le régent ne douta point que Dubois n'eût suggéré la lettre ; mais la nomination fut décidée. Destouches, pour avoir si bien parlé, eut à son retour une place à l'Académie française, qu'il méritait encore mieux par son talent dramatique. C'est de lui que je tiens une partie de ce que je viens de rapporter. J'en parlai

---

[1] Dans la correspondance de Dubois avec Laffiteau, pour prévenir l'inconvénient des lettres perdues et cacher l'intrigue, Dubois est désigné sous le nom de la comtesse de Gadague, et le véritable objet de la négociation, sous celui d'un procès qu'on sollicite à Rome pour cette comtesse.

[2] La lettre de remerciment de Dubois au roi George est du 4 février.

au maréchal de la Fare, qui me ramenait des états de Bretagne, dont j'étais député, à la cour : *Je vois*, dit-il, *que cela est vrai; et ce qui me le confirme, c'est ce que j'ai entendu, un jour que le duc de Brancas, Nocé et moi, allions avec le régent à Saint-Cloud. Nocé, qui était mécontent de Dubois, voulut égayer la compagnie aux dépens de l'abbé. Monseigneur*, dit-il, *on prétend que ce coquin de Dubois veut être archevêque de Cambrai? Cela est vrai*, répondit le régent, *et cela peut convenir à mes affaires. On se tut là-dessus; le prince parut embarrassé, un peu honteux; et j'ai toujours remarqué qu'il n'aimait pas qu'on lui parlât sur cet article.*

Achevons, en resserrant un peu les temps, ce qui concerne cette affaire. L'abbé Dubois n'étant que tonsuré, il fallait commencer par prendre les ordres. Il ne douta point que le cardinal de Noailles ne fût très-flatté de faire ce petit plaisir à un ministre puissant, et qui pouvait influer si fort dans le parti qu'on prendrait sur la constitution. Dubois y fut trompé. Il était, de tout point, un sujet si indigne de l'épiscopat, que le cardinal, ne voulant pas se déshonorer par une complaisance basse et criminelle, refusa nettement. On fit parler au nom du régent : il répondit avec modestie et respect, sans s'expliquer sur les motifs, et fut inébranlable. Ce refus humiliant, et généralement applaudi, fut un des plus forts arguments qui rendirent Dubois constitutionnaire.

Il n'aurait pas manqué d'évêques qui auraient brigué l'opprobre de l'ordonner; mais il ne voulait pas s'éloigner de la cour, et constater, par une absence, l'affront qu'il venait de recevoir. Il s'adressa à l'archevêque de Rouen, Bezons, dont le diocèse s'étend à quatre ou cinq lieues près de Paris.

L'archevêque, très-fâché de la préférence qui l'exposait à la honte de l'acceptation ou au danger du refus, penchait fort pour le dernier parti; mais son frère, le maréchal de Bezons, homme grossier et fin courtisan, l'attaqua sur la reconnaissance qu'ils devaient l'un et l'autre au régent, et l'entraîna sous cette apparence de bon procédé.

Dubois, muni d'un bref pour recevoir tous les ordres à la fois, et d'une permission de l'archevêque de Rouen, se rendit, de grand matin, avec l'évêque de Nantes, dans une paroisse de village du grand vicariat de Pontoise, la plus voisine de Paris, et y reçut tous les ordres à une messe basse.

Il en repartit assez tôt pour se trouver au conseil de régence, quoique les premiers arrivés eussent déjà annoncé, en présence du régent, qu'il ne fallait pas attendre l'abbé, qui était allé faire sa première communion à Pontoise.

On se récria sur sa diligence quand on le vit entrer; le prince de Conti lui fit un compliment ironique sur la célérité de son expédition en fait d'ordres sacrés. Dubois l'écouta sans se démonter, et répondit froidement que si le prince était mieux instruit de l'histoire de l'Église, il ne serait pas si surpris des ordinations précipitées; et cita là-dessus celle de saint Ambroise. Chacun applaudit à l'érudition et au parallèle. L'abbé ne s'en émut pas, laissa continuer la plaisanterie tant qu'on voulut; et quand on en fut las, il parla d'affaires.

Pendant que Paris et la cour s'amusaient de l'abbé et de saint Ambroise, on expédiait les bulles; et le sacre fut fixé au dimanche 9 juin. Il se fit au Val-de-Grâce, avec la plus grande magnificence. Toute la cour y fut invitée, et s'y trouva. Les ambassadeurs et autres ministres des princes protestants y assistèrent dans une tribune opposée à celle où était le régent, dont les grands officiers faisaient les honneurs de la cérémonie. Ce scandale ecclésiastique fut le plus superbe spectacle. Le duc de Saint-Simon, qui se vantait d'être le seul homme titré que l'abbé Dubois eût assez respecté pour l'excepter de l'invitation, offrit au régent de s'y trouver si ce prince voulait se respecter assez lui-même pour s'en abstenir, et le régent y avait consenti; mais la comtesse de Parabère (la Vieuville), la maîtresse alors régnante, ayant passé la nuit avec lui, exigea qu'il irait. Il lui en représenta l'indécence: elle en convint; mais elle ajouta: *Dubois saura que nous avons couché ensemble cette nuit; il se prendra à moi de vous en avoir détourné, et, avec l'ascendant qu'il a pris sur vous, il finira par nous brouiller.* Le régent essaya de la rassurer sur ses craintes, la traita de folle: *Folle tant qu'il vous plaira*, lui dit-elle; *mais vous irez, ou je romps avec vous, ne fût-ce que pour ôter à l'abbé l'honneur de nous désunir lui-*

même; et le régent alla du lit de la Parabère au sacre de l'abbé Dubois, afin que toute sa journée se ressemblât.

Le cardinal de Rohan voulut être le consécrateur ; et comme l'ambition, l'intérêt et l'orgueil réunis font de singuliers raisonnements, il se persuada que le cardinal de Noailles serait humilié de voir un homme à qui il avait refusé les ordres avoir pour consécrateur un cardinal prince de l'Empire. Noailles ne se tint pas pour humilié ; mais le régent très-flatté, et Dubois très-honoré du procédé du cardinal de Rohan, lui en firent les plus vifs remercîments, tandis que le public était révolté de tant de bassesse.

A l'égard des assistants, l'évêque de Nantes fut le premier. Il avait donné les ordres ; il était naturel qu'il suivît son gibier. Dubois n'était pas si aveuglé de la prostitution de tant d'honneurs, qu'il ne sentît que l'assistance d'un évêque respectable ferait très-bien à la cérémonie. Le régent pria Massillon, évêque de Clermont, d'être le second assistant. Massillon aurait bien voulu s'en dispenser ; mais la grâce singulière d'avoir été fait évêque n'ayant que du mérite, lui fit craindre que son refus ne fût taxé d'ingratitude. Il avait fallu payer pour lui ses bulles, lui avancer de quoi se procurer les meubles nécessaires à sa nouvelle dignité, afin qu'il n'humiliât pas trop les autres par sa pauvreté, et qu'il ne ressemblât pas absolument à un évêque de la primitive Église. D'ailleurs, l'étude et la retraite avaient pu l'empêcher d'être parfaitement instruit de toute la dépravation du nouveau prélat ; ajoutez à ces raisons une sorte de timidité que la vertu bourgeoise conserve au milieu de la cour. Il obéit enfin à la nécessité. Les rigoristes le blâmèrent, et les gens raisonnables le plaignirent et l'excusèrent.

Le mariage de mademoiselle de Valois avec le prince de Modène n'avait pas tant fait d'éclat que le sacre de l'archevêque de Cambrai.

Les fiançailles se firent dans le cabinet du roi, où il ne se trouva guère que les princes et princesses du sang, parce qu'il n'y eut point d'invitation [1].

---

[1] Les fils de France ne prient point, comme les simples princes du sang, aux fiançailles de leurs enfants ; mais le régent n'était que petit-fils de France.

Le lendemain, le duc de Chartres, chargé de la procuration du prince de Modène, épousa, dans la chapelle des Tuileries, mademoiselle de Valois, dont la queue était portée par mademoiselle de Montpensier, sa sœur, depuis reine d'Espagne. Le cardinal de Rohan donna la bénédiction, en présence des curés de Saint-Eustache et de Saint-Germain. Après la messe, le roi donna la main à la mariée, la conduisit jusqu'à son carrosse, et, suivant l'usage, dit au cocher : *A Modène.*

Quoiqu'elle eût le même cortége que si elle fût réellement partie, elle retourna au Palais-Royal, et prolongea, autant qu'elle le put, son séjour : la rougeole qu'elle eut, et sa convalescence, lui fournirent encore des prétextes pour différer son départ. Il fallut enfin s'y déterminer ; mais, s'éloignant à regret, elle fit les plus petites journées, les plus longs séjours sur sa route, et n'acheva son voyage que par des ordres réitérés que lui attirèrent les plaintes du duc de Modène.

Elle songeait dès lors à profiter de la leçon de la grande-duchesse de Toscane, qui lui dit, quand elles prirent congé l'une de l'autre : *Mon enfant, faites comme moi ; ayez un ou deux enfants, et tâchez de revenir en France : il n'y a que ce pays-là de bon pour nous.* Toutes nos princesses ont en effet ce qu'on nomme la maladie du pays. Aussi la duchesse de Modène y est-elle revenue dès qu'elle a pu. Elle préférait, à la représentation de sa petite cour, les agréments de la société de Paris, où elle est morte.

Aussitôt qu'Alberoni eut été chassé, la paix ne trouva plus de difficulté ; le roi d'Espagne accéda à la quadruple alliance, et même écrivit au régent une lettre d'amitié. Stanhope et Dubois arrangèrent ensemble les articles que le ministère espagnol accepta. Philippe V, délivré d'Alberoni, ne prit point de premier ministre en titre, et chargea Grimaldo du rapport des affaires, en qualité de secrétaire des dépêches universelles.

Grimaldo, Biscaïen, prit le nom de Grimaldi depuis sa fortune. C'était un homme de mérite, originairement commis dans les bureaux d'Orry, qui le fit connaître de la princesse des Ursins, et par elle du roi. Il parvint, par degrés, à être secrétaire de la guerre ; car on croit quelquefois, en Espagne, qu'un homme capable de remplir une place peut l'occuper préférablement à un noble ignorant, qui ne pourrait pas se passer des subalternes : témoins Grimaldo, Patino, l'Ensenada.

Lorsque Alberoni s'empara du gouvernement d'Espagne, il en écarta les créatures de la princesse des Ursins. Grimaldo fut du nombre, conservant néanmoins son titre de secrétaire d'État, mais sans fonctions. Il avait mérité l'estime publique dans sa faveur; il la conserva et même l'augmenta dans sa disgrâce, par l'attachement qu'il témoigna toujours pour la princesse des Ursins et Orry, les premiers auteurs de sa fortune. Modeste dans la faveur, il n'eut point à changer de maintien après sa chute. Quoique Philippe V l'aimât, il n'osa le soutenir contre Alberoni et la reine; mais il le mandait quelquefois en secret, et le voyait avec plaisir. Grimaldo se trouva donc naturellement en place à la chute du premier ministre, et la reine ne put du moins lui refuser son estime.

Le régent, assuré de la paix au dehors, ne jouissait pas de la même tranquillité dans l'intérieur de l'État; l'illusion du système commençait à se dissiper. On vint insensiblement à comprendre que toutes ces richesses de papier n'étaient qu'idéales, si elles ne portaient sur des fonds réels; et que des opérations qui peuvent convenir dans certaines conjonctures à un peuple libre, sont pernicieuses dans une monarchie où l'abus du pouvoir dépend d'une maîtresse ou d'un favori. Les profusions du régent charmaient la cour et ruinaient la nation. Les grands payèrent leurs dettes avec du papier, qui n'était qu'une banqueroute légale. Ce qui était le fruit du travail et de l'industrie de tout un peuple fut la proie du courtisan oisif et avide.

Le papier perdit bientôt toute faveur, par la surabondance seule : on chercha à le réaliser en espèces ; au défaut de matières monnayées, on achetait à quelque prix que ce fût les ouvrages d'orfévrerie, de meubles, et généralement tout ce qui pourrait conserver une valeur réelle après la chute des papiers. Chacun ayant le même empressement, tout devint d'une cherté incroyable, et la rareté des espèces les faisait resserrer de plus en plus. Le gouvernement, voyant l'ivresse dissipée et qu'il n'y avait plus de moyen de séduire, usa de violence. L'or, l'argent, les pierreries, furent défendus. Il ne fut pas permis d'avoir plus de cinq cents livres d'espèces. On fit des recherches jusque dans les maisons religieuses. Il y eut des confiscations; on excita, on encouragea, on récompensa les dénonciateurs. Les valets trahirent leurs maîtres, le citoyen devint l'espion du citoyen, ce qui fit dire à milord Stairs qu'on ne pouvait pas douter de la catholicité de Law, puisqu'il établissait l'inquisition, après avoir déjà prouvé la *transsubstantiation* par le changement des espèces en papier. Quand le système n'aurait pas été pernicieux en soi, l'abus en aurait détruit les principes. On n'avait plus ni plan ni objet déterminé; au mal du moment on cherchait aveuglément un remède, qui devenait un mal plus grand. Les arrêts, les déclarations se multipliaient; le même jour en voyait paraître qui se détruisaient les uns les autres.

Jamais gouvernement plus capricieux, jamais despotisme plus frénétique ne se virent sous un régent moins ferme. Le plus inconcevable des prodiges pour ceux qui ont été témoins de ce temps-là, et qui le regardent aujourd'hui comme un rêve, c'est qu'il n'en ait pas résulté une révolution subite, que le régent et Law n'aient pas péri tragiquement. Ils étaient en horreur, mais on se bornait à des murmures : un desespoir sombre et timide, une consternation stupide avaient saisi tous les esprits; les cœurs étaient trop avilis pour être capables de crimes courageux.

On n'entendait parler à la fois que d'honnêtes familles ruinées, de misères secrètes, de fortunes odieuses, de nouveaux riches étonnés et indignes de l'être, de grands méprisables, de plaisirs insensés, de luxe scandaleux.

La facilité, la nécessité même de porter sur soi des sommes considérables en papier, pour le négocier, rendaient les vols très-communs; les assassinats n'étaient pas rares. Il s'en fit un dont le châtiment, juste et nécessaire, fit une nouvelle dans une grande partie de l'Europe.

Antoine-Joseph, comte de Horn, âgé de vingt-deux ans, capitaine réformé dans la cornette blanche; Laurent de Mille, Piémontais, capitaine réformé dans le régiment de Brehenne, Allemand, et un prétendu chevalier d'Estampes (1), complotè-

---

[1] Ou Duterne, suivant la déclaration des deux condamnés, qui, ne le connais-

rent d'assassiner un riche agioteur, et de s'emparer de son portefeuille. Ils se rendirent dans la rue Quincampoix, et, sous prétexte de négocier pour cent mille écus d'actions, conduisirent l'agioteur dans un cabaret de la rue de Venise, le 22 mars, vendredi de la Passion, et le poignardèrent. Le malheureux agioteur, en se débattant, fit assez de bruit pour qu'un garçon du cabaret, passant devant la porte de la chambre, où était la clef, l'ouvrît; et, voyant un homme noyé dans son sang, il retira aussitôt la porte, la referma à deux tours, et cria au meurtre.

Les assassins, se voyant enfermés, sautèrent par la fenêtre. D'Estampes, qui faisait le guet sur l'escalier, s'était sauvé aux premiers cris, et courut à un hôtel garni rue de Tournon, où ils logeaient tous trois, prit les effets les plus portatifs, et s'enfuit. Mille traversa toute la foule de la rue Quincampoix; mais, suivi par le peuple, il fut enfin arrêté aux halles. Le comte de Horn le fut en tombant de la fenêtre. Croyant ses deux complices sauvés, il eut assez de présence d'esprit pour dire qu'il avait pensé être assassiné en voulant défendre celui qui venait de l'être. Son plan n'était pas trop bien arrangé, et devint inutile par l'arrivée de Mille, qu'on ramena dans le cabaret, et qui avoua tout. Le comte de Horn voulut en vain le méconnaître; le commissaire du quartier le fit conduire en prison. Le crime étant avéré, le procès ne fut pas long; et dès le mardi saint 26 mars l'un et l'autre furent roués vifs en place de Grève.

Le comte de Horn était apparemment le premier auteur du complot; car avant l'exécution, et pendant qu'il respirait encore sur la roue, il demanda pardon à son complice, qui fut exécuté le dernier, et mourut sous les coups.

J'ai su du chapelain de la prison une particularité qui prouve bien la résignation et la tranquillité d'âme du comte de Horn. Ayant été remis entre les mains du chapelain, en attendant le docteur de Sorbonne, confesseur[1], il lui dit : *Je mérite la roue. J'espérais qu'en considération pour ma famille, on*

---

sant que depuis peu, savaient imparfaitement son nom. On sut depuis qu'il se nommait Lestang, âgé alors de vingt ans, et fils d'un banquier flamand. Il a erré, sous le nom de Grandpré, dans différents États, et a passé dans les Indes hollandaises.

[1] Gueret, curé de Saint Paul, qui depuis l'a été de Damiens.

changerait mon supplice en celui d'être décapité; je me résigne a tout, pour obtenir de Dieu le pardon de mon crime. Il ajouta tout de suite : *Souffre-t-on beaucoup quand on est roué?* Le chapelain, interdit de cette question, se contenta de répondre qu'il ne le croyait pas, et lui dit ce qu'il imagina de plus consolant.

Le régent fut assiégé de toutes parts pour accorder la grâce, ou du moins une commutation de peine. Le crime était si atroce qu'on n'insista pas sur le premier article; mais on redoubla de sollicitations sur l'autre. On représenta que le supplice de la roue était si infamant, que nulle fille de la maison de Horn ne pourrait, jusqu'à la troisième génération, entrer dans aucun chapitre.

Le régent rejeta les prières pour la grâce. Sur ce qu'on essaya de le toucher par l'honneur que le coupable avait de lui être allié par Madame : *Eh bien!* dit-il, *j'en partagerai la honte; cela doit consoler les autres parents.* Il cita à ce sujet le vers de Corneille,

> Le crime fait la honte, et non pas l'échafaud ;

maxime vraie en morale, et fausse dans nos mœurs. Dans un État où la considération suit la naissance, le rang, le crédit et les richesses, tous moyens d'impunité, une famille qui ne peut soustraire à la justice un parent coupable est convaincue de n'avoir aucune considération, et par conséquent est méprisée : le préjugé doit donc subsister. Mais il n'a pas lieu, ou du moins il est plus faible, sous le despotisme absolu ou chez un peuple libre, partout où l'on peut dire : Tu es un esclave comme moi, ou je suis libre comme toi. Chez le despote, l'homme condamné n'est censé coupable que d'avoir déplu. Dans un pays libre, le coupable n'est sacrifié qu'à la justice; et quand elle ne fera acception de personne, la plupart des familles auront leur pendu, et par conséquent besoin d'une indulgence, d'une compassion réciproque. Alors les fautes étant personnelles, le préjugé disparaîtra; il n'y a pas d'autre moyen de l'éteindre.

Le régent fut près d'accorder la commutation de peine; mais Law et l'abbé Dubois lui firent voir la nécessité de maintenir la sûreté publique dans un temps où chacun était porteur de toute sa fortune. Ils lui prouvèrent que le peuple ne serait nullement satisfait, et se trouverait humilié de la distinction du supplice pour un crime si noir et si public. J'ai souvent entendu parler de cette exécution, et ne l'ai jamais entendu blâmer que par des grands, parties intéressées; et je puis dire que je n'ai pas dissimulé mon sentiment devant eux.

Lorsque les parents ou alliés eurent perdu tout espoir de fléchir le régent, le prince de Robec-Montmorency, et le maréchal d'Isenghen d'aujourd'hui, que le coupable touchait de plus près que d'autres, trouvèrent le moyen de pénétrer jusque dans la prison, lui portèrent du poison, et l'exhortèrent à se soustraire, en le prenant, à la honte du supplice; mais il le refusa. *Va, malheureux*, lui dirent-ils en se retirant avec indignation, *tu n'es digne de périr que par la main du bourreau*.

Je tiens du greffier criminel, qui m'a communiqué le procès, les principales circonstances.

Le comte de Horn était, avant son dernier crime, connu pour un escroc, et, de tous points, un mauvais sujet. Sa mère, fille du prince de Ligne, duc d'Aremberg, grand d'Espagne, et chevalier de la Toison; et son frère aîné, Maximilien-Emmanuel, prince de Horn, instruits de la mauvaise conduite du malheureux dont il s'agit, avaient envoyé un gentilhomme pour payer ses dettes, le ramener de gré, ou obtenir du régent un ordre qui le fît sortir de Paris : malheureusement il n'arriva que le lendemain du crime [1].

---

[1] La maison de Horn a pris son nom de la petite ville de Horn en Brabant, de l'ancien comté de Lootz, dans la seigneurie de Liége, près et vis-à-vis de Ruremonde. Il y a eu trois branches de cette maison : les deux premières sont éteintes. Le chef de la première épousa Anne d'Egmont, veuve de Joseph de Montmorency, seigneur de Nivelle. N'en ayant point eu d'enfant, il adopta les deux Montmorency qu'elle avait eus de son premier mari, Philippe et Floris de Montmorency. Philippe fut celui à qui le duc d'Albe fit couper la tête en 1568. Floris, son frère, eut le même sort en Espagne en 1570, pour avoir porté à Philippe II les plaintes des Pays-Bas, contre l'établissement de l'inquisition. Leurs deux sœurs furent mariées dans la maison de Lallain. La seconde branche est pareillement éteinte. La troisième subsistait, en 1720, dans Maximilien-Emmanuel, prince de Horn, et son malheureux frère. Leur père, Philippe Emmanuel, prince de Horn, avait servi en France, en qualité de lieutenant général, aux sièges de Brisach et de Landau, à la bataille de Spire et à celle de Ramillies, où il reçut sept blessures et fut fait prisonnier. Lorsqu'à la paix d'Utrecht les Pays-Bas passèrent à la maison d'Autriche, la maison de Horn rentra sous la domination de l'empereur.

On prétendit que le régent, ayant adjugé la confiscation des biens du comte de Horn au prince de Horn, son frère, celui-ci écrivit la lettre suivante :

Je ne me plains pas, monseigneur, de la mort de mon frère; mais je me plains que votre altesse royale ait violé, en sa personne, les droits du royaume, de la noblesse et de la nation. (Le reproche n'est pas fondé; l'assassinat prémédité est puni de la roue, sans distinction de naissance.) *Je vous remercie de la confiscation de ses biens; je me croirais aussi infâme que lui si je recevais jamais aucune grâce de vous. J'espère que Dieu et le roi vous rendront un jour une justice aussi exacte que vous l'avez rendue à mon malheureux frère.*

Dans le même temps que le régent sacrifiait le comte de Horn à la vindicte publique, il faisait faire, en Bretagne, un autre sacrifice à la tranquillité de sa régence. La chambre royale, établie à Nantes, fit, le même jour 26 mars, trancher la tête à quatre gentilshommes bretons[1], pour crime de lèse-majesté et de félonie. Il y en eut seize d'effigiés, et un très-grand nombre d'autres dont le procès fut terminé par une amnistie. J'ai déjà parlé de cette affaire. Tous ces malheureux gentilshommes, dont la plupart ne se doutaient pas de ce dont il était question, furent les victimes des séductions de Cellamare et de la folie de la duchesse du Maine. Je n'ajouterai que peu de circonstances.

Toute la ville fut garnie de troupes; défense aux bourgeois de sortir de leurs maisons; les canons du château tournés contre la ville. Montlouis, en montant sur l'échafaud, voyant en pleurs ceux qui étaient autour, leur dit : *Mes compatriotes, nous mourons pour vous : priez Dieu pour nous.* D'Évry, rapporteur du procès, et qui vient de mourir, a dit plusieurs fois qu'il s'attendait à la grâce, après avoir vu rendre la liberté à la duchesse du Maine; ce qui prouve assez qu'elle était la principale coupable.

Le régent, ne sachant comment fournir au payement des rentes et des pensions, dont ses profusions augmentaient tous les jours la masse, avait ordonné, par arrêt du conseil du 6 février,

---

[1] De Guer-Pontcallet, de Montlouis, le Moyne, dit le chevalier de Talhouët, du Cœdic.

le remboursement en papier, ou la réduction à deux pour cent de toutes les rentes. Par édit du mois de mars suivant, toutes les constitutions de rentes furent fixées au même denier cinquante, comme si le prix de l'argent ne dépendait pas uniquement de sa rareté ou de son abondance. Le prince peut fixer le taux légal de l'intérêt ; mais il ne peut contraindre les prêteurs. Le parlement refusa d'enregistrer tant l'arrêt que l'édit, et fit des remontrances qui ne constataient que le droit d'en faire, et leur inutilité. Le premier président, encore dans la crise de son entrevue avec le régent, feignit d'être malade, pour ne pas se trouver en opposition avec le prince ou avec le parlement. Nous le verrons reparaître, quand il trouvera les conjonctures favorables pour lui. Elles ne tardèrent pas.

Tous les gens de la cour, obérés de dettes, s'en étaient libérés avec du papier, qui ne leur avait coûté que des bassesses. L'honnête bourgeoisie était ruinée, et l'on exerça sur le bas peuple des violences inouïes, à l'occasion du Mississipi, aujourd'hui la Louisiane. Law, voyant bien qu'il fallait donner aux actions un fondement du moins fictif, le fit porter sur les prétendues richesses qui reviendraient du Mississipi. C'était, disait-il, une terre de promission, abondante en denrées de toutes espèces, en mines d'or et d'argent. Il ne s'agissait plus que d'y envoyer des colons, qui, en s'y enrichissant eux-mêmes, seraient encore les auteurs des richesses de la France.

Cet appât ne réussissant pas, on prit tous les garnements et les filles perdues qui étaient dans les prisons et les maisons de force, et on les fit embarquer. On se saisit ensuite des gens sans aveu ; et comme ceux qu'on emploie pour purger une ville de coquins n'en diffèrent guère, sous prétexte de vagabonds on enleva une quantité d'honnêtes artisans et de fils de bourgeois. Les archers en mettaient en chartre privée, et leur faisaient racheter leur liberté. Les excès allèrent si loin, que la patience du peuple s'en lassa. On repoussa les archers, il y en eut de tués ; et le ministère, intimidé à son tour, fit cesser cette persécution odieuse. On sut depuis que presque tous les malheureux, conduits à main armée, livrés pour toute subsistance à la charité des provinces qu'on leur faisait traverser, avaient péri en route, dans la traversée ou dans la colonie.

Le régent et Law ne sachant plus à quoi recourir pour faire face aux effets royaux, le conseil donna, le 21 mai, ce fameux arrêt qui les réduisait tous à la moitié de leur valeur. Les cris furent universels, quand on vit, par cette réduction, le peu de fond qu'il y avait à faire sur l'autre moitié.

Le premier président, voyant que le régent avait perdu terre et que tous les citoyens étaient dans un accès de fureur, reparut sur la scène, et assembla le parlement; mais le régent envoya, dès le 27, la Vrillère, secrétaire d'État, suspendre toutes délibérations, et annoncer un nouvel arrêt du conseil, qui fut publié le lendemain, pour rendre aux effets toute leur valeur.

Le coup était porté. La confiance s'inspire par degrés, mais un instant la détruit, et il est alors comme impossible de la rétablir : aussi ne put-elle se relever. Le régent fut si effrayé lui-même des cris, des rumeurs, des imprécations, des libelles mérités, qu'il essaya de rejeter totalement sur Law la haine publique, en lui ôtant l'administration des finances; et lorsqu'on le lui amena au Palais-Royal, il refusa hautement de le voir; mais, le soir même, il le fit introduire par une porte secrète, pour lui donner quelques consolations et lui faire des excuses. Comme la conduite de ce prince était aussi inégale qu'inconséquente, deux jours après il mena avec lui Law à l'Opéra. Cependant, pour le mettre à couvert de la fureur du peuple, il lui donna une garde de Suisses dans sa maison. La précaution n'était pas inutile; Law avait été assailli de coups de pierres dans son carrosse, et, pour peu qu'il eût été loin de chez lui, il aurait été lapidé. Sa femme et sa fille pensèrent avoir le même sort au cours, où elles eurent l'imprudence de se montrer, sans faire attention que la multitude n'est pas composée de courtisans. D'ailleurs, la qualité d'étranger, en France et dans quelque État que ce soit, aggrave bien les torts d'un ministre. Si Richelieu eût été Italien, il aurait peut-être parmi nous, malgré les éloges de l'Académie, un aussi mauvais renom que le cardinal Mazarin, quoique d'un autre genre.

Le régent se faisait intérieurement assez de justice pour sentir qu'il avait plus de reproches à se faire qu'à Law. Celui-ci se réfugia au Palais-Royal, parce que l'émeute populaire se renouvela plusieurs fois contre lui. Il imputait la chute de son système au garde des sceaux, qui, forcé de céder l'administration des finances, en avait barré toutes les opérations, et conseillé l'arrêt du 21 mai.

Dubois, à qui le système avait procuré tant d'argent, et qui en espérait encore, appuya le ressentiment de Law, et l'un et l'autre déterminèrent le régent à rappeler le chancelier d'Aguesseau. Law et le chevalier de Conflans, premier gentilhomme de la chambre du régent, allèrent ensemble le chercher à Frêne, pendant que Dubois allait, de la part du régent, demander à d'Argenson les sceaux, qui furent rendus au chancelier, dont la réputation reçut une telle atteinte d'avoir été ramené par Law, qu'elle ne reprit que très-difficilement son premier lustre.

Les honneurs de garde des sceaux furent conservés à d'Argenson. Ces distinctions, et la fortune pécuniaire qu'il s'était procurée (car il était né très-pauvre), ne le préservèrent pas de la maladie de ministre disgracié, espèce de spleen qui les saisit presque tous, et dont la plupart périssent.

Dès le moment que le contrôle général fut ôté à Law, qui ne conserva que la banque et la compagnie des Indes, Pelletier des Forts fut nommé commissaire général des finances, et eut pour adjoints d'Ormesson et Gaumont.

Le régent, pour gagner la faveur du public ou en diminuer la haine, parut d'abord associer le parlement à ses opérations. Par arrêt du conseil du 1er juin, il fut permis d'avoir chez soi telle somme d'argent qu'on voudrait; mais peu de personnes étaient en état d'user de la permission. Cinq députés du parlement furent admis à conférer avec les commissaires des finances. Pour retirer les billets de banque, on créa vingt-cinq millions de rentes sur la ville, dont le fonds était à deux et demi pour cent; et les billets constitués étaient brûlés publiquement à l'hôtel de ville. Mais cela ne donnait pas aux particuliers l'argent nécessaire pour les besoins pressants et journaliers. Les denrées les plus communes étant montées à un prix excessif, et les billets refusés par tous les marchands, on fut obligé de distribuer à la banque un peu d'argent aux porteurs de billets. La foule y fut si grande qu'il y eut plusieurs personnes étouffées; on porta trois corps morts à la porte du Palais-Royal. Ce spectacle fit une telle impression, que tout Paris fut prêt à se soulever. Leblanc, secrétaire d'État, y accourut, manda le guet et la garde des Tuileries; mais, en attendant leur arrivée, il prit son parti en homme d'esprit; et, apercevant sept ou huit hommes robustes qui pouvaient très-bien figurer dans une révolte populaire, et même la commencer : *Mes enfants*, leur dit-il tranquillement, *prenez ces corps, portez-les dans une église; et revenez promptement me trouver, pour être payés.* Il fut obéi sur-le-champ; et les troupes qui arrivèrent dispersèrent, par leur seule présence, la multitude, qui n'avait plus devant les yeux les cadavres capables de faire tant d'impression. Une partie de la populace avait déjà quitté le Palais-Royal pour suivre les corps qu'on emportait, soit par une curiosité machinale, soit pour participer à la récompense promise. Le même jour, on publia une ordonnance qui défendait au peuple de s'attrouper, sous les peines les plus rigoureuses.

Le gouvernement était si dépravé, qu'aucun honnête homme n'y avait de confiance. On brûlait depuis quelques jours, à l'hôtel de ville, les billets qu'on retirait du public; Trudaine, prévôt des marchands, en présence de qui cela se faisait, aux yeux de tout le corps municipal, crut remarquer des numéros qui lui avaient déjà passé entre les mains, et manifesta assez crûment ses soupçons. Trudaine était un homme d'un esprit droit, plein d'honneur et de justice, de mœurs sévères, élevé dans l'esprit et les principes de l'ancienne magistrature, ennemi des routes nouvelles, et encore plus de celles qui lui paraissaient obliques; dès là frondeur du système, nullement politique, même un peu dur : son fils, avec plus de lumières, lui ressemble assez; c'est une bonne race.

Les soupçons du prévôt des marchands pouvaient être mal fondés; mais ils ressemblaient si fort à la vérité, sa place influait tellement sur la confiance publique, que le régent la lui ôta, et la donna à Châteauneuf. On représenta inutilement qu'il était contre toute règle de déplacer un prévôt des marchands avant la fin de sa prévôté, et contre toutes les lois municipales d'y placer un étranger [1]; que cette injustice, faite à un homme vertueux et cher au peuple, accréditerait la défiance, loin de la détruire. Les règles n'arrêtaient guère le régent : ainsi Trudaine fut déposé, et le seul qui ne fut point touché de cette injustice.

L'agiot, trop resserré dans la rue Quincampoix, avait été transféré à la place Vendôme : là, s'assemblaient les plus vils coquins et les plus grands seigneurs, tous réunis et devenus égaux par l'avidité. On ne citait guère à la cour que le chancelier, les maréchaux de Villeroi et de Villars, les ducs de Saint-Simon et de la Rochefoucauld, qui se fussent préservés de la contagion. Le maréchal de Villars, fanfaron des qualités mêmes qu'il avait, traversant un jour la place dans un carrosse brillant, chargé de pages et de laquais, voulut tirer pour sa vanité quelque profit de son désintéressement. Sa marche étant retardée par la foule, il mit la tête à la portière, déclama contre la honte de l'agiot, l'opprobre de la nation ; ajoutant que, pour lui, il était bien intact sur l'argent. Il partit à l'instant une huée générale de gens qui crièrent : *Et les sauvegardes! et les sauvegardes!* dont le maréchal avait tiré grand parti quand il commandait l'armée. Ces cris, qui se répétaient par écho d'un bout de la place à l'autre, imposèrent silence au maréchal, qui se renfonça dans son carrosse, passa comme il put, et ne revint plus haranguer.

M. le Duc, se vantant un jour ingénument de la quantité d'actions qu'il possédait, Turmenies, garde du trésor royal, homme d'esprit, et qui s'était acquis un droit ou un usage de familiarité avec les princes mêmes, lui dit : *Monseigneur, deux actions de votre aïeul valent mieux que toutes celles-là.* M. le Duc en rit, de peur d'être obligé de s'en fâcher. Ce même Turmenies, se trouvant à l'arrivée du comte de Charolais après trois ans de voyage, s'empressait, avec beaucoup d'autres, de marquer sa joie. A peine ce prince les regarda-t-il ; sur quoi Turmenies, se tournant vers l'assemblée : *Messieurs*, dit-il, *dépensez*

---

[1] Castagnères de Châteauneuf était né à Chambéri en Savoie; il avait été premier président de la cour supérieure de cette ville, puis naturalisé en France, ambassadeur en Portugal, en Hollande, à la Porte, et président de la chambre royale de Nantes.

bien de l'argent à faire voyager vos enfants : voilà comme ils en reviennent!

Le comte de Charolais, en arrivant, entra au conseil de régence, et ne le fortifia pas.

Le chancelier, se trouvant incommodé du tumulte de l'agiot dans la place Vendôme, où est la chancellerie, le prince de Carignan, plus avide d'argent que délicat sur sa source, offrit son hôtel de Soissons. Il fit construire dans le jardin une quantité de petites baraques, dont chacune était louée cinq cents livres par mois : le tout rapportait cinq cent mille livres par an. Pour obliger les agioteurs de s'en servir, il obtint une ordonnance qui, sous prétexte d'établir la police dans l'agiot et de prévenir la perte des portefeuilles, défendait de conclure aucun marché ailleurs que dans ces baraques.

Le parlement, depuis que ses députés conféraient avec les commissaires des finances, se flattait déjà de participer à l'administration : cette illusion ne dura pas. Un édit portant attribution de tout commerce à la compagnie des Indes fut porté au parlement pour y être enregistré le 17 juillet, le jour même qu'il y eut des gens étouffés. Pendant qu'on discutait cette affaire avec chaleur, le premier président sortit un moment, dit en rentrant ce qui venait d'arriver à la banque, et que le carrosse de Law avait été mis en pièces. Tous les magistrats, se levant en pied, avec un cri de joie peu digne de la gravité de la séance : *Et Law est-il déchiré par morceaux?* Le premier président répondit qu'il ignorait les suites du tumulte. Toute la compagnie rejeta l'édit, et rompit la séance pour courir aux nouvelles.

Le régent, outré du peu de complaisance du parlement, assembla, le jeudi 18, un conseil secret, où il fut résolu de transférer le parlement à Blois. Le chancelier y opina comme les autres, avec l'embarras d'un homme ennuyé de l'exil, et qui craint d'y retourner. Il obtint cependant du régent, après le conseil, de choisir Pontoise au lieu de Blois.

Le dimanche 21, sans que rien eût transpiré, plusieurs compagnies des gardes s'emparèrent, dès quatre heures du matin, des cours et des dehors du palais; une partie des mousquetaires occupa la grand'chambre, et d'autres l'hôtel du premier président, tandis que leurs camarades portaient à tous les magistrats ordre de se rendre à Pontoise.

Cette translation du parlement à sept lieues de Paris, loin de relever l'autorité, la rendit ridicule, et devint une scène comique par les circonstances qui l'accompagnèrent. Dès le soir, le régent fit porter au procureur général cent mille livres en argent et autant en billets, pour en aider ceux qui en auraient besoin. Le premier président eut une somme encore plus forte pour soutenir sa table, et tira à diverses reprises plus de cinq cent mille livres du régent ; de sorte que la séance de Pontoise devint une sorte de vacance de plaisir.

Le premier président tenait table ouverte ; et ceux qui, par incommodité ou autrement, désiraient de rester chez eux, envoyaient à la première présidence chercher ce qu'ils voulaient. L'après-midi, des tables de jeu dans les appartements, des calèches toutes prêtes dans les cours pour ceux et celles qui préféraient la promenade. Le premier président montait dans la plus distinguée, et de là nommait, au milieu de la compagnie rangée sur son passage, ceux qui devaient l'accompagner ; en conséquence, *messieurs* trouvaient que le premier président était le plus grand homme qu'il y eût eu dans sa place. Le soir, un souper somptueux et délicat pour toutes les jolies femmes et les hommes du bel air qui, dans cette belle saison, venaient journellement de Paris et y retournaient la nuit. Les fêtes, les concerts se succédaient perpétuellement. La route de Pontoise était aussi fréquentée que celle de Versailles l'est aujourd'hui. Il n'eût peut-être pas été impossible d'y amener le régent. Il fournissait aux plaisirs de ces exilés, qui en faisaient des plaisanteries plus indécentes que légères. Il ne se jugea presque point d'affaires, et il n'y eut que les plaideurs qui souffrirent de l'aventure.

La chambre des comptes, la cour des aides, le grand conseil et l'université envoyèrent des députés à Pontoise complimenter le parlement. Il en fut fait registre ; et le 15 d'août la chambre des comptes et la cour des aides affectèrent, à la procession du vœu de Louis XIII, de laisser vide la place du parlement.

Comme il faut une déclaration du roi pour la chambre des vacations, le premier président, ne la voyant point arriver, prit le parti, après quinze jours d'attente inutile, de venir trouver le régent, et de lui demander s'il ne pensait pas à donner cette déclaration. Le prince lui répondit qu'elle était toute prête; et le jour même il parut un arrêt du conseil pour l'établissement d'une chambre royale, composée de conseillers d'État et de maîtres des requêtes, avec attribution des procès évoqués au conseil, et des causes civiles et criminelles du parlement, sous le nom de chambre des vacations. Là-dessus les magistrats de Pontoise prirent leurs vacances; il n'y resta qu'un président de chaque chambre et quelques conseillers.

Le régent avait trouvé inutile de nommer au parlement une chambre des vacations, qui ne terminerait pas plus d'affaires que le corps entier, qui avait refusé d'enregistrer une déclaration du 4 août, au sujet de la conciliation des évêques sur la constitution.

Le fond de cette affaire était aussi indifférent au régent qu'à beaucoup d'autres; mais l'abbé Dubois y prenait un intérêt très-vif. Sa nouvelle dignité d'archevêque de Cambrai fortifiait ses espérances et ses moyens d'arriver au chapeau de cardinal. Il n'osait encore s'en ouvrir publiquement; mais il n'en était pas moins sûr, comme on l'a vu, de l'agrément et même de la sollicitation du régent. Ce prince avait dit à ses familiers : *Si ce coquin était assez fou, assez insolent pour penser au cardinalat, je le ferais jeter par les fenêtres;* mais il ne s'était guère plus obligeamment expliqué sur l'archevêché de Cambrai, et avait fini par l'accorder. Il n'était donc question que de préparer les voies du côté du pape.

Dubois, puissant en argent, en crédit, en intrigues, entretenait à Rome plusieurs agents qui ne se connaissaient pas les uns les autres. L'abbé de Gamache, notre auditeur de rote [1], découvrit le manége. Piqué du mystère qu'on lui faisait de cette affaire, il la traversa de son mieux. Il avait de plus un intérêt personnel : avec beaucoup de mérite, d'esprit et d'étude, il s'é-

---

[1] La rote est un tribunal composé de douze ecclésiastiques; trois romains, un milanais, un polonais, un ferrarais, un vénitien, un français, deux espagnols et un allemand. L'Académie de la Crusca tire l'étymologie de *rote* de ce que les juges y servent tour à tour. Du Cange prétend que ce nom vient de ce que le pavé de la chambre est fait de pièces de porphyre en forme de roue.

tait tellement distingué, qu'il était à la tête de la rote. Il s'était fait un nombre d'amis considérables, et aspirait lui-même au chapeau, à l'exemple des cardinaux de la Trémouille et de Polignac, à qui la rote en avait ouvert le chemin. Il se livra totalement à la cour de Rome, la regarda comme sa patrie, et résolut de sacrifier tout à son ambition.

Les agents de Dubois l'instruisirent de ce qui se passait. Il entra en fureur, et sur-le-champ envoya un ordre de rappel à Gamache. Celui-ci commença par s'excuser, et se plaindre du peu de confiance qu'on lui marquait : Dubois rejeta les excuses, et réitéra plus durement l'ordre de revenir. Alors Gamache leva le masque, répondit fièrement à Dubois que le rappel d'un auditeur de rote ne dépendait nullement d'un ministre; que le feu roi, en le nommant, avait consommé son pouvoir; qu'aujourd'hui lui Gamache était magistrat d'un des premiers tribunaux du monde; qu'il faudrait un crime prouvé pour déposséder un auditeur; que le pape, seul souverain de Rome et de la rote, serait juge d'un tel procès, s'il pouvait y avoir lieu d'en intenter à un homme irréprochable dans la doctrine, la conduite et les mœurs.

A la lecture de cette lettre, Dubois fit un bond de rage, et se livra à tous ses transports furieux ; c'était sa recette pour purger son humeur : après quoi il devenait calme, capable de conseil et même de prudence.

Le procédé de Gamache, le comble de la folie et de l'insolence à l'égard de la France, lui faisait un mérite à Rome. Tout autre ministre qu'un aspirant au chapeau eût obligé Gamache de revenir, l'eût puni, ou du moins l'eût réduit, par la saisie de ses biens, à la condition d'un banni. Mais Dubois n'avait garde de se déclarer le défenseur des maximes du royaume contre les chimères ultramontaines, dans un moment où il devait paraître les respecter. Il craignait de plus d'ébruiter ses prétentions ; il savait que Gamache avait des amis dans le sacré collège et dans la domesticité intime du pape. Il prit le parti de le gagner, et lui écrivit à l'instant qu'il ne l'avait fait rappeler que pour le placer convenablement et à sa naissance et à son mérite, en lui donnant l'archevêché d'Embrun. Gamache, qui, après s'être fait craindre de Dubois, n'était pas fâché de s'en faire un ami, répondit par une lettre de reconnaissance, mais refusa l'archevêché, satisfait, disait-il, de rester auditeur de rote, et offrit ses services pour les vues de Dubois. Dès ce moment, les deux ambitieux s'entendirent à merveille : Gamache fut très-utile au ministre pour le chapeau, et y serait parvenu lui-même si la mort ne l'eût pas arrêté dans sa course.

Dubois, voulant plaire au pape et se signaler par un service éclatant, avait résolu de faire accepter la constitution. N'ayant pas trouvé dans le parlement les facilités qu'il désirait pour l'enregistrement de la déclaration, il crut que le grand conseil suppléerait au parlement, et persuada le régent que cela aurait le même effet.

On ne peut pas se conduire plus militairement qu'on le fit dans cette affaire. Le régent, par le conseil de Dubois, fit lire la déclaration au conseil, et, sans prendre les voix, la regarda comme approuvée.

On suivit à peu près le même procédé au grand conseil. Le régent, ne se flattant pas que les magistrats de ce tribunal se prêtassent à un enregistrement pur et simple, se fit accompagner des princes, des ducs et pairs, des maréchaux de France : ces derniers, comme officiers de la couronne, ont voix dans ce tribunal, quand ils y accompagnent le chancelier; au lieu qu'ils ne l'ont au parlement qu'en vertu de la présence du roi, qu'ils y suivent. En effet, plusieurs magistrats opinèrent avec force contre la déclaration; un d'eux, nommé Perelle, alléguant les principes dont il appuyait son avis, le chancelier lui demanda où il avait trouvé de telles maximes; Perelle répondit froidement : *Dans les plaidoyers de feu M. le chancelier d'Aguesseau.* Cependant le cortége du régent étant supérieur en nombre aux magistrats, la déclaration fut enregistrée, et il n'y eut personne qui ne regardât cet enregistrement comme un acte forcé qui n'avait rien de solide : le pape même n'en fut pas satisfait. La cour de Rome, plus attachée qu'aucune autre à ses maximes, savait combien une opinion nationale a de pouvoir sur les peuples; c'est en France le fondement le plus solide de la loi salique. Un enregistrement libre fait au parlement semble parmi nous la sanction de la loi, et cette cour est seule en droit ou en possession de faire observer ses décisions par les tribunaux inférieurs.

Dubois ne fut pas longtemps à s'apercevoir qu'il n'avait rien fait pour Rome ni pour lui-même, et qu'il avait compromis son maître; mais comment revenir sur ses pas? Il s'était joint à Law pour persuader au régent que les parlements, loin d'être utiles, étaient un obstacle continuel aux opérations du gouvernement; qu'il fallait les supprimer, et rembourser toutes les charges en billets de banque, c'est-à-dire, leur faire banqueroute; et qu'alors le roi serait véritablement le maître : comme si le pouvoir arbitraire ne détruisait pas toute monarchie!

Ce projet avait déjà été proposé, et l'on était sur le point de l'exécuter, lorsque l'intérêt même de l'abbé Dubois contribua à le faire échouer; et voici comment :

Le cardinal de Noailles s'était engagé à donner un mandement d'acceptation de la bulle, avec des explications, aussitôt que la déclaration sur la conciliation des évêques aurait été enregistrée. L'abbé Menguy, conseiller au parlement, homme du premier mérite, ami intime du cardinal, fut instruit des desseins qu'on avait contre le parlement. Il fit sentir à son ami qu'il pouvait rendre le plus grand service à l'État en refusant de publier son mandement, si la déclaration n'était enregistrée au parlement, et lui détailla toutes les raisons dont il pouvait s'appuyer contre le régent, à qui l'on avait persuadé que la paix de l'Église dépendait de la publication de ce mandement. Le cardinal saisit cette ouverture, et allégua au régent tout ce qu'on pouvait dire contre l'enregistrement du grand conseil.

D'un autre côté, le secrétaire d'État Leblanc servit très-bien le parlement, qui le lui rendit dans la suite, sous le ministère de M. le Duc. Le Blanc fit entendre à Dubois combien il importait à la cour de Rome que le parlement fût le garant de la conciliation des évêques; et Dubois travailla, sur ce plan, à ramener le régent en faveur du parlement, et eut besoin de tout l'ascendant qu'il avait sur l'esprit de ce prince. Le régent, qui n'avait foi à la probité de personne, et qui avait des preuves de la scélératesse de Dubois, lui avait cependant donné toute sa confiance. Celui-ci ne se l'était pas acquise par l'hypocrisie; s'il avait osé parler de vertu, il aurait indigné un prince qui le connaissait à fond : mais il était venu à bout de lui persuader que lui Dubois n'ayant d'existence que par son maître, il lui était attaché par un intérêt inséparable; *d'autant plus*, ajoutait-il, *que le déchet de votre autorité serait ma perte. Signez cela, monseigneur*, lui disait-il un jour, en lui présentant un mémoire dont le régent lui demandait l'explication; *signez. Vous savez que j'ai un instinct qui n'est que pour vous, et qui doit vous convaincre de la bonté de ce que je vous présente.*

Ainsi, le cardinal de Noailles en résistant modestement au régent, et Dubois en le flattant, le plus saint et le plus scélérat des prélats, sans se concerter (car ils n'étaient pas faits pour traiter ensemble), concouraient au même but.

Dubois était trop adroit pour proposer d'emblée un second enregistrement de la déclaration, encore moins le rappel du parlement, après avoir exalté l'autorité du grand conseil, et concouru avec ceux qui voulaient anéantir le parlement. Il commença par dire au régent que le mandement promis par le cardinal de Noailles était absolument nécessaire pour la pacification de l'Église. Le régent manda le cardinal, et le somma de tenir sa parole. Le cardinal se retrancha sur l'enregistrement de la déclaration, qui ne pouvait être valable qu'au parlement. Le régent, qui dans ce moment même s'occupait des moyens de supprimer cette compagnie, s'échauffa contre le cardinal; celui-ci, sans sortir du respect, persista dans son refus, ajouta qu'il donnerait plutôt sa démission que son mandement, et qu'après quarante ans d'épiscopat, il se trouverait heureux de sortir d'un monde rempli d'iniquités.

Le régent, soupçonnant que le cardinal était de concert avec le parlement, résolut de se porter aux dernières extrémités contre une compagnie qui, disait-il, voulait lui faire la loi. M. le Duc, Law, et tous les apôtres du système, l'enflammèrent de plus en plus; des membres même du parlement, tels que le président de Blamont, qui, après s'être fait exiler comme citoyen, était devenu espion du régent, fournirent des mémoires sur la forme qu'on pourrait donner à la justice, en supprimant le parlement. Cependant, les choses n'étaient pas encore assez arrangées pour effectuer ce projet; et l'on était à la veille de la rentrée du parlement à Pontoise.

Le 11 de novembre, tous les magistrats reçurent une lettre de cachet, portant ordre de se rendre à Blois, pour y ouvrir la séance du parlement le 2 décembre. Aussitôt le chancelier, que la précipitation française accusait de faiblesse, alla trouver le régent, lui dit qu'il n'était plus temps de dissimuler les malheurs de l'État; que, ne pouvant faire le bien ni réparer le mal, il venait remettre les sceaux. Le régent, étonné, refusa d'accepter la démission, et le pria d'attendre du moins quelques jours pour se déterminer.

Le cardinal, qui pouvait jouer alors le rôle le plus brillant, s'il avait eu l'orgueil d'un chef de parti, donna le lendemain son mandement, de peur que sa résistance ne fût imputée au parlement, et afin qu'il ne restât au régent aucun prétexte à la translation à Blois. Le cardinal venait de quitter ce prince, à qui il avait remis son mandement, lorsque le chancelier arriva pour ratifier sa démission. Le régent, touché du procédé du cardinal et de la fermeté respectueuse du chancelier, pria celui-ci d'attendre encore, parce que les choses pourraient s'arranger.

Ce jour-là même, la Vrillière, Leblanc et Dubois, qui, sans se montrer, les secondait, firent conseiller au premier président d'aller saluer le régent, sous prétexte de prendre congé avant de partir pour Blois.

Le premier président, suivi de vingt-deux présidents ou conseillers, se rendit au Palais-Royal, où il trouva le régent au milieu des ennemis du parlement, qui, prévoyant les suites de cette démarche, avaient chacun le maintien assorti à son caractère. M. le Duc était très-embarrassé de paraître à la fois l'ami du parlement et celui de Law. Le duc de la Force, trop connu pour se flatter d'en imposer, ne dissimulait point ses craintes. Law, de peur de céder à la faiblesse, affichait l'insolence; né pour les succès ou les catastrophes, il paraissait préparé à tous les événements.

Le premier président, après avoir parlé de la soumission des parlements aux ordres du roi, représenta combien de familles allaient souffrir de l'éloignement du parlement, et entra, sur ce sujet, dans quelques détails, qui donnèrent lieu au régent de répondre qu'il n'avait pas prévu ces inconvénients; de sorte qu'après plusieurs plaintes vagues des procédés des magistrats, dont il exceptait toujours ceux qui étaient présents, il dit à la Vrillière d'expédier de nouveaux ordres pour Pontoise, au lieu de Blois.

Quelque démarche que des particuliers fassent en faveur d'un corps, elle n'a jamais l'approbation générale. Ceux qui ne s'étaient pas trouvés au Palais-Royal taxaient cette visite de bassesse, prétendaient que c'était faire sa cour aux dépens des absents, et qu'une telle députation n'aurait dû se faire que par ordre du corps. Le premier président et ceux qui l'avaient accompagné répondaient que tout particulier est libre de faire une visite de politesse ou de respect; qu'ils n'avaient point parlé au nom du parlement, puisqu'ils avaient traité le régent de monseigneur, titre que ne lui donnait pas le corps; qu'au surplus, toute la compagnie recueillait le fruit d'une démarche particulière, puisque le régent, en lui renvoyant la déclaration, faisait un aveu authentique d'avoir excédé son pouvoir en s'adressant au grand conseil.

Cependant, ce qui n'était qu'humeur pouvait faire un schisme dans la compagnie. L'abbé Menguy avait eu beaucoup de part à la réunion; l'abbé Pucelle, ami d'estime, mais rival de réputation de l'abbé Menguy, pouvait prendre un avis contraire.

Le parlement fit sa rentrée à Pontoise le 25 novembre. Avant de proposer la déclaration, on employa plusieurs jours à gagner l'abbé Pucelle; et lorsqu'on eut concerté avec lui les modifications qu'il voulait à l'enregistrement, pour mettre les appelants à couvert de toute violence, on ne trouva plus d'obstacle.

Dans les compagnies les plus nombreuses, il ne se trouve guère que deux ou trois personnes qui décident de tout; ce qui prouve qu'il n'y a point de corps qui ne tende à la monarchie. Le parlement enregistra la déclaration le 4 décembre, fut rappelé le 16, et reprit, le 20, ses fonctions à Paris.

Les affaires s'étaient si fort accumulées, par le peu de travail du parlement à Pontoise, que la chambre établie aux Augustins continua de juger beaucoup de procès, même depuis le retour du parlement, et se fit honneur par son expédition et son intégrité.

Le rappel du parlement décidait l'expulsion de Law, qui partit prudemment deux jours avant la rentrée, dans une chaise aux armes de M. le Duc, accompagné de quelques valets de livrée de ce prince, qui servaient d'une espèce de sauvegarde, et, à tout événement, muni de passeports du régent. Cela n'empêcha pas d'Argenson l'aîné, intendant de Maubeuge, de l'arrêter à son passage dans Valenciennes, et d'en donner avis par un courrier qu'on lui renvoya sur-le-champ, avec la plus vive réprimande de n'avoir pas déféré aux passeports.

Law était Écossais, gentilhomme ou non, mais se donnant pour tel, comme tous les étrangers. Grand, bien fait, d'une figure agréable et noble, de beaucoup d'esprit, d'une politesse distinguée, avec de la hauteur sans insolence. Il y avait chez lui plus d'ordre et de propreté que de luxe. Sa femme, ou plutôt celle qui passait pour l'être, car on a su depuis qu'ils n'étaient pas mariés, était une Anglaise de qualité, d'un caractère altier, et que les bassesses de nos petites ou grandes dames rendirent bientôt impertinente. Après avoir parcouru l'Allemagne et l'Italie, il se fixa à Venise, où il est mort. Son système a été et a dû être pernicieux pour la France. Law ne connut ni le caractère de la nation ni celui du prince à qui il eut affaire. Le bouleversement des fortunes n'a pas été le plus malheureux effet du système et de la régence : une administration sage aurait pu rétablir les affaires; mais les mœurs, une fois dépravées, ne se rétablissent que par la révolution d'un État, et je les ai vues s'altérer sensiblement. Dans le siècle précédent, la noblesse et le militaire n'étaient animés que par l'honneur; le magistrat cherchait la considération; l'homme de lettres, l'homme à talent ambitionnaient la réputation; le commerçant se glorifiait de sa fortune, parce qu'elle était une preuve d'intelligence, de vigilance, de travail et d'ordre; les ecclésiastiques, qui n'étaient pas vertueux, étaient du moins forcés de le paraître. Toutes les classes de l'État n'ont aujourd'hui qu'un objet, c'est d'être riches, sans que qui que ce soit fixe les bornes de la fortune où il prétend.

Avant la régence, l'ambition d'un fermier général était de faire son fils conseiller au parlement; encore fallait-il, pour y réussir, que le père eût une considération personnelle. Nous venons de voir un conseiller clerc et même sous-diacre, le gendre de Villemorien, quitter sa charge pour entrer dans la finance. Je ne doute pas qu'il n'y ait eu dans tous les temps des magistrats assez vils pour avoir la même avarice, mais ils n'auraient osé la manifester; et s'ils l'avaient fait, il y aurait eu un arrêté pour exclure du parlement les descendants de ces misérables déserteurs; au lieu que cette infamie a fait, de nos jours, très-peu de sensation; je l'ai même entendu excuser.

J'ai vu, dans ma jeunesse, les bas emplois de la finance être des récompenses de laquais. On y trouve aujourd'hui plus de gentilshommes que de roturiers. Il reste encore en Bretagne un cruel monument du mépris qu'on a eu pour la finance. La plus vile fonction de la société ne prive pas un gentilhomme de l'entrée aux états; au lieu que le plus superbe financier en est exclu, et ne rentre dans les droits de sa naissance, s'il en a, qu'en abjurant son état.

Nos lois sont toujours les mêmes : nos mœurs seules sont altérées, se corrompent de jour en jour; et les mœurs, plus que les lois, font et caractérisent une nation.

Terminons cette année par quelques faits particuliers. L'inimitié régnait toujours entre le roi d'Angleterre et le prince de Galles; et la nation se partageait entre le père et le fils. Celui-ci fut obligé de sortir de Londres, et à peine avait-il de quoi subsister. Le parlement y pourvut, en lui assignant une pension considérable, et fut près d'attaquer, à ce sujet, le ministre du père. Ils le craignirent, et engagèrent le roi à se prêter à une réconciliation vraie ou apparente. Enfin, l'accommodement se fit par l'entremise de la princesse de Galles, dont le mérite lui avait attaché tous les Anglais. Si tout ressentiment ne fut pas éteint, du moins les bienséances furent gardées, et les puissances étrangères prirent part à cet événement suivant leurs différents intérêts.

Dubois crut devoir signaler son attachement pour le roi George par une ambassade solennelle, et y fit nommer le duc de la Force; mais le roi George, jugeant qu'une pareille commission ne ferait que constater et prolonger un éclat qu'il voulait étouffer, exigea du régent de révoquer cette ambassade. L'ambassadeur était d'ailleurs assez mal choisi. Le duc de la Force, né dans le protestantisme, et devenu catholique par les motifs qui ont converti tous nos seigneurs protestants, avait alors sa mère à Londres, où elle s'était retirée pour cause de religion. Le nouveau catholique aurait fait, aux yeux du peuple, un mauvais contraste avec une mère zélée protestante.

Le nonce Masseï vint, cette année, remplacer en France Bentivoglio, et il n'était pas possible de choisir quelqu'un qui ressemblât moins à son prédécesseur. Masseï, fils d'un trompette de la ville de Florence, était parvenu de la plus basse domesticité à la prélature. Beaucoup d'esprit, une probité reconnue, des mœurs régulières, un caractère liant, avec de la sincérité, de l'agrément dans la société, lui aplanirent les routes de la fortune. Il prouva bien ici qu'un ministre ecclésiastique peut remplir ses devoirs sans fanatisme. La pauvreté, qui ne dégrade que trop souvent ceux qui sont obligés de vivre au sein du faste, lui fit un nouveau mérite. La cour de Rome donne des appointements très-médiocres à ses nonces, et Masseï n'avait point de patrimoine pour y suppléer. Il soutint son rang avec décence, et sortit de Paris sans y laisser la moindre dette, après dix ans de nonciature, et emporta autant de regrets qu'il en laissa. Il eut le chapeau aussitôt que Clément XII, Corsini, fut monté sur le siége pontifical. Benoît XIII, Orsini, n'avait pas voulu le donner à des nonces, disant qu'ils n'étaient que des nouvellistes.

L'empereur entra, par le traité de paix de cette année, en possession de la Sicile, où la cour de Rome se garda bien de le troubler au sujet du tribunal de la monarchie dont j'ai parlé ; et les jésuites se trouvèrent trop heureux de rentrer humblement en Sicile. Victor eut en échange la Sardaigne, pour conserver le titre de roi.

La franchise que Law conserva au port de Marseille y attira des vaisseaux de toutes parts ; et le peu de précautions qu'on prit à l'égard de ceux du Levant fit le malheur de cette ville. Une peste cruelle et longue en détruisit presque tous les habitants, et s'étendit dans les lieux voisins.

Le célèbre Heinsius, pensionnaire de Hollande, et le plus terrible ennemi qu'ait eu la France, mourut cette année. Créature et instrument du roi Guillaume, il en avait épousé la haine contre Louis XIV, la conserva après la mort du stathouder, et succéda à toute son autorité dans la république. Constamment opposé à la paix, il avait juré, avec le prince Eugène et Marlborough, l'invasion et le démembrement de la France, et sacrifia sa république à cette passion. Il lui a été aussi funeste qu'à nous. En l'épuisant d'argent il l'accabla de dettes, et l'a mise par là dans la dépendance de l'Angleterre, dont elle ne s'affranchira peut-être jamais. A sa haine contre Louis XIV se joignit l'orgueil d'humilier un prince qui avait effrayé l'Europe. Le foyer de la guerre était à la Haye. Heinsius était flatté de faire attendre, dans son antichambre, les deux plus grands généraux, qui venaient prendre ses ordres.

Mais, lorsque après la signature de la paix les vrais citoyens connurent l'immensité de leurs dettes, et eurent éclairé leurs compatriotes sur leurs vrais intérêts, l'ivresse se dissipa. Le pensionnaire, en conservant une place que son âge avancé allait bientôt lui ravir avec la vie, perdit toute son autorité. Accablé de reproches et de dégoûts journaliers, il succomba au chagrin et à l'humiliation, si cruelle pour ceux qui ont abusé de la domination.

L'expulsion de Law était un léger sacrifice au public, et n'apportait aucun soulagement à l'État. Le régent, plus coupable que Law, qui n'avait été qu'un instrument, se voyait en horreur à tous les vrais citoyens. Il se flatta de faire approuver les opérations qu'il fallait faire, ou du moins d'en faire partager le blâme, en cas de mauvais succès. Pour cet effet, il fit assembler un conseil de régence, où il fit assister le roi. Il y avait longtemps que ce conseil n'était qu'une vaine représentation, dont les places étaient des bénéfices simples de deux mille livres de pension. Le régent décidait de tout avec celui qui, dans chaque moment, avait sa confiance, tel que d'Argenson, Law, Dubois, etc.

Pelletier de la Houssaye, qui venait de succéder à des Forts dans le contrôle général, vint à ce conseil pour y faire le rapport de l'état des finances, et l'on vit alors l'abîme où la France était plongée : les membres du conseil n'en avaient eu jusque-là qu'une connaissance imparfaite.

M. le Duc, voyant qu'il allait être question de la compagnie des Indes, commença par déclarer qu'il avait quinze cents actions qu'il remettrait le lendemain, dont le roi disposerait ; et que, se mettant ainsi hors d'intérêt, il opinerait librement sur la compagnie.

Le prince de Conti, voulant jouer aussi le désintéressé, dit qu'il n'avait point d'actions à remettre ; mais il n'ajouta pas qu'il avait enlevé de la banque, pour du papier, quatre fourgons chargés d'argent, ce qui avait été le signal du discrédit.

Sans m'arrêter sur une matière qui serait le sujet d'une histoire particulière, je dirai seulement qu'il fut constaté qu'il y avait dans le public pour deux milliards sept cent millions de billets de banque, sans qu'on pût justifier que cette immensité eût été ordonnée. Le régent, poussé à bout, fut obligé d'avouer que Law en avait fait pour douze cents millions d'excédant, et que, la chose une fois faite, lui régent l'avait mis à couvert par des arrêts du conseil antidatés, qui ordonnaient cette augmentation.

M. le Duc demanda au régent comment, étant instruit d'un tel attentat, il avait laissé Law sortir du royaume. *Vous savez*, répondit le régent, *que je voulais le faire mettre à la Bastille ; c'est vous qui m'en avez empêché, et lui avez envoyé les passeports pour sa sortie. Il est vrai*, reprit M. le Duc, *que je n'ai pas cru qu'il fût de votre intérêt de laisser mettre en prison un homme dont vous vous étiez servi : mais, outre que je n'étais pas instruit de la fabrication, sans ordre, des billets dont vous venez de parler, je n'ai demandé ni sa sortie ni les passe ports que vous m'avez remis pour lui. Je déclare, devant le roi et le conseil, que j'aurais été d'avis de le retenir.*

Le régent, embarrassé de l'interprétation de M. le Duc, se borna à dire : *Je n'ai point fait mettre Law en prison parce que vous m'en avez dissuadé, et je l'ai laissé partir parce que je craignais que sa présence ne nuisît au crédit public.*

Tous les assistants, étonnés de ce qu'ils entendaient, voyaient clairement que le régent et M. le Duc auraient également craint de laisser entre les mains de la justice Law, qui pouvait les rendre auteurs ou complices de tout ce qu'il avait fait. Ils jouèrent tous deux, auprès du conseil, un très-mauvais rôle ; mais quoique M. le Duc fût extrêmement borné, son intérêt l'éclairait ; sa férocité naturelle lui tenait lieu de dignité : il avait plus de caractère que le régent, qui, avec tout son esprit, son imagination et le courage de soldat, ne montrait ici que de la faiblesse. Le supérieur qui ne dispute que d'égalité de blâme se trouve nécessairement dégradé.

Le résultat du rapport de la Houssaye fut de nommer des commissaires pour la liquidation des effets par l'examen de leur origine. Le régent, s'adressant alors au roi, qui n'avait que dix ans, prit acte de ne se mêler en rien de l'opération des commissaires ; sur quoi le maréchal de Villeroi ne put s'empêcher de lui dire, avec un sourire amer : *Eh ! monseigneur, à quoi sert cette protestation ? N'avez-vous pas toute l'autorité du roi ?*

Le conseil se leva ; il ne fut plus question de l'offre emphatique des quinze cents actions de M. le Duc. Lui, la duchesse sa mère, Lassé, amant de la duchesse, la comtesse de Verue, le duc d'Antin, et tous les subalternes, gardèrent leurs actions. La scène scandaleuse du conseil ne mit pas la moindre altération dans le commerce du régent et de M. le Duc, qui continuèrent de vivre ensemble comme à l'ordinaire, sans amitié, estime ni ressentiment. A l'égard du prince de Conti, ils ne lui épargnèrent les mépris en aucune occasion, et ne pouvaient lui pardonner d'avoir donné la première atteinte au crédit de la banque, et de faire encore parade de désintéressement : le public, au contraire, lui en faisait presque un mérite, tant l'horreur du système était générale. Cela parut principalement à la réception au parlement du duc de Brissac. M. le Duc et le prince de Conti vinrent avec le plus grand nombre de gens de condition que chacun put engager à lui faire cortége. Le prince de Conti en eut quatre fois plus que M. le Duc. Le procès du duc de la Force sembla les réunir l'un et l'autre : l'un et l'autre voulaient plaire au parlement et chacun avait encore son intérêt particulier.

M. le Duc cherchait à détruire ou affaiblir l'opinion qu'on avait de son dévouement au système et à ses suppôts. Le prince de Conti voulait signaler de plus en plus son prétendu zèle patriotique, et rejeter sur les actionnaires l'opprobre qu'il méritait bien de partager. Un ressentiment personnel l'échauffait encore : dans le temps qu'il épuisait d'argent la caisse de la banque, il tâchait, d'un autre côté, de réaliser son papier en achetant des meubles et des terres. Il sut que le duc de la Force en marchandait une très-considérable ; il courut sur ce marché, et, le trouvant conclu, il voulut inutilement engager le duc de la Force à lui céder la terre ; et dès ce moment devint son ennemi juré.

L'animosité et le crédit du prince de Conti n'auraient pas fait un grand tort au duc de la Force, si celui-ci n'en avait eu un très-grave avec le parlement ; c'était un des plus vifs sur les prétentions de la pairie, l'ami, le complice de Law, et véhémentement soupçonné d'avoir opiné pour la suppression du parlement.

Comme il avait réalisé une grande quantité de billets de banque en épiceries, porcelaines et autres marchandises, et qu'il était d'ailleurs assez malvoulu du public, le parlement saisit l'occasion de l'attaquer pour monopole. M. le Duc, le comte de Charolais, son frère, le prince de Conti et dix-neuf pairs s'y joignirent comme juges, avec autant de passion que s'ils eussent été ses parties.

Tous les pairs ne tinrent pas la même conduite ; l'archevêque de Reims (Mailly), l'évêque de Noyon, Rochebonne, et sept pairs laïques[1], présentèrent au roi une requête dans laquelle ils prétendirent que les pairs n'ont d'autre juge que le roi ; qu'on ne peut instruire, en matière criminelle, le procès intenté à un pair qu'en vertu d'une commission particulière adressée à tel tribunal que le roi juge à propos de choisir ; et qu'alors ce tribunal juge conjointement avec les pairs.

Le régent, ne voyant pas sans inquiétude une union si nouvelle entre les princes, la plus grande partie des pairs et le par-

---

[1] Les ducs de Luynes, de Saint-Simon, de Mortemart, de Saint Aignan, de Charost, de Chaulnes, et d'Antin

lement, craignit d'en devenir un jour l'objet. Il évoqua l'affaire au conseil. Aussitôt le parlement fit des remontrances; et le régent, avant de décider la question, voulut l'entendre discuter au conseil par des pairs de l'un et l'autre parti. Le duc de Saint-Simon, très-opposé au parlement, défendit très-vivement le duc de la Force quant à l'incompétence du tribunal. Le duc de Noailles, le plus éclairé du parti contraire, n'osa pourtant pas se commettre avec un tel adversaire, allégua qu'il n'était pas assez préparé sur la matière, et demanda du temps pour en conférer avec ses confrères. Le prince de Conti, voulant à toute force figurer dans cette affaire, entreprit de réfuter le duc de Saint-Simon, et ne put jamais faire comprendre autre chose, sinon qu'il ne démordrait pas de la prétention du parlement; et la plupart des pairs ayant déclaré au régent que, pour toute réponse aux raisons du duc de Saint-Simon, ils s'en rapportaient aux remontrances du parlement, le régent se détermina enfin pour le parti le plus nombreux. La crainte lui avait fait rendre l'arrêt d'évocation; il donna, par le même principe, une déclaration qui renvoyait l'affaire au parlement.

Les différents incidents prolongèrent cette affaire jusqu'au 12 juillet, qu'elle fut jugée. Les associés ou prête-noms du duc de la Force furent, l'un blâmé, les autres admonestés. A l'égard du duc, le jugement fut concerté avec les pairs, et portait *qu'il serait tenu d'en user avec plus de circonspection, et de se comporter à l'avenir d'une manière irréprochable, et telle qu'il convient à sa naissance et à sa dignité de pair de France.*

Il n'est pas facile de prononcer sur les prétentions respectives du parlement et des pairs. Ceux qui nient la compétence du parlement croient prendre un parti plus noble; ceux qui la reconnaissent, un parti plus sûr.

Il n'est pas aisé non plus de fixer exactement l'idée du crime de monopole, et d'en faire une application juste. Si l'on eût demandé et si l'on demandait encore au parlement de donner une bonne définition du monopole, il serait fort embarrassé. J'ai quelquefois proposé mes doutes aux meilleurs juges du duc de la Force: ils m'ont fait entendre, le plus obscurément qu'ils ont pu, que si l'accusé leur eût été moins odieux, et mieux voulu du public, il aurait été moins coupable.

Pendant que le parlement était en curée, il fut tenté d'attaquer un maréchal de France, après avoir fait justice d'un duc; mais le régent jugea que c'en était assez, imposa silence, et sauva le maréchal d'Estrées.

Dubois ne se montra pas dans cette affaire; il était occupé de choses plus intéressantes pour lui. Le jésuite Laffiteau, évêque de Sisteron, et l'abbé de Tencin, négociaient pour lui à Rome le chapeau de cardinal. Pour donner plus de poids à la sollicitation, il proposa au cardinal de Rohan d'aller presser la promotion, avec promesse de lui procurer le premier ministère à son retour. Le cardinal, ne doutant point que sa naissance, ses dignités, les talents qu'il se supposait, et les intrigues de Dubois, n'effectuassent cette promesse, se disposait à partir, lorsqu'on apprit la mort du pape. Cet événement hâta le départ du cardinal, qui arriva à Rome muni de tout l'argent nécessaire pour suppléer au mérite du candidat.

Le cardinal prit Tencin pour son conclaviste, et laissa en dehors Laffiteau, pour recevoir les lettres de Dubois, qu'il venait régulièrement leur communiquer. Il écrivait à Dubois, le 5 mai, que, malgré la prétendue impénétrabilité du conclave, il y entrait toutes les nuits au moyen d'une fausse clef, et traversant cinq corps de garde.

L'argent ni les bijoux ne furent pas épargnés; mais Tencin, ne s'en reposant pas sur ces faibles séductions, prit des mesures dignes de lui et de son commettant : il offrit au cardinal de Conti de lui procurer la tiare par la faction de France et des autres partisans bien payés, si Conti voulait s'engager par écrit de donner, après son exaltation, le chapeau à l'abbé Dubois. Le marché fait et signé, Tencin intrigua si efficacement, que Conti fut élu pape le 8 mai, et l'eût peut-être été sans aucune manœuvre, par sa naissance et la considération dont il jouissait.

Après les cérémonies de l'exaltation, Tencin somma le pape de sa parole. Le pontife, naturellement vertueux, qui s'était laissé arracher ce malheureux écrit dans une vapeur d'ambition, répondit qu'il se reprocherait éternellement d'avoir aspiré au pontificat par une espèce de simonie; mais qu'il n'aggraverait pas sa faute par la prostitution du cardinalat à un sujet si indigne. L'abbé Tencin, qui ne comprenait pas trop ces délicatesses de conscience, insista avec chaleur. Le pape résista avec fermeté. Quand celui-ci parlait de sa conscience, l'autre opposait son honneur et celui de Dubois. Ces deux hommes réunis n'en paraissaient pas plus forts au saint père. La lutte dura longtemps et à différentes reprises.

Tencin, voyant qu'il ne pouvait persuader le pape par des raisonnements, le menaça de rendre le billet public. Le saint-père, effrayé, crut qu'il valait encore mieux épargner ce scandale à l'Église, que de s'opiniâtrer à refuser un chapeau dont l'avilissement n'était pas sans exemple. Cependant, le pape balançait encore, lorsque Scaglione, son secrétaire, vint dire aux négociateurs que son maître avait grande envie d'une bibliothèque, mais qu'on en demandait douze mille écus, et qu'il ne les avait pas. La somme fut aussitôt comptée; et cette générosité emportant la balance, le pape nomma, le 16 juillet, Dubois cardinal, pour anéantir le fatal billet. Mais il n'était pas à la fin de ses peines. Tencin, ne voulant point avoir été l'instrument gratuit d'une infamie, résolut d'en tirer parti pour se faire lui-même cardinal, en fit impudemment la proposition au pape, et lui déclara qu'il ne rendrait le billet qu'à cette condition. Le pape se vit alors plongé dans un abîme d'horreurs. Il pouvait du moins s'excuser de la promotion de Dubois sur la sollicitation de la France, sur la recommandation de l'empereur, redouté à Rome, et que le roi d'Angleterre avait fait agir vivement; enfin, sur le crédit et le ministère de Dubois, qui pouvaient être utiles à la cour de Rome. Mais quels prétextes donner à la nomination de Tencin sans décoration, sans appui, flétri par le procès qu'il venait de perdre, par sa fortune même, presque aussi décrié que Dubois, sans être réhabilité par des dignités qui couvrent ordinairement une partie du passé, surtout en France, où tout s'oublie, où l'on n'est frappé que du présent?.Donner le chapeau à Tencin, c'était, sinon dévoiler le vrai motif, du moins annoncer un secret honteux.

Le saint-père ne put se déterminer à faire jouir Tencin de sa perfidie; il en tomba malade, et depuis ne fit que languir. Une noire mélancolie, causée par le dépit et les remords, entretenue par la présence de Tencin, resté ministre de France à Rome, conduisit à la fin Innocent XIII au tombeau.

Si l'abbé Tencin eût eu affaire à un Jules II ou à un Sixte V, il ne s'en serait pas tiré si heureusement. Nous le verrons un jour parvenir à ce désiré chapeau.

Une circonstance du conclave qui ne doit pas être oubliée, parce qu'elle fait connaître l'esprit de la cour de Rome, c'est ce qui regarde Alberoni. Poursuivi par l'Espagne, abandonné par toutes les puissances au ressentiment du pape, fugitif, errant ou caché, cité devant une congrégation que Clément XI avait chargée de faire le procès jusqu'à la dégradation, il trouva son salut dans l'intérêt personnel de ses propres juges, ses confrères.

Le sacré collége avait été révolté de la promotion d'Alberoni; mais quand les cardinaux l'y virent aggrégé, ils ne consultèrent plus que leur intérêt commun. Leur principe fixe est que le chapeau ne peut se perdre pour quelque raison que ce puisse être; que la conservation ou la perte ne doit jamais dépendre du ressentiment des rois ni même du pape; que si la nécessité exigeait le sacrifice d'un cardinal, il vaudrait mieux le priver de la vie que de le dépouiller de la pourpre. Un cardinal prince peut la quitter pour régner, pour se marier, par l'intérêt de sa maison; mais le sacré collége ne souffrirait pas qu'un cardinal renonçât au chapeau par scrupule de l'avoir mal acquis, par un esprit de pénitence : témoin le cardinal de Retz, dont la démission fut rejetée.

La congrégation nommée pour juger Alberoni tira ce procès en longueur jusqu'à la mort de Clément XI, et ne l'aurait jamais terminé.

Comme la voix au conclave est le plus grand exercice de la puissance du cardinal, ce qui en constate principalement la grandeur, le collége ne manqua pas d'y appeler Alberoni, qui ne s'y rendit qu'à la seconde invitation : il y fut reçu avec les mêmes honneurs que les autres cardinaux. Après l'élection il ne fut plus question du procès. Il prit un palais à Rome, s'y distingua par sa dépense, eut, quelque temps après, la légation de Ferrare, et vint ensuite se reposer et mourir tranquillement à Rome en 1752.

Dubois, devenu cardinal, s'avançait de plus en plus vers la place de premier ministre. On n'en pouvait pas douter en voyant son empire sur l'esprit du régent. Ce prince avait dit vingt fois que si ce coquin osait lui parler du chapeau, il le ferait jeter par les fenêtres. Il n'y avait pas huit jours qu'il s'en était expliqué en la présence de Torcy, lorsqu'à la fin d'un travail il lui dit : *A propos* (sans que rien amenât cet *à propos*), *songez à écrire à Rome pour le chapeau de l'archevêque de Cambrai; il en est temps.*

Le duc de Saint-Simon, pour qui le régent avait une estime et une amitié particulière, ne pouvait, dit-il dans ses Mémoires, concevoir de telles disparates; mais il ignorait que ce prince eût écrit lui-même au pape en faveur de Dubois. Je ne vois dans la conduite du régent que les inconséquences apparentes de tous les caractères faibles, qui ne résistent à rien, accordent tout, en rougissent intérieurement, et ne se déclarent qu'à la dernière extrémité, surtout devant ceux dont la probité leur impose. Il y a de certains actes de confiance que l'estime même interdit.

En effet, Dubois était si sûr de sa nomination, que le pape ayant donné, six semaines après son exaltation, le chapeau à son frère, bénédictin du mont Cassin et évêque de Terracine, Dubois eut l'insolence de se plaindre de n'avoir pas été nommé le même jour. Il le fut un mois après, avec Alexandre Albani, un des neveux de Clément XI : j'en fais mention, parce que j'aurai occasion d'en parler dans la suite, lorsqu'il sera question du cardinal de Bernis.

Comme je me suis fait une loi de dire la vérité, et de marquer les occasions où ceux qui avaient habituellement la plus mauvaise conduite en ont eu une bonne, j'ajouterai que le cardinal Dubois se comporta, à la nouvelle de sa promotion, avec tout l'esprit et la sagesse possible. Il ne témoigna ni engouement ni embarras dans ses visites de cérémonie. Le jour qu'il reçut la calotte des mains du roi, après avoir fait son remercîment, il détacha sa croix épiscopale, la présenta à l'évêque de Fréjus,

Fleury, et le pria de la recevoir, parce que, dit-il, elle portait bonheur. Fleury la reçut en rougissant, aux yeux du roi et de la cour, et, qui plus est, fut obligé, en courtisan, de s'en décorer, ce qui lui attira quelques plaisanteries, dans un temps où l'on ne pouvait pas soupçonner qu'il y eût rien à risquer pour l'avenir.

Dès que l'abbé Passarini, camérier du pape, eut apporté la barrette, le cardinal Dubois la reçut des mains du roi, et fut ensuite conduit aux audiences de règle, chez Madame, mère du régent, et alors première dame de France, où il prit le tabouret; chez son altesse royale, femme du régent, où il eut la chaise à dos. A l'égard des princes et princesses du sang, ce ne sont pas des audiences en forme que prennent les cardinaux, mais de simples visites qu'ils font.

L'audience qui excita le plus la curiosité de la cour fut celle de Madame. Personne n'ignorait le mépris profond qu'elle avait pour Dubois : elle ne s'en était jamais contrainte. Il se présenta devant elle avec la contenance d'un homme non déconcerté, mais pénétré de respect et de reconnaissance. Il parla de la surprise où il était de son nouvel état, de la bassesse de sa naissance, du néant dont le régent l'avait tiré. Tout ce que la haine et l'envie auraient pu lui reprocher, il le dit lui-même avec dignité, s'assit un moment sur le tabouret qui lui fut présenté, se couvrit pour marquer simplement l'étiquette, se releva presque aussitôt en se découvrant, et se prosterna devant Madame lorsqu'elle s'avança pour le saluer. Elle ne put s'empêcher d'avouer, lorsqu'il fut sorti, qu'elle était contente du maintien et du discours d'un homme dont l'élévation l'indignait.

Dans la lettre que j'ai lue de Dubois sur le chapeau, il s'attache fort à flatter le saint-père sur ce que les ecclésiastiques entrent dans le conseil de France, et ajoute qu'un cardinal peut être secrétaire d'État depuis que ces ministres ne prêtent plus serment entre les mains du chancelier. En effet, Dubois, étant cardinal et premier ministre, continua les fonctions de secrétaire d'État des affaires étrangères jusqu'à la majorité du roi, qu'il céda ce département au comte de Morville.

Un événement qui intéressait toute l'Europe, consterna Paris, et en peu de jours le reste de la France, fut la maladie du roi. Le 13 juillet, ce prince fut attaqué d'une fièvre violente, avec les plus sinistres symptômes : la tête commençait à s'embarrasser, et les médecins, effrayés, la perdaient eux-mêmes. Helvétius, le plus jeune de tous, que nous avons vu depuis premier médecin de la reine, et qu'elle ne dédaignait pas de regarder comme son ami [1], conserva toute sa présence d'esprit. Il proposa la saignée du pied ; tous les consultants la rejetèrent. Maréchal, premier chirurgien, dont l'avis était compté pour beaucoup, se révolta le plus contre l'avis d'Helvétius, disant que s'il n'y avait qu'une lancette en France, il la casserait, pour ne pas faire cette saignée.

Le régent, M. le Duc, M. de Villeroi, la duchesse de Ventadour, la duchesse de la Ferté, sa sœur, et marraine du roi, et quelques officiers intimes, étaient présents à la consultation, et fort peinés de ne pas voir d'unanimité. On y appela quelques médecins de la ville, tels que Dumoulin, Silva, Camille, Falconet. Ce furent les premiers qu'Helvétius ramena à son avis, qu'il soutint et motiva avec courage, et finit par dire : *Si l'on ne saigne pas le roi, il est mort ; c'est le seul remède décisif et même urgent. Je sais qu'en pareille matière je ne puis démontrer la certitude du succès ; je sais à quoi je m'expose, s'il ne répond pas à mon avis. Mais je ne dois ici, d'après mes lumières, consulter que ma conscience et la conservation du roi.*

Enfin, la saignée fut faite. Une heure après, la fièvre diminua, le danger disparut ; et le cinquième jour, le roi fut en état de se lever, et de recevoir les compliments des compagnies et des ministres étrangers.

Helvétius en eut tout l'honneur à la cour, dans le public, et prouva qu'en bien des occasions la probité et l'honneur ne sont pas les moindres qualités d'un médecin.

On ne saurait peindre les transports de joie que la convalescence du roi fit éclater par toute la France, et qui succédèrent à la consternation universelle. Ce que nous avons vu en 1744,

---

[1] Elle aurait pu s'en souvenir lorsqu'il a été question du livre du fils.

lorsque le roi fut dans un si grand danger à Metz, ne donne qu'une faible idée de ce qui était arrivé en pareille circonstance en 1721. Témoin des deux événements, j'ai vu, en 1744, tout ce que l'amour du Français peut inspirer ; mais, en 1721, les cœurs, en ressentant l'amour le plus tendre, étaient de plus animés d'une passion opposée et très-vive, d'une haine générale contre le régent, qu'on craignait d'avoir pour maître. Toutes les églises, où pendant cinq jours on n'avait entendu que des cris de douleur, retentissaient de *Te Deum* ; on n'adressait point de prières au ciel qui ne fussent autant contre le régent que pour le roi.

L'ordonnance pour les fêtes publiques ne fut qu'une permission de les commencer, une simple attention de police pour maintenir le bon ordre. On n'y mit point cette menace d'amende si ridicule, si injurieuse, et si absurdement contradictoire dans une ordonnance relative à une réjouissance publique.

En effet, il n'était pas besoin d'échauffer l'amour des peuples. On ne voyait que danses et repas dans les rues ; les bourgeois faisaient servir leur souper à leurs portes, et invitaient les passants à y prendre place. Tout Paris semblait chaque jour donner un repas de famille. Ce spectacle dura plus de deux mois, par la beauté de la saison, la longue sérénité du temps, et ne finit que par les froids de l'arrière-saison.

Les étrangers partagèrent notre joie, et l'empereur disait hautement que Louis XV était l'enfant de l'Europe. Elle pouvait être replongée dans les horreurs d'une nouvelle guerre, si l'on avait eu le malheur de le perdre. Par un article secret du traité de paix signé à Rastadt, l'empereur donna à Louis XIV sa parole d'honneur de n'entrer directement ni indirectement dans aucune guerre contre la France pendant la minorité. Le régent n'eut connaissance que fort tard de ce secret, et, depuis qu'il l'eut su, ne pardonna jamais au maréchal de Villars de le lui avoir caché. Si le régent en eût été plus tôt instruit, peut-être eût-il moins recherché les Anglais : au lieu de se livrer à eux, comme il fit, il aurait pu se faire acheter lui-même, pendant les troubles qui régnaient alors en Angleterre : l'alliance entre les deux couronnes se serait également faite, mais plus avantageusement pour nous, et la paix n'en aurait pas moins subsisté.

Aux premiers accidents de la maladie, l'opinion générale l'attribua au poison, et en accusa le régent. Le peuple de la cour, plus peuple qu'un autre, accréditait les soupçons. Ceux même qui, ne le croyant pas, étaient ennemis du régent, fomentaient ces bruits de tout leur pouvoir. La duchesse de la Ferté, qui était de la cabale, avait affecté de dire : *Hélas ! tout ce qu'on fait est inutile; le pauvre enfant est empoisonné.* Ce qu'il y a d'étrange, c'est que les symptômes, le traitement et la curation de la maladie en ayant démontré la nature, les mêmes rumeurs subsistèrent, et ne sont pas encore totalement détruites. Ce qui contribua beaucoup alors à les fortifier, fut que le régent venait de faire revivre pour son fils, le duc de Chartres, la charge de colonel général de l'infanterie, place qui donne des priviléges si exorbitants, qu'on l'avait supprimée comme dangereuse, et qui le devenait infiniment plus entre les mains d'un premier prince du sang. On accusait le maréchal de Villeroi d'en avoir donné le conseil au régent, pour le rendre de plus en plus suspect d'aspirer à la couronne, et de s'en préparer les voies. Si cela était, le prétendu piége était digne de la sottise du maréchal; car s'il faisait soupçonner le régent de quelque grande entreprise, il lui fournissait en même temps les moyens de réussir.

Le régent parut aussi touché que qui que ce fût pendant la maladie, et partagea sincèrement la joie de la convalescence. Le maréchal de Villeroi éprouvait avec raison le bonheur de voir le roi rendu à nos vœux; mais il y mettait une ostentation qu'il croyait injurieuse au régent, et qui le devenait par là. Dans les fêtes qui se succédaient journellement, les cours et le jardin des Tuileries ne désemplissaient pas, le maréchal ne cessait de mener le roi d'une fenêtre à l'autre, au point de l'en excéder : *Voyez*, lui disait-il, *voyez, mon maître : tout ce peuple est à vous; il n'y a rien là qui ne vous appartienne, vous êtes le maître de tout ce que vous voyez*, et autres platitudes. Ce n'était pas là ce que Montausier, Beauvilliers ou Fénelon auraient trouvé à dire sur la joie vive et franche d'un peuple amoureux de ses rois : eh! quel peuple mérite plus d'être cher à ses princes?

L'évêque de Fréjus, Fleury, se conduisait avec beaucoup plus de sagesse, du moins pour lui-même. Il avait une grande attention à flatter la morgue du maréchal, de peur de lui donner de la jalousie; et, plein de respect pour le régent, il s'attachait à gagner la confiance de son élève. Tout ce qui approchait le roi s'apercevait de la préférence que le jeune prince donnait dans son cœur à Fleury sur le gouverneur.

Le régent le remarqua; et, cherchant toutes les occasions de flatter le goût du roi, il lui présenta Fleury pour l'archevêché de Reims, qui venait de vaquer. Il songeait aussi à s'attacher par là un homme qu'il voyait gagner sensiblement la confiance du roi, et voulut laisser à ce prince le plaisir de donner à son précepteur un siége d'une si grande distinction. Le roi l'envoya chercher, et lui apprit le présent qu'il lui faisait. Fleury se confondit en remercîments respectueux et tendres, mais refusa d'être premier duc et pair de France.

Le roi parut affligé du refus, et le montra de manière à faire connaître combien son précepteur lui était déjà cher. Le régent le sentit, et insista; mais l'évêque, pour motiver son refus, représenta qu'ayant déjà quitté un diocèse parce que son âge ne lui permettait plus de remplir ses devoirs, il ne serait pas excusable de se charger d'un poids supérieur au premier. Le régent lui répondit que ses fonctions auprès du roi le dispenseraient d'aller à Reims, où il aurait un évêque *in partibus*, chargé des fonctions épiscopales; que plusieurs prélats en avaient, sans y être autorisés par un devoir aussi privilégié que l'éducation du roi. Fleury répliqua, d'un ton modeste, qu'il ne blâmait la conduite de personne; que chacun devait être son propre juge : que, pour lui, il ne se tiendrait pas en sûreté de conscience d'être évêque sans résidence. Il n'avait pas toujours été si timoré. Sa prétendue résidence à Fréjus n'avait été qu'une absence de la cour. Il avait passé le temps de son épiscopat à parcourir les villes du Languedoc et du Dauphiné, où il y avait meilleure compagnie qu'à Fréjus; il y séjournait peu, et le regarda toujours comme un exil; de sorte que son abdication n'avait été qu'une préférence donnée au séjour et à la société de la cour sur celles de la province.

Le régent comprit très-bien que le saint évêque craignait qu'à la fin de l'éducation,. on ne saisît quelque prétexte de le reléguer à Reims ; que le plus sûr pour lui était de rester à poste fixe auprès du roi, dont la confiance ne ferait que se fortifier par l'habitude. Le régent cessa de le presser sur l'archevêché, et finit par le prier d'accepter du moins l'abbaye de Saint-Étienne de Caen, vacante par la mort du même cardinal de Mailly. Fleury, dans la crainte de faire croire qu'il ne voulait rien devoir au régent, accepta ce bénéfice simple, de soixante-dix mille livres de rente. Ce fut certainement son unique motif. Il a bien prouvé depuis, dans sa toute-puissance, qu'il était peu sensible au faste et à l'intérêt. Il a porté, dans son ministère, l'économie jusqu'à de bas détails ; mais il ne s'appliqua jamais ce qu'il retranchait aux autres, et ne fut avare que pour l'État. Sa succession ne valait pas dix mille écus. Quelques fades plaisanteries qu'en fissent des courtisans avides, et qui n'auraient jamais rien reçu s'il l'eût fallu mériter, il serait à désirer qu'il eût eu des imitateurs. On a sans doute des reproches très-graves à lui faire, je ne les dissimulerai pas ; mais on l'a regretté, et ses successeurs ont justifié les regrets.

Le modeste Fleury fit ou laissa mettre son refus dans les gazettes et les journaux, et chacun en fit le commentaire, suivant ses idées ou ses intérêts.

Fleury perdit alors une belle occasion de témoigner sa reconnaissance à une famille à laquelle il avait les plus grandes obligations. L'abbé de Castries, archevêque d'Albi, désirait fort le siège de Reims, quoique d'un moindre revenu. L'approche du sacre du roi donnait un grand relief à ce siège. Le régent, l'ayant offert à Fleury, voulut qu'il influât dans cette nomination : Fleury devait sa première existence au cardinal de Bonzy, oncle de l'archevêque d'Albi ; il avait reçu des services essentiels de tous les Castries. Il avait été longtemps l'ami, disons mieux, le protégé de la maison ; mais il avait en opposition un intérêt présent, qui fut toujours la règle de sa conduite.

Il pensait déjà au chapeau de cardinal, maladie inévitable à tout ecclésiastique en faveur. Le cardinal de Rohan était dans ce moment le ministre de France à Rome ; sa maison était puissante; l'archevêque d'Albi était ami déclaré du cardinal de Noailles; la constitution commençait à prendre le dessus dans le clergé, et Fleury comptait bien s'en servir utilement : ainsi, il fit préférer l'abbé de Rohan-Guéméné pour l'archevêché de Reims.

Le régent donna en même temps l'évêché de Laon à l'abbé de Saint-Albin, bâtard non reconnu qu'il avait eu de la Florence, élève des jésuites, l'un des plus zélés ignorants qui soient sortis de leur école. Il assista l'année suivante au sacre du roi, en sa qualité de duc et pair ecclésiastique. Quand il voulut depuis se faire recevoir au parlement, il fut arrêté par la difficulté de ne pouvoir articuler ni père ni mère, ni par conséquent produire un nom. Cet obstacle lui valut l'archevêché de Cambrai, où il passa à la mort du cardinal Dubois, en conservant les honneurs de duc et pair. Il eut pour successeur, à Laon, l'abbé de la Fare, espèce de petit monstre par la figure, et qui l'était encore plus par son âme.

Le cardinal Dubois venait de terminer une négociation qui touchait infiniment le régent : le mariage du roi avec l'infante d'Espagne, et celui de mademoiselle de Montpensier, fille du régent, avec le prince des Asturies. Philippe V avait été transporté de joie d'avoir pour gendre le roi de France; et le second mariage étant la condition nécessaire du premier, il avait sacrifié le ressentiment qu'il pouvait avoir contre le régent. Il restait, non pas une difficulté politique, mais un embarras domestique; c'était de l'apprendre au roi, dont le consentement formellement prononcé était nécessaire. Ce prince, encore dans l'enfance, et d'un caractère timide, pouvait ne pas recevoir la proposition comme il était à désirer qu'elle fût reçue. Le maréchal de Villeroi, ennemi presque déclaré du régent, préviendrait peut-être le roi défavorablement, disposerait la cabale à répandre dans le public que le régent faisait un mariage disproportionné quant à l'âge, afin de reculer, autant qu'il pouvait, l'espérance de voir la succession directe assurée, et comptait sur le chapitre des événements : l'infante n'avait guère alors que trois ans, et le roi était dans sa douzième année.

Le régent, pour se fortifier auprès du roi, confia l'affaire à

M. le Duc, qui, étant surintendant de l'éducation, ne devait pas apprendre cette nouvelle avec le public. Il reçut très-bien la confidence, et approuva fort l'alliance. Le régent en parla ensuite à l'évêque de Fréjus, en le prévenant que c'était une distinction qu'il lui donnait sur le maréchal, pour qui il lui recommandait le plus grand secret. Fleury objecta d'abord l'âge de l'infante, répondit assez froidement aux avances que le régent lui faisait pour l'engager, dit cependant qu'il ne croyait pas que le roi résistât, et promit de se trouver auprès du roi lorsqu'on la lui ferait. Il est fort douteux qu'il ait été fidèle au secret et n'en ait pas fait sa cour au maréchal, qu'il ménageait beaucoup, qui lui avait rendu service, lui était utile, et pour qui il n'était pas encore temps d'être ingrat.

Quoi qu'il en soit, il parut vouloir éviter de se trouver à la proposition. Elle devait se faire immédiatement avant le conseil de régence, où le roi devait se rendre pour y confirmer tout de suite le consentement, le *oui* qu'il aurait prononcé dans le cabinet, afin que l'affaire fût consommée.

Le régent, avant que d'entrer chez le roi, s'informa de ceux qui s'y trouvaient; et, apprenant que l'évêque de Fréjus n'y était pas, il l'envoya avertir, et n'entra que lorsqu'il le vit arriver de l'air empressé d'un homme trompé par l'heure. Il n'y avait avec le roi, dans le cabinet, que le régent, M. le Duc, le maréchal de Villeroi, l'évêque de Fréjus, et le cardinal Dubois.

Le régent, prenant un air d'enjouement et un ton de liberté respectueuse, dit au roi l'affaire dont il s'agissait, releva les avantages de l'alliance, et le pria de manifester son consentement. Le roi, surpris, garda le silence, parut avoir le cœur gros, et ses yeux devinrent humides. L'évêque de Fréjus, voyant qu'il fallait prendre un parti, plaire au régent ou se l'aliéner, appuya ce qui venait d'être dit. Le maréchal, déterminé par l'exemple de l'évêque : *Allons, mon maître,* dit-il au roi, *il faut faire la chose de bonne grâce.* Le régent, très-embarrassé, M. le Duc fort taciturne, et Dubois, d'un air composé, attendaient que le roi rompît un silence qui dura un demi-quart d'heure, pendant lequel l'évêque ne cessa de parler bas au roi, et l'exhortait avec tendresse à venir au conseil déclarer son consentement. Le silence se prolongeant, et l'assemblée de tout le conseil, où le roi allait se trouver, ne pouvant qu'augmenter sa timidité, l'évêque se tourna vers le régent, et lui dit : *Sa majesté ira au conseil; mais il lui faut un peu de temps pour s'y disposer.* Là-dessus, le régent répondit qu'il était fait pour attendre la commodité du roi, le salua d'un air respectueux et tendre, sortit, et fit signe aux autres de le suivre. M. le Duc, le maréchal et l'évêque restèrent auprès du roi. Dubois, qui, depuis qu'il était cardinal, n'entrait plus au conseil, où on lui refusait la préséance, se retira dans une autre pièce.

Le régent étant entré dans celle du conseil, trouva tout le monde assemblé, et fort intrigué de la conférence secrète du cabinet du roi. Il y avait un quart d'heure qu'on se regardait les uns les autres sans prendre séance, lorsque le roi parut, entouré des trois qui étaient restés avec lui.

Aussitôt qu'on fut en place, tous les yeux se portèrent sur le roi, qui les avait encore rouges. Le régent, lui adressant la parole, lui demanda s'il trouverait bon qu'on fît part de son mariage au conseil. Le roi répondit un *oui* fort court et assez bas, mais qui cependant fut entendu, et suffisait au régent, qui partit de là pour détailler les avantages de l'alliance. Quand tous parurent favorablement disposés, il demanda les avis, qui ne pouvaient manquer d'être unanimes; et chacun appuya le sien de quelques mots d'approbation. Le maréchal de Villeroi, en approuvant comme les autres, ajouta seulement, d'un air chagrin, qu'il était bien fâcheux que l'infante fût si jeune. La réflexion, juste en elle-même, était très-mal placée : il devait suivre le conseil qu'il avait d'abord donné au roi, de faire la chose de bonne grâce, puisqu'elle était décidée; et l'observation ne pouvait qu'augmenter l'humeur sombre du roi. Le régent ne lui laissa pas le temps de réfléchir, lui fit compliment, s'appuya sur l'unanimité des suffrages du conseil, garants de celui de tous les Français; et dans l'instant, pour faire diversion, fit rapporter une affaire.

Dès le jour même, tous les courriers furent dépêchés. Le roi fut fort sérieux le reste de la journée; le lendemain, les compliments qu'il reçut le dissipèrent, et bientôt il s'entretint, comme les autres, des fêtes préparées pour l'arrivée de l'infante.

Le régent fut assez bien conseillé pour ne pas parler des deux mariages à la fois ; la jalousie du second aurait indisposé bien des gens sur le premier : mais, quinze jours après, lorsque tous les esprits furent familiarisés avec la première nouvelle, le régent alla trouver le roi, et, en présence de M. le Duc, de l'évêque, du maréchal de Villeroi et du cardinal Dubois, après en avoir prévenu les deux premiers, rendit compte de l'honneur que le roi d'Espagne voulait lui faire, et demanda au roi la permission d'accepter. Le roi donna son agrément avec la gaieté d'un enfant qui depuis quinze jours n'entendait parler que de mariage et de l'Espagne. Cette alliance avec l'Espagne fut un coup de massue pour la vieille cour. Les maréchaux de Villeroi, de Villars, d'Huxelles, de Tallard, firent leurs compliments comme les autres, et s'efforçaient de cacher leur dépit, sans pouvoir cacher leurs efforts.

Ces gens, qui ne juraient que par l'Espagne tant qu'ils s'étaient flattés d'en faire un épouvantail contre le régent, ne sachant plus sur quoi s'appuyer, ne pouvaient revenir de leur surprise de voir destinée au trône d'Espagne, la fille d'un prince dont Philippe V avait demandé la tête sous le dernier règne, et qui depuis avait porté la guerre en Espagne. Le choix d'un enfant qui retarderait le mariage du roi de plusieurs années, leur paraissait le chef-d'œuvre de la politique. Il y a pourtant apparence que le régent eût été moins attaché au choix de l'infante, s'il eût pu sans cela marier sa fille au prince des Asturies.

Le duc de Saint-Simon fut déclaré ambassadeur extraordinaire pour aller faire la demande de l'infante. Le prince de Rohan, grand-père du maréchal de Soubise d'aujourd'hui, et gendre de la duchesse de Ventadour, fut nommé pour aller faire l'échange des princesses sur la frontière. Le duc d'Ossone vint à Paris, en qualité d'ambassadeur extraordinaire, faire la demande de mademoiselle de Montpensier.

Nous avions alors, pour ambassadeur ordinaire à Madrid, le marquis de Maulevrier-Langeron ; Lauftez, Irlandais de nation et major des gardes du corps du roi d'Espagne, eut à Paris le même titre pour l'Espagne.

Quelque union que le double mariage mit entre les deux branches de la maison de France, la conduite à tenir par nos ministres à Madrid exigeait de la prudence. Il y avait, à la vérité, entre la France, l'Espagne et l'Angleterre, une alliance défensive, fondée sur les traités d'Utrecht et de la triple alliance. On y avait stipulé une garantie réciproque des États dont jouissaient ces trois puissances, qui confirmaient, au moins tacitement, les renonciations et la succession de la couronne d'Angleterre dans la maison protestante d'Hanovre. Ces articles convenaient fort au régent, mais n'étaient nullement du goût du roi ni de la reine d'Espagne, qui conservaient l'espoir du retour en France, si l'on avait le malheur d'y perdre le roi. De plus, la France et l'Angleterre avaient promis leurs bons offices pour terminer les différends qui restaient à régler entre l'empereur et l'Espagne. Or il y avait dans ce moment-là un nouveau germe de mésintelligence.

L'empereur, conservant toujours les idées autrichiennes, venait de faire une promotion de grands d'Espagne. Philippe V s'en plaignit aux puissances alliées. L'Angleterre, en reconnaissance des avantages qu'elle avait tirés d'Espagne, accommoda cette affaire, et engagea l'empereur à donner une déclaration par laquelle il notifiait qu'il n'avait point prétendu faire des grands d'Espagne, dont le titre ne se trouvait point dans les titres des seigneurs, à qui il avait simplement donné des distinctions et des honneurs dont tout souverain est maître dans sa cour. La nouvelle de cet accommodement arriva à Madrid deux jours après la signature du contrat, et tranquillisa beaucoup Philippe V.

On a pu remarquer que je m'arrête peu sur des relations de fêtes qui remplissent les gazettes et les journaux ; je me bornerai à des circonstances qu'on n'y trouverait pas, et qui peuvent avoir quelque utilité. Par exemple, le régent chargea le duc de Saint-Simon de deux lettres pour le prince des Asturies ; dans l'une il le traitait de neveu, et dans l'autre de frère et neveu. Il s'agissait de faire passer la seconde, car elles étaient d'ailleurs pareilles. Il fallait que cette prétention eût été suggérée au régent, qui, très-peu délicat sur le cérémonial, n'était pas en droit de prétendre à l'égalité avec le prince des Asturies. Tous deux petits fils de France, le prince des Asturies avait l'aînesse, et de plus était l'héritier naturel de la couronne d'Espagne. Cependant la seconde lettre passa ; Grimaldo, ministre d'Espagne, à qui la copie en fut communiquée, ou n'y fit pas d'attention, ou prit le titre de frère pour une expression de tendresse. Pour peu qu'il eût fait de difficulté, l'ambassadeur devait substituer la première lettre.

L'usage d'Espagne est que le roi ne signe pas lui-même le contrat de mariage, mais le fait signer par des commissaires. Cela s'était pratiqué ainsi aux contrats de mariage de nos deux dernières reines, quoiqu'à celui de Marie-Thérèse Louis XIV et Philippe IV se trouvassent en personne sur la frontière. Le duc de Saint-Simon désirait la signature du roi ; Grimaldo réclamait l'ancien usage : le roi et la reine d'Espagne consentirent à signer, pour marquer la satisfaction qu'ils avaient de l'alliance.

Dans tout le cours de cette affaire, Philippe V se montra plus Français qu'il n'avait jamais fait. Ce n'était point la joie mesurée d'un roi qui réussit dans une négociation : c'était celle d'un père content, d'un homme généreux qui se réconcilie. Ayant appris que la ville de Paris avait complimenté le duc d'Ossone, il voulut que la ville de Madrid fît son compliment à l'ambassadeur de France ; honneur qui ne s'était encore rendu à aucun ambassadeur, du moins à Paris.

A propos de chose sans exemple, il s'en fit pour le duc d'Ossone une qui depuis en a servi en plusieurs occasions. Le régent, voulant lui donner l'ordre du Saint-Esprit, crut que le roi, n'étant pas encore chevalier et ne devant recevoir le collier que le lendemain de son sacre, ne pouvait aussi faire des chevaliers que lorsqu'il le serait lui-même. Il portait simplement le cordon, tel qu'on le donne à tous les enfants de France au moment de leur naissance. Le duc d'Ossone eut donc la permission de porter le cordon en attendant qu'il pût être nommé [1].

---

[1] Le roi en a usé depuis ainsi pour quelques-uns de nos ambassadeurs et autres, qui ont porté le cordon avant que d'être reçus chevaliers.

Il est étonnant que le régent et les chevaliers de ce temps-là fussent si peu instruits de l'histoire de leur ordre. Le roi, quoique mineur et non sacré, pouvait, sans blesser les règles, faire des chevaliers. Henri IV, encore huguenot au siége de Rouen, ne pouvant par conséquent lui-même être chevalier ni porter le cordon, donna une commission au premier maréchal de Biron pour recevoir le baron de Biron, son fils, depuis maréchal de France et décapité, et pour

On fit encore plus en Espagne pour le duc de Saint-Simon qu'on n'avait fait en France pour le duc d'Ossone. Philippe V donna la grandesse à lui et à un de ses fils, au choix du père, pour en jouir en même temps. Il choisit le cadet, et ils se couvrirent ensemble en Espagne. La Toison fut donnée à l'aîné.

Tout levain autrichien parut étouffé dans le cœur des Espagnols qui avaient pu en conserver; et les Français de naissance, qui se trouvaient encore alors attachés par leurs places à la personne du roi, faisaient éclater les transports de leur joie. Tel était Boutin de Valouse, premier écuyer de Philippe V, et chevalier de la Toison; tel était encore la Roche, premier valet de garde-robe, homme d'une probité reconnue, au point que Philippe V lui confia la garde de l'estampille, qui est un sceau où la signature du roi est imitée dans la plus parfaite ressemblance. On s'en sert en Espagne, pour éviter au roi la peine de signer lui-même; invention commode et dangereuse, paresse asiatique qui passera peut-être un jour jusqu'aux ministres. La garde de l'estampille n'est pas une dignité, mais une commission de confiance qui n'en est que plus honorable; et la Roche était à ce titre secrétaire du cabinet. Parmi les Français estimables établis à Madrid, je dois d'autant moins oublier Sartine, que nous voyons à Paris son fils en passe de devenir un personnage considérable. Sartine, né à Lyon, y avait fait la banque; des circonstances l'avaient fait établir en Espagne. C'était un homme d'esprit et de probité, actif, grand travailleur, et fécond en expédients. Il avait eu la direction générale des vivres des armées en Espagne; souvent consulté par les ministres, les généraux et le roi même, il eut beaucoup d'amis, et les méritait. Il était intendant général de la marine lorsqu'il fut entraîné par la chute de Tinnaguas, secrétaire d'État, son ami, au commencement du ministère d'Alberoni. Ce ministre violent et despote lui fit un crime de ses liaisons avec le duc de Saint-Aignan, notre ambassadeur à Madrid; et celui-ci étant obligé de sortir précipitamment d'Espagne, Sartine fut mis en prison, et n'en sortit qu'à la disgrâce d'Alberoni. Il épousa depuis une camériste qui fut ensuite

donner en même temps le cordon à Renaud de Baunes, archevêque de Bourges, grand aumônier de France, à la place d'Amiot, forcené ligueur.

segnora de honor de la reine d'Espagne, et devint intendant de Barcelone, où il est mort. Son vrai nom était des Sardines. Son père était épicier à Lyon. Sartine portait en Espagne la croix de Saint-Michel. Je ne crois pas cependant qu'il ait été fait chevalier en titre ; il n'est dans aucune liste. Je désire que le fils me donne occasion de parler de lui comme de son père ; c'est son affaire : la mienne est de rendre justice.

Un des principaux articles de l'instruction du duc de Saint-Simon était de voir et de cultiver beaucoup le jésuite d'Aubenton, confesseur du roi, place bien importante quand elle n'est pas un vain titre. Dès la première visite, le bon père se répandit en protestations d'attachement au régent et à la France, et de la plus tendre estime pour le duc de Saint-Simon, dont il connaissait, disait-il, l'amitié pour les jésuites. De là il passa au désir que le roi d'Espagne avait de mettre l'infante entre les mains d'un de leurs pères, seuls capables d'inspirer de bonne heure à cette princesse les vrais principes de la religion.

D'Aubenton parlait vrai sur le désir de Philippe V ; car, à la première audience particulière que ce prince donna à l'ambassadeur, il coupa une discussion d'affaires, pour le charger de demander au régent que l'infante fût instruite par un jésuite, et revint sur cet article à diverses reprises.

Le duc de Saint-Simon, déjà prévenu du désir de Philippe V, ne put répondre que favorablement à la proposition de d'Aubenton. Le zélé père, charmé de l'ouverture, devint radieux, caressant ; et, après plusieurs circonvolutions patelines, des mots entrecoupés et quelques phrases d'un clair obscur : *Ce n'est pas tout*, dit-il ; *le roi attend encore plus de votre excellence, de votre attachement pour lui, de votre amour pour la religion, de votre amitié pour notre compagnie.* Ce n'était pas assurément par ce dernier sujet d'éloge que Saint-Simon était le plus connu ; mais une figure de rhétorique des moines est d'inspirer du zèle pour eux, en supposant qu'on l'a déjà. *Le roi*, continue d'Aubenton, *meurt d'envie de vous prier de demander de sa part au roi, son neveu, de prendre un jésuite pour confesseur, et d'engager le régent à vous appuyer. Les infirmités de l'abbé Fleury le menacent d'une mort prochaine : il serait donc convenable de prendre les avances, et que, dans la même dépêche où vous demanderez un jésuite pour l'infante, vous proposassiez d'en donner un au roi.*

D'Aubenton termina son discours par mille offres de services pour la grandesse que désirait l'ambassadeur, et finit par lui demander de dire amicalement ce qu'il en pensait.

Le piége était assez bien tendu, et l'appât bien présenté. Saint-Simon s'en tira cependant. Il témoigna au jésuite beaucoup d'estime pour sa compagnie, et convint que rien n'était mieux que de donner un jésuite à l'infante, puisque le roi, son père, le désirait; mais qu'à l'égard du confessionnal du roi et de l'intérieur de sa maison, la proposition pourrait bien n'être pas mieux reçue en France que ne le serait en Espagne celle de changer le confesseur de Philippe V ou ses ministres; que c'était un grand pas de faire accepter un jésuite pour l'infante; que la considération pour la compagnie ferait le reste, et qu'on y réussirait d'autant mieux qu'on paraîtrait moins l'exiger.

D'Aubenton ne fut pas trop content de la réponse, et s'attendait à mieux; mais il ne perdit rien de sa sérénité, et, de peur de montrer du refroidissement, redoubla de protestations d'amitié, d'offres de services pour l'ambassadeur, et approuva de bouche des raisons qui lui répugnaient fort.

Que d'Aubenton eût été chargé ou non par Philippe V de la proposition qu'il fit de donner au jeune roi un confesseur jésuite, il est certain que ce prince n'en parla point à l'ambassadeur. Pour réunir tout ce qui concerne cette affaire, j'ajouterai ici ce qui arriva trois mois après. On persuada à l'abbé Fleury de se retirer, et le père Taschereau de Linières fut nommé à sa place. Il était déjà confesseur de Madame, mère du régent; et le cardinal de Noailles n'avait pas trouvé grand inconvénient à donner des pouvoirs à ce jésuite pour confesser Madame. Le père de Linières était un bon homme, sans intrigues, et n'aurait pu, quand il aurait été tout autre, tirer aucun parti de la dévotion du Palais-Royal. Madame, la seule pénitente qu'il eût, était catholique, parce qu'il avait fallu l'être pour épouser Monsieur; du reste, pleine de vertu, de bonté d'âme, d'une hauteur allemande: un confesseur n'était pour elle qu'un domestique de plus.

Il n'en était pas ainsi du confessionnal d'un roi encore enfant, et accessible aux premières impressions. Le cardinal de Noailles jugea le choix du confesseur une affaire de la plus grande importance, et refusa les pouvoirs à Linières. Quel que fût le caractère personnel d'un jésuite, le cardinal savait que le confesseur d'un roi est par état l'homme de la société et de son général; et, sans proposer lui-même un confesseur, il se bornait à exclure les jésuites. Le maréchal de Villeroi offrait le choix de trois sujets : le chancelier de Notre-Dame, Benoît, curé de Saint-Germain en Laye, et l'abbé de Vaurouy, qui avait refusé l'évêché de Perpignan. L'évêque de Fréjus proposait Paulet, supérieur du séminaire des Bons-Enfants, ou Champigny, trésorier de la Sainte-Chapelle. Le cardinal de Rohan, au défaut des jésuites, qu'il eût préférés, présentait le docteur Vivant, curé de Saint-Méry, et fanatique constitutionnaire. Noailles, Villeroi, et l'évêque de Fréjus, s'opposèrent, de tout leur pouvoir, au choix du jésuite [1]; mais le crédit du cardinal Dubois l'emporta en faveur de Linières. Il était difficile de lui supposer d'autre motif que le ressentiment contre le cardinal de Noailles, qui avait refusé de lui conférer les ordres lors de sa nomination à l'archevêché de Cambrai. Il n'avait aucune obligation de son chapeau aux jésuites; on a vu comment il l'avait conquis. Le refus des pouvoirs rendait cependant la nomination inutile. Les sollicitations ne purent rien obtenir du cardinal de Noailles : il fut inflexible. Dubois, au mépris des droits et de l'honneur de l'épiscopat, s'adressa au pape, qui envoya au roi une permission de choisir quel confesseur il voudrait.

Dubois, pour se disculper devant ceux de ses confrères qui seraient plus jaloux que lui de l'honneur de l'épiscopat, répandit que la nomination d'un jésuite, pour le confessionnal du roi, avait été une condition stipulée par l'Espagne par le traité de paix avec la France. Cependant, pour lever toutes les difficultés, on transféra la cour de Paris à Versailles, d'où le roi allait se confesser à Saint-Cyr, dans le diocèse de Chartres, où les jésuites avaient des pouvoirs.

[1] J'ai tiré cet article d'une lettre du cardinal Dubois au père d'Aubenton, du 2 mars 1722.

A l'égard de la stipulation par laquelle l'Espagne avait, dit-on, exigé et obtenu que le confessionnal du roi fût rendu aux jésuites, c'est une pure supposition. Cette prétendue anecdote du traité a été tellement adoptée, qu'elle passe pour certaine chez les gens qui croient avoir pénétré dans les secrets de la politique. Cependant rien n'est plus faux. En voici la preuve :

Dans la première conférence que le duc de Saint-Simon eut, à son retour d'Espagne, avec le régent et le cardinal Dubois, celui-ci, récapitulant les divers points de la négociation : *Monsieur*, dit-il au duc, *nous avons fait ce que le roi d'Espagne a désiré.— Quoi?* dit le duc. *Nous avons donné au roi un confesseur jésuite. Comment!* reprit le duc; *le roi d'Espagne ne m'en a jamais parlé. Il me semble pourtant*, reprit le cardinal, *que le roi vous a parlé des jésuites, et que vous nous en avez écrit. Vous confondez certainement*, répliqua Saint-Simon. *Je vous ai parlé du désir du roi d'Espagne au sujet d'un jésuite pour l'infante; mais jamais il ne m'en a ouvert la bouche pour le roi. Vous avez mes lettres, relisez-les. Il est bien vrai que le père d'Aubenton m'en fit la proposition; mais je la rejetai; et j'aurais cru manquer au roi et à M. le régent, de me charger d'une commission par laquelle une puissance étrangère serait entrée dans le gouvernement intérieur de la France. Vous auriez dû m'en blâmer vous-même.*

Le cardinal, voyant qu'il avait affaire à un contradicteur peu complaisant, balbutiait; car il passait quelquefois de l'audace du brigand au déconcertement du friponneau. Le régent se mettant à rire : *Eh bien!* dit-il, *tout ce que nous vous demandons, c'est que vous ne nous démentiez pas; car nous avons dit à tout le monde que c'était aux pressantes instances du roi d'Espagne que nous avions donné au roi un confesseur jésuite. Tout ce que je puis, monsieur*, répondit Saint-Simon, *c'est de faire le mystérieux si l'on m'en parle; mais je ne pousserai pas la complaisance jusqu'à mentir.*

Il fallut bien se contenter de la discrétion qu'il promettait. En effet, il n'en parla qu'autant que son honneur l'exigeait; mais il en instruisit le cardinal de Noailles, dont l'estime lui était précieuse, le maréchal de Villeroi et l'évêque de Fréjus, qui seuls s'étaient opposés à la résurrection des jésuites, et ne put cacher au comte de Céreste la suite d'une intrigue dont il avait vu le commencement. Je ne crois pas qu'il en ait fait part à d'autres. C'est par ce dernier que j'en ai eu les premières notions, avant que les pièces originales me fussent tombées entre les mains.

Le comte de Céreste-Brancas, frère du maréchal, avait accompagné en Espagne le duc de Saint-Simon comme ami, et fut un des témoins du mariage de l'infante. Ne sachant pas jusqu'où je continuerai mes mémoires, je saisis cette occasion de lui rendre une partie de la justice qui lui est due. Je n'ai point connu d'homme en qui l'esprit et la vertu fussent dans un plus parfait équilibre; c'est de lui que j'ai dit, dans les Mémoires sur les mœurs de ce siècle, qu'il pouvait n'être pas le premier partout, mais qu'il n'aurait jamais été le second; et je n'ai jamais trouvé de contradicteur sur son mérite. Il est mort conseiller d'État d'épée, et chevalier des ordres du roi, après avoir refusé d'être chevalier d'honneur de la reine.

Reprenons ce qui se passa en Espagne sur le double mariage, avant de repasser aux affaires de France.

La reine, Italienne de naissance et de cœur, haïssait les Espagnols autant qu'elle en était haïe; et les témoignages qui en éclataient journellement entretenaient cette haine réciproque. La reine ne se contraignait même pas de l'avouer; et le peuple, de son côté, lorsque le roi et la reine passaient, criait librement, de la rue et des boutiques : *Viva el re y la Savoyana!* (la feue reine) adorée des Espagnols, et dont la mémoire est encore en vénération. La reine régnante affectait en vain de mépriser ces cris du peuple : elle en était au désespoir; malheureusement le peuple et elle ne luttaient pas à force égale. Elle avait la toute-puissance par un moyen assez naturel. Le tempérament du roi lui rendait une femme nécessaire, et sa dévotion ne lui permettait aucune infidélité. La reine était laide, quoiqu'elle eût l'air assez noble; et le roi était toujours dans des dispositions qui la lui faisaient trouver belle et la traiter comme telle. Elle y joignait toute la coquetterie possible pour son mari, le louait publiquement et en face sur sa beauté; et, quoiqu'il eût été beau étant jeune, il était alors dans un tel état de délabrement sur la figure, que si les princes n'étaient pas invulnérables contre les louanges les plus dégoûtantes, il aurait pu prendre celles de la reine pour une dérision.

Le roi et la reine, sains ou malades, n'eurent jamais que le même lit. Les couches de la reine n'obligeaient pas le roi d'en changer; et ce ne fut que trois jours avant la mort de sa première femme qu'il prit un lit séparé, quoique depuis longtemps elle fût perdue d'écrouelles.

Le roi et la reine, étant d'une jalousie réciproque sur tout ce que l'on pouvait dire à l'un ou à l'autre, ne se quittaient ni jour ni nuit. Tous les jours, à leur réveil, l'*assafeta*[1] venait leur donner des manteaux de lit, et ils faisaient leurs prières; après quoi Grimaldo, à qui les autres secrétaires d'État remettaient les affaires de leurs départements, entrait et en faisait le rapport. Grimaldo congédié, le roi prenait sa robe de chambre, passait dans une garde-robe pour s'habiller, et la reine dans la pièce où était sa toilette. Le roi, bientôt habillé, faisait entrer son confesseur, et, après un quart d'heure de confession ou d'entretien particulier, allait trouver la reine; les infants s'y rendaient. Quelques officiers principaux, les dames et les caméristes de service, formaient toute l'assemblée; la conversation roulait sur la chasse, la dévotion, ou autre chose de pareille importance. La toilette durait environ trois quarts d'heure. Le roi et la reine passaient ensuite dans une chambre où se donnaient les audiences particulières aux ministres étrangers, et aux seigneurs de la cour qui en avaient demandé.

Quand on introduisait quelqu'un, la reine affectait de se retirer dans l'embrasure d'une fenêtre; mais celui qui avait à parler au roi, n'ignorant pas que ce prince rendrait le tout à la reine, qu'elle serait choquée du secret qu'on aurait voulu lui faire, et préviendrait le roi défavorablement, ne manquait pas de la supplier de s'approcher, ou parlait assez haut pour en être entendu, si elle persistait dans sa fausse discrétion.

---

[1] Première femme de chambre. Cette place a plus de considération en Espagne qu'en France, peut-être par la seule raison que l'Espagnol imagine que ses princes ont, sur tous les autres, une supériorité qui se communique à tout ce qui les approche. Laura Piscatori, nourrice de la reine, était alors *assaféta*.

La reine savait donc exactement tout ce qu'on disait au roi, et avait de plus, chaque semaine, une heure où elle pouvait, à l'insu du roi, s'entretenir avec ceux qu'elle voulait faire introduire secrètement : ce jour était celui où le roi donnait audience publique.

Le roi assis et couvert devant une table, les grands debout, rangés contre la muraille et couverts, chaque particulier, qui avait donné son nom, était appelé dans l'ordre où il était inscrit. Il se mettait à genoux devant le roi, expliquait son affaire en très-peu de mots, laissait ordinairement un mémoire sur la table, se relevait, et se retirait après avoir baisé la main du roi. Les prêtres étaient distingués des séculiers en ce que le roi leur ordonnait de se relever, quand ils faisaient la génuflexion. Si quelqu'un de ceux qui venaient à cette audience voulait n'être entendu de personne, et qu'il fût très-connu, il le disait. Alors celui qui tenait la liste se tournait vers les grands, disant à haute voix : *C'est une audience secrète.* Tous sortaient, et ne rentraient que lorsque ce particulier se retirait. Le seul capitaine des gardes, en dehors, tenait la porte entre-bâillée, d'où, sans rien entendre, mais la tête dans la chambre, il pouvait toujours voir le roi et celui qui lui parlait.

Si la reine profitait de cette audience pour s'entretenir avec quelqu'un, il fallait que ce fût bien secrètement; car le roi était toujours inquiet de ce qu'on pouvait dire de particulier à cette princesse; au point que, lorsqu'elle se confessait, si la confession se prolongeait plus qu'à l'ordinaire, il entrait dans la chambre, et il appelait la reine.

Ils communiaient ensemble tous les huit jours; et les dames de la reine lui auraient déplu, si elles n'en avaient pas usé ainsi.

Le seul divertissement du roi était la chasse, qui n'était pas moins triste que le reste de sa vie. Des paysans formaient une enceinte pour une battue, et faisaient passer cerfs, sangliers, chevreuils, renards, etc., devant le roi et la reine, qui, enfermés dans une feuillée, tiraient sur les animaux.

Ce qu'on sait de la vie de madame de Maintenon, et ce qu'on voit ici de la conduite de la reine d'Espagne, prouve assez quel est le tourment des femmes qui veulent gouverner les rois les plus subjugués. Si l'on dévoile la vie intérieure des favorites, on aura pitié d'un état si envié.

Quelque crédit que la reine eût sur l'esprit du roi, elle était obligée de l'étudier à chaque instant, de faire naître ou de saisir les occasions, de ployer dans des moments, et quelquefois de se servir des avantages que lui donnait le tempérament du roi. Les refus de la reine irritaient son mari, l'enflammaient de plus en plus, quelquefois produisaient des scènes violentes, et finissaient par faire obtenir à la reine ce qu'elle voulait. La violence des désirs du roi faisait la force de la reine.

Philippe V, né avec un sens droit, mais peu étendu, était silencieux, réservé, même timide, se défiant de lui-même. Son éducation en France, et son genre de vie en Espagne, n'avaient fait que confirmer ce caractère, que j'aurai encore occasion de développer davantage. Sa dévotion consistait en pratiques minutieuses. Taciturne, et par là même observateur plus attentif de ceux qui l'approchaient, il en remarquait très-bien les ridicules, et en faisait quelquefois, dans l'intérieur de sa solitude, des récits plaisants.

Il était fort attentif sur sa santé; son médecin, s'il eût été intrigant, aurait pu jouer un grand rôle. Lyghins, Irlandais, qui occupait cette première place, fort éloigné de l'intrigue et de la cupidité, instruit dans son art, s'en occupait uniquement. Après sa mort, la reine fit donner la place à Servi, son médecin particulier.

Philippe V avait aimé la guerre, quoiqu'il l'eût faite d'une façon singulière. Jamais il ne fit de plan de campagne, se reposant des opérations militaires sur ses officiers généraux; il n'y contribuait que de sa présence. S'ils le plaçaient loin du danger, il y restait, et ne croyait pas sa gloire intéressée à s'en approcher. Si les hasards d'une journée le portaient au milieu du feu le plus vif, il y demeurait avec la même tranquillité, et s'amusait à examiner ceux qui montraient de la peur.

Aisé à servir, bon, familier avec ses domestiques intérieurs, tout Français dans le cœur, il n'accueillait les Espagnols que par reconnaissance de leurs services. Aimant tendrement le roi, son neveu, il conservait un espoir de retour, si nous avions le malheur de perdre cet unique rejeton de la famille royale. Cependant il n'aurait pas monté sans scrupule sur le trône de ses pères, après les renonciations solennelles qu'il avait faites à la couronne de France. Il ne pouvait, par le même principe, regarder comme illusoires les renonciations de Marie-Thérèse d'Autriche à la couronne d'Espagne, en épousant Louis XIV. Il n'aurait eu la conscience tranquille sur aucun des deux trônes. Ces scrupules, que son confesseur avait peine à dissiper, ne sont pas d'une tête bien forte, ni, si l'on veut, dignes d'un prince ; mais ils sont d'une âme pure. Ces remords, plus réprimés que détruits, ont été la principale cause de son abdication, et de la peine qu'il eut à reprendre la couronne après la mort de son fils, Louis Ier. Le trône, transmis à son fils, ne devait pas, suivant ses scrupules, lui paraître une moindre usurpation, s'il y en avait ; mais enfin il lui suffisait de faire l'unique sacrifice qui dépendait de lui. D'ailleurs, les âmes scrupuleuses ne sont pas bien conséquentes ni dans ce qui les agite, ni dans ce qui les calme.

La reine était d'un caractère fort opposé. Régner était tout pour elle. La possession la moins légitime eût été un droit à ses yeux. Élevée dans la petite cour de son père, elle n'y avait pas pris une idée bien exacte des cours de l'Europe. Cependant elle se crut faite pour régner, bien ou mal, au premier instant qu'elle fut sur le trône. Nous avons vu comment la fortune l'y plaça.

Elle se proposa d'abord deux objets, et ne les perdit jamais de vue. Le premier, d'établir tellement son crédit sur l'esprit du roi qu'elle régnât sous le nom de ce prince. Le second, de se prémunir contre le triste état de veuve d'un roi d'Espagne, qui aurait pour successeur un fils dont elle n'était pas la mère.

Elle résolut donc de procurer une souveraineté à un de ses fils, chez qui elle pût un jour se retirer, y régner encore, ou du moins ne pas obéir.

On peut juger de quels manéges elle avait besoin pour suivre ce second objet, et dérober en même temps son dessein à un roi soupçonneux. Alberoni, dans le désespoir de sa disgrâce, avait publié les vues que cette princesse s'efforçait de cacher. Elle se flattait en vain qu'Alberoni, suspect par son ressentiment, ne serait pas cru ; le caractère connu de la reine ne laissait pas douter de ses désirs. Ses caresses froides et forcées aux infants du premier lit, les aigreurs qu'elle laissait échapper, annonçaient suffisamment son projet, qui, pendant le règne entier de Philippe, a été la base ou l'obstacle de toutes les négociations.

La cour d'Espagne était et continua d'être divisée en deux cabales ; l'italienne, la moins nombreuse, était la dominante par la faveur de la reine. La cabale espagnole, à laquelle adhéraient les vœux de la nation, gémissait du crédit des Italiens, et les haïssait cordialement. Presque toutes les grandes places étaient, à la vérité, occupées par des Espagnols ; mais ils étaient bornés aux titres de ces places, dont ils faisaient très-peu les fonctions par la solitude où la reine tenait constamment le roi. Le chirurgien, l'apothicaire et les valets intérieurs étaient français.

Les deux princesses, dont les contrats venaient d'être signés, arrivèrent le même jour dans l'île des Faisans de la rivière de Bidassoa, où se fit l'échange, et où s'était faite, en 1659, l'entrevue de Louis XIV, de la reine sa mère, et de Philippe IV, frère de la reine.

Il y eut d'abord quelques difficultés sur l'acte d'échange entre le prince de Rohan et le marquis de Santa-Cruz. Le premier avait pris de l'altesse dans l'acte français. Santa-Cruz, majordome major de la reine d'Espagne, chargé de la conduite de l'infante, déclara qu'il passerait tout ce qu'on voudrait dans l'acte français, parce que l'Espagne n'avait point à régler les titres et les qualités des Français ; mais que, dans l'acte espagnol, on ne donnerait à l'un et à l'autre que l'*excellence*. Le prince de Rohan, voyant que, dans cet acte, Santa-Cruz ne prenait pas même le titre de *grand*, ne prit pas celui de *duc et pair*, et se contenta de signer, sans addition de qualités, l'échange.

L'échange fait, l'infante prit la route de Paris, et mademoiselle de Montpensier celle de Madrid. Les deux princesses ne furent suivies de qui que ce fût de leur nation, à l'exception d'une sous-gouvernante (de Nieves, *segnora de honor*), qu'on laissa à l'infante à cause de son bas âge.

Je ne m'arrêterai sur aucune des fêtes qui remplissent les

journaux; mais je continuerai d'observer les particularités dignes de remarque.

La gravité et la pudeur espagnoles ne permettent pas de voir coucher des mariés. Cependant notre ambassadeur, voulant d'autant mieux constater le mariage de la princesse des Asturies que les mariés ne devaient habiter ensemble que dans un an, à cause de la délicatesse du prince, obtint de leurs majestés catholiques une dérogation à l'étiquette d'Espagne, et, pour les persuader, s'appuya de ce qui s'était passé au mariage du duc de Bourgogne. Un exemple français était bien puissant sur l'esprit de Philippe V. On prit ensuite la précaution de gagner quelques personnages graves, dont l'approbation empêchât les autres de s'effaroucher. Enfin, on mit les deux époux au lit, et, les rideaux ouverts, on laissa entrer dans la chambre tout ce qui s'y présenta. Un quart d'heure après, on ferma les rideaux. Le duc de Popoli, gouverneur du prince, resta sous le rideau de son côté; et la duchesse de Monteillano, gouvernante de la princesse, sous le rideau opposé. Après quelques minutes, toute l'assemblée fut congédiée, et les époux séparés.

La princesse des Asturies fit voir, dès les premiers jours de son arrivée à la cour d'Espagne, les preuves d'une humeur sombre et maussade. Il fallait presque la violenter pour qu'elle rendît visite au roi et à la reine. On avait fait les plus superbes préparatifs pour un bal dont leurs majestés catholiques et toute la cour se faisaient une fête. La princesse refusa constamment d'y paraître, sans aucun motif de chagrin, mais uniquement par l'humeur d'un plat et sot enfant. Ou elle ne répondait rien aux représentations qu'on lui faisait, ou sa réponse était que le roi et la reine pouvaient vivre à leur fantaisie, et qu'elle voulait vivre à la sienne. Le détail de scènes tristement ridicules serait dégoûtant même dans de simples mémoires, tels que ceux que j'écris. Pour finir en peu de mots ce qui la regarde, elle continua d'être à Madrid aussi sotte, aussi plate, aussi maussade que nous l'avons vue depuis à Paris, où elle vint végéter reine douairière d'Espagne depuis 1725 jusqu'en 1742, qu'elle mourut au Luxembourg.

L'infante arriva à Paris, et y reçut les honneurs de reine; on lui en donna même le titre dans toutes les relations. L'événement a fait voir qu'on s'était trop pressé, en la traitant de reine. On ne risquait rien, et il était plus dans la règle d'attendre, puisque, indépendamment de sa destination, elle avait, par sa naissance seule, la préséance sur Madame. Il est vrai qu'on avait fait prendre par anticipation le titre de Dauphine à la duchesse de Bourgogne aussitôt qu'elle était arrivée en France; mais cela était nécessaire pour lui donner la préséance, qu'aucune princesse du sang n'aurait pu lui céder, attendu qu'elle n'était alors que fille d'un duc de Savoie, qui, n'étant pas encore roi, cédait aux électeurs [1].

Aussitôt que notre ambassadeur eut rempli sa mission en Espagne, il se pressa d'autant plus d'en partir, que le cardinal Dubois avait envie de l'y retenir sous différents prétextes. Les motifs du cardinal nous ramènent naturellement aux intrigues de la cour de France.

On se rappelle que Dubois, pour se servir du cardinal de Rohan à Rome, l'avait flatté de lui faire obtenir le premier ministère à son retour. Celui-ci n'en douta point, eut la sottise de le dire à Rome, où il était le seul qui en fût persuadé, et revint le plus tôt qu'il put à Paris, sommer son cher confrère de sa parole.

Depuis que Dubois était cardinal, il ne se trouvait plus au

[1] Il y a si peu de principes dans les différentes étiquettes, qu'on ne peut que marquer les faits, sans en rien conclure. Le prince de Conti, grand-père de celui d'aujourd'hui, précéda toujours, en Hongrie et à Vienne, les électeurs. Cependant celui de Bavière, qui était un de ceux-là, étant venu à Paris, obtint du roi d'y garder l'*incognito*. Louis XIV alla jusqu'à lui accorder une audience particulière, où ils restèrent tous deux debout, quoique le roi d'Angleterre, Guillaume III, n'eût donné une pareille audience qu'assis dans un fauteuil, et ce même électeur placé sur un tabouret. L'électeur, profitant ou abusant de la bonté de Louis XIV, prétendit avoir la main chez le premier Dauphin. Le roi eut la complaisance de consentir à un *mezzo termine*, savoir, que l'électeur ne verrait le Dauphin que dans les jardins de Meudon, et qu'ils monteraient ensemble dans la même calèche, chacun par sa portière. Ce qu'il y a de singulier et de contradictoire, c'est que l'électeur de Cologne, frère de celui de Bavière, aussi *incognito*, était debout devant le roi dans un fauteuil. Il dîna et soupa plusieurs fois à Meudon avec le Dauphin, et n'y eut qu'un siège pliant au bas bout de la table, avec les courtisans. Cet électeur voulait quelquefois dire la messe devant la duchesse de Bourgogne, et lui rendait alors les mêmes honneurs que le dernier des chapelains. C'est le même qui, étant à Valenciennes, annonça qu'il prêcherait le Ier avril. La foule fut prodigieuse à l'église. L'électeur étant en chaire, salua gravement l'assemblée, fit le signe de la croix, et cria : *Poisson d'avril!* puis descendit de chaire, pendant qu'une troupe de trompettes et de cors de chasse, accompagnés de timbales, faisaient un tintamarre digne de cette farce scandaleuse.

conseil de régence, à cause de la préséance. Pour y rentrer comme il convenait à sa pourpre, il voulait y faire entrer le cardinal son ancien, et se glisser à sa suite. Il lui fit l'accueil le plus vif, lui réitéra sa promesse, et lui dit qu'il fallait d'abord entrer au conseil, pour arriver au premier ministère; qu'après avoir si bien servi le roi à Rome, il était fondé à le demander; et que lui, Dubois, était trop son serviteur pour ne pas appuyer sa demande auprès du régent.

Le crédule cardinal de Rohan, touché de tant de cordialité, témoigna la plus tendre reconnaissance à son confrère, promit bien de partager avec lui l'autorité d'une place qu'il lui devrait, et, peu de jours après, demanda au régent l'entrée au conseil. Le régent la lui accorda si promptement et de si bonne grâce, que le cardinal aurait pu voir que tout était arrangé d'avance, ou qu'on ne lui faisait pas un grand présent.

Le chancelier et les ducs, voyant les cardinaux entrer au conseil, s'en retirèrent à l'instant. Le maréchal de Villeroi n'y parut plus que sur un tabouret derrière le roi, dans sa qualité de gouverneur, sans y dire un mot sur les affaires.

Dubois l'avait prévu; mais c'était déjà beaucoup que de faire cause commune avec un homme de la naissance du cardinal de Rohan, qu'il avait mis en épaulement devant lui. Une circonstance qui aurait dû combler le dégoût fit grand plaisir à Dubois, et lui servit merveilleusement. Les maréchaux de France suivirent l'exemple des ducs. Dubois partit de là pour persuader au régent que c'était une cabale formée contre lui personnellement, puisque les maréchaux de France, qui n'avaient jamais rien disputé aux cardinaux, prenaient parti dans l'affaire. Dubois en écrivit dans cet esprit-là au duc de Saint-Simon, duc jusqu'au fanatisme, mais très-attaché au régent. Dubois, glissant légèrement sur la question de préséance, appuyait dans sa lettre sur la cabale dont il faisait chef le duc de Noailles, très-haï du duc de Saint-Simon, et finissait par le charger d'engager le roi d'Espagne à prendre dans cette occasion parti pour le régent, et à se déclarer hautement pour un gouvernement qui intéressait aujourd'hui les deux branches de la maison de France.

Le duc de Saint-Simon ne fut pas la dupe de cette prétendue

cabale, mais il fallait du moins paraître en avoir rendu compte à Philippe V. Il s'en acquitta de façon que ce prince regarda cette affaire comme une tracasserie domestique, dont il ne voulait ni ne devait se mêler. Saint-Simon, pour ôter tout prétexte à le retenir en Espagne, rendit compte au cardinal Dubois de la réponse de Philippe V, et tout de suite prit congé et partit. En arrivant à Bayonne, il reçut une dépêche par laquelle le cardinal lui donnait les plus grands éloges sur la manière dont il s'était acquitté de sa commission, avec mille protestations d'amitié et d'impatience de le revoir. Le cardinal lui en avait écrit une autre, par laquelle il le chargeait de rester à Madrid jusqu'à ce qu'il y eût accrédité Chavigny, aujourd'hui ambassadeur en Suisse. Chaque dépêche était ajustée pour le lieu où le courrier rencontrerait l'ambassadeur : la première, s'il le trouvait déjà sur les terres de France ; l'autre, si le duc était encore en Espagne, où Dubois l'aurait beaucoup mieux aimé qu'à la cour de France.

Dans le fait, le cardinal redoutait le duc de Saint-Simon, pour qui le régent avait de l'amitié, et très-opposé aux prétentions ministérielles et cardinales ; mais il ne lui en prodiguait pas moins les protestations d'attachement. Cependant, comme l'impétuosité de son caractère l'emportait quelquefois sur sa dissimulation, il ne témoigna que trop son humeur contre le duc de Saint-Simon, par la manière dont il reçut un capitaine d'infanterie, que le duc avait envoyé porter en France le contrat de mariage du roi. On avait promis à cet officier la croix de Saint-Louis et un avancement. Le cardinal lui dit brusquement qu'on verrait. Ce jeune homme se présenta pendant deux mois devant lui, sans pouvoir seulement s'en faire regarder. Il s'adressa au secrétaire d'État de la guerre, qui lui dit qu'il avait été lui-même si mal reçu du cardinal à ce sujet, qu'il n'osait plus lui en parler. L'officier continua donc à paraître humblement devant le cardinal. Un jour d'audience, où se trouvaient les ambassadeurs et nombre de gens distingués, le cardinal, importuné par quelqu'un, l'envoya promener en termes grenadiers, jurant et criant à tue-tête. Le nonce, qui était présent, en parut au moins très-étonné ; mais le jeune officier, frappé du contraste de l'habit et du style du cardinal, éclata de rire. Le cardinal se retourne brusquement, aperçoit le rieur, et le frappant sur l'épaule à le faire rentrer en terre, s'il ne l'eût aussitôt rassuré : *Tu n'es pas trop sot,* lui dit-il. *Je dirai à Leblanc d'expédier ton affaire.* Elle le fut le même jour.

Dubois, voulant se défaire des honnêtes gens qui l'incommodaient le plus, commença par le chancelier d'Aguesseau, qui fut, pour la seconde fois, exilé à Frêne. Les sceaux furent d'abord offerts à Pelletier de la Houssaye, qui les refusa, n'étant pas plus disposé que d'Aguesseau à céder la préséance aux cardinaux. D'Armenonville (Fleurieu) fut moins difficile, les accepta, et obtint de plus de faire passer sa place de secrétaire d'État à son fils, le comte de Morville. Le marquis de Chastelux (Beauvoir), qui venait d'épouser la fille du chancelier, ne vit, dans la disgrâce de son beau-père, que des motifs de redoubler de soins et d'amitié pour la famille où il était entré. Ces Beauvoir sont des gens de qualité de Bourgogne, race de braves et honnêtes gens.

La principale attention du cardinal étant d'éloigner le régent de tous ceux qui étaient dans sa familiarité, il fit exiler le marquis de Nocé, un des auteurs de sa fortune, et qui par là méritait sa disgrâce. Il était fils de Fontenay, qui, étant sous-gouverneur du régent, avait tâché de lui inspirer des principes de vertu, dans le temps que Dubois l'instruisait à la pratique des vices. Le régent respectait la mémoire du père, et s'amusait fort de l'esprit caustique et plaisant du fils. Mais c'était par là qu'il déplaisait au cardinal, qui, depuis leur désunion (car ils avaient été fort unis), était devenu l'objet de ses plaisanteries, et qui en redoutait l'effet dans une cour où les saillies valaient des raisons. Nocé s'aperçut aisément que le régent le sacrifiait à regret au cardinal. Quelqu'un lui disant, pour le consoler, que cette disgrâce ne serait pas longue : *Qu'en savez-vous?* dit Nocé. *Je le sais,* répondit l'autre, *du régent même. Eh! qu'en sait-il?* répliqua Nocé, faisant entendre que le régent ne faisait plus rien par lui-même.

Le comte de Broglio, un des roués du régent, fut aussi exilé. Il devint suspect au cardinal, parce qu'il voulait se servir de la crapule du Palais-Royal pour mettre le pied dans les affaires.

Un des meilleurs moyens dont se servit le cardinal pour se rendre maître du terrain, et rétrécir la cour du régent, fut la translation du roi à Versailles. La cour ne pouvait pas manquer d'être nombreuse à Paris; au lieu que la plupart, ne pouvant s'établir à Versailles, y viendraient rarement, et peu à peu en perdraient l'habitude. Les ministres ont toujours cherché à isoler le roi, et il n'y en a aucun qui voulût le voir habiter la capitale. Ils lui persuadent qu'il est instruit par eux de tout ce qui s'y passe, sans être obsédé d'une foule importune. Que de choses cependant qu'un roi peut apprendre, apercevoir et sentir, en vivant au milieu de ses sujets! En traversant la ville, il lit dans tous les yeux la passion dont les cœurs sont affectés, le mécontentement ou la satisfaction, les degrés d'amour ou de refroidissement. Les ministres ne sont eux-mêmes instruits que par des subalternes vils ou intéressés, et ont souvent intérêt de cacher au prince ce qu'ils apprennent.

Le roi fut donc établi à Versailles, et depuis n'est revenu à Paris que pour tenir quelques lits de justice inutiles ou désagréables, ou pour deux jours au retour d'une campagne. Le régent ne fut pas longtemps à Versailles sans éprouver l'ennui. La cour proprement dite n'est supportable qu'aux gens occupés d'affaires ou d'intrigues. Le régent était, par son rang, au-dessus de l'intrigue, et devenait chaque jour plus incapable d'affaires.

Quoiqu'il fût dans la force de l'âge, la continuité des excès dans sa vie privée l'avait blasé. Il lui restait tous les matins un engourdissement de l'orgie de la nuit; et quoiqu'il reprît peu à peu ses sens, les facultés de son âme perdaient de leur ressort; la vivacité de son esprit en était ralentie; il ne comportait plus une application forte ou continue; il fallait des plaisirs bruyants pour le rappeler à lui-même. Ses soupers, dont la compagnie était si mêlée, si différente d'états et si conforme de mœurs; sa petite loge de l'Opéra, d'où il choisissait les convives, tout lui manquait à Versailles. Il ne pouvait pas, même en bravant le scandale, transporter à la cour ce qui était nécessaire à son amusement. Ayant tout usé, jusqu'à la débauche, il avouait quelquefois qu'il ne goûtait plus le vin, et qu'il était devenu nul pour les femmes. Deux ou trois de ses serviteurs profitaient de ces aveux pour l'engager à chercher dans les devoirs de son état la dissipation, le délassement qu'il ne trouvait plus dans la dissolution. Conseils inutiles. Le commun des hommes quitte les plaisirs quand ils en sont quittés ; mais on ne se dégage jamais de la crapule. Le goût du travail naît de l'usage qu'on en fait, se conserve, mais ne se prend plus à un certain âge. Il y a deux genres de vie très-opposés, dont l'habitude devient une nécessité, la crapule et l'étude.

Le cardinal Dubois, ayant très-bien prévu l'ennui du régent à Versailles et ses fréquents voyages à Paris, saisissait habilement les occasions de contrarier les goûts du prince, en lui présentant des affaires dans les moments où elles l'excédaient le plus. Le régent, pour s'en débarrasser, les renvoyait à son ministre, qui, par là, se rendit le seul maître de la correspondance de tous les départements ; et la surintendance, avec le secret de la poste, dont il avait dépouillé le marquis de Torcy pour s'en emparer, lui donnait la connaissance du dehors et de l'intérieur.

Les affaires languissaient nécessairement par la surcharge du cardinal, et par les entraves qu'il y mettait à dessein. On se plaignait, on criait après les expéditions. Le cardinal, pour prévenir les reproches de son maître, lui en faisait lui-même. Le régent, fatigué des cris et des plaintes, s'adressait au cardinal pour sortir d'embarras. C'était précisément où celui-ci l'attendait. *Il est impossible,* lui dit-il, *que la machine du gouvernement puisse agir, si tous les ressorts ne sont pas dirigés par une seule main. Les républiques même ne subsisteraient pas, si toutes les volontés particulières ne se réunissaient pas pour former une volonté unique et agissante. Il faut donc,* ajoutait Dubois, *que le point de réunion soit vous ou moi, ou tel autre que vous voudrez choisir ; sans quoi rien n'ira, et votre régence tombera dans le mépris.*

Le régent, ne pouvant pas nier la vérité du principe : *Ne te laissé-je pas tout pouvoir ?* disait-il à Dubois. *Que te manque-t-il pour agir ? Non,* répondait celui-ci ; *le titre fait principalement l'autorité d'un ministre ; on lui obéit alors sans mur-*

mure. Sans un titre, tout exercice de la puissance paraît une usurpation, révolte, et trouve des obstacles.

Le régent, étonné, quelquefois indigné de la servitude où il s'était mis, désirait s'en affranchir, et ne pouvait se dissimuler la honte d'un régent obligé de recourir au remède d'un premier ministre. Un roi qui ne se sent pas les talents du gouvernement peut et doit s'en reposer sur un homme qui en soit digne, et n'est comptable que du choix. Mais un prince revêtu d'une puissance précaire, qui prend un ministre unique, déclare publiquement son incapacité, et mérite l'opprobre d'un ambitieux pusillanime qui s'est chargé d'un poids qu'il ne peut soutenir.

Malgré ces réflexions, le régent ne pouvait sortir de sa léthargie, pendant que ceux que le cardinal s'était attachés par l'espérance ou la crainte ne cessaient, par eux et leurs amis, de se répandre en éloges sur les talents supérieurs du ministre, sur son attachement à son maître, répétaient ces propos, et les faisaient parvenir au régent. D'un autre côté, le cardinal avait pris soin d'écarter ceux qui auraient pu détruire, dans l'esprit du régent, les idées qui commençaient à y germer. Le duc de Noailles et le marquis de Canillac venaient d'être exilés, sans autre prétexte que d'être les fauteurs, les chefs d'une prétendue cabale contre le gouvernement. Le premier avait dit publiquement que l'infante serait renvoyée un jour, et que le mariage aurait le sort du système. Canillac avait voulu conserver avec le cardinal, dont il était autrefois protecteur, des airs et un ton de supériorité qui n'étaient plus de saison. Les ministres souffrent à peine des amis, et ne veulent que des complaisants.

Les *roués* du régent et les dignes compagnes de leurs soupers étaient intimidés, ou vendus au ministre. Deux seuls hommes l'embarrassaient, le maréchal de Villeroi et le duc de Saint-Simon.

Le premier, considérable par sa place, avait autant de mépris pour le cardinal que de haine contre le régent, et versait sur le valet le fiel qu'il était obligé de retenir à l'égard du maître.

L'autre, aimé et estimé du régent dès l'enfance, lui avait été attaché dans les temps les plus critiques, avait part aux affaires, un travail réglé, et en tout le coup d'œil d'un homme distingué de la société de plaisir, dont il se tint toujours fort loin par des mœurs assez sévères.

Le cardinal, qui avait éprouvé plusieurs fois que le régent avait confié au duc de Saint-Simon des choses sur lesquelles il avait promis un secret absolu, ne douta point qu'il ne lui parlât du projet de premier ministre, peut-être même en consultation. Il chercha à gagner ces deux principaux personnages. En attendant, il ne négligeait aucune occasion de faire vanter ses services au régent. Le jésuite Laffiteau, évêque de Sisteron, qui arrivait de Rome, fut un des instruments que le cardinal employa avec succès. Il le connaissait bien pour un fripon; mais il ne l'en estimait pas moins, et tâchait de parer aux inconvénients quand il s'en apercevait. Par exemple, il l'avait fait évêque pour le retirer de Rome, où il avait su que Laffiteau payait ses maîtresses et ses autres plaisirs de l'argent qu'on lui envoyait pour distribuer dans la maison du pape, lorsqu'il était question du chapeau de Dubois.

Laffiteau avait le caractère d'un vrai valet de comédie, fripon, effronté, libertin, nullement hypocrite, mais très-scandaleux, et grand constitutionnaire. Comme il n'est pas possible de s'expliquer ainsi sans preuves sur un prélat qui vit encore, voici ce que je lis dans une lettre du cardinal Dubois au cardinal de Rohan : « En suivant le chemin que l'évêque de Sisteron m'a mar-
« qué avoir fait faire à des montres et à des diamants, j'ai trouvé
« des détours bien obscurs, et d'autres trop clairs. » Dans une lettre de l'abbé de Tencin à sa sœur : « L'évêque de Sisteron est
« parti d'ici avec la vér...; c'est apparemment pour se faire guérir
« qu'il va à la campagne. »

Laffiteau n'avait pas employé pour ses plaisirs tout l'argent qu'il avait reçu pour la promotion de Dubois : il en avait répandu dans la domesticité du pape; mais il comptait en recueillir le fruit pour lui-même. L'abbé de Tencin écrivait à sa sœur : « Il
« est certain que l'évêque de Sisteron prétendait se faire cardinal ;
« je le sais du camerlingue. »

Je pourrais rapporter d'autres lettres fort démonstratives; mais ce qu'on vient de voir me paraît suffisant pour faire connaître quelqu'un d'aussi peu important que Laffiteau, qui ne se trouve dans ces mémoires que par occasion, et comme instrument d'autrui.

Le cardinal Dubois, résolu de l'employer dans une conjoncture où il pouvait s'en servir sans risquer ni argent ni bijoux, lui fit à son retour de Rome le plus grand accueil, le remercia de ses services, sans lui laisser soupçonner qu'il fût instruit de ses perfidies, lui promit force bénéfices si, dans l'audience particulière qu'il aurait du régent, il disait à ce prince combien la cour de Rome était satisfaite de la conduite et des talents admirables du cardinal; s'il insinuait qu'on s'attendait à le voir bientôt premier ministre, et que jamais le prince ne pouvait faire un meilleur choix pour sa tranquillité personnelle et pour le bien de l'État.

L'appât était assez grossièrement présenté; mais le cardinal était impatient de régner, chargeait du même rôle tous ceux qu'il produisait au régent; et, s'il ne le persuadait pas, voulait du moins le fatiguer.

A peine Laffiteau eut-il effleuré la matière, que le régent, voyant où l'évêque en voulait venir, l'interrompit : *Que diable veut donc ton cardinal? Je lui laisse toute l'autorité de premier ministre : il n'est pas content, s'il n'en a pas le titre. Eh! qu'en fera-t-il? Combien de temps en jouira-t-il? Il est tout pourri de vér....* Chirac, *qui l'a visité, m'a assuré qu'il ne vivra pas six mois. Cela est-il bien vrai, monseigneur? Très-vrai; je te le ferai dire. Cela étant,* reprit l'évêque, *dès ce moment je vous conseille de le déclarer premier ministre, et plus tôt que plus tard. Comment? Attendez, monseigneur. Nous approchons de la majorité; vous conserverez sans doute la confiance du roi : il la devra à vos services, à vos talents supérieurs; mais enfin vous n'aurez plus d'autorité propre. Un grand prince comme vous a toujours des ennemis ou des jaloux; ils chercheront à vous aliéner le roi; ceux qui l'approchent de plus près ne vous sont pas les plus attachés; vous ne pouvez pas, à la fin de votre régence, vous faire nommer premier ministre; cela est sans exemple : faites cet exemple dans un autre. Le cardinal le sera, comme l'ont été les cardinaux de Richelieu et Mazarin. A sa mort, vous succéderez à un titre qui n'aura pas été établi pour vous, auquel le public sera accoutumé, que vous aurez l'air de prendre par modestie et par attachement pour le roi ; et vous aurez en même temps toute la réalité de la puissance.*

Le raisonnement de l'évêque frappa le régent, encore plus sollicité par l'ennui des affaires. Il ne voyait que le cardinal Dubois sur qui il pût s'en reposer. Sans appuis personnels, il n'existerait que par celui qui l'avait créé. Ce parti pris, le régent n'était arrêté que par la honte de le déclarer.

Le cardinal, voyant sa nomination assurée, chercha les moyens de prévenir les clameurs dont le maréchal de Villeroi donnerait le signal, et les reproches que le duc de Saint-Simon pourrait faire au régent.

Il n'y eut point de respects qu'il ne prodiguât au maréchal ; mais celui-ci, les regardant comme un devoir, n'y répondait que par des mépris. Le cardinal redoublait de soumissions, et le maréchal de hauteurs.

Pour dernière ressource, le ministre s'adressa au cardinal de Bissy, ami du maréchal, et le pria d'être le médiateur de cette liaison. Bissy ne demandait pas mieux que de faire quelque chose qui fût agréable à Dubois, espérant par là obtenir l'entrée au conseil, comme le cardinal de Rohan ; et le cardinal Dubois entretenait toujours les espérances de ceux dont il avait besoin. Il avait introduit le cardinal de Rohan au conseil, pour s'y frayer l'entrée à lui-même, avait choisi un des cardinaux, qui était personnellement un seigneur ; mais il s'embarrassait fort peu de Bissy.

Quoi qu'il en soit, celui-ci, lié avec le maréchal de Villeroi par le zèle de la constitution et l'ancienne société de madame de Maintenon, alla le trouver, lui peignit la douleur du cardinal Dubois de ne pouvoir obtenir les bonnes grâces de l'homme qu'il respectait le plus, dont il admirait les lumières supérieures, et qui serait si nécessaire au gouvernement s'il voulait permettre que le cardinal ministre vînt le consulter, lui ouvrir son portefeuille, ne se conduire enfin que par ses conseils.

Le maréchal, trop persuadé de son mérite pour douter un instant de la sincérité des louanges qu'il recevait, était intérieurement combattu par son antipathie pour le ministre ; mais il crut devoir la sacrifier au bien de l'État, puisqu'il était si nécessaire, et permit au négociateur de porter des paroles de paix à son commettant.

Bissy, charmé du succès de sa mission, vint en rendre compte au ministre, qui, transporté de joie, le pria de retourner à l'instant faire au maréchal les plus vifs remercîments de ses bontés, et en obtenir une audience pour le ministre qui lui était le plus dévoué.

Le maréchal, touché de tant de soumissions qui allaient jusqu'à la bassesse, crut mettre le comble à la générosité en faisant répondre au ministre qu'il lui défendait de venir, et lui mandait de l'attendre chez lui. Dubois obéit, savourant d'avance l'honneur éclatant que lui ferait une visite du maréchal : il n'attendit pas longtemps.

Le lendemain, jour d'audience des ambassadeurs, le maréchal, accompagné du médiateur Bissy, se rendit chez le cardinal Dubois. La pièce qui précède le cabinet était remplie de ministres étrangers, et des personnages les plus considérables de la cour. L'arrivée du maréchal causa la plus grande surprise à l'assemblée, dont aucun n'ignorait les mépris que le maréchal avait toujours prodigués au cardinal. Celui-ci était alors renfermé avec le ministre de Russie, et la règle est de ne point couper les conférences particulières [1].

Cependant les valets de chambre, sans doute par ordre particulier de leur maître, voulaient annoncer le maréchal, qui le défendit.

Lorsque le cardinal, en reconduisant le ministre de Russie, aperçut le maréchal, il se précipita au-devant de lui et presque à ses genoux, se plaignit d'avoir été prévenu lorsqu'il n'attendait que la permission de se présenter. Il fit passer dans son cabinet le maréchal et le cardinal de Bissy, et les suivit, en s'excusant auprès des ministres sur l'importance et l'assiduité des fonctions du maréchal auprès du roi.

La conversation s'engagea par force compliments, assurances

---

[1] Les ministres étrangers sont successivement introduits chez le secrétaire d'État de ce département, suivant l'heure où ils sont arrivés, pour éviter toute compétence de rang entre eux.

de respects, protestations d'attachement inviolable de la part du cardinal Dubois, dont son confrère était garant. Le maréchal y répondit d'abord par des politesses dignes; puis, voulant prouver la sincérité de ses sentiments par la franchise de ses conseils, il rappela au cardinal quelques fautes de conduite. Dubois, un peu étonné, reçut, avec des remercîments vagues et généraux, ces marques d'intérêt, qui, par degrés, devenaient un peu vives. Le maréchal, voulant les continuer, céda, sans s'en apercevoir, à l'ancienne antipathie qui se réveillait dans son cœur, et passa à des vérités dures. Le cardinal de Bissy voulut prévenir ou arrêter la fougue du maréchal : il n'en était plus temps. La colère, qui dans les vieillards est le seul vice de la jeunesse qui se ranime par l'extinction des autres, emporta le maréchal. Il ne ménagea plus les termes, traita le cardinal comme le dernier des hommes, et, d'un ton qu'on entendait de la dernière antichambre, passa aux menaces, et lui dit que tôt ou tard il le perdrait : *Il ne vous reste*, lui dit-il en dérision, *qu'un moyen de vous sauver : vous êtes tout-puissant; faites-moi arrêter, si vous l'osez.* Dubois, pâle, interdit, n'avait pas la force de répliquer, regardait Bissy, qui, après avoir inutilement tâché d'arrêter ce torrent d'injures, et outré d'une scène très-offensante pour lui, prit le maréchal par le bras, et l'entraîna comme par force vers la porte.

Ils voulurent en vain composer leur maintien et leur visage en traversant l'assemblée, l'altération était trop forte. D'ailleurs les éclats de voix s'étaient fait entendre; et, de plus, le maréchal, s'applaudissant de ce qu'il venait de faire, affecta de s'en vanter à qui voulut l'entendre.

Le cardinal, hors d'état de continuer son audience, courut, furieux, essoufflé et bégayant de colère, chez le régent; lui dit qu'il fallait opter entre le maréchal et lui; raconta, autant que la fureur lui permettait de parler, ce qui venait de se passer, ne disant pas quatre paroles sans offrir l'option du maréchal ou de lui. Le régent lui demandait des détails: le cardinal, ne se possédant pas assez pour les faire, le renvoyait à Bissy, et finissait toujours par demander sa retraite, ou l'exil du maréchal. Le régent, pour calmer un peu son ministre, lui promit justice, et manda Bissy, qui, se trouvant presque aussi offensé que son confrère, ne ménagea pas le maréchal, qu'il était impossible d'excuser, et qui, ce jour-là et les suivants, chargea encore de rodomontades sa sotte extravagance.

Le régent avait toujours témoigné au maréchal une considération à laquelle celui-ci ne répondait qu'avec la morgue d'une haine difficilement contenue, et souvent la manifestait par les précautions qu'il affectait de prendre pour la conservation du roi, contre de prétendus mauvais desseins du régent, et s'était rendu par là le point de ralliement des frondeurs, la dérision des gens sensés, et l'idole de la populace. Il ne perdait pas la moindre occasion de se montrer au peuple avec le roi, et portait cette attention jusqu'au ridicule. Par exemple, le roi ayant voulu suivre la procession de Saint-Germain le jour de la Fête-Dieu, le maréchal qui marchait avec peine, accompagna à cheval son élève qui était à pied, ce qui produisit plus de rires que d'édification.

Quelque mépris que le régent eût pour les forfanteries du maréchal, il en était quelquefois piqué, et avait été deux ou trois fois près de l'exiler; mais la dernière incartade combla la mesure. Il sentit que c'était s'attaquer à lui-même que d'outrager son ministre. Soit dessein formé de troubler le gouvernement, soit radotage du maréchal, dans l'un et l'autre cas, c'était un homme fort déplacé auprès du roi, et qui n'avait jamais eu d'autres qualités de gouverneur que la représentation. Il avait quelquefois craint sa disgrâce, et passait alors de l'audace à la frayeur. Cependant, à force de succès dans ses sottises, il en était venu à se croire inattaquable. Si quelque ami lui représentait qu'il s'exposait au ressentiment du régent, il répondait qu'un gouverneur tel que lui était inséparable de son élève; et que si on le mettait en prison, il faudrait qu'on y mît le roi. Enfin il parlait aussi follement qu'il agissait.

Le régent, ayant pris son parti sur l'exil du gouverneur, voulut, avant l'exécution, s'appuyer de M. le Duc en le consultant. Il admit encore à cette délibération le duc de Saint-Simon, par qui il désirait faire remplacer le maréchal, et qui fut assez sage pour le refuser; son attachement reconnu pour le régent l'aurait rendu désagréable à cette partie du public qui admirait le maréchal.

Tous les trois convinrent de la nécessité d'éloigner le gouverneur, mais de mettre douze ou quinze jours d'intervalle, et de lui fournir l'occasion de quelque injure personnelle au régent, afin qu'il ne parût pas uniquement sacrifié au cardinal.

Personne n'excusait le maréchal; mais le ministre était si odieux, que l'exil du gouverneur eût été regardé comme un châtiment supérieur à la faute. Le maréchal ne donna pas au régent le temps de s'impatienter.

Ce prince venait assez régulièrement rendre compte au roi de la nomination aux emplois, aux bénéfices, pour que le jeune prince pût se persuader qu'il avait part au gouvernement. Ce travail se faisait en présence du gouverneur et souvent du précepteur. Quelquefois le régent avait voulu parler bas au roi; à l'instant le maréchal mettait la tête entre eux deux, et prétendait qu'on ne pouvait rien dire qu'il ne dût entendre. Le régent en était piqué, mais en avait caché son dépit. Il résolut donc de mettre le maréchal dans le cas d'une pareille indiscrétion, et de la lui faire pousser jusqu'à l'insulte.

Il alla chez le roi, et le supplia, en entrant, de vouloir bien passer dans un cabinet, où il aurait un mot à lui dire en particulier. Le gouverneur, comme on l'avait prévu, s'y opposa. Le régent, avec une politesse et une douceur encore plus marquées qu'à l'ordinaire, lui représenta qu'il était temps que le roi fût instruit des choses concernant l'État, qui n'admettaient point de témoins; et le pria que le dépositaire de l'autorité du roi pût l'entretenir un moment tête à tête.

Le maréchal, prenant pied des égards dont l'excès eût été suspect à tout autre, répondit qu'il connaissait les devoirs de sa place, et que le roi ne pouvait avoir de secrets pour son gouverneur; protesta qu'il ne le perdrait pas de vue un instant, et qu'il devait répondre de sa personne. Le régent, prenant alors le ton de supériorité, dit au maréchal : *Vous vous oubliez, monsieur; vous ne sentez pas la force de vos termes : il n'y a que la présence du roi qui m'empêche de vous traiter comme vous le méritez.* Cela dit, il fit une profonde révérence au roi, et sortit. Le maréchal, déconcerté, suivit le régent jusqu'à la porte, et voulait entrer en justification; mais le prince, lui jetant un regard méprisant, et sans lui répondre, continua de s'éloigner. L'évêque de Fréjus, et quelques domestiques intérieurs qui étaient présents, se composèrent assez pour ne rien laisser paraître de ce qu'ils pensaient; et le roi resta fort étonné.

Le maréchal, voulant justifier sa conduite et ses discours devant ceux qui avaient été témoins de la scène, ou à qui il en parla, n'eut pas de peine à s'apercevoir qu'ils gardaient un silence de neutralité fort inquiétant pour lui. Dès le jour même, il affecta de dire et de répéter qu'il n'avait écouté que son devoir, et qu'il serait bien malheureux que le régent pût penser qu'un ancien serviteur eût voulu lui manquer; que dès le lendemain il irait chez lui expliquer sa conduite et ses motifs; et que certainement le prince les approuverait. Tous ses discours de la journée furent un mélange de hauteur de Romain et de bassesse de courtisan.

Le jour suivant, il se rendit vers midi à l'appartement du régent; c'était là qu'on l'attendait. Les mesures pour l'arrêter avaient été concertées chez le cardinal Dubois entre le maréchal de Berwick, le prince et le cardinal de Rohan, le comte de Belle-Isle et le secrétaire d'État Leblanc, seule partie nécessaire : les autres s'y trouvaient pour le moins indécemment. Berwick devait principalement sa fortune au maréchal de Villeroi, et l'avait toujours cultivé autant en protecteur qu'en ami; mais il était charmé de se voir affranchi de la servitude que le maréchal de Villeroi imposait à ceux qu'il avait obligés; c'était un tort à celui-ci, et une infamie à l'autre.

Les deux Rohan calculèrent tout simplement de qui ils pouvaient désormais attendre le plus, du gouverneur ou du ministre, et se décidèrent en conséquence. D'ailleurs le cardinal de Rohan n'était pas encore détrompé de l'espérance de parvenir au premier ministère par le secours du cardinal Dubois. On ne prendra pas là-dessus une grande opinion de son talent pour connaître les hommes. En effet, avec une figure charmante, des grâces, de l'agrément dans la société, il était aussi propre au ministère que le maréchal de Villeroi à l'éducation d'un prince.

Le comte de Belle-Isle, ami de Leblanc, cherchait déjà à être de quelque chose dans les affaires, et, malgré mille traverses, est parvenu à jouer un assez grand rôle. Avec un esprit actif, patient quoique vif, il ne perdait jamais de vue son objet, et eut autant d'honneur et de probité qu'un ambitieux en peut conserver.

Si la présomption du maréchal ne l'eût pas aveuglé, toutes les mesures prises pour l'arrêter auraient été inutiles; il n'avait qu'à rester continuellement auprès du roi : la gêne n'était pas grande, puisqu'il pouvait conduire son élève partout où il avait lui-même envie d'aller, et qu'il couchait dans la chambre du prince. Jamais le régent n'aurait osé hasarder une violence aux yeux du roi.

Mais le maréchal, dans une pleine sécurité, s'imagina pouvoir aller chez le régent, comme à une explication d'égal à égal. Il traverse avec ses grands airs, au milieu de toute la cour, les pièces qui précédaient le cabinet du prince : la foule s'ouvre, et lui fait passage avec respect. Il demande d'un ton haut : *Où est M. le duc d'Orléans?* On lui répond qu'il travaille. *Il faut pourtant*, dit-il, *que je le voie : qu'on m'annonce.* Dès l'instant qu'il s'avance vers la porte, qu'il ne doute point qui ne s'ouvre devant lui, le marquis de la Fare, capitaine des gardes du régent, se présente entre la porte et le maréchal, l'arrête, lui demande son épée; Leblanc lui remet l'ordre du roi; et dans le même instant le comte d'Artagnan, commandant des mousquetaires gris, le serre du côté opposé à la Fare. Le maréchal crie et se débat : on le jette dans une chaise à porteurs, on l'y enferme, et on le passe par une des fenêtres qui s'ouvre en porte sur le jardin. La chaise, entourée d'officiers des mousquetaires, traverse le jardin, descend l'escalier de l'orangerie, au bas duquel se trouve un carrosse à six chevaux, entouré de vingt mousquetaires. Le maréchal, furieux, tempête, menace : on le porte dans la voiture; d'Artagnan se place à côté de lui, un officier sur le devant avec Dulibois, gentilhomme ordinaire; le carrosse part, et en moins de trois heures le maréchal est à Villeroi, à huit ou neuf lieues de Versailles. Il ne cessa pendant tout le chemin de crier à la violence, à l'insolence du scélérat Dubois, à l'audace du régent, à l'indignité de d'Artagnan, qui s'est chargé d'une si horrible commission, à l'infamie de Dulibois. On le laissait déclamer, sans lui répondre. Il passait ensuite aux louanges de son mérite, à l'énumération de ses services, où il ne comprenait pas sans doute ses campagnes. Toute l'Europe, s'écriait-il, serait révoltée de cet événement, et Paris allait se soulever à la première nouvelle. Un tel espoir tempérait un peu l'amertume de son âme. Cette expédition ne produisit cependant autre chose que des murmures dans le peuple, crainte et silence à la cour.

Ce qui embarrassait le plus le régent était d'en instruire le roi, avant qu'il l'apprît par la voix publique : il fallut donc y aller. A peine le régent eut-il dit que le maréchal venait de partir, que le roi, sans faire la moindre attention aux motifs que le prince exposait sommairement, se mit à pleurer, et ne proféra pas une parole. Le régent ne jugea pas à propos de prolonger un entretien gênant pour tous deux, et se retira.

Le jeune prince fut extrêmement triste tout le reste du jour ; mais, dans la matinée suivante, ne voyant pas paraître l'évêque de Fréjus, ce furent des pleurs, des cris, et toutes les marques du désespoir. On n'en sera pas étonné, lorsqu'on saura que le maréchal lui avait persuadé que la sûreté de ses jours dépendait uniquement de la vigilance de son gouverneur. Un enfant à qui on avait inspiré de si horribles idées crut ne voir que des ennemis autour de lui, lorsqu'il n'aperçut plus les deux hommes qu'il regardait comme les défenseurs de sa vie. Le prélat avait disparu, sans qu'on sût où il était allé. Le régent, dans le plus cruel embarras, envoyait de tous côtés ; on le crut d'abord à Villeroi : on apprit qu'il n'y était pas. Dubois imagina assez ridiculement que l'évêque serait à la Trappe, et l'on allait y dépêcher un courrier, lorsqu'on apprit que la veille il était allé à Basville, chez le président de Lamoignon.

Le régent courut à l'instant dire au roi que l'évêque arriverait dans la journée. Cette nouvelle consola un peu le jeune prince. Le courrier destiné pour la Trappe fut dépêché à Basville ; et le précepteur revint, charmé des preuves de tendresse que son absence avait fait éclater de la part du roi. La douleur d'avoir perdu l'évêque lui avait fait presque oublier le maréchal ; et le plaisir de retrouver celui des deux qui lui était le plus cher l'empêcha de revenir à son premier chagrin. Il ne tenait à son gouverneur que par l'habitude de l'enfance. Le maréchal était très-attaché à son élève; mais son zèle, ses empressements, ses caresses étaient toujours si gauches, que le roi n'en sentait que l'importunité.

L'évêque, en homme d'esprit, et surtout très-insinuant, s'était conduit avec plus d'adresse. Il avait l'art d'amener à lui son pupille sans paraître aller au-devant, et par là s'était rendu nécessaire.

Le régent comprit qu'il faudrait désormais ménager l'évêque; mais aussi qu'il pourrait s'en servir utilement, à commencer par l'occasion présente. Loin de lui faire des reproches amers sur sa fuite, il ne lui en fit que d'obligeants, le caressa beaucoup, chercha à lui persuader que, si on ne l'avait pas prévenu sur ce qui s'était passé, c'était uniquement pour lui épargner l'embarras qu'il aurait eu avec le maréchal. On lui expliqua les motifs de l'exil; on l'engagea à les faire goûter au roi, et à présenter lui-même le duc de Charost pour gouverneur, en qui il trouverait plus d'égards et plus de docilité en ses conseils que dans le maréchal.

L'évêque ne fut pas difficile à persuader. Il était intérieurement charmé d'être délivré d'un collègue dont il avait souvent éprouvé les hauteurs et les jalousies.

Lorsque le maréchal apprit le retour de Fleury et la nomination du duc de Charost, il ne se posséda plus, et déclama contre l'indignité du duc, d'avoir accepté sa place : mais ses transports de fureur contre Fleury sont inexprimables. Il le traita de coquin, de traître, de scélérat, de misérable serpent qu'il avait réchauffé dans son sein; et l'on apprit, par les fureurs du maréchal, les vrais motifs de la retraite de Fleury.

On sut qu'ils s'étaient promis, dès le commencement de la régence, que si l'un était renvoyé, l'autre se retirerait à l'instant, et ne reviendrait jamais sans son collègue. Fleury, par sa fuite, prétendait avoir acquitté la première partie du serment, et que l'ordre du roi lui donnait l'absolution de la seconde. Sa conscience étant donc tranquille, il ne sentit plus que la satisfaction de se voir en état de suivre un plan d'éducation sans contradicteur; et il ne fut plus question du maréchal, qui fut envoyé de Villeroi à Lyon.

Le cardinal Dubois, sûr du consentement et même du désir

du régent de se décharger des affaires sur un premier ministre, ne craignit plus les clameurs du maréchal; mais il était encore embarrassé du crédit du duc de Saint-Simon auprès du prince. Il voulut le faire pressentir, et chargea de cette commission le comte de Belle-Isle, qui ne demandait pas mieux que d'agir, de quelque façon que ce pût être. Sa vie s'est passée dans une activité continuelle. Je lui ai ouï dire que, pendant trente-quatre ans, il n'avait dormi que quatre heures par nuit.

Belle-Isle déclara franchement au duc de Saint-Simon que l'affaire était décidée, que c'était une preuve d'estime du cardinal de rechercher son approbation, et de lui laisser le choix de se montrer ami ou ennemi dans une si grande occasion.

Le duc, très-persuadé de l'inutilité de la résistance, avoue ingénument dans ses mémoires que sa réponse au comte de Belle-Isle fut pleine d'égards, quoique sans fausseté, pour le cardinal; mais il prétend qu'il parla contre ce projet avec la plus grande force au régent. S'il lui a tenu le discours que j'ai lu de sa main, il serait difficile de dire rien de plus fort, et qui prouvât mieux la faiblesse du régent.

Quoi qu'il en soit, le cardinal fut déclaré premier ministre. Le parlement enregistra les lettres par complaisance; les journaux furent remplis de vers fades; les courtisans applaudirent; toute la France cria contre le choix; et l'Académie française, suivant sa noble coutume, l'installa parmi ses illustres.

Le cardinal de Rohan s'aperçut enfin qu'il avait été joué par Dubois. Il en fut un peu humilié; mais il s'humilia encore davantage en exaltant les talents supérieurs de son confrère, et la nécessité du choix. Il se flatta que tant de résignation mériterait à sa maison quelques dédommagements de la part du ministre; et le sacre du roi s'étant fait deux mois après, le prince de Rohan fut choisi pour faire les fonctions de grand maître de la maison du roi, à la place de M. le Duc, qui représenta le duc d'Aquitaine.

Les relations du sacre ont été si répandues, que je me bornerai encore à quelques observations que les journalistes ont ignorées, ou supprimées à dessein.

L'évêque duc de Langres, Clermont-Tonnerre, que son âge

et ses infirmités empêchèrent de se trouver à Reims, fut remplacé par celui qui le suivait dans l'ordre des pairs; de sorte que l'évêque comte de Noyon, Châteauneuf de Rochebonne, sixième pair, représentant le cinquième, fut représenté par l'ancien évêque de Fréjus, Fleury, qui depuis en conserva les honneurs.

Le régent et cinq princes du sang représentèrent les six pairs laïques. Les ducs et pairs, n'ayant rien à objecter contre de tels représentants, prétendirent, peut-être avec raison, devoir les suivre immédiatement. Le cardinal Dubois, qui avait ses vues en faveur des cardinaux, répondit aux ducs et pairs d'une façon si équivoque, qu'à l'exception de ceux qui eurent des fonctions particulières au sacre, aucun duc et pair n'y voulut paraître.

Le duc du Maine, réduit alors à son rang de pairie depuis le lit de justice de 1718, n'eut garde de se présenter; et le comte de Toulouse, quoiqu'en possession des honneurs de prince du sang, craignant de se compromettre, s'absenta aussi; et le cardinal de Noailles, duc et pair, ne voulant manquer ni à sa dignité de cardinal, ni à celle de pair, resta à Paris.

Le cardinal Dubois, pour illustrer la pourpre romaine, imagina un expédient. N'osant placer les cardinaux devant les pairs ecclésiastiques, et ne voulant pas qu'ils parussent à leur suite, il fit mettre un banc un peu en arrière de celui des pairs, mais plus avancé vers l'autel, de manière que le dernier cardinal ne fût pas effacé par le premier pair. Ainsi les cardinaux pouvaient paraître avoir le premier rang, ou du moins n'être pas au second.

Qui que ce soit de l'ordre de la noblesse ne fut invité comme simple assistant, excepté ceux qui faisaient fonctions, et deux maréchaux de France qui n'en avaient point. Cela était d'autant moins régulier, que plusieurs prélats sans fonctions, et même des ecclésiastiques du second ordre, avaient été invités.

Une curiosité puérile occasionna une autre irrégularité. Les quatre otages de la sainte ampoule, au lieu de rester, suivant la règle et l'usage, à l'abbaye de Saint-Remy, jusqu'à ce que l'ampoule y fût rapportée, ne voulurent pas se priver du spectacle du sacre, et l'on se contenta de leur serment de rapporter l'ampoule. Ces otages ne sont à la vérité qu'une simple formalité;

mais le mépris des formes entraîne bientôt parmi nous celui du fond. Nous employons si souvent la formule, *Sans tirer à conséquence*, qu'à la fin tout sera sans conséquence.

Parmi les formalités qu'on négligea, il y en avait une honorable pour le corps de la nation, et qui avait toujours été observée jusqu'au sacre de Louis XIV inclusivement. C'était de laisser entrer dans la nef de l'église le peuple, bourgeois et artisans, qui joignaient leur applaudissement à celui du clergé et de la noblesse, lorsqu'avant de faire l'onction du roi on demande à haute voix le consentement de l'assemblée, représentant la nation. Au sacre de Louis XV, on n'ouvrit les portes au peuple qu'après l'intronisation. L'ancien usage ne devait pas s'abolir sous un ministre sorti de la lie du peuple.

Le lendemain du sacre, le roi reçut le collier de l'ordre du Saint-Esprit des mains de l'archevêque de Reims ; et le roi, comme grand maître de l'ordre, le donna ensuite au duc de Chartres et au comte de Charolais.

A la cérémonie, les quatre grands officiers se couvrirent comme les chevaliers, quoique le chancelier de l'ordre en ait seul le droit.

A la cavalcade, les princes du sang eurent auprès d'eux un de leurs principaux officiers ; distinction jusque-là réservée aux seuls fils et petits-fils de France : le régent devait donc l'avoir seul.

Au retour de Reims, il conclut le mariage de mademoiselle de Beaujolais, sa fille, avec don Carlos, infant d'Espagne. Huit jours après, Madame, mère du régent, mourut [1], généralement estimée, et particulièrement aimée de ceux qui l'approchaient. Les mécontents lui firent une épitaphe très-injurieuse à son fils, et fort peu contredite : *Ci-gît l'Oisiveté*.

Le 16 février, le roi, étant entré dans sa quatorzième année, reçut les compliments de la cour sur sa majorité ; et, le 22, il vint à ce sujet au parlement tenir son lit de justice, et fit trois ducs et pairs dans cette séance : Biron, Lévi, et la Vallière. La

---

[1] Les spectacles furent fermés pendant huit jours, parce qu'elle était veuve d'un fils de France. Le roi, qui drapa, reçut les compliments des compagnies. Le deuil fut de quatre mois.

famille du premier alléguait naïvement dans ses sollicitations la perte du duché, par la condamnation de Charles de Biron pour crime de lèse-majesté; d'autres voulaient en faire un motif d'exclusion : cependant on ne saurait trop rendre les fautes personnelles. Il est juste, et d'un gouvernement sage, qu'une famille qui s'est perdue par des fautes puisse se relever par des services.

Le conseil de régence cessa à la majorité, et les conseils reprirent la forme qu'ils avaient sous le feu roi[1], à l'exception des deux princes du sang, le duc de Chartres et M. le Duc, qui entrèrent dans le conseil d'État, à la suite du duc d'Orléans. Le cardinal Dubois en était de droit, et il y fit entrer le comte de Morville, en lui cédant le département des affaires étrangères.

Le cardinal Dubois, malgré sa puissance, craignait tous ceux qui approchaient du roi. Pour resserrer le plus qu'il le pouvait la cour intime, il fit supprimer les grandes et premières entrées accordées par Louis XIV, et en imagina d'autres appelées familières, qu'il restreignit à lui, aux princes du sang et au comte de Toulouse, à la duchesse de Ventadour et au duc de Charost, et les étendit au duc du Maine et à ses deux fils, lorsqu'ils furent rétablis dans les honneurs de princes du sang. Il ne les accorda pas d'abord à l'évêque de Fréjus; mais, jugeant bientôt qu'il serait imprudent de les refuser à un homme chéri du roi, et qui finirait par les obtenir de ce prince même, peu de jours après il le mit sur la liste, comme n'ayant été omis que par oubli.

Les soupçons du cardinal croissaient de jour en jour. Il s'apercevait que le roi n'avait aucun goût pour lui. Indépendamment de la disgrâce personnelle de la figure, d'un bégayement naturel qu'une habitude de fausseté et de servitude primitive avait encore augmenté, ses manières n'étaient jamais plus gauches et plus désagréables que lorsqu'il cherchait à plaire. Il manquait d'un extérieur d'éducation, qui ne se prend plus à un certain âge; de sorte que, ne pouvant atteindre la politesse quand il en avait besoin, il paraissait alors bas et rampant; et

---

[1] Louis XIV n'avait point admis de princes du sang dans ses conseils.

sa grossièreté habituelle aux yeux d'un jeune prince accoutumé aux respects et aux grâces du régent, avait un air d'insolence.

Le cardinal, pour vaincre, autant qu'il pouvait, le dégoût du roi, lui présentait souvent quelques curiosités de son âge. Destouches, notre résident à Londres, était chargé de ces commissions; et le cardinal recommandait de ne les envoyer que successivement, pour multiplier les occasions de plaire au roi et entretenir sa reconnaissance.

Dubois désirait fort que le duc de Chartres, premier prince du sang et colonel général de l'infanterie, vînt travailler avec lui. Il n'osa pas le proposer ouvertement, et s'adressa à l'abbé Mongault, ci-devant précepteur du prince, et qui avait conservé beaucoup de crédit sur son esprit. Mongault, plein d'honneur, d'esprit, et très-peu flexible, n'aimait ni n'estimait le cardinal, et se contraignait peu sur ses sentiments. Il répondit sèchement qu'il n'abuserait jamais de la confiance d'un prince, en l'engageant à s'avilir. Le cardinal vit bien qu'il n'avait pas affaire à un seigneur, et ne jugea pas à propos de témoigner le moindre ressentiment. La plupart des gens en place n'aiment point les gens de lettres, mais ils les ménagent, et ne veulent pas s'aliéner ceux qui ont peu à perdre, voient, sentent, parlent et écrivent. Le cardinal ayant, peu de jours après, rencontré Mongault, lui dit : *L'abbé, le roi a su que vous aviez commencé à ajuster une maison de campagne, dont la dépense vous a obéré : il m'a chargé de vous donner une gratification de dix mille écus.* L'abbé sentit d'abord le motif de cette générosité, et comprit que le cardinal, n'ayant pu le séduire, voulait le corrompre. Il n'en fit rien paraître, et le pria de le présenter, pour en faire son remerciment au roi. Le cardinal voulut, au retour, remettre sur le tapis l'affaire du travail; mais l'abbé se contenta de répondre avec plus d'égards que la première fois, et ne fut pas plus docile.

Le cardinal, ayant échoué dans son projet à l'égard du duc de Chartres, ne fut pas fort sensible à l'honneur de voir travailler chez lui le comte d'Évreux, colonel général de la cavalerie, et le comte de Coigny, qui l'était des dragons. Il prit donc le parti de renvoyer au secrétaire d'État de la guerre le détail de l'infanterie, de la cavalerie, et des dragons. La marine continua de s'adresser au comte de Toulouse. Le duc du Maine conserva les Suisses et l'artillerie, sur le pied où il les avait sous le feu roi ; mais ce fut en se soumettant à travailler chez le cardinal.

Leblanc, secrétaire d'État de la guerre, et le comte de Belle-Isle, paraissaient absolument livrés au premier ministre, dont ils étaient même le conseil secret. Mais M. le Duc avait entrepris de les perdre tous deux, et le cardinal n'était pas disposé à les défendre contre un prince du sang, le seul qu'il redoutât.

M. le Duc était très-borné, opiniâtre, dur, même féroce, et, quoique prince, glorieux comme un homme nouveau. Il n'avait d'esprit que pour sentir combien il pouvait se prévaloir de son rang. Sans aucun motif personnel dans la persécution qu'il suscitait à Leblanc et à Belle-Isle, il n'était que l'instrument de la marquise de Prie, sa maîtresse. Cette femme a régné si despotiquement sous le ministère de M. le Duc, qu'il est à propos de la faire connaître.

La marquise de Prie avait plus que de la beauté ; toute sa personne était séduisante. Avec autant de grâces dans l'esprit que dans la figure, elle cachait ; sous un voile de naïveté, la fausseté la plus dangereuse ; sans la moindre idée de la vertu, qui était à son égard un mot vide de sens, elle était simple dans le vice ; violente sous un air de douceur, libertine par tempérament ; elle trompait avec impunité son amant, qui croyait ce qu'elle lui disait contre ce qu'il voyait lui-même. J'en pourrais rapporter des traits assez plaisants, s'ils n'étaient pas trop libres. Il suffit de dire qu'elle eut un jour l'art de lui persuader qu'il était coupable d'une suite de libertinage dont il n'était que la victime.

Elle était fille de Bertelot de Pléneuf, riche financier, qui, étant un des premiers commis du chancelier Voysin, ministre de la guerre, avait fait une fortune immense dans les entreprises des vivres, et tenait une maison opulente. Sa femme en faisait les honneurs. Avec de l'esprit, de la figure et un ton noble, elle s'était formé une espèce de cour dont elle se faisait respecter. Entourée d'adorateurs qui s'empressaient à lui plaire, elle eut beaucoup d'amis distingués, qui ne lui manquèrent dans aucun temps de disgrâce. Elle se fit une occupation, durant l'enfance de sa fille, de lui donner l'éducation la plus soignée, et s'applaudissait de ses soins. Mais à peine la fille commença-t-elle à fixer sur elle les regards, qu'elle déplut à sa mère. L'aigreur de celle-ci excita les plaisanteries de l'autre; une haine réciproque s'alluma entre elles, et bientôt devint une antipathie. Pléneuf, pour avoir la paix chez lui, maria sa fille au marquis de Prie, parrain du roi, et qui fut nommé à l'ambassade de Turin, où il emmena sa femme. Au retour, la fille, se prévalant de son état, traita sa mère comme une bourgeoise, et ne voulut voir, de l'ancienne société, que ceux qui abandonneraient totalement sa mère. Plusieurs désertèrent, et s'attachèrent à la fille, qui, ne voulant point de partage, étendit son animosité contre sa mère sur ceux qui lui restèrent attachés, du nombre desquels était Leblanc. La marquise de Prie saisit pour le perdre l'occasion de la banqueroute de la Jonchère, trésorier de l'extraordinaire des guerres, qui fut mis à la Bastille; et comme c'était un protégé de Leblanc, on prétendit que ce ministre avait puisé dans la caisse, et contribué à la faillite du trésorier. M. le Duc, excité par sa maîtresse, s'adressa au duc d'Orléans et au premier ministre, demanda qu'on fît justice de ceux qui avaient eu part au dérangement de la Jonchère, et insista principalement sur Leblanc.

Le duc d'Orléans aurait désiré de sauver un homme qu'il aimait, et par qui il avait été bien servi; mais il y avait longtemps que toutes ses volontés étaient subordonnées à celles du cardinal, qui, pour plaire à M. le Duc, abandonna Leblanc. D'ailleurs, il était charmé de se défaire d'un ministre qui ne lui devait rien, et de donner la place à un homme qui fût uniquement à lui. Leblanc fut donc obligé de donner sa démission, peu de temps après mis à la Bastille; et la chambre de l'Arsenal eut ordre d'instruire son procès.

Le département de la guerre fut donné à Breteuil, intendant de Limoges. On fut étonné de voir un ministre consommé, actif, plein d'expédients, aimé des troupes, estimé du public, ferme sans hauteur, remplacé par le moindre intendant du royaume, et jusqu'à ce moment plus occupé de plaisir que d'affaires. On ignorait que ce choix était un effet de la reconnaissance du cardinal, et un prix de la discrétion de Breteuil.

Dubois s'était marié très-jeune, dans un village du Limosin, avec une jolie paysanne. La misère les obligeant de se séparer à l'amiable, ils convinrent que la femme, en changeant de lieu, gagnerait sa vie comme elle pourrait, et que le mari irait tenter fortune à Paris; leur obscurité facilita leur arrangement. Dès que Dubois commença à se faire jour, il envoya à sa femme de quoi se procurer de l'aisance; et leur intérêt commun conserva le secret. Dubois, parvenu à l'épiscopat, craignit plus que jamais la révélation d'un engagement qui passait les libertés de l'Église gallicane. Il fit sa confidence à Breteuil, qui se chargea volontiers de tirer de peine un si puissant ministre, partit pour Limoges, et bientôt se mit à faire des tournées, suivi de deux seuls valets. Il prit un jour si bien ses mesures, qu'il arriva à une heure de nuit dans le village où s'était fait le mariage, et alla descendre chez le curé, à qui il demanda amicalement l'hospitalité. Le curé, transporté de joie de recevoir monseigneur l'intendant, lui aurait sacrifié toute la basse-cour du presbytère et le vin des messes. La servante, avec les valets, apprêtèrent le souper, que Breteuil affecta de trouver excellent; et, traitant le curé avec une familiarité qui le ravissait, il renvoya au dessert les valets souper avec la servante. Resté tête à tête avec le curé, il lui dit, par manière de conversation, qu'il ne doutait pas que les registres de la paroisse ne fussent en bon ordre. Le curé l'en assura, et, pour l'en convaincre, les tira d'une armoire, et les mit sur la table. Breteuil les parcourut négligemment; et quand il fut à l'année intéressante, il les referma avec une indifférence apparente, les jeta sur une chaise à côté de lui, et continua de s'entretenir gaîment avec son hôte, à qui il se chargeait souvent de verser à boire, pour faire meilleure mesure et se ménager lui-même; outre que Breteuil, avec qui j'ai quelquefois soupé, soutenait très-bien le vin.

Tant fut procédé, que la tête du bon curé se brouilla, et bientôt il s'assoupit. Breteuil, profitant du sommeil, détacha proprement le feuillet nécessaire, et, tout remis en place, sortit de la chambre. C'était dans l'été, et le jour commençait à poindre. Breteuil donna quelques louis à la servante, la chargea de remercîments pour le curé, avec qui il voulait, disait-il, se retrouver quelque jour, et partit. Peu de temps après, le curé vint remercier monseigneur l'intendant de l'honneur qu'il lui avait fait : Breteuil le reçut à merveille, et ne s'aperçut pas qu'il eût le moindre soupçon sur l'altération des registres.

Tout n'était pas fait. Il y avait eu un contrat de mariage ; le tabellion qui l'avait passé était mort depuis plus de vingt ans; Breteuil parvint à découvrir le successeur, le fit venir, et lui laissa l'option d'une somme assez considérable ou d'un cachot, pour la remise ou le refus de la minute du contrat ; le notaire n'hésita pas sur le choix : ainsi le contrat et l'acte de célébration furent envoyés à Dubois, qui les anéantit.

Breteuil, pour consommer l'affaire, envoya chercher la femme, lui parla sur le secret du mariage avec cette éloquence qui avait persuadé le notaire. Elle n'eut pas de peine à promettre pour l'avenir la discrétion qu'elle avait toujours eue. Après la mort de son mari, elle vint à Paris, où, dans une vie opulente et obscure, elle lui a survécu près de vingt-cinq ans. Elle voyait assez souvent son beau-frère, et ils ont toujours été fort unis.

Le clergé, qui ne s'était point assemblé depuis 1715, le fut au mois de mai de cette année 1723, et, d'une voix unanime, élut pour président le cardinal Dubois, afin qu'il ne lui manquât aucun des honneurs où il pût prétendre, et qu'il n'y eût pas un corps dans l'État qui ne se fût pas prostitué. Le cardinal en fut extrêmement flatté ; et pour être plus à portée de jouir quelquefois de sa présidence, transporta la cour de Versailles à Meudon, sous prétexte de procurer au roi les plaisirs d'un nouveau séjour.

La proximité de Meudon, en abrégeant de moitié le chemin de la cour à Paris, épargnait au cardinal une partie des douleurs que lui causait le mouvement du carrosse. Attaqué depuis longtemps d'un ulcère dans la vessie, fruit de ses anciennes débauches, il voyait en secret les médecins et les chirurgiens les plus habiles : non qu'il rougît du principe de sa maladie, mais par la honte qu'ont tous les ministres de s'avouer malades.

Le roi faisant la revue de sa maison, le cardinal voulut y jouir des honneurs de premier ministre, qui sont à peu près les mêmes qu'on rend à la personne du roi. Il monta à cheval un quart d'heure avant que ce prince arrivât, et passa devant les troupes, qui le saluèrent l'épée à la main. J'ai vu, quelques années après, la maison du roi en user ainsi à l'égard du cardinal de Fleury, qui n'avait pas pris le titre de premier ministre, mais qui jouissait de la toute-puissance. Ce qui prouve cependant qu'on lui rendait librement ces honneurs, c'est que le duc d'Harcourt, capitaine d'une compagnie des gardes du corps, et mécontent du cardinal de Fleury, le vit passer sans lui faire le moindre salut; et la troupe resta aussi tranquille que le capitaine.

Le cardinal Dubois paya très-cher cette petite satisfaction. Le mouvement du cheval fit crever un abcès, qui fit juger aux médecins que la gangrène serait bientôt dans la vessie. Ils lui déclarèrent qu'à moins d'une opération prompte, il n'avait pas quatre jours à vivre. Il entra dans une fureur horrible contre eux. Le duc d'Orléans, averti de l'état du malade, eut beaucoup de peine à le calmer un peu, et à lui persuader de se laisser transporter à Versailles, où ce fut une nouvelle scène. Quand la Faculté lui proposa de recevoir les sacrements avant l'opération, sa fureur n'eut plus de bornes, et il apostrophait en frénétique tous ceux qui l'approchaient. Enfin, succombant de lassitude après tant de fureurs, il envoya chercher un récollet, avec qui il fut enfermé un demi-quart d'heure. On parla ensuite de lui apporter le viatique. *Le viatique*, s'écria-t-il! *Cela est bientôt dit. Il y a un grand cérémonial pour les cardinaux: qu'on aille à Paris le savoir de Bissy.* Les chirurgiens, voyant le danger du moindre retardement, lui dirent qu'on pouvait, en attendant, faire l'opération. A chaque proposition, nouvelles fureurs. Le duc d'Orléans le détermina à force de prières, et l'opération fut faite par la Peyronie; mais la nature de la plaie et du pus fit voir que le malade n'irait pas loin. Tant qu'il eut la connaissance, il ne cessa d'invectiver, avec des grincements de dents, contre la Faculté. Les convulsions de la mort se joignirent à celles du désespoir; et lorsqu'il fut hors d'état de voir, d'entendre et de blasphémer, on lui administra l'extrême-onction, qui lui tint lieu de viatique. Il mourut le lendemain de l'opération.

Ainsi finit ce phénomène de fortune, comblé d'honneurs et de richesses. Il possédait, outre l'archevêché de Cambrai, sept abbayes considérables [1]; et quand il mourut, il cherchait à s'emparer de celles de Cîteaux, de Prémontré et d'autres chefs d'ordre. Je vois dans une lettre du 19 mai 1722, écrite par le cardinal à Chavigny, un de ses agents à Madrid, que, non content du premier ministère, il voulait faire revivre pour lui l'ancienne souveraineté de Cambrai. Il charge Chavigny d'en chercher les titres en Espagne. *Si le roi d'Espagne*, dit-il dans sa lettre, *a été usurpateur, comme il le paraît par les protestations que les archevêques ont toujours faites, le roi de France est injuste détenteur.* Chavigny ne put réussir dans ses recherches.

La place de premier ministre valait au cardinal cent cinquante mille livres, et la surintendance des postes, cent mille livres. Mais ce qui est honteux pour un ministre, et le serait pour tout Français, il recevait de l'Angleterre une pension de quarante mille livres sterlings, valant près d'un million ; preuve évidente du sacrifice qu'il faisait de la France aux Anglais. Il leur en fit un bien indigne de sa place. Le roi George avait imposé une taxe extraordinaire de cent mille livres sterlings sur les catholiques d'Angleterre. A la première nouvelle, tout notre conseil prit parti pour eux, et chargea le cardinal Dubois d'en faire les plaintes les plus vives, et de demander la révocation de la taxe. La dignité seule du cardinal ne lui permettait pas de tergiverser. Il écrivit la lettre la plus forte, la lut au conseil qui l'approuva, et la fit partir. Les ministres de George furent d'abord si embarrassés, que, ne sachant quel parti prendre, ils étaient près de faire révoquer la taxe ; mais ils furent bientôt rassurés. Le cardinal, après le départ du premier courrier, en avait promptement dépêché un second à Destouches, notre agent à Londres, avec une lettre en chiffres, du 19 novembre 1722, par laquelle il le chargeait de calmer les ministres anglais, et les assurait que nous ne suivrions pas cette affaire.

Il jouissait de plus de deux millions de revenu, sans compter un argent comptant et un mobilier immense en meubles, équi-

[1] Les abbayes de Nogent-sous-Couci, Saint-Just, Hérivaux, Bourgueil, Berg-Saint Vinox, Saint Bertin et Cercamp.

pages, vaisselle et bijoux de toute espèce. Plus avide qu'avare, il entretenait une maison superbe et une table somptueuse, dont il faisait très-bien les honneurs, quoique sobre par lui-même.

Le prodigieux mobilier du cardinal passa à son frère aîné Dubois, secrétaire du cabinet, depuis que le cadet était devenu secrétaire d'État.

Ce Dubois exerçait la médecine à Brive, avant de venir à Paris. C'était un très-honnête homme. Il n'avait qu'un fils, chanoine de Saint-Honoré, digne ecclésiastique, vivant dans la retraite, sans avoir jamais voulu ni pensions, ni bénéfices, que son canonicat.

Le frère et le neveu firent élever un mausolée au cardinal dans l'église de Saint-Honoré, où il est inhumé. Pour toute épitaphe, on y lit ses titres, terminés par une réflexion morale et chrétienne [1].

L'assemblée du clergé, dont le cardinal était président, lui fit un service solennel. Il y en eut un dans la cathédrale, où les cours supérieures assistèrent, honneur qu'on rend aux premiers ministres : mais on n'osa, en aucun endroit, hasarder une oraison funèbre. Son frère et son neveu ne furent point éblouis d'une si riche succession. Ils l'employèrent presque toute en charités, et ont conservé leur modestie jusqu'à la mort.

Je ne me suis point attaché à faire un portrait en forme de ceux dont j'avais à parler. J'ai voulu les faire connaître par les faits, et ne me suis permis que les réflexions qui en naissaient. J'en ferai encore quelques-unes sur le cardinal Dubois, et je les appuierai de certaines personnalités qui les justifieront.

Le cardinal Dubois avait certainement de l'esprit; mais il était fort inférieur à sa place. Plus propre à l'intrigue qu'à l'administration, il suivait un objet avec activité, sans en embrasser tous les rapports. L'affaire qui l'intéressait dans le moment, le rendait incapable d'attention pour toute autre. Il n'avait ni cette étendue, ni cette flexibilité d'esprit nécessaires à un ministre chargé d'opérations différentes, et qui doivent souvent concourir

---

[1] *Quid autem hi tituli, nisi arcus coloratus et vapor ad modicum parens? Solidiora et stabiliora bona mortuo precare.*

ensemble. Voulant que rien ne lui échappât, et ne pouvant suffire à tout, on l'a vu quelquefois jeter au feu un monceau de lettres toutes cachetées, pour se remettre, disait-il, au courant. Ce qui nuisait le plus à son administration, était la défiance qu'il inspirait, l'opinion qu'on avait de son âme. Il méprisait aussi ingénument la vertu qu'il dédaignait l'hypocrisie, quoiqu'il fût plein de faussetés. Il avait plus de vices que de défauts ; assez exempt de petitesse, il ne l'était pas de folie. Il n'a jamais rougi de sa naissance, et ne choisit pas l'habit ecclésiastique comme un voile qui couvre toute origine, mais comme le premier moyen d'élévation pour un ambitieux sans naissance. S'il se faisait rendre tous les honneurs d'étiquette, une vanité puérile n'y avait aucune part; c'était persuasion que les honneurs dus aux places et aux dignités appartiennent également, sans distinction de naissance, à tous ceux qui s'en emparent, et que c'est autant un devoir qu'un droit de les exiger.

En se faisant rendre ce qui lui était dû, il n'en gardait pas plus de dignité. On n'éprouvait de sa part aucune hauteur, mais beaucoup de dureté grossière. La moindre contradiction le mettait en fureur, et, dans sa fougue, on l'a vu courir sur les fauteuils et les tables autour de son appartement.

Le jour de Pâques qui suivit sa promotion au cardinalat, s'étant éveillé un peu plus tard qu'à son ordinaire, il s'emporta en jurements contre tous ses valets, sur ce qu'ils l'avaient laissé dormir si tard, un jour où ils devaient savoir qu'il voulait dire la messe. On se pressa de l'habiller, lui jurant toujours. Il se souvint d'une affaire, fit appeler un secrétaire, oublia d'aller dire la messe, même de l'entendre.

Il mangeait habituellement une aile de poulet tous les soirs. Un jour, à l'heure qu'on allait le servir, un chien emporta le poulet. Les gens n'y surent autre chose que d'en remettre promptement un autre à la broche. Le cardinal demande à l'instant son poulet ; le maître d'hôtel, prévoyant la fureur où il le mettrait en lui disant le fait, ou lui proposant d'attendre plus tard que l'heure ordinaire, prend son parti, et lui dit froidement : *Monseigneur, vous avez soupé. J'ai soupé?* répondit le cardinal. — *Sans doute, monseigneur. Il est vrai que vous avez peu mangé; vous paraissiez fort occupé d'affaires. Mais, si vous voulez, on vous servira un second poulet; cela ne tardera pas.* Le médecin Chirac, qui le voyait tous les soirs, arrive dans ce moment. Les valets le préviennent, et le prient de les seconder. *Parbleu!* dit-il, *voici quelque chose d'étrange: mes gens veulent me persuader que j'ai soupé; je n'en ai pas le moindre souvenir, et, qui plus est, je me sens beaucoup d'appétit. Tant mieux,* répond Chirac; *le travail vous a épuisé; les premiers morceaux n'auront que réveillé votre appétit, et vous pourriez sans danger manger encore, mais peu. Faites servir monseigneur,* dit-il aux gens; *je le verrai achever son souper.* Le poulet fut apporté. Le cardinal regarda comme une marque évidente de santé de souper deux fois, de l'ordonnance de Chirac, l'apôtre de l'abstinence, et fut, en mangeant, de la meilleure humeur du monde.

Il ne se contraignait pour personne. La princesse de Montauban-Bautru l'ayant impatienté, ce qui n'était pas difficile, il l'envoya promener en termes énergiques. Elle alla s'en plaindre au régent, dont elle n'eut d'autre réponse, sinon que le cardinal était un peu vif, mais d'ailleurs de bon conseil. Dubois n'en usa pas autrement avec le cardinal de Gêvres, homme grave et de mœurs sévères. Les réparations du régent étant de même espèce que les offenses du ministre, on s'accoutuma à regarder ses propos comme étant sans conséquence.

Il n'était pas nécessaire de l'impatienter pour en éprouver des incartades. La marquise de Conflans, gouvernante du régent, étant allée uniquement pour faire une visite au cardinal, dont elle n'était pas connue, et l'ayant pris dans un moment d'humeur, à peine lui eut-elle dit, *Monseigneur....* Ho! *monseigneur,* dit le cardinal en lui coupant la parole, *cela ne se peut pas. — Mais, monseigneur... — Mais, mais; il n'y a point de mais. Quand je vous dis que cela ne se peut pas.* La marquise voulut inutilement le dissuader qu'elle eût rien à lui demander. Le cardinal, sans lui donner le temps de s'expliquer, la prit par les épaules, et la retourna pour la faire sortir. La marquise, effrayée, le crut dans un accès de folie, ne se trompait pas trop, et s'enfuit en criant qu'il fallait l'enfermer.

Quelquefois on le calmait, en prenant avec lui son ton. Il avait, parmi ses secrétaires de confiance, un bénédictin défroqué, nommé Venier, homme d'un caractère leste. Le cardinal, en le faisant travailler avec lui, eut besoin d'un papier qu'il ne trouva pas sous sa main à point nommé : le voilà qui s'emporte, jure, crie qu'avec trente commis il n'est pas servi; qu'il en veut prendre cent, et qu'il ne le sera pas mieux. Venier le regarde tranquillement, le regarde sans lui répondre, le laisse s'exhaler. Le flegme et le silence du secrétaire augmentent la fureur du cardinal, qui, le prenant par le bras, le secoue, et lui crie : *Mais réponds-moi donc, bourreau; cela n'est-il pas vrai? Monseigneur,* dit Venier sans s'émouvoir, *prenez un seul commis de plus, chargé de jurer pour vous; vous aurez du temps de reste, et tout ira bien.* Le cardinal se calma, et finit par rire.

Le régent fut charmé de la mort de son ministre. Le jour de l'opération, l'air extrêmement chaud tourna à l'orage; aux premiers coups de tonnerre, le prince ne put s'empêcher de dire : *J'espère que ce temps-là fera partir mon drôle.* Il n'avait pas, en effet, plus d'égards pour son ancien maître que pour tout autre; le régent osait à peine lui faire une recommandation. Ce prince s'était réservé la feuille des bénéfices et des grâces pour son travail avec le roi; mais il s'était laissé assujettir à communiquer auparavant la liste au cardinal, qui rayait insolemment les noms de ceux qui ne lui convenaient pas. Jamais servitude ne fut plus honteuse que celle où ce prince s'était mis, qu'il sentait douloureusement, qu'il avait honte d'avouer, et dont il n'avait pas la force de s'affranchir.

Aussitôt que le cardinal eut expiré, le régent vint de Versailles à Meudon l'annoncer au roi, qui, déjà préparé par l'évêque de Fréjus, pria le prince de se charger du gouvernement, et le lendemain le déclara publiquement premier ministre.

Comme le roi n'avait été transféré à Meudon que pour la commodité du cardinal, il retourna deux jours après habiter Versailles.

Le duc d'Orléans parut d'abord vouloir se livrer au travail; mais sa paresse et la dissipation lui firent bientôt abandonner les affaires aux secrétaires d'État, et il continua de se plonger dans sa chère crapule. Sa santé s'en altérait visiblement, et il était la plus grande partie de la matinée dans un engourdissement qui le rendait incapable de toute application. On prévoyait que, d'un moment à l'autre, il serait emporté par une apoplexie. Ses vrais serviteurs tâchaient de l'engager à une vie de régime, ou du moins à renoncer à des excès qui pourraient le tuer en un instant. Il répondait qu'une vaine crainte ne devait pas le priver de ses plaisirs : cependant, blasé sur tout, il s'y livrait plus par habitude que par goût. Il ajoutait que, loin de craindre une mort subite, c'était celle qu'il choisirait.

Il y avait déjà quelque temps que Chirac, voyant à ce prince un teint enflammé et les yeux chargés de sang, voulait le faire saigner. Le jeudi matin 2 décembre, il l'en pressa si vivement, que le prince, pour se délivrer de la persécution de son médecin, dit qu'il avait des affaires urgentes qui ne pouvaient se remettre; mais que, le lundi suivant, il s'abandonnerait totalement à la Faculté, et jusque-là vivrait du plus grand régime. Il se souvint si peu de sa promesse, que ce jour-là même il dîna, contre son ordinaire qui était de souper, et mangea beaucoup, suivant sa coutume.

L'après-dînée, enfermé seul avec la duchesse de Phalaris [1], une de ses complaisantes, il s'amusait en attendant l'heure du travail avec le roi. Assis à côté l'un de l'autre, devant le feu, le duc d'Orléans se laisse tout à coup tomber sur le bras de la Phalaris, qui, le voyant sans connaissance, se lève tout effrayée, et appelle du secours, sans trouver qui que ce fût dans l'appartement. Les gens de ce prince, qui savaient qu'il montait toujours chez le roi par un escalier dérobé, et qu'à l'heure de ce travail il ne venait personne, s'étaient tous écartés. Nous avons vu un exemple de pareille dispersion chez le roi le jour de l'at-

---

[1] George d'Antrague, fait duc de Phalaris par le pape, était fils du financier Gorge, dont Boileau parle dans sa première satire. Il y avait, dans la première édition :

Que Gorge vive ici, puisque Gorge y sait vivre.

On a mis George dans les éditions suivantes.

tentat du 5 janvier 1757, parce que ce prince ne devait pas revenir ce jour-là à Versailles.

La Phalaris fut donc obligée de courir jusque dans les cours pour amener quelqu'un. La foule fut bientôt dans l'appartement; mais il se passa encore une demi-heure avant qu'on trouvât un chirurgien. Il en arriva un enfin, et le prince fut saigné; il était mort.

Ainsi périt, à quarante-neuf ans et quelques mois, un des hommes les plus aimables dans la société, plein d'esprit, de talents, de courage militaire, de bonté, d'humanité, et un des plus mauvais princes, c'est-à-dire des plus incapables de gouverner.

La Vrillière alla sur-le-champ annoncer la mort du duc d'Orléans au roi et à l'évêque de Fréjus; de là chez M. le Duc, qu'il exhorta à demander la place de premier ministre; passa tout de suite dans ses bureaux, et fit, à tout événement, dresser la patente nécessaire, sur le modèle de celle du duc d'Orléans. Muni de cette pièce et de la formule du serment, il revint chez le roi, où M. le Duc s'était déjà rendu, suivi d'une foule de courtisans.

Le roi, tout en larmes, avait auprès de lui l'évêque de Fréjus, qui, après avoir laissé passer les premiers moments de la douleur, lui dit que, pour réparer la perte qu'il venait de faire, ce qui convenait de mieux était de prier M. le Duc d'accepter la place de premier ministre. Le roi, sans répondre, regarda l'évêque, et donna son approbation par un simple signe de tête. Dans l'instant, M. le Duc fit son remercîment. La Vrillière, tirant alors de sa poche la formule du serment, demanda au prélat s'il n'était pas à propos de le faire prêter tout de suite. L'évêque l'approuva fort, et le proposa au roi, qui, par conséquent, l'approuva aussi. M. le Duc prêta serment, et tout était consommé une heure après la mort du duc d'Orléans.

L'évêque de Fréjus aurait pu, dès lors, s'emparer du ministère tout aussi facilement qu'il le fit donner à M. le Duc. Ses amis le lui conseillèrent; mais le prélat, plein d'ambition pour l'effectif du pouvoir, ne crut pas devoir manifester si brusquement ses vues, et se flattait de gouverner sourdement, sous le voile d'un prince dont il connaissait l'incapacité. En cas de mécompte, il savait, et prouva bien depuis, qu'il était en état de détruire son ouvrage, s'il avait lieu de se repentir de l'avoir fait.

Les sentiments que fit naître la mort du duc d'Orléans furent très-différents, suivant les divers intérêts. Ses familiers disaient que la France perdait un grand prince, parce qu'il leur prodiguait les grâces, et qu'ils soupaient agréablement avec lui.

Les dévots de profession parlaient avec complaisance de cette mort, comme d'une punition visible de Dieu. Les âmes pieuses en gémissaient. Les deux partis de l'Église ne le regrettèrent point : les jansénistes, après une lueur d'espérance de se relever, se revoyaient sacrifiés à leurs ennemis ; les constitutionnaires ne trouvaient pas leur triomphe complet.

Le militaire, et surtout le subalterne, qui fait le corps et l'âme des troupes, désespéré de voir les distinctions, les grades donnés à la protection, à l'intrigue, ou vendus par les courtisans ou les femmes, humilié d'avoir à respecter plus un commis des bureaux qu'un maréchal de France, soupirait après un changement d'administration qui n'arriva point.

La classe moyenne des citoyens, plus attachée à l'État et aux mœurs, voyait le fruit de son économie perdu, les fortunes patrimoniales renversées, les propriétés incertaines, le vice sans pudeur, la décence méprisée, le scandale en honneur. On était réduit à regretter jusqu'à l'hypocrisie de la vieille cour. On ne peut nier que la régence ne soit l'époque, la cause principale, et n'ait donné l'exemple et le signal d'une corruption sans voile.

D'ailleurs, cette régence prétendue tranquille mérite-t-elle cet éloge pour avoir conservé ou acheté la paix au dehors, quand elle a bouleversé et mis tout l'intérieur en combustion ? Les Anglais seuls auraient peut-être regretté le duc d'Orléans, s'ils n'avaient pas trouvé les mêmes complaisances sous le ministère suivant.

Lorsque le duc de Chartres apprit la mort de son père, il était à Paris chez une maîtresse qu'il entretenait par air, et qu'il quitta bientôt par remords. Il se rendit sur-le-champ à Versailles, ne s'avisa pas de rien disputer à M. le Duc, et peu de jours après prit le titre de duc d'Orléans. J'en aurai peu d'autre chose à dire. Ce prince, qui, dans sa petite débauche de passage, avait toujours conservé des sentiments de religion, fut si frappé de la mort subite de son père, qu'il prit tout à coup un parti extrême, et se jeta dans une dévotion monacale, où il a persévéré jusqu'à la mort [1].

RÈGNE DE LOUIS XV.

Ministère de M. le Duc.

Le duc de Bourbon, communément nommé M. le Duc, qui sans doute ne regretta pas son prédécesseur, fut celui qui le fit le plus regretter. Son ministère fut le règne de la marquise de Prie, sa maîtresse, et la plus effrénée créature. Il commença par disposer des places vacantes à son avénement au ministère. Le premier président de Mesmes, mort au mois d'août, n'était pas encore remplacé. Il le fut par Novion, le plus ancien des présidents à mortier, et petit-fils de celui qui, pour malversation, fut obligé de se démettre de la première présidence en 1689.

Le petit-fils n'avait rien de son aïeul. Moins éclairé, mais très-honnête, fort instruit de la procédure et peu de la jurisprudence, avec moins de paresse il eût été un excellent procureur : il fut un très-mauvais premier président. Brusque, sauvage, inabordable, il se sauvait du palais et des affaires pour aller, dans son ancien quartier, causer dans la boutique d'un charron, son voisin et son ami particulier.

Novion était depuis longtemps assez connu pour qu'on n'eût pas dû lui donner une place qui exigeait du travail, de la vigilance et de la dignité ; mais il était doyen des présidents à mortier : on suivit cet ordre du tableau, si respecté et si funeste en France. Il avait d'ailleurs le mérite d'avoir épousé une tante de

---

[1] L'abbé Mongault, homme de beaucoup d'esprit et d'érudition, théologien, et pensant librement sur les matières de religion, fut le précepteur du fils du régent. Soit qu'il ne jugeât pas son élève capable d'une morale éclairée, soit qu'il crût qu'on ne peut retenir les princes par des liens trop forts, il s'attacha à inspirer au sien les principes de religion les plus capables de l'effrayer.

la marquise de Prie : M. le Duc eût-il pu refuser le parent de sa maîtresse? Les petites considérations parmi nous font les intérêts graves, et décident des grandes places. Pour que rien ne manquât à la faveur, la charge de président fut donnée à son petit-fils, âgé de quinze ans; et Lamoignon de Blancménil, aujourd'hui chancelier, eut le *custodi-nos*, et exerça pour l'enfant.

Heureusement pour le public, Novion, à qui les fonctions de sa place étaient aussi à charge qu'il l'était lui-même aux plaideurs, s'ennuya de la contrainte du palais, et donna sa démission après neuf mois d'exercice, si l'on peut donner ce nom à la manière dont il s'en acquitta.

J'ai fort connu son petit-fils, président à mortier. Il a plus de probité que de talents; aussi s'est-il fait justice en honnête homme, et s'est-il pareillement démis pour aller vivre dans sa terre.

M. le Duc donna la charge de premier écuyer au chevalier de Beringhen d'aujourd'hui, et frère du précédent titulaire, mort le 1er décembre, un jour avant le duc d'Orléans. Si ce prince eût vécu, il n'aurait pas fait la même grâce à un homme qui avait été son rival heureux, en lui enlevant la comtesse de Parabère. Le ressentiment du prince ne devait pas être un motif de refus; mais certainement le roi s'en serait bien trouvé, quant à la partie de la finance. Le marquis de Nangis, depuis maréchal de France, désirait fort cette place. M. le Duc l'en dédommagea, en lui donnant, par anticipation, celle de chevalier d'honneur de la reine future. Il nomma aussi d'avance le maréchal de Tessé, premier écuyer de la reine. Le maréchal devant aller ambassadeur en Espagne, obtint pour son fils la survivance de son expectative.

Deux jours après la mort du duc d'Orléans, le maréchal de Villars entra dans le conseil d'État. Le même jour, le comte de Toulouse déclara son mariage avec la marquise de Gondrin, sœur du duc de Noailles [1].

---

[1] Quoique le comte de Toulouse fût en possession des honneurs de prince du sang, il ne se mésallia point. Les vrais princes ont épousé des filles qui n'étaient pas supérieures pour la naissance aux Noailles. Il y en a peu à la cour à mettre vis-à-vis d'eux, et encore moins à leur préférer. Ils prennent leur nom d'un château qu'ils possèdent de temps immémorial, et paraissent avec éclat dans

L'évêque de Fréjus, en procurant le premier ministère à M. le Duc, savait bien qu'il ne lui confiait qu'un dépôt, et faisait lui-même trop peu de cas de la reconnaissance pour en espérer beaucoup d'un prince; mais il voulait, sous un fantôme respecté, accoutumer la cour à son crédit, et la préparer à sa puissance. Il avait le plus difficile en parvenant où il était. Fils d'un receveur des tailles de Lodève, il obtint une place d'aumônier du roi par le crédit des dévotes de la cour, qui lui avait procuré des femmes qui ne l'étaient pas tant. Devenu ensuite évêque malgré la répugnance de Louis XIV, il fut nommé précepteur de Louis XV, malgré l'opposition des jésuites; et il jouissait de la confiance la plus intime de son élève. Ce prodige de la fortune, sans exciter, comme le cardinal Dubois, le mépris et la haine, apprivoisa l'envie.

M. le Duc prit d'abord tout l'extérieur de premier ministre, s'établit dans l'appartement où le duc d'Orléans était mort, et fit afficher à la porte de son cabinet les jours et les heures destinés à chaque ministre pour son travail. La foule des courtisans inonda son appartement; ceux qui ne pouvaient parvenir au cabinet remplissaient les antichambres, d'où ils allaient ensuite assiéger celle de la marquise de Prie.

D'un autre côté, le modeste évêque de Fréjus, resserré dans un petit appartement mal meublé, ne se rehaussa pas en apparence d'un seul cran; mais, étant entré dans le conseil, il se trouvait auprès du roi lorsque M. le Duc venait, à l'imitation du duc d'Orléans, faire sa cour au jeune monarque, et feindre de lui communiquer les affaires.

L'évêque, soigneusement en tiers, ne s'écartait pas d'une minute; et, pour ne pas effaroucher un prince du sang ombrageux, il lui prodiguait les respects et les attentions, et le mit, dès les premiers jours, sur le pied de ne rien proposer que de concert avec lui.

L'ascendant du vieil évêque sur M. le Duc par l'adresse, et sur le roi par la confiance, n'échappa nullement à la pénétra-

---

leur province dès la fin du douzième siècle. La comtesse de Toulouse pouvait bien jouir des mêmes honneurs que la duchesse de Verneuil (Seguier), qui fut du festin royal à la noce du duc de Bourgogne, père du roi.

tion des ministres subalternes. Ils recherchèrent sa protection, lui portaient secrètement leur portefeuille de travail; et lui, avec autant de secret, voulait bien en prendre communication et les guider, en reconnaissance de leur politesse à son égard.

Bientôt le prélat, d'un air et d'un ton aussi religieux que discret, fit entendre à M. le Duc qu'en se soumettant à ses lumières sur les affaires temporelles, sa conscience ne lui permettait pas d'abandonner les spirituelles; que cette réserve serait même un soulagement pour un prince déjà chargé d'un si grand nombre d'affaires, et que celles de l'Église avaient besoin de quelqu'un qui s'en occupât uniquement. Soit que M. le Duc ne connût pas la force de cette branche d'administration, soit qu'il n'osât mécontenter un homme cher au roi, il laissa l'évêque s'emparer de la feuille des bénéfices, dont il fut absolument maître, sans cesser d'entrer dans toutes les autres affaires. Ainsi il devint et se montra moins le second que le collègue du premier ministre.

La marquise de Prie fut outrée de se voir enlever la dispensation des biens ecclésiastiques; car elle comptait bien, sous le nom de son amant, gouverner l'État et l'Église. En effet, à l'exception du dernier article, elle fut, pendant deux ans et demi de ministère, maîtresse absolue du royaume. Au retour de l'ambassade de Turin, où elle avait accompagné son mari, elle entreprit de plaire au régent, ou du moins à quelqu'un qui pût lui faire jouer un rôle; le régent n'y eût pas été insensible, mais il était inconstant. En comblant ses maîtresses de galanteries et de grâces de toute espèce, il ne leur donnait point de part dans les affaires d'État. L'ivresse même ne lui arrachait pas une indiscrétion sur cet article. J'en ai cité un exemple. La marquise de Prie se rabattit donc sur M. le Duc.

Madame la Duchesse mère aurait bien voulu prendre l'empire sur son fils; mais elle connaissait trop elle-même l'amour, pour se flatter de le balancer par l'autorité maternelle. Elle se borna à vivre politiquement avec la maîtresse de son fils, de peur d'en être totalement abandonnée, et à ménager l'évêque de Fréjus.

La marquise de Prie avait trop d'esprit pour ne pas connaître l'incapacité de son amant, et pour s'imaginer avoir elle-même tout ce qu'il lui fallait pour y suppléer dans le gouvernement. Elle résolut de se choisir des guides qui ne pussent exister que par elle. Les Paris lui parurent propres à remplir ses vues. Elle en forma son conseil intime, et les produisit auprès de M. le Duc [1]. Quoique ce prince eût déjà la plus haute idée du mérite de sa maîtresse, le comité de Paris y ajouta beaucoup.

Chaque projet, avant d'être présenté au prince, était concerté avec elle. On avait soin d'y laisser à dessein quelques rectifications à faire qui passaient la portée de M. le Duc, et que la dame, endoctrinée d'avance, ne manquait pas de faire observer. Les Paris, comme frappés d'étonnement, admiraient sa sagacité, corrigeaient le plan sur ses remarques; et le prince, admirateur plus naïf, se félicitait de trouver, dans une maîtresse adorée, un adjoint si utile au ministère.

La marquise, pour se faire des amis ou des créatures, engagea son amant à faire une nomination de chevaliers du Saint-Esprit, et présida à la liste Il y avait soixante et un cordons vacants. Le régent n'avait jamais osé les donner. Ne sachant jamais refuser en face, il en avait promis quatre fois plus qu'il n'y en

---

[1] Ces quatre frères avaient commencé à se faire jour sous la régence, et influaient déjà assez dans les finances pour devenir suspects à Law, dont ils n'approuvaient pas les opérations. Il les fit exiler; mais lorsqu'il fut sorti du royaume, l'usage qu'on voulut faire de leurs talents les fit rappeler. Le rôle qu'ils jouèrent sous le ministère de M. le Duc, et la considération dont jouissent les deux qui vivent encore, m'engagent à faire connaître ici leur origine.

Le père tenait une auberge au pied des Alpes, où ses fils, grands et bien faits, l'aidaient à servir les passants. En 1710, un munitionnaire cherchant dans la montagne quelque chemin pour faire passer promptement des vivres en Italie, à l'armée du duc de Vendôme, qui en était fort pressée, arriva par hasard à l'hôtellerie de Paris, et dit l'embarras où il se trouvait. L'hôte lui promit de l'en tirer par le moyen de ses fils, qui connaissaient tous les défilés des montagnes. Ils tinrent parole, et firent passer le convoi. Le munitionnaire les présenta au duc de Vendôme, se loua beaucoup de leurs services, et les employa dans les vivres. Dès ce moment, la porte de la fortune leur fut ouverte. Nés avec du génie, une figure distinguée, étroitement unis, actifs, et agissant de concert sur un plan suivi, ils devaient nécessairement réussir. Ils eurent encore l'avantage d'être d'abord protégés par la duchesse de Bourgogne. Une des femmes de cette princesse, en la suivant en France, tomba malade, et fut laissée dans l'hôtellerie des Paris, à la Montagne, qui était leur enseigne, et dont un des frères prit le nom. Cette femme y fut si bien traitée, qu'à son arrivée à la cour elle en parla avec reconnaissance à la princesse, dont elle leur procura la protection Leur fortune était déjà assez bien établie en 1722 pour que Paris l'aîné fût un des gardes du trésor royal. On créa pour lui une troisième place. La disgrâce de M. le Duc, en 1726, entraîna celle des Paris. En 1730 ils reprirent faveur; et la charge de garde du trésor royal fut donnée à Paris de Montmartel, le cadet des quatre, qui l'occupe encore aujourd'hui. Devenu banquier de la cour, il influe tellement sur la finance du royaume, qu'il fixe le taux de l'intérêt, et qu'on ne placerait ni ne déplacerait, sans le consulter, un contrôleur général.

avait; et, ne pouvant tenir sa parole à tous, il ne la tint à personne.

M. le Duc, dans le chapitre du 2 février, nomma cinquante-huit tant chevaliers que commandeurs ecclésiastiques; quelques-uns des premiers étaient d'assez mauvais aloi.

Avant de déclarer la promotion, M. le Duc communiqua la liste à l'évêque de Fréjus. Celui-ci, que sa naissance devait en exclure, et dont la modestie était un moyen d'ambition, trouvant son nom parmi ceux des prélats commandeurs, l'effaça, et y substitua celui de l'archevêque de Lyon, Villeroi.

Le même jour, on fit sept maréchaux de France.

La de Prie, en attendant les contributions qu'elle devait tirer de France, s'assura de la pension de quarante mille livres sterlings que l'Angleterre donnait au cardinal Dubois, pour les sacrifices que nous faisions à cette couronne. Le cardinal de Fleury, pendant son ministère, ne fut pas moins favorable aux Anglais; mais il ne se fit pas payer.

Dès le commencement de cette année, les ministres de la plupart des puissances de l'Europe se rendirent au congrès de Cambrai, indiqué dès 1720. Les plénipotentiaires de l'empereur remirent d'abord à ceux d'Espagne le décret d'investiture des États de Toscane, Parme et Plaisance, stipulé par le traité de la quadruple alliance en faveur de l'infant don Carlos, aujourd'hui roi d'Espagne. On ouvrit ensuite le congrès; on commença par régler le cérémonial, et cet article important fut tout ce qui résulta de quinze mois de conférences.

M. le Duc, s'occupant du gouvernement intérieur, crut annoncer de grandes vues en faisant donner, contre les protestants, une déclaration qui renouvelait toute la sévérité de celles de Louis XIV, et y aurait encore ajouté, s'il eût été possible; car on peut se rappeler que l'arrêt du 10 décembre 1686 défendait aux médecins, chirurgiens et apothicaires l'exercice de leur profession; de sorte qu'il fallait plutôt mourir de la main d'un orthodoxe, que de devoir la vie au secours d'un hérétique. Ces fureurs religieuses ne partent que trop souvent des princes sans morale et même sans décence. La marquise de Prie avait sûrement approuvé ce dévot projet, et cette femme adultère ne se contraignait nullement dans ses propos sur les choses les plus respectées du public. Lorsqu'en 1725, année où les pluies perdirent la récolte, on porta en procession la châsse de sainte Geneviève : *Le peuple est fou*, disait-elle ; *ne sait-il pas que c'est moi qui fais la pluie et le beau temps?*

Sur les représentations des états généraux, on fit des modifications en faveur des négociants étrangers établis en France et des protestants d'Alsace, dont les priviléges sont fondés sur des traités qu'il eût été dangereux d'enfreindre. Le fanatisme est quelquefois obligé de compter avec la politique. Celle des Suédois saisit cette occasion d'inviter, par un manifeste, les protestants français à venir porter leur industrie en Suède ; et les étrangers profitèrent encore de l'intolérance de notre gouvernement.

Deux mois après la déclaration contre les protestants, il en parut une contre les mendiants, aussi inutile que toutes celles qui l'avaient précédée, ou qui la suivront. Tant qu'on ne présentera pas à la mendicité une ressource de travail et des salaires, il sera également cruel et impossible ou dangereux de proscrire les mendiants, qui se multiplient journellement ; au point que, par les calculs les plus modérés, on les fait monter à vingt-huit ou trente mille dans la seule capitale.

Dans le même temps que le ministère venait de changer en France, un changement plus considérable se faisait en Espagne. Philippe V, qui avait conquis et défendu sa couronne avec courage, ne l'avait portée qu'avec ennui. Il résolut donc de la quitter, et, par un acte authentique, la résigna à son fils le prince des Asturies, qui monta sur le trône sous le nom de Louis Ier. Philippe se retira à Saint-Ildefonse, pour s'y occuper uniquement de son salut, emmenant avec lui son ministre Grimaldo, dont les emplois furent partagés entre ses premiers commis. Ces promotions ne sont pas rares en Espagne, où l'on croit encore que, pour remplir les places, la première condition requise est d'en avoir les talents. Orri, Grimaldo, Patino, et plusieurs autres ministres, avaient originairement été commis. D'ailleurs, aucune place en Espagne n'est vénale.

Le règne de Louis Ier ne fut que de sept mois et demi ; il mourut de la petite vérole le 31 août, et son père remonta sur le trône. Philippe V fut six jours à s'y déterminer, et à résister aux prières de la reine et de ses ministres et principaux officiers, tous les conseils restant dans l'inaction. Grimaldo reprit ses fonctions, et la reine, à qui la retraite avait rendu la couronne plus chère, s'appliqua à prévenir ou empêcher les nouveaux dégoûts que le roi pourrait avoir; et souvent elle en essuya elle-même de terribles, en combattant ceux de son mari.

Quoique les affaires étrangères ne soient pas l'objet principal de ces mémoires, je ne dois pas omettre des faits qui intéressent toute l'Europe, tels que la pragmatique de l'empereur Charles VI. Dès l'année 1713, il avait voulu assurer dans sa maison la succession à tous ses États héréditaires. Il n'avait point alors d'enfants; mais il pouvait en avoir, et fit rédiger, dans son conseil, une loi par laquelle ses enfants mâles, et à leur défaut ses filles, les uns et les autres par ordre de primogéniture, posséderaient ses terres, États et principautés, le tout en entier, sans division ni partage. Cette succession indivisible devait, au défaut de la branche Caroline, issue de lui, passer dans la branche Joséphine, issue de son frère Joseph; et, au défaut des deux branches, aux sœurs de sa majesté. Depuis ce plan de succession, Charles avait eu un fils, mort l'année même de sa naissance, et trois filles, auxquelles il voulait assurer le droit à sa succession indivisible par ordre de primogéniture. Il commença par s'assurer de la renonciation de ses deux nièces, princesses électorales, l'une de Saxe et l'autre de Bavière; et publia ensuite la loi de la succession sous le titre de *pragmatique sanction*. On verra dans la suite les événements que cette loi fit naître.

Les arrangements politiques, les opérations de cabinets, qui ne doivent avoir que des effets éventuels ou éloignés, intéressent peu le gros d'une nation telle que la nôtre. Ce qui attirait son attention était l'état des finances. Les papiers royaux répandus dans le public montaient encore à près de deux milliards, quoique le *visa* en eût proscrit pour cinq ou six cents millions. Le gouvernement n'avait trouvé d'autres moyens, pour retirer les billets liquidés, que des créations de rentes perpétuelles ou viagères, et d'offices bientôt après supprimés. Chaque opération de finance était imaginée comme un remède qu'on reconnaissait ensuite pour un nouveau mal. On crut aussi trouver une ressource dans la diminution des monnaies, qu'on avait quelquefois augmentées ou diminuées, sans s'apercevoir que ces variations, indifférentes pour le commerce étranger, occasionnent toujours une convulsion pour le commerce intérieur. Il paraît qu'on s'est depuis désabusé à cet égard. Des défenses de faire sortir du royaume les espèces, n'eurent et ne devaient pas avoir plus de succès.

Si M. le Duc s'occupait comme il pouvait des affaires de l'État, il était encore plus attentif à ce qui l'intéressait personnellement. Quelque bien affermi que fût son ministère, il sentait que sa puissance tenait à la vie du roi, qui avait à peine quinze ans; et que l'infante n'en ayant encore que huit, il se passerait encore plusieurs années avant que ce prince eût des enfants. Si dans l'intervalle on avait le malheur de le perdre, la couronne passait au roi d'Espagne ou dans la maison d'Orléans; et, dans l'un ou l'autre cas, M. le Duc n'était plus maître. Il tremblait donc à la moindre incommodité du roi. Ce jeune prince, ayant eu une fièvre avec des symptômes qui paraissaient dangereux, fut saigné deux fois. La maladie ne fut pas longue; mais, tant qu'elle dura, M. le Duc fut dans les plus grandes alarmes. Comme il couchait dans l'appartement au-dessous de celui du roi, il crut une nuit entendre plus de bruit et de mouvement qu'à l'ordinaire; il se lève précipitamment, et monte tout effrayé en robe de chambre. Maréchal, premier chirurgien, qui couchait dans l'antichambre, étonné de le voir paraître à une telle heure, se lève, va au-devant, et lui demande la cause de son effroi. M. le Duc, hors de lui, ne répond que par monosyllabes : *J'ai entendu du bruit... le roi est malade... que deviendrai-je?* Maréchal eut peine à le rassurer, et l'engagea à s'aller coucher; mais, tout en le conduisant, il l'entendit, comme un homme qui croit ne parler qu'à soi-même : *Je n'y serai pas repris... S'il en revient, il faut le marier.*

Dès ce moment, le renvoi de l'infante fut résolu; M. le Duc n'y mit que le temps de faire part à la cour d'Espagne du parti pris en France, puisque, trois semaines après, Philippe V fit partir, pour retourner en France, la reine veuve de Louis Ier et mademoiselle de Beaujolais, sa sœur, destinée à don Carlos, aujourd'hui roi d'Espagne. Avant leur arrivée, l'infante partit aussi de Paris pour retourner à Madrid.

Le roi et particulièrement la reine d'Espagne ressentirent le plus vif chagrin du renvoi de l'infante. Le maréchal de Tessé, notre ambassadeur auprès d'eux, l'avait prévu ; et, n'osant pas s'exposer aux premiers emportements de la reine, s'il lui annonçait lui-même un si cruel revers, partit de Madrid, laissant cette désagréable commission à l'abbé de Livry, qu'il chargea des affaires.

M. le Duc s'était déterminé à renvoyer l'infante, avant même d'avoir fixé son choix sur la princesse qu'il destinait au trône. Il porta d'abord ses vues sur sa sœur, mademoiselle de Vermandois, aujourd'hui abbesse de Beaumont-lès-Tours. Devenant ainsi beau-frère du roi, son autorité n'en aurait été que mieux appuyée, et la marquise de Prie approuvait fort le mariage. Personne n'ignorant que M. le Duc ne faisait rien que par le conseil ou de l'aveu de sa maîtresse, mademoiselle de Vermandois ne pourrait pas douter qu'elle ne dût son élévation à la marquise, qui se croyait en droit d'espérer tout de la reconnaissance d'une reine qu'elle aurait faite. Cependant, avant de se décider absolument, elle voulut s'assurer à cet égard des sentiments de la princesse, et convenir avec elle des conditions préliminaires. La première était que mademoiselle de Vermandois, en se bornant à des égards de bienséance avec sa mère, madame la Duchesse, ne lui donnerait aucun crédit. La marquise, qui ne pouvait pas souffrir la sienne, fut aussi étonnée que mécontente de trouver dans la princesse des sentiments fort différents. De plus, accoutumée aux soumissions de son amant, elle fut choquée de n'en pas recevoir autant de la sœur. Il n'en fallut pas davantage à la marquise pour lui faire abandonner son projet, et chercher une princesse plus complaisante. Elle n'eut pas de peine à persuader M. le Duc que, loin de s'affermir par une alliance avec le roi, il se mettrait lui-même dans la dépendance de sa sœur et de sa mère. Il ne s'agissait plus que de trouver un parti sortable pour le roi ; ce qui n'était pas aisé par les disproportions d'âge des différentes princesses de l'Europe, les unes étant trop jeunes et les autres trop âgées.

Au premier bruit du renvoi de l'infante, le prince Kourakin, ambassadeur de Russie en France, en donna avis à la czarine, qui venait de succéder à Pierre Ier, son mari, et qui dans l'instant, de concert avec Campredon, notre ministre en Russie, proposa pour le roi la princesse Élisabeth, sa seconde fille, qui a régné depuis, et de même âge que le roi ; offrant en reconnaissance à M. le Duc de le faire roi de Pologne après la mort d'Auguste. M. le Duc, qui, du vivant du czar, avait recherché la princesse Élisabeth en vue du trône de Pologne, répondit à la czarine qu'il se croirait encore plus sûr de sa protection en devenant son gendre, que s'il faisait Élisabeth reine de France.

On fut quelque temps à s'épuiser en conjectures sur le choix qui devait se faire. Personne ne pensait seulement à la princesse Leczinski, fille de Stanislas, précédemment roi de Pologne, et alors fugitif et même proscrit. Ce fut cependant ce qui détermina la marquise de Prie, et conséquemment M. le Duc. Ils ne pouvaient pas douter de la reconnaissance d'une princesse qu'ils faisaient passer de la situation la plus malheureuse sur le premier trône de l'Europe. En effet, Stanislas, échappé avec sa femme et sa fille à la poursuite du roi Auguste, était proscrit, et sa tête à prix par un décret de la diète de Pologne. Il s'était d'abord réfugié en Suède, puis en Turquie, ensuite aux Deux-Ponts. Tant que Charles XII avait vécu, il avait, malgré ses propres malheurs, fourni à la subsistance de Stanislas. Mais, après la mort de Charles, Stanislas, toujours poursuivi, privé de tout appui, sans bien ni sûreté de sa personne, exposa sa malheureuse position au duc d'Orléans, régent, qui, touché de compassion, lui permit de se retirer secrètement dans un village près de Landau, où il lui faisait donner de quoi vivre. Il n'y fut pas longtemps sans être découvert, et apprendre que ses ennemis prenaient des mesures pour l'enlever. Il se réfugia aussitôt auprès du commandant de Landau, et obtint du régent la permission d'y demeurer en sûreté jusqu'à ce qu'on eût pris des arrangements pour le fixer à Weissembourg, dans une vieille commanderie dont la moitié des murailles était ruinée, et qu'on ne releva pas.

Ce fut là que, par une lettre particulière de M. le Duc, il apprit le bonheur inespéré qui lui arrivait. Il passe à l'instant dans la chambre où étaient sa femme et sa fille, et dit en entrant : *Mettons-nous à genoux, et remercions Dieu. Ah! mon père*, s'écria la fille, *vous êtes rappelé au trône de Pologne. Ah! ma fille*, répond le père, *le ciel nous est bien plus favorable! vous êtes reine de France.*

A peine concevaient-elles que ce ne fût pas un songe. Il serait difficile de peindre les transports de la mère et le saisissement de la fille, qui, la veille de cette nouvelle, se serait trouvée heureuse d'épouser un de ceux qu'elle allait avoir pour principaux officiers de sa cour. Elle en voyait un exemple vivant dans la duchesse de Bouillon, petite-fille du roi Sobieski, mort sur le trône; elle venait récemment d'essuyer un refus. Lorsque la princesse de Bade épousa le duc d'Orléans, Stanislas proposa sa fille pour le frère de cette princesse, et sa proposition fut rejetée. La princesse de Bade mère, considérant depuis que sa fille devenait la sujette de celle qu'elle avait refusée pour sa bru, s'empressa d'écrire une lettre embarrassée de compliments et de soumissions, par laquelle elle réclamait pour sa fille la protection et les bontés de la reine. Tout étant ainsi réglé, Stanislas se rendit avec sa famille à Strasbourg, où la demande en forme devait être faite par les ambassadeurs avec plus de dignité que dans les masures de Weissembourg.

Le duc d'Antin et le marquis de Bauveau furent choisis pour cette commission, et l'on fit partir en même temps la maison de la reine future, pour aller avec eux au-devant d'elle. Le duc d'Antin, quoique homme d'esprit et le plus fin courtisan, dit assez maladroitement, dans sa harangue, que M. le Duc, ayant pu préférer une de ses sœurs, n'avait cherché que la vertu. Sur quoi mademoiselle de Clermont, une des sœurs, nommée surintendante de la maison de la reine, et présente à ce compliment, dit : *D'Antin nous prend apparemment, mes sœurs et moi, pour des catins*. La reine, sur les éloges qu'on lui faisait de la figure et des grâces du roi, répondit : *Hélas! vous redoublez mes alarmes*. Le duc d'Orléans, fondé de procuration du roi, épousa la princesse dans la cathédrale de Strasbourg, où le cardinal de Rohan leur donna la bénédiction. Quinze jours après, la reine arriva à Fontainebleau, où ce même prélat fit, le 4 septembre, la célébration du mariage de leurs majestés. Cette cérémonie ne changea rien dans le gouvernement. La reine monta sur le trône, et la marquise de Prie continua de régner. Affaires générales ou particulières, tout était de son ressort. M. le Duc, en prévenant tous les goûts ou les fantaisies de cette femme, était encore obligé d'en servir les fureurs. Nous avons vu le Blanc mis à la Bastille, et la chambre de l'Arsenal chargée d'instruire son procès. Le comte et le chevalier de Belle-Isle, et Moreau de Séchelles, qui depuis fut ministre des finances, se trouvant impliqués dans la même affaire, furent arrêtés au commencement du ministère de M. le Duc. Qu'ils fussent innocents ou non à l'égard de l'État, ce n'était pas là le point intéressant : le crime le plus impardonnable aux yeux de la marquise était d'être les amis de sa mère. Une commission était le vrai tribunal qu'elle désirait, parce que le ministère régnant est toujours sûr de dicter la sentence, et M. le Duc était dans cette disposition. Mais le maréchal duc de la Feuillade, voulant faire ostentation de crédit dans le parlement, persuada au prince d'y renvoyer l'affaire, et lui répondit de la condamnation des accusés ; au lieu que les commissions sont si odieuses au public en affaires criminelles, qu'un coupable même qu'elles condamnent passe toujours pour un innocent sacrifié à la passion. M. le Duc se rendit, et l'affaire fut renvoyée au parlement. La Feuillade se mit aussitôt en devoir d'effectuer sa promesse, et se fit presque la partie des accusés ; mais, ne trouvant pas dans les magistrats des dispositions pareilles aux siennes, de solliciteur et d'ennemi caché il se fit ouvertement juge. Il alla donc au parlement siéger comme pair dès qu'on eut entamé l'affaire, et y en entraîna deux qui voulaient, comme lui, en faire leur cour à madame de Prie. L'indignation publique fut au point que M. le Duc, sentant qu'une partie pouvait en rejaillir sur lui, leur dit, dès la seconde séance, de ne plus se montrer au parlement. L'arrêt qui suivit fut si favorable à M. le Blanc, et l'applaudissement si général, que ce fut une espèce de triomphe. M. le Duc et sa maîtresse en furent outrés ; mais il fallut dissimuler. Il y a des occasions où la voix publique impose aux despotes.

Le gouvernement, sans économie, ayant toujours des besoins,

M. le Duc fit donner un édit portant imposition du cinquantième en nature sur tous les biens du royaume pendant douze années, terme assez éloigné pour annoncer souvent en France la perpétuité d'un impôt. Comme il devait encore se lever, ainsi que la dîme, sans entrer dans les frais de culture et autres, le cri fut universel. Tous les parlements adressèrent des remontrances qui obligèrent M. le Duc de faire tenir par le roi un lit de justice pour l'enregistrement. Ce fut le premier de cette espèce sous le règne présent, et qui eut le même succès que tant d'autres pareils que les ministres ont obligé de tenir. Ils ne cessent de crier que l'autorité du roi ne doit pas être compromise, et ne cessent de la compromettre : on en verra souvent des exemples.

A la mauvaise administration se joignirent des malheurs réels, qu'un gouvernement sans principes aggravait encore. Je veux parler de l'intempérie des saisons; les pluies ne permirent de mûrir ni aux moissons ni aux raisins [1].

L'état des campagnes fit craindre une famine; cette crainte pensa la faire naître, et occasionna du moins une si grande cherté, que le pain monta dans Paris jusqu'à neuf sous la livre, et à proportion dans les provinces. Le monopole, profitant de la crainte, l'excitait encore, pour exercer son brigandage. Des magistrats peu éclairés, et qui d'ailleurs étaient flattés de paraître les pères du peuple, en voulant s'opposer au monopole, ne servaient qu'à le fortifier. Les recherches dans les greniers engageaient ceux qui pouvaient s'y soustraire à resserrer les grains, dans l'espérance de les faire augmenter de prix. Des gens en crédit, moins innocents que des magistrats, exagéraient des terreurs qu'ils n'avaient point, et, sous prétexte de servir le public, formèrent des magasins qui leur valurent des sommes immenses. On en accusait ouvertement madame de Prie et les Paris, son conseil. Peut-être le reproche n'était-il pas fondé; mais c'est toujours à ceux qui gouvernent que le peuple s'en

---

[1] Ce n'était pas que le volume d'eau qui tomba cette année fût plus considérable que dans les autres. Il le fut moins que dans plusieurs, puisqu'il ne fut que de dix-sept à dix-huit pouces, au lieu que de 1750 à 1757, par exemple, il a été à vingt, année commune. Mais, en 1725, des pluies fines et continuelles commencèrent avec le mois d'avril, et ne finirent qu'en octobre.

prend lorsqu'il souffre; et ils l'auraient évité, s'ils s'étaient bornés à procurer une pleine et constante liberté sur le commerce des blés. On y viendra sans doute, lorsque la nation sera assez éclairée pour que les gens intéressés ne puissent lui en imposer.

La cherté des blés ne fut pas de longue durée ; la récolte se fit, et fut même abondante; et le grain, trop nourri d'eau, n'étant pas de garde, les blés tombèrent bientôt au plus bas prix.

Je terminerai ce qui concerne cette calamité par un fait peu important en lui-même, mais qui, dans mon objet principal de faire connaître les hommes, sert à montrer combien les ministres, et surtout les moins instruits, craignent d'être soupçonnés d'avoir besoin de lumières.

Il y avait eu dans Paris des émotions populaires si vives sur le pain, qu'il y eut même du sang répandu, et que le gouvernement fut obligé de faire exécuter trois des plus coupables ou des plus malheureux. Cette sévérité ne calma pas les esprits, parce qu'elle ne fit pas cesser la misère, et que la faim commande plus absolument que les rois. Jannel, aujourd'hui intendant général des postes, était dès lors en liaison avec les ministres, et voyait assez familièrement M. le Duc. Il sut par plusieurs commissaires de quartier, la veille d'un marché, qu'ils craignaient pour ce jour-là une violente sédition, et d'y être eux-mêmes massacrés par la populace. Il alla aussitôt en donner avis à M. le Duc. Le prince en eut la plus grande frayeur, ne la cacha point; et les ordres furent à l'instant donnés de faire venir à tout prix des blés et des farines. Le marché et les suivants furent abondamment pourvus : ces blés vendus à un prix un peu au-dessous de l'achat, firent, par la concurrence, baisser le prix courant. Les monopoleurs de système ou de crainte redoutèrent l'abondance, ouvrirent leurs réserves, et de jour en jour l'équilibre se rétablit.

M. le Duc, pleinement rassuré, eut honte d'avoir eu et surtout laissé voir de la peur. Il ne sut pas distinguer un malheur prévenu d'un malheur imaginaire. Ses affidés, pour couvrir leurs mauvaises opérations passées, et se dédommager des gains qu'ils auraient faits, lui exagérèrent le sacrifice léger et nécessaire dans les circonstances, qu'on avait fait sur le prix des blés. Enfin M. le Duc, dans son dépit contre Jannel, témoin de ses alarmes, fit expédier une lettre de cachet pour le mettre à la Bastille, comme auteur d'une terreur panique. L'évêque de Fréjus en fut instruit, en sentit, en représenta l'injustice, fit révoquer l'ordre, avertit Jannel d'être plus discret, au hasard d'être moins utile. C'est de lui-même que je tiens tout ce détail.

Quoique nous eussions, dans le temps dont il s'agit ici, peu de rapports politiques avec la Russie, la mort du czar Pierre Ier fut un événement trop considérable en Europe pour n'en pas faire mention.

J'ai déjà donné quelques traits de son caractère à l'occasion de son voyage en France; mais je dois faire connaître un peu plus un homme si extraordinaire, à qui l'on a donné le surnom de Grand, et qui l'a mérité à plusieurs égards. Il est d'autant plus à propos de s'y arrêter, que les deux principales histoires [1] de ce prince ont altéré ou omis plusieurs particularités importantes ou curieuses, par des motifs d'intérêt. J'anticiperai même ici les événements, pour présenter en raccourci un tableau des diverses révolutions arrivées en Russie jusqu'au moment où j'écris.

On sait que Michel Romanow, aïeul de Pierre Ier, monta sur le trône en 1613, et fut le premier czar de sa race. Fils d'un archevêque de Rostou, il était allié par les femmes aux anciens czars; mais il ne dut la couronne qu'à l'assemblée des boyards, qui la lui déférèrent par élection. Il fit son père patriarche de Russie, et lui confia toute son autorité. Michel eut pour successeur son fils Alexis, en 1645. Celui-ci eut, de sa première femme Ma-

---

[1] Les Mémoires du baron de Huissen, donnés sous le nom d'Yvan Nestezuranoy. Cet Allemand, payé par la cour de Russie, écrivait sous la dictée du duc de Holstein.

Voltaire, chargé par la czarine Élisabeth d'écrire l'histoire du czar, reçut pour cinquante mille livres de médailles d'or, que lui envoyait Van Schevalow, et qui furent apportées par le chevalier Déon, qui les remit à Strasbourg, aux banquiers Hermani et Diétrich. Depuis, le comte Pouschkin fut encore chargé pour Voltaire de quatre mille ducats; mais il les dépensa, fit encore des dettes, fut mis au For-l'Évêque. J'ignore quand et comment il en est sorti.

Voltaire a si bien senti ce qu'on lui objecterait sur ses omissions, que, dans sa préface, il s'élève fort contre les écrivains qui révèlent les faiblesses des princes. C'est cependant ce qui les fait mieux connaître.

rie Milaslowski, quatre fils, Simon et Alexis, morts jeunes; Fœdor et Yvan, qui régnèrent; et quatre filles, Théodosie, Marie, Sophie, qui fut corégente; et Catherine. Alexis eut, de sa seconde femme Natalie Nariskin, Pierre, qui fut le czar dont je vais parler, et la princesse Natalie.

Alexis étant mort en 1676, Fœdor, son fils aîné, lui succéda, et mourut le 27 août 1682, sans laisser d'enfants de ses deux femmes, Euphémie Grotzeska, Polonaise, morte en 1681, et Marthe Mathowna Apraxin, morte en 1716.

Fœdor avait nommé pour lui succéder Pierre, son frère cadet, âgé de dix ans, mais en qui il aperçut déjà un homme, au préjudice d'Yvan, l'aîné, âgé de treize ans, également faible de corps et d'esprit. Mais la princesse Sophie, craignant que les deux Nariskin, frères de la jeune czarine douairière et oncles de Pierre, ne s'emparassent du gouvernement sous le nom de leur neveu, et voulant régner elle-même sous celui d'Yvan, excita les strélitz [1] à une révolte en faveur de cet aîné, fit massacrer les deux Nariskin et les principaux seigneurs qui lui étaient suspects, associer Yvan à l'empire, et finit par se faire déclarer corégente, ou plutôt régna seule pendant quelques années : c'était avec plus d'inquiétude que de remords. Pierre, à l'âge de dix-sept ans, annonçait tout ce qu'il devait être, et l'état de langueur d'Yvan le menaçait d'une mort prochaine. Marié en 1684 avec Parascowie Solticof, il n'en avait que trois filles, Catherine, Anne, et Parascowie.

Sophie jugea qu'elle ne jouirait pas du fruit de ces crimes, si elle n'en commettait encore un; et résolut de faire périr Pierre, qui n'était pas encore marié. On a prétendu qu'elle avait d'abord employé le poison; mais que de prompts remèdes, joints à la force du tempérament du jeune prince, en avaient paré l'effet mortel, et que les mouvements convulsifs qu'on lui remarquait souvent dans les muscles du visage étaient une suite de l'état violent qu'il avait éprouvé. Que cette imputation soit bien ou mal fondée, ce n'est pas le caractère de Sophie qui a pu la détruire,

---

[1] Les strélitz étaient en Russie ce que la garde prétorienne fut sous les empereurs romains, et ce que sont les janissaires dans l'empire ottoman, une troupe toujours prête à servir les fureurs de leurs princes, ou à les précipiter du trône.

puisqu'elle entreprit de faire immoler ce frère par les strélitz, et qu'il fut obligé de se réfugier dans le château de la Trinité. Les boyards, leurs vassaux ou esclaves, les Allemands établis en Russie, accoururent à son secours, détachèrent par leur exemple les strélitz du parti de Sophie, et ramenèrent le jeune prince dans Moscow, où l'on fit périr dans les supplices les complices de la princesse, qui fut renfermée dans un couvent.

De ce moment, Pierre commença de régner; car Yvan n'eut jusqu'à sa mort (19 janvier 1696) d'autre marque de la souveraineté que de partager le titre de czar. Pierre résolut alors d'aller chercher, en voyageant chez les différentes nations, les lumières qu'il ne pouvait pas trouver chez lui. Il avait, avant son départ, pris ou cru prendre toutes les mesures possibles pour assurer pendant son absence la tranquillité de ses États. Mais le clergé, effrayé du progrès des connaissances de ce prince, et des premières lueurs de ce jour nouveau; craignant peut-être avec une bonne foi stupide, comme on le craint ailleurs par intérêt, de voir détruire la superstition, communiqua ses frayeurs au peuple. De vieux boyards attachés aux anciens usages se joignirent aux prêtres. Dans une nation esclave, superstitieuse et féroce, une révolution est l'ouvrage d'un moment; mais un moment aussi fait une révolution contraire. La Russie en a fourni plusieurs exemples en peu d'années de ce siècle. Les rebelles allaient remettre Sophie sur le trône, et comptaient fermer au czar l'entrée de ses États. Aux premiers bruits de la révolte, ce prince part de Vienne, et se montre bientôt dans Moscou. Avant son arrivée, les troupes étrangères qu'il y avait laissées avaient fait tête aux strélitz, qui accouraient des frontières en faveur de Sophie. La présence du czar acheva de tout soumettre. Il déploie aussitôt les supplices les plus terribles; et, jugeant que les strélitz conserveraient toujours un esprit de révolte, il résolut de les anéantir. Il les fit envelopper et désarmer par les troupes étrangères et par celles qui étaient restées fidèles. Dans un même jour, deux mille furent pendus, et environ cinq mille eurent la tête tranchée. Le czar donna le signal de l'exécution en prenant une hache dont il coupa lui-même une centaine de têtes, ordonna à ses courtisans de suivre son exemple, et abandonna le reste à d'autres bourreaux moins distingués. Toutes ces têtes furent mises sur des pointes de fer autour des murs de Moscow, un grand nombre en face des fenêtres de la prison de Sophie, et y restèrent cinq à six ans, jusqu'à la mort de cette princesse, en 1704.

Les strélitz n'étant que les instruments de la rebellion, le czar entreprit de se soumettre ceux qui en étaient l'âme. Une administration municipale succéda dans les provinces à celle des boyards. La puissance du clergé était encore un objet plus important. Les patriarches de Russie avaient souvent paru dans les cérémonies publiques à côté des czars; et quoique cette espèce d'égalité ne fût qu'une marque de respect pour la religion, Pierre savait que sa famille avait dû en partie son élévation au clergé. Il ne voulait pas qu'une autre maison pût avoir un jour la même obligation aux prêtres, dont il connaissait le pouvoir sur un peuple superstitieux. Il abolit donc le patriarcat, en appliqua les revenus aux besoins de l'État, et principalement à la solde des troupes, qu'il intéressait par là au succès d'une opération politique. Il fixa à cinquante ans les vœux monastiques. Cette ordonnance, qui aurait pu servir d'exemple aux autres princes, bornait tellement le nombre des moines, que c'était presque les détruire. Il réduisit enfin le clergé aux fonctions de son ministère; encore en exigea-t-il un serment nouveau, dont la formule lui donnait la suprématie ecclésiastique. Le czar sentait si bien la grandeur de son entreprise et le mérite du succès, qu'ayant lu un parallèle de Louis XIV et de lui, par Steele, il en parut flatté : *Mais cependant,* dit-il, *j'ai soumis mon clergé, et il obéit au sien.*

Pierre avait épousé en premières noces, en 1689, Eudoxie-Théodora Lapoukin, de la plus haute noblesse du duché de Nowogorod. Le mariage s'était fait suivant l'ancien usage. Toutes les filles jeunes, belles et nobles, de quelque partie de l'empire que ce fût, averties par une proclamation générale que le czar devait choisir entre elles une épouse, se rendirent à ce concours. Le czar, les ayant fait rassembler dans la plus grande salle du palais, et après les avoir examinées, se détermina en faveur d'Eudoxie. Un tel choix ne pouvait tomber que sur la beauté.

Dans cette foule de rivales, rien ne se manifestait de tant de caractères que le désir de plaire, ou l'ambition d'être préférée. Eudoxie n'avait pas les qualités propres à fixer un prince d'un tempérament bouillant qui ne fait pas les amants fidèles, même quand ils continuent d'aimer. Eudoxie, fière et jalouse, voulait régner seule sur le cœur de son mari, et avec lui sur l'empire. Elle oublia que ce mari était un maître effréné dans ses désirs, incapable de souffrir la moindre contrainte, et déjà refroidi par la jouissance. En moins de deux ans, il en eut deux enfants mâles. L'aîné, nommé Alexandre, mourut jeune; le second fut l'infortuné Alexis.

Le czar, de jour en jour plus dégoûté par l'humeur de l'impératrice, la prit bientôt en aversion. Il devint éperdument amoureux d'Anne Moëns ou Moousen, née à Moscow, de parents établis dans le faubourg de la stabode allemande. Cette fille, jeune, belle, et de beaucoup d'esprit, lui inspira une passion d'autant plus forte, qu'elle ne marquait à ce prince que de l'éloignement et même du dégoût. L'impératrice, transportée de fureur, accabla son mari de reproches, et recourut à mille artifices pour perdre sa rivale, qui, loin d'en éprouver du ressentiment, ne cherchait, pour se délivrer d'un amant odieux, qu'à le réconcilier avec Eudoxie. L'aversion de la jeune Allemande pour le czar venait de l'amour qu'elle avait pour Kaizerling, envoyé de Prusse.

Le czar, également irrité des reproches amers d'Eudoxie et des froideurs d'Anne Moousen, résolut de se venger de la première en la répudiant, et se flatta de séduire ensuite l'autre par l'ambition, en lui offrant sa main et sa couronne. Il consulta les théologiens de Russie sur les moyens de nullité qu'ils pourraient trouver dans son mariage : leur réponse ne fut pas favorable à ses désirs : c'était avant qu'il eût soumis son clergé. Le Genevois le Fort, favori, ministre, et tout ce qu'un homme d'une âme ferme, d'un génie étendu, d'un esprit décisif et plein d'expédients, pouvait être auprès d'un prince tel que le czar Pierre, se fit le casuiste de la question du divorce, et persuada à son maître de s'en faire le seul juge. Le Fort y trouvait son intérêt particulier. Eudoxie, loin de le ménager, cherchait continuellement à le traverser. Toute princesse ambitieuse, sans autorité et avide d'en avoir, n'osant faire éclater son dépit contre le maître, est naturellement ennemie des ministres qu'elle ne peut s'attacher.

Le czar prononça lui-même l'arrêt de répudiation ; et, pour ôter à Eudoxie tout espoir de retour, il la fit enfermer dans un couvent, et l'obligea d'y faire des vœux. Il y a toute apparence que ce prince, trop puissant pour dissimuler, avait réellement le dessein de placer sa maîtresse sur le trône, si elle-même en avait eu le désir ; car il n'avait plus rien à satisfaire du côté des sens. Anne Moousen était entrée en esclave dans le lit de cet amant terrible et absolu ; mais elle ne pouvait s'empêcher de laisser paraître son dégoût : quelquefois l'aveu lui en échappait. Si elle en cachait le principe, c'était pour ne pas exposer Kaiserling aux fureurs d'un prince jaloux, orgueilleux, despotique, et qui, dans sa vengeance, n'eût eu aucun égard au titre dont son rival était revêtu. Le refus constant d'Anne Moousen de recevoir la main du czar, était seul capable d'affermir un prince de ce caractère dans le dessein de la lui donner. Cependant, après une infinité de transports d'amour, de fureur, de combats entre la passion et le dépit, le czar, absolument rebuté, se livra, pour se guérir, à la débauche, où il était assez porté par son tempérament. Il n'eut plus de passion décidée ; car ce qu'il fit dans la suite pour Catherine fut l'effet, non de l'amour, mais de la reconnaissance pour cette femme extraordinaire.

Anne Moousen ne fut pas plutôt sortie de son brillant esclavage, et libre de disposer de sa main, qu'elle s'empressa de la donner à son véritable amant.

Pierre avait épousé Eudoxie, et l'avait déjà répudiée avant ses premiers voyages, qu'il ne commença qu'en 1697, après la mort de son frère. Il les interrompit pour venir châtier la révolte des strélitz, et ne les reprit qu'en 1716. Le temps qui s'était écoulé jusque-là fut principalement rempli par ses guerres, dont l'histoire est trop connue pour la rappeler ici. Ce qui regarde le second mariage du czar, et surtout les commencements de la fortune de l'impératrice Catherine, est moins connu. Jusqu'ici tous les ouvrages imprimés, sans exception, en ont supprimé, altéré ou déguisé les circonstances les plus singulières. Je vais y suppléer d'après des mémoires très-sûrs.

Catherine d'Alfendeyl naquit en 1686, dans le village de Ringen, du district de Dorpt en Livonie, de paysans catholiques de Pologne. On a même prétendu qu'elle était bâtarde d'un gentilhomme nommé Rosen, seigneur de ce village, parce qu'il fournissait la subsistance à la mère et à l'enfant. D'autres, tels que Hubner, lui donnent pour père Albendiel ou Alfendeyl, gentilhomme voisin, et ami de Rosen. Le mari de la paysanne était si ignoré, et cette généalogie alors si peu intéressante, que l'enfant fut inscrit, sur le registre baptistaire, *fundling*, c'est-à-dire enfant naturel. D'ailleurs, le plus ou moins de bassesse dans son origine est assez indifférent relativement au rang où elle parvint. Elle dut tout à la fortune et à son mérite personnel. Orpheline presque en naissant (car elle perdit à trois ans sa mère et Rosen), le vicaire de Ringen, son parrain, s'en chargea par charité. Elle avait treize ou quatorze ans lorsque le surintendant ou archiprêtre de Riga, nommé Gluk, faisant sa tournée, la trouva chez le vicaire, qui, étant pauvre, pria l'archiprêtre de se charger lui-même de l'orpheline. Gluk l'emmena, et la mit auprès de sa femme, qui en fit une espèce de servante. En croissant, sa taille et ses traits se développèrent, et sa beauté se faisait remarquer. Gluk vit qu'elle faisait un peu trop d'impression sur le cœur de son fils; et, pour en prévenir les suites, il la maria à un traban, Suédois, de la garde de Charles XII; d'autres disent à un soldat du régiment de Schlippenback : il pouvait bien avoir d'abord servi dans ce régiment. Au reste, une discussion sur cette différence d'état du mari n'est pas plus importante que sur la légitimité de la femme, dans l'obscurité où elle était née. Le mariage se fit à Marienbourg, où le mari était en garnison; et, trois jours après, il eut ordre de joindre l'armée. Il fut du nombre des prisonniers faits à la bataille de Pultava, et envoyé en Sibérie, où il ne mourut qu'en 1721.

Le peu de temps que les mariés passèrent ensemble a fait supposer, depuis, que le mariage n'avait pas été consommé, et pouvait être regardé comme nul, ce qui serait difficile à imaginer d'un soldat jeune, et amoureux d'une femme également jeune et belle. Cette question a eu un objet plus important que les précédentes, parce qu'il s'agissait de la légitimité des enfants du second mariage, tous nés du vivant du premier mari. Le pour et le contre a été soutenu par les mêmes personnes, mais en différents temps et suivant divers intérêts. Quoi qu'il en soit, le feld-maréchal Scheremetow ayant pris Marienbourg en 1722, y trouva Catherine, qu'il mit parmi ses esclaves, et en usa avec elle, comme avec d'autres, en vainqueur russe.

Menzicow, qui de garçon pâtissier était devenu, depuis la mort de le Fort, ministre et favori du czar, étant venu relever Scheremetow dans le commandement, celui-ci céda Catherine à son successeur, qui la mit encore dans une espèce de sérail de campagne. Un jour le czar, en visitant les quartiers de son armée, vint souper chez Menzicow, y vit Catherine [1], la trouva à son gré, lui dit, en sortant de table, de prendre le flambeau pour le conduire dans sa chambre, et la fit coucher avec lui. Le lendemain, il lui donna, en partant, un ducat; encore pensait-il avoir payé noblement sa nuit : non qu'il fût avare; mais il prétendait que les plaisirs de l'amour étaient comme tous les autres besoins de la vie, dont le prix doit avoir un tarif. Suivant celui qu'il avait fixé, un soldat ne devait qu'un sou de sa paye pour trois accolades. Le bon marché de cette denrée lui avait fait proscrire sévèrement la sodomie parmi les troupes. Il avait sur cet article plus d'indulgence pour les moines. Un de ceux-ci ayant violé un jeune esclave, fut simplement condamné à s'en défaire. Il semblerait par là que le crime ne fût que dans la violence. On y voit encore que l'excès de la dépravation des

---

[1] Ce qui concerne la naissance, le premier mariage de Catherine, et tout ce qui a précédé le temps où le czar la trouva chez Menzicow, est si obscur, que des hommes qui méritent une égale confiance ne laissent pas d'en parler avec des circonstances assez différentes. Par exemple, Campredon, ministre de France en Russie depuis 1723 jusqu'en 1728, dit, dans sa correspondance, que Catherine avait un frère qui fut tué par le czar, et une sœur qu'elle tenait à Revel avec une pension de trois cents roubles, et qu'elle finit par faire renfermer pour ses débauches. Campredon prétend encore qu'un capitaine suédois, nommé Tiesenhausen, eut un enfant de Catherine, chez Gluk; que celui-ci la voyant grosse la chassa, et que le capitaine la maria à un cavalier de sa compagnie, avec qui elle vécut trois ans, jusqu'à la prise de Narva, où le mari et la femme furent faits prisonniers, et envoyés à Moscow. Depuis que le czar eut pris Catherine chez Menzicow, elle voyait secrètement son mari; le czar, les ayant surpris ensemble, leur donna des coups de bâton, et envoya le mari en Sibérie.

mœurs se trouve plus dans la barbarie que chez les nations policées. Dans les accès de fureur amoureuse et les ardeurs de tempérament du czar, un sexe suppléait à l'autre.

Peu de temps après sa première entrevue avec Catherine, le czar revint la voir, s'entretint avec elle, et la jugea digne d'un meilleur usage que de satisfaire un goût de fantaisie. Sans avoir jamais su ni écrire ni lire, elle parlait quatre langues, et entendait le français. Beaucoup d'esprit naturel, actif, juste et flexible, une âme courageuse, le tout joint aux agréments de la figure, devaient plaire à un prince qui trouvait à la fois, dans la même personne, une maîtresse aimable et un supplément de ministre. Il dit à Menzicow qu'il fallait la lui céder, et s'en empara. Depuis ce moment elle suivit partout son nouveau maître, partageant ses fatigues, l'aidant de ses conseils, et finit par être sa femme et impératrice.

L'archevêque de Novogorod, qui fit la cérémonie du mariage, voulant profiter de cette circonstance pour obtenir le titre de patriarche, représenta au czar que cette fonction n'appartenait qu'à un patriarche. Le czar, pour réponse, lui appliqua quelques coups de canne, et l'archevêque donna la bénédiction nuptiale.

Ce ne fut qu'après avoir marié son fils Alexis à la princesse Charlotte de Brunswick-Wolfenbutel, sœur de l'impératrice, épouse de Charles VI, que le czar fit ou [1] célébra son mariage avec Catherine. Il en avait alors déjà eu deux filles, Anne en 1708, Élisabeth en 1710. Il en eut depuis un fils en 1715, mort en 1719; un autre en 1717, qui naquit et mourut le même jour à Wesel; et une fille née en 1718, et morte en 1725. Catherine,

---

[1] L'auteur de l'histoire du Nord, t. Ier, page 532, dit, sur l'an 1712, que le czar, frappé d'admiration pour les qualités éminentes de Catherine, à qui il devait son salut à la journée du Pruth, l'éleva au rang de son épouse. Cette manière de s'exprimer ferait juger que les princesses Anne et Élisabeth ne furent légitimées que par un mariage subséquent à leur naissance.

Voltaire prétend, au contraire, que Pierre avait épousé secrètement Catherine dès 1707; qu'il déclara ce mariage le 17 mars 1711, le jour même de son départ pour la guerre contre les Turcs, et qu'il ne fit, en 1712, que célébrer avec plus d'appareil un mariage déjà fait et reconnu. Voltaire le place en 1707, pour établir la légitimité des deux princesses. Mais, outre qu'un mariage secret n'était guère du caractère d'un prince qui avait répudié sa première femme, la plus grande difficulté resterait encore, puisque le mari de Catherine vivait, et n'est mort qu'en 1721.

La princesse Anne fut mariée, en 1726, au duc de Holstein-Gottorp, fils de celui qui avait épousé la sœur de Charles XII. Élisabeth régna dans la suite depuis le 6 décembre 1741 jusqu'au 5 janvier 1762, jour de sa mort.

née catholique romaine, avait été élevée dans le luthéranisme, qu'elle abjura pour la communion grecque, en montant sur le trône. Aussitôt qu'elle se vit un fils, elle conçut l'espérance et forma le projet de le faire régner après son père. Cette ambition était contraire à la justice et aux droits du sang; mais elle pouvait être utile à l'État. La czarine, espérant que son fils vivrait, se flattait de vivre elle-même assez pour en faire un prince digne de succéder à son père.

Le czarovitz Alexis, au contraire, paraissait le successeur le moins propre à suivre et perfectionner les projets du czar. Un caractère sombre, des mœurs grossières et crapuleuses, un esprit borné et asservi à toutes les superstitions religieuses et politiques, menaçaient de replonger l'empire dans la barbarie. Les intrigues d'Eudoxie, et surtout la conduite que des prêtres ignorants et fanatiques inspiraient à la mère et au fils, précipitèrent la perte de l'un et de l'autre.

A peine le czar et la czarine furent-ils partis de la Russie, que les mécontents commencèrent à cabaler. Aux premiers soupçons que le czar en conçut, il manda au czarovitz de le venir trouver. Mais ce prince, au lieu d'aller joindre son père, s'enfuit à Vienne auprès de son beau-frère Charles VI, et de là passa à Naples, où le czar le fit arrêter, et ramener à Moscow.

Pierre apprit encore qu'Eudoxie avait, dans son couvent, quitté l'habit de religieuse, et pris les ornements d'impératrice; qu'un officier nommé Glebow avait avec elle un commerce criminel, par l'entremise de l'archevêque de Rostow; que l'officier parmi les troupes, et le prélat dans le clergé, étaient les chefs d'une conspiration en faveur du czarovitz et de sa mère.

Le czar part à l'instant; tout ce qui était coupable ou soupçonné de l'être fut arrêté et immolé à sa vengeance. Abraham Lapoukin, frère d'Eudoxie, fut décapité; l'archevêque, roué vif. Eudoxie, effrayée de l'appareil de la question, avoua tout ce qu'on voulut. On prétend que les lettres seules de sa main suffisaient pour la convaincre d'adultère; mais Glebow, au milieu des tourments de la plus cruelle question, soutint toujours l'innocence d'Eudoxie, rejetant son aveu sur la crainte des supplices. Il fut ensuite empalé, et persista jusqu'à la mort à défendre la vertu de cette malheureuse princesse. Avant qu'il expirât, le czar, qui avait été présent à la question, et qui voulut l'être encore à la dernière exécution au milieu de la grande place de Moscow, s'avança vers le patient, et le conjura, par tout ce qu'il y a de plus sacré, d'avouer son crime et la complicité d'Eudoxie. Glebow, ranimant ce qui lui restait de forces, et regardant le czar avec une indignation mêlée de mépris : *Il faut*, dit-il, *que tu sois aussi imbécile que barbare, pour croire que, n'ayant pas voulu consentir à flétrir la vertu d'Eudoxie au milieu des supplices inouïs que tu m'as fait souffrir, à présent que je n'ai plus d'espérance de vivre, j'irai accuser l'innocence et l'honneur d'une femme vertueuse, en qui je n'ai jamais connu d'autre tache que de t'avoir aimé. Va, monstre,* ajouta-t-il en lui crachant au visage, *retire-toi, et laisse-moi mourir en paix.* Glebow expira un quart d'heure après ; le czar lui fit ensuite couper la tête, la prit par les cheveux, et, la montrant au peuple, s'oublia assez pour la charger encore d'imprécations.

Quelque désir qu'il eût de condamner Eudoxie, il ne voulut pas se charger lui-même du jugement, et le renvoya à une assemblée d'évêques et de prêtres, qui se bornèrent à la condamner à recevoir la discipline par les mains de deux religieuses ; ce qui s'exécuta en plein chapitre, après quoi elle fut conduite dans un couvent sur le bord du lac Ladoga. La princesse Marie, sœur du czar, fut condamnée, comme complice d'Eudoxie, à recevoir cent coups de baguette, qui lui furent appliqués sur les reins, en présence du czar et de toute la cour, qui avait eu ordre d'y assister. Elle fut ensuite enfermée dans le château de Schlusselbourg, où elle mourut peu de temps après. Les confesseurs et domestiques des deux princesses, après avoir été fouettés publiquement par le bourreau, et qu'on leur eut fendu le nez et coupé le bout de la langue, furent envoyés en Sibérie.

Le czar procéda ensuite au jugement de son fils. On sait qu'il fut condamné à mort, et que son arrêt et sa grâce, qui lui furent annoncés presque en même temps, lui causèrent une révolution si violente qu'il mourut le jour suivant. Le czar manda, aux ministres qu'il avait dans les différentes cours ¹, que son fils était mort d'une apoplexie causée par le saisissement qu'il avait éprouvé. Quelques personnes, qui paraissent instruites, prétendent que le czar dit au chirurgien qui fut appelé pour saigner le malheureux prince : *Comme la révolution a été terrible, ouvrez les quatre veines.* Ainsi le remède serait devenu l'exécution de l'arrêt. Le corps du czarovitz fut exposé à visage découvert, pendant quatre jours, à tous les regards ; et ensuite inhumé dans la citadelle, en présence du czar et de la czarine. Cette princesse avait prié le père d'accorder la grâce au fils, de ne pas même lui prononcer l'arrêt, et de se contenter de lui faire prendre le froc. Une telle prière n'est nullement incompatible avec le désir et la certitude de ne rien obtenir.

Les jésuites, qui s'étaient glissés en Russie et qui cherchaient à s'y établir, furent chassés à cette occasion.

Eudoxie passa six ans, c'est-à-dire, le reste de la vie du czar, dans une chambre, au pain et à l'eau, avec quelques liqueurs. Après la mort de ce prince, la czarine Catherine la fit transférer dans un cachot de la forteresse de Schlusselbourg, seule avec une vieille naine pour la servir, et qu'elle était souvent réduite à servir elle-même, suivant les infirmités qu'elles éprouvaient l'une et l'autre.

Pierre, après avoir sacrifié son fils aîné, eut la douleur de perdre celui qu'il avait eu de Catherine, et fait reconnaître pour héritier de l'empire. Il fut tué d'un coup de tonnerre, entre les bras de sa nourrice. Au chagrin qu'il en ressentait se joignit l'humeur que donne ordinairement l'altération de la santé aux hommes accoutumés à l'action, et qui ont joui constamment de toutes leurs facultés. La czarine en éprouvait quelquefois des bourrasques ; la plus violente de toutes précéda de peu de temps la mort du czar. Ce prince crut remarquer entre Catherine et un chambellan qu'elle avait, nommé Moëns ², beau et bien fait, des familiarités très-vives. Soit qu'il n'osât manifester sa jalousie,

---

¹ La lettre du czar au prince Kourakin, son ministre en France, sur l'arrêt de condamnation, et sa perplexité sur l'exécution, est du 5 juillet 1718 ; et celle où il mande la mort est du 7 du même mois.

² J'ignore si Mousen ou Moëns était frère ou parent de la Moëns que le czar avait aimée ; mais ce Moëns avait une sœur dame d'atour de la czarine

soit qu'il ne voulût pas déshonorer sa famille, il employa, pour faire périr Moëns, un prétexte qui devrait être une loi sous un prince juste. Il n'est que trop ordinaire de rencontrer dans les cours de ces gens qui, par une concussion vile et sourde, vendent leur crédit à ceux qui le réclament. Pierre avait défendu, sous peine de mort, à tout homme en place de recevoir aucun présent. Il n'est pas difficile de trouver à cet égard des coupables, et la loi était apparemment restée sans exécution, puisqu'elle avait été renouvelée plusieurs fois. Le czar jugea à propos d'en faire l'application au chambellan; et, pour dérober d'autant mieux au public la connaissance du vrai motif de cette sévérité, la sœur de Moëns, impliquée dans l'accusation, fut simplement condamnée à recevoir quelques coups de knout; mais son frère fut décapité, et sa tête resta sur une pique jusqu'à la mort du czar. On trouva après l'exécution le portrait de l'impératrice dans les habits du malheureux chambellan. Le czar, quelques jours après, mena Catherine avec lui dans une calèche découverte, et affecta, à plusieurs reprises, de la faire passer auprès de la tête de Moëns, observant d'un regard cruel l'impression que cet objet faisait sur le visage de la czarine, qui tint toujours les yeux baissés.

La jalousie du mari ne pouvait tomber que sur les sentiments de sa femme; le reste devait lui être assez indifférent, si l'on en juge par la conduite qu'il tint dans l'aventure de Villebois. C'était un gentilhomme breton, qui, partagé de peu de biens et de beaucoup de valeur, avait cherché à se procurer du moins un peu d'aisance en faisant la contrebande, sur un petit bâtiment qu'il commandait et gouvernait lui-même, contre les fermiers généraux. Les tracasseries de la justice financière l'avaient obligé de s'expatrier. Après avoir essuyé les révolutions de la bonne et de la mauvaise fortune, le hasard le fit rencontrer par le czar sur un petit vaisseau hollandais. Une tempête, assez forte pour déconcerter le pilote et l'équipage, accueillit le bâtiment. Villebois, simple passager, s'empare du gouvernail, ordonne la manœuvre, et s'en acquitte si bien que tout échappa au danger. Le czar, frappé de l'intelligence et de l'intrépidité de Villebois, qualités très-propres à plaire à ce prince, lui proposa de s'attacher à la

Russie. Villebois, qui menait une vie d'aventurier, et ne recevait de vacation que des accidents, accepta le parti, et suivit un prince qui se trouvait fait pour lui Villebois, autant que celui-ci était fait pour le prince. Le czar l'employa dans sa marine, lui confia le commandement de quelques galères, et le chargeait souvent de commissions.

Un jour, et peu de temps après son second mariage, le czar l'envoya à Strelemoitz, maison de plaisance où était la czarine, pour lui communiquer une affaire dont elle seule devait avoir connaissance. Le commissionnaire aimait à boire, l'ivresse le rendait violent; et le froid était si vif, que pour y résister il but en chemin beaucoup d'eau-de-vie. La czarine était au lit lorsqu'il arriva; il attendit devant un poêle qu'on l'eût annoncé. Le passage subit du froid au chaud développa les fumées de l'eau-de-vie; de sorte qu'il était à peu près ivre lorsqu'on l'introduisit. L'impératrice ayant fait retirer ses femmes, Villebois commençait à s'acquitter de sa commission; mais, à la vue d'une femme jeune et belle, dans un état plus que négligé, une nouvelle ivresse le saisit; ses idées se brouillèrent; il oublie le sujet du message, le lieu, le rang de la personne, et se précipite sur elle. Étonnée, elle crie, appelle à son secours; mais, avant qu'il fût arrivé, tout ce qu'on eût voulu empêcher était fait. Villebois est saisi et jeté dans un cachot, où il s'endort aussi tranquillement que s'il eût bien fait sa commission, et n'eût eu rien à se reprocher ni à craindre. Le châtiment, en effet, ne répondit pas à la témérité. Le czar, qui n'était qu'à cinq lieues de là, fut bientôt instruit de ce qui venait de se passer. Il arrive, et, pour consoler sa femme, que les brusques efforts de Villebois avaient blessée au point qu'il fallut la panser, il lui dit que le coupable, qu'il connaissait de longue main, était certainement ivre. Il le fait venir, et l'interroge sur la manière dont il a fait sa commission. Villebois, encore à demi-ivre, lui répond qu'il a sûrement exécuté ses ordres; mais qu'il ne sait plus où, quand et comment. Quoiqu'il fût difficile qu'il eût perdu toute idée de ce qu'il avait fait, le czar jugea à propos de l'en croire, parce qu'il s'en était plusieurs fois servi utilement, et pouvait encore l'employer. Mais par une sorte de police, et pour ne pas laisser absolument impunie une violence qui, exercée sur la femme du plus bas étage et sous le gouvernement le plus doux, mériterait le dernier supplice, le czar se contenta d'envoyer le coupable forçat sur les galères qu'il commandait auparavant, et six mois après le rétablit dans le même poste.

La czarine lui pardonna sans doute aussi, car, dans la suite, elle lui fit épouser la fille de Gluk, cet archiprêtre de Riga, à qui elle avait eu obligation dans sa jeunesse. Quand elle fut sur le trône, elle témoigna sa reconnaissance à tous ceux qui l'avaient obligée, et particulièrement à Gluk et à sa famille, qu'elle établit à la cour. Le Villebois dont on voit quelquefois le nom dans les gazettes, à l'article de Russie, pourrait bien être le fils ou le petit-fils de celui dont je viens de parler.

De simples soupçons que le czar eut de la témérité de Moëns le portèrent plus loin que n'avait fait l'attentat de Villebois. La mort de ce prince ayant suivi de près l'exécution du chambellan de l'impératrice, elle fut soupçonnée d'avoir hâté la mort d'un mari qui, dépérissant de jour en jour, n'en devenait que plus terrible, et dont elle redoutait les fureurs pour elle-même. D'un autre côté, le prince Menzicow, autrefois favori et encore ministre du czar, mais particulièrement livré à Catherine, dont il avait été un des premiers maîtres, avait été près de succomber sous des accusations trop fondées de concussions et de tyrannies ministérielles. Il conservait encore sa place ; mais il avait perdu sa faveur, et craignait à chaque instant sa chute. L'intérêt que Catherine et lui pouvaient avoir à la mort du czar, était l'unique raison qui les en faisait soupçonner [1]. Il est sûr que ce prince mourut d'un abcès à la vessie, fruit de ses débauches ; l'orgie de son dernier conclave acheva de rendre le mal incurable, et le fit périr en peu de jours.

---

[1] Voltaire prétend au contraire que la czarine avait un grand intérêt à la conservation de son mari ; mais les preuves qu'il croit en donner, loin de dissiper les soupçons, les fortifieraient. *Catherine*, dit-il, *n'était pas sûre de succéder au trône*. On croyait même que le czar nommerait son petit-fils Pierre, fils du czarovitz, ou sa fille aînée, Anne Petrowna, conjointement avec son mari, le duc de Holstein. Il me semble, au contraire, que, dans ces circonstances, Catherine aurait eu le plus grand intérêt à la mort du czar avant qu'il eût disposé de sa succession, d'autant plus que, n'y ayant point encore d'héritier nommé ou reconnu, elle pouvait, comme elle le fit, se servir du crédit de Menzicow sur les troupes, pour s'emparer du trône à l'instant de la mort du czar.

Ainsi finit Pierre Iᵉʳ, plus recommandable par de grandes qualités que par des vertus. Supérieur par son esprit et ses connaissances à sa nation, il en conserva toute la barbarie dans ses mœurs. Féroce jusque dans ses plaisirs, il n'avait pas la moindre idée du respect qu'un prince se doit à lui-même. Barbara Arseniow, sœur de la femme de Menzicow, en peut servir d'exemple. *Tu es si laide,* lui dit un jour le czar, *que personne ne t'a jamais rien demandé : je veux t'en consoler, outre que j'aime les choses extraordinaires.* Il tint parole ; et cette galanterie brutale, soutenue de propos assortis, eut pour témoins ceux qui s'y trouvèrent. *Il ne faut pas,* dit-il ensuite, *se vanter de ses bonnes fortunes ; mais celle-ci doit se publier, ne fût-ce que pour inspirer la même charité envers les pareilles de cette pauvre Barbara.* Tel fut le réformateur de la Russie, qu'on prétend avoir poli sa nation.

Jamais despotisme ne fut plus cruel que le sien. De simples soupçons de crime étaient souvent pour lui des preuves. Les coupables mêmes paraissaient moins abandonnés à la justice que sacrifiés à la vengeance. Il repaissait ses yeux de leurs supplices, et quelquefois en fut l'exécuteur. Il avouait qu'il n'avait pu vaincre son caractère : l'avait-il combattu ? Quelques-uns de ses projets furent vastes, mais peu combinés, et au-dessus de ses talents. Il voulait à la fois éclairer ses sujets, et appesantir le despotisme, qui, heureusement, s'anéantit tôt ou tard chez les peuples éclairés, pour faire place à un gouvernement légal, aussi favorable aux princes qu'aux sujets. Mais ce n'était pas le but de Pierre Iᵉʳ. Il a saisi l'imagination des hommes, et ce n'est pas l'effet d'un mérite médiocre ; mais l'imagination et le préjugé n'apprécient pas, comme la raison, le mérite des princes. Cependant, si on ne le compte pas parmi les grands hommes, on ne peut lui refuser une place distinguée, pour avoir mis en Europe une nation dont il voulait être le créateur, après s'être créé lui-même. Jusqu'à son règne, les Russes n'avaient point fait partie du système politique de l'Europe ; et le nom du czar paraît, pour la première fois en 1716, dans la liste des souverains qui s'imprime en France.

Ce *conclave* qu'il célébrait annuellement dans une partie de débauche, le jour des Rois, qui était aussi consacré à la bénédiction des eaux, était une dérision assez grossière de la cour de Rome. Elle n'en était que plus propre à faire impression sur un peuple également grossier, à qui il voulait faire prendre en mépris le pape et l'Église latine. Il avait eu autrefois quelque dessein, comme je l'ai dit ailleurs, d'y réunir l'Église grecque; mais il avait été révolté du despotisme papal; et dès ce moment il voulut le rendre odieux en Russie, et fortifier la barrière de séparation. Ce fut ce qui lui fit imaginer son burlesque *conclave*. Un de ses fous était élu pape, les autres étaient créés cardinaux; et l'assemblée se passait en folies et à s'enivrer.

La bénédiction des eaux s'étant faite le même jour, le plat et mercenaire écrivain le baron de Huissen, qui s'est caché sous le nom de Nestezuranoy, dit que Pierre mourut d'un catarrhe causé par le froid excessif qu'il éprouva à cette cérémonie, *à laquelle il assista*, dit l'auteur, *avec sa piété ordinaire;* et je n'en doute point, surtout en se préparant à son orgie.

Dans les derniers moments de la vie du czar, les sénateurs s'étant assemblés pour délibérer sur sa succession, Menzicow fit entourer le palais par les troupes, dont il avait le commandement en qualité de feld-maréchal, et, dès que le czar eut expiré, entra dans l'assemblée, et proposa de déférer la couronne à la czarine. Le parti opposé à Menzicow, prévoyant le crédit qu'il aurait sous cette princesse, réclama en faveur du fils du czarovitz Alexis, proposa de consulter du moins le peuple assemblé dans la place, et se mettait déjà en devoir d'ouvrir les fenêtres pour cet effet, lorsque Menzicow, qui sentait le prix du moment, dit qu'il faisait trop froid pour ouvrir des fenêtres, et le défendit. Dans le moment, les officiers, à la tête des gardes, entrèrent dans la salle, et appuyèrent l'avis du feld-maréchal. L'archevêque de Novogorod était gagné, et celui de Plescow affirma que, la veille du couronnement de la czarine, le czar avait déclaré que cette cérémonie n'était que pour la faire régner après lui. Le respect pour le prélat, et surtout la vue des troupes, empêchèrent d'en douter. Tous passèrent à l'avis de Menzicow, et n'osèrent le combattre; et Catherine fut proclamée impératrice le même jour que le czar mourut, le 28 janvier 1725.

Catherine, pendant un règne de quinze à seize mois, prouva qu'elle était digne de succéder à son mari. Elle suivit les plans de gouvernement et ceux des établissements qu'il avait commencés, ce qui ne l'empêcha pas de se délasser des affaires par quelques plaisirs. Elle prit d'abord pour amant le comte de Lewenvolden, et ensuite le comte de Sapieha ¹, à qui elle maria sa nièce. Menzicow eut, sous le règne de Catherine, le principal crédit. Elle lui avait obligation; mais la reconnaissance pèse aux princes, et il crut s'en apercevoir de la part de la czarine, qui d'ailleurs pouvait mourir, et disposer de sa succession en faveur de quelqu'un qui, ne devant rien au ministre, pourrait lui en préférer un autre. Catherine en avait le droit, en vertu d'une constitution de Pierre Ier du 16 février 1722, dont l'observation fut jurée par tous les sujets de Russie, et par laquelle il fut statué que les souverains de la Russie pourraient se choisir tel successeur qu'ils jugeraient à propos. Menzicow résolut donc, à tout événement, de se préparer un appui, en prenant des mesures plus légales que celles qu'il avait employées pour Catherine. Il entama une négociation secrète avec la cour de Vienne, pour assurer la couronne au fils du czarovitz Alexis, et neveu par sa mère de l'impératrice d'Allemagne, femme de Charles VI. Il eut soin de stipuler que le czar futur deviendrait son gendre en épousant sa fille. Ce traité ne fut pas plutôt conclu et signé, que Catherine mourut; et au même instant le czarovitz fut proclamé et reconnu sous le nom de Pierre II, le 17 mai 1727.

Menzicow n'avait pas oublié de faire exiler, écarter ou intimider d'avance tous ceux qui auraient pu réclamer en faveur du duc et de la duchesse de Holstein, fille aînée de Pierre Ier. L'un et l'autre se retirèrent dans leurs États d'Allemagne, où la duchesse mourut l'année suivante.

La mort de Catherine, arrivée si fort à point nommé pour les projets de Menzicow, le fit violemment soupçonner de l'avoir empoisonnée; et les présomptions en étaient si fortes, qu'elles ne firent que se fortifier dans la suite : mais qui que ce soit n'eût

---

¹ Il était cousin du roi Stanislas et de sa femme.

osé l'en accuser, tant sa puissance devint redoutable. Sa première attention fut de retirer de prison Eudoxie, aïeule du nouveau czar : il lui envoya des habits et un cortége dignes de son rang, et lui demanda son agrément pour le mariage de son petit-fils avec la princesse Menzicow, fille aînée de ce ministre. Il s'était fait créer vicaire général de l'empire. Sa fille fut fiancée avec le jeune czar, en attendant l'âge de consommer le mariage. Menzicow, craignant l'esprit inquiet d'Eudoxie, son goût pour l'intrigue, et le crédit qu'elle pouvait prendre sur l'esprit de son petit-fils, eut assez d'adresse et d'autorité pour l'obliger à garder le voile, se contenter d'être abbesse d'un couvent de filles nobles, avec soixante mille roubles de pension. Il régnait également sur la Russie et sur son souverain, qu'il traitait même avec hauteur, lui réglant ses exercices et ses récréations, sans permettre le moindre écart sur ce qu'il lui prescrivait. Ce qu'il y a de plus dangereux pour un sujet, il se faisait craindre de son maître, se rendait odieux à la cour ; et ses richesses immenses excitaient la cupidité de tous ceux qui, en le perdant, espéraient partager ses dépouilles. Sous les deux règnes précédents, une folle vanité l'avait égaré. Pour faire oublier la bassesse de son origine, il avait pris les moyens qui, par leur contraste trop frappant, la rappelaient davantage. Il s'était fait décorer des ordres de chevalerie des princes qui avaient eu besoin de lui. Il ambitionnait fort celui du Saint-Esprit ; et, par ménagement, au lieu de lui opposer sa naissance, on avait fondé le refus sur la différence de religion. La disgrâce qu'il avait vue de si près sous le czar Pierre Ier ne l'avait pas rendu sage. Dès qu'il s'était cru hors de toute atteinte, un orgueil féroce avait succédé à la vanité. Traitant avec mépris et dureté les boyards et les ministres, il avait menacé de la roue le comte d'Osterman, pour avoir osé, dans le conseil, être d'un avis différent du sien. Un pouvoir précaire souvent plus oppresseur que le légitime est aussi plus révoltant ; et, quelques précautions que prennent les tyrans, leurs successeurs échappent toujours à leurs recherches.

La princesse Élisabeth qui a régné dans la suite, et le jeune prince Dolgorouki que j'ai connu dans ma jeunesse, étaient les seuls à qui Menzicow permît de partager les récréations du czar, comme étant par leur âge moins suspects d'intrigue. Mais ils servirent d'instruments au parti qui les dirigeait. Dolgorouki couchait habituellement dans la chambre du czar, et fomentait le ressentiment du jeune monarque contre son ministre. Celui-ci avait mené la cour à Péterhoff, maison de plaisance peu distante de Pétersbourg. Une nuit, le czar, conseillé par Dolgorouki, s'échappa avec lui par une fenêtre; et, traversant le jardin sans être aperçus des gardes, ils trouvèrent une escorte préparée à les recevoir, et avec laquelle le czar arriva à Pétersbourg. Il y fut reçu aux acclamations des mécontents, c'est-à-dire de tous ses sujets. La garde à l'instant fut changée, ou se joignit aux habitants; et lorsque Menzicow, averti de la fuite du prince et courant après lui, entra dans la ville, il vit qu'il ne lui restait plus d'espoir. Il fut arrêté à l'instant, avec ordre de se retirer à Rennebourg, une de ses terres. *J'ai fait de grands crimes,* dit-il en se voyant arrêté; *mais est-ce au czar à m'en punir?* Ces paroles confirmèrent les soupçons qu'on avait eus de l'empoisonnement de Catherine.

Menzicow sortit de Pétersbourg avec sa famille, dans le plus brillant de ses équipages, suivi de sa maison, et emportant ses effets les plus précieux; mais ce faste ayant choqué ses ennemis, il n'était pas à deux lieues, qu'un officier, à la tête d'un détachement, l'atteignit, le fit descendre de son carrosse, monter, lui, sa femme et ses enfants, chacun dans un chariot séparé; et ses équipages reprirent le chemin de Pétersbourg. A mesure que Menzicow s'en éloignait, on ajoutait une nouvelle humiliation à sa disgrâce. On les dépouilla des habits qu'ils portaient, pour leur en donner de bure. Ce fut dans cet état que lui, son fils et ses deux filles, dont l'aînée avait été fiancée avec le czar, arrivèrent à Yacouska, extrémité de la Sibérie. Sa femme, qui, dans son élévation, avait témoigné autant de modestie et de bienfaisance que son mari avait déployé d'orgueil et de dureté, succombant à la fatigue et à la douleur que lui causait l'état de ses enfants, était morte en chemin. Pour Menzicow, il ne commença d'être ou de paraître grand que dans le malheur. Il ne laissa voir que le plus ferme courage, auquel ressemble assez le désespoir d'une âme forte. Il ne lui échappa aucun murmure. Il reconnaissait à son égard la justice du ciel, ne s'attendrissait que sur ses enfants, et tâchait de leur inspirer des sentiments conformes à leur état actuel. Dans la chaumière qu'ils s'étaient construite au milieu de leur désert, chacun partageait le travail pour la subsistance commune. Le père subit une nouvelle épreuve, en voyant expirer entre ses bras celle de ses filles qui avait été désignée impératrice. Il succomba enfin sous le poids de son infortune et sous les efforts qu'il faisait pour la soutenir, et qui avaient usé les ressorts de son âme. Il mourut de la maladie des ministres disgraciés, laissant à ses pareils une leçon inutile, parce qu'ils ne la reçoivent jamais que d'eux-mêmes, et quand ils n'en peuvent plus faire usage.

En effet, les Dolgorouki, qui avaient renversé et remplacé Menzicow, eurent le même sort. La sœur du jeune favori du czar fut fiancée avec le monarque; mais le mariage n'eut pas lieu. Pierre II mourut de la petite vérole le 29 janvier 1730, dans la troisième année de son règne et la quinzième de son âge.

Anne Jowanowna, fille du czar Jean III, frère aîné de Pierre I*er*, veuve du duc de Courlande, et tante, à la mode de Bretagne, de Pierre II, lui succéda. Les Dolgorouki, père, mère et enfants, furent exilés en Sibérie, traités avec la même sévérité que les Menzicow, et eurent la douleur de voir rappeler le fils et la fille qui en restaient. Ceux-ci, réconciliés par le malheur avec les Dolgorouki, jadis leurs ennemis et auteurs de leur ruine, leur laissèrent leur habitation en meilleur état qu'ils ne l'avaient eue d'abord, les plaignirent, et promirent d'agir pour eux autant qu'on ose le faire à la cour pour des malheureux.

La grâce accordée à Menzicow et à sa sœur n'était pas, de la part du gouvernement, absolument désintéressée; c'était pour jouir des sommes immenses que Menzicow, leur père, avait placées dans la banque de Venise et d'Amsterdam, et que les directeurs refusaient de remettre à tout autre qu'à Menzicow ou à ses enfants en liberté. La czarine leur en abandonna la cinquième partie.

La czarine continua de faire rendre à Eudoxie les honneurs dus à une femme veuve et aïeule de czars, et payer la pension de soixante mille roubles. Mais elle ne survécut pas longtemps à son petit-fils; une maladie de langueur termina ses jours le 8 septembre 1731.

Anne régna plus de dix ans, et mourut le 27 octobre 1740, laissant la couronne à son petit-neveu Yvan, fils d'Antoine Ulric, prince de Brunswick-Bevern, et d'Élisabeth de Meckelbourg, celle-ci fille de Catherine Jowanowna, sœur aînée de la czarine Anne. Cet enfant, si connu sous le nom du petit prince Yvan, et dont la fin a été si tragique, né le 22 août précédent, n'avait que deux mois lorsqu'il fut couronné sous le nom d'Yvan IV.

Quelques jours auparavant, la czarine sa grand'tante l'avait nommé son successeur, en vertu de la constitution de Pierre Ier, du 5 février 1722, sur le pouvoir des souverains de Russie de disposer arbitrairement de leur succession. En conséquence, il avait été proclamé grand duc de Moscovie; et les ministres, les généraux, les grands officiers, lui avaient prêté serment. Le comte de Biren, duc de Courlande, était nommé régent; mais, trois semaines après la mort de la czarine Anne, le duc et la duchesse de Brunswick, père et mère du nouveau czar, firent enfermer Biren, prirent la régence, et laissèrent sous leur nom l'administration de l'empire au grand chancelier comte d'Osterman.

Cette espèce de règne ne fut que de quatorze mois. La nuit du 5 au 6 décembre 1731, Élisabeth Petrowna, conseillée par un Français nommé Lestoc, son chirurgien, et à la tête de huit grenadiers, se transporte aux casernes des gardes, les engage à la suivre, marche au palais, fait arrêter le duc et la duchesse de Bevern, les comtes d'Osterman et de Munich, entre dans la chambre du jeune czar, le prend dans ses bras, le baise, et, le confiant à ses gens affidés, recommande qu'on en ait le plus grand soin, et qu'il ne soit exposé à d'autre malheur que la perte de la couronne. A six heures du matin la révolution était terminée; et, sans répandre une goutte de sang, Élisabeth fut reconnue impératrice par tous les ordres de l'État.

Son entreprise était d'autant plus juste, que Pierre Ier avait, par une disposition testamentaire, ordonné que si le czar son petit-fils mourait sans enfants, la princesse Élisabeth Petrowna succéderait à ce prince. Le comte d'Osterman, grand chancelier, avait soustrait ce testament. Mais une copie s'en étant trouvée, Osterman avoua son crime, et fut condamné à perdre la tête. Élisabeth lui fit grâce de la vie, et se contenta de l'exiler en Sibérie, où il est mort. Quelque coupable que ce ministre fût envers cette princesse, elle ne voulut pas manquer au vœu qu'elle avait fait, de ne permettre sous son règne aucune exécution à mort. Si elle montra de la clémence envers Osterman, elle eut peu de reconnaissance pour Lestoc, qui avait eu à la révolution plus de part que personne. Il fut exilé en Sibérie par les intrigues du chancelier Bestuchef et d'Apraxin, président du collége de guerre, qui se partagèrent les affaires. Il était d'autant plus facile de s'en emparer, qu'Élisabeth ne s'était déterminée à monter sur le trône que pour se livrer sans contrainte aux plaisirs dont elle a été uniquement occupée pendant plus de vingt-un ans de règne [1]. Ses favoris, qu'elle variait, et qui lui étaient plus chers que ses ministres, faisaient tous la plus grande fortune. Telle a été celle des deux frères Razomouski, Cosaques d'une naissance obscure, mais jeunes, beaux et bien faits, qualités fort recommandables auprès d'Élisabeth. Ce fut à pareil titre que Ziervers, fils d'un laquais du feu duc de Biren, fut fait comte, et envoyé à Vienne dans des occasions d'éclat. L'intrigue de Peters Schevalow, et la figure de son cousin Yvan Schevalow, portèrent l'un et l'autre au plus haut degré de faveur. Le premier commença à se faire jour en épousant une favorite de l'impératrice; il plaça ensuite son cousin auprès d'elle en qualité de page, bien sûr de ce qui en arriverait. Celui-ci, devenu chambellan et favori de sa maîtresse à tous les titres, eut et procura à son cousin beaucoup de part dans le gouvernement. Peters formait les projets, et Yvan les faisait adopter. Ces deux nouveaux comtes se firent bientôt adjoindre à Bestuchef et Apraxin, qui, n'osant lutter de crédit, furent obligés de s'y soumettre. Yvan

---

[1] Il avait fallu user presque de violence, c'est-à-dire l'intimider pour la placer sur le trône. Lestoc, la nuit même de la révolution, ne triompha de la crainte de cette princesse sur les suites de l'entreprise, qu'en lui inspirant une frayeur plus forte. Il lui présenta un dessein où l'on voyait, d'un côté, Élisabeth sur le trône, et Lestoc assis à ses pieds; et de l'autre, cette princesse sur un échafaud, prête à avoir la tête tranchée, et Lestoc sur la roue. *Vous avez encore en ce moment le choix*, lui dit-il; *demain il n'y a plus de trône, et l'échafaud est sûr*.

Élisabeth eut huit enfants naturels, dont aucun n'a été reconnu, et qu'une de ses favorites, Italienne, nommée Jouanna, prenait sur son compte.

Schevalow avait auprès de lui un secrétaire dont la cour de France aurait pu tirer un grand parti pour détacher la Russie de l'Angleterre, par la confiance que son maître avait en lui, et en profitant de la haine de la femme de Peters Schevalow contre Bestuchef, dévoué aux Anglais. Ce secrétaire était Français, fils d'un conseiller de Metz, nommé Eschoudy. Le dérangement de sa conduite l'avait fait quitter sa patrie sous le nom de chevalier de Lussy. Après avoir parcouru l'Europe en aventurier, il fut obligé d'entrer dans la troupe des comédiens français d'Élisabeth. Il fit aussi quelques romans, et un journal intitulé *le Parnasse français*. Ses talents et la facilité avec laquelle il parlait plusieurs langues l'ayant fait connaître d'Yvan Schevalow, ce favori le tira de la comédie, lui fit donner la place de secrétaire de l'Académie, et le prit en même temps pour le sien, sous le nom de comte de Putelange. S'il vit encore, il ne peut guère avoir que quarante ans (en 1764).

Élisabeth avait fait reconnaître pour son successeur le duc de Holstein-Gottorp, fils unique d'Anne Petrowna sa sœur aînée, marié à Catherine d'Anhalt-Zerbst; mais elle ne lui donna jamais aucune part au gouvernement. Le mari et la femme étaient exactement observés et surveillés par des espions; nul étranger n'en approchait. A l'éloignement qu'Élisabeth montrait pour eux, on la soupçonnait de vouloir leur préférer leur fils encore enfant, et, au défaut de celui-ci, le prince Yvan, prisonnier dans un château près d'Archangel. Quoi qu'il en soit des intentions secrètes de cette princesse, elle mourut le 5 janvier 1762; et le duc de Holstein fut proclamé le même jour empereur, sous le nom de Pierre III.

Son règne fut court. Personne n'ignore qu'au mois de juillet de la même année, sa femme le fit arrêter; qu'il mourut peu de jours après dans sa prison, d'une prétendue colique hémorroïdale; et qu'au préjudice du fils, la mère se fit proclamer impératrice sous le nom de Catherine II. N'étant pas aussi instruit des causes et des circonstances de cette révolution que des faits que j'ai rapportés jusqu'ici, je termine à cette époque ce qui concerne la Russie. Peut-être donnerai-je dans la suite, d'après des mémoires très-sûrs, l'état actuel de cet empire; et je préviens que s'il ne se trouve pas absolument conforme à ce qui a été écrit, il n'en sera pas moins vrai.

M. le Duc et la marquise de Prie avaient trouvé dans la reine toute la reconnaissance et la complaisance qu'ils s'en étaient promises. Cette princesse, uniquement occupée du désir de plaire au roi, ne pensait nullement aux affaires; et le roi, distrait par la chasse, les fêtes, et les voyages de Chantilly, Rambouillet ou Marly, se serait trouvé fort importuné des détails du gouvernement, ou des négociations politiques. Ainsi M. le Duc, avec sa maîtresse et les Paris en sous-ordre, régnait absolument. Il allait chaque jour, à l'exemple du régent, faire sa cour au roi, lui parler sommairement de quelques affaires, comme pour y travailler avec lui, ou plutôt en sa présence. L'évêque de Fréjus ne manquait jamais de s'y trouver en tiers. Ce tiers éternel incommodait M. le Duc, et déplaisait fort à la marquise, qui regrettait toujours la feuille des bénéfices, et projetait de s'en emparer sous le nom de son amant. Pour se délivrer du vieil évêque, elle imagina un moyen par lequel elle devait elle-même le remplacer, et entrer presque ouvertement dans le conseil d'État. Elle persuada son amant d'engager le roi à venir travailler chez la reine, qu'il aimait alors, du moins de cet amour que sent tout jeune homme pour la première femme dont il jouit. Le précepteur, n'ayant point là de leçons à donner, n'y suivrait pas son élève; de manière que, sans être trop rudement poussé, il glisserait de sa place, et se trouverait naturellement à terre. Alors la marquise, appuyée des bontés de la reine, s'introduirait en quatrième, et de là gouvernerait l'État. Quoique le plan lui parût admirable, le succès n'y répondit pas.

M. le Duc ayant donc un jour engagé le roi à venir travailler chez la reine, l'évêque de Fréjus, qui l'ignorait, se rendit à l'heure ordinaire dans le cabinet du roi, qui n'en était pas encore sorti. Mais, après quelques moments, M. le Duc n'arrivant point, sa majesté, sans rien dire à l'évêque, sortit et passa chez la reine, où M. le Duc s'était rendu. L'évêque, resté seul à attendre, voyant l'heure du travail plus que passée, ne douta point qu'on n'eût voulu l'exclure. Il rentra chez lui, écrivit au roi une lettre d'un homme affligé, même piqué, mais tendre et respectueuse, dans laquelle il prenait congé de sa majesté, et annonçait qu'il allait finir ses jours dans la retraite. Il chargea Niert, premier valet de chambre, de remettre cette lettre; et partit aussitôt pour se rendre à Issy, dans la maison des Sulpiciens, où il allait quelquefois se délasser.

Le roi, étant rentré, reçut la lettre, et en la lisant se crut abandonné. Ses larmes coulèrent, et, pour dérober sa douleur aux yeux de ses valets, il se réfugia dans sa garde-robe. Niert alla sur-le-champ instruire de ce qui se passait le duc de Mortemart, premier gentilhomme. Celui-ci accourut chez le roi, le trouva dans la désolation, et eut beaucoup de peine à lui faire avouer le sujet de sa douleur. Mortemart, prenant alors le ton du zèle et du dépit : *Eh quoi! sire*, lui dit-il, *n'êtes-vous pas le maître? faites dire à M. le Duc d'envoyer à l'instant chercher M. de Fréjus, et vous allez le revoir.* Mortemart, voyant le roi embarrassé sur l'ordre à donner, offrit de s'en charger. Le prince, fort soulagé, accepta l'offre; et Mortemart alla notifier l'ordre à M. le Duc, qui en fut consterné. Il voulut faire des difficultés; mais Mortemart, sentant pour lui-même le danger d'échouer dans une commission dont M. le Duc le regarderait bientôt comme l'auteur autant que le porteur de l'ordre, parla si ferme qu'il fallut obéir.

Dès que l'exprès fut parti, M. le Duc, la de Prie et leurs confidents, tinrent conseil sur leur position. Il y en eut un qui ouvrit l'avis d'arrêter l'évêque sur le chemin d'Issy à Versailles, et de lui faire prendre tout de suite celui d'une province éloignée, telle que la sienne, où une lettre de cachet le retiendrait en exil. Le coup était hardi; mais il y a apparence qu'il aurait réussi. On aurait fait accroire au roi que l'évêque aurait refusé de revenir, et se serait éloigné de lui-même. Qui que ce soit n'eût osé contredire un prince premier ministre; et le roi étant encore fort jeune, et alors plus occupé de la reine que d'un vieux précepteur, l'absent eût été oublié. Heureusement pour l'État, en proie à une femme forcenée, tandis que le conciliabule délibérait, l'évêque arriva chez le roi, qui le reçut comme son père.

Horace Walpole, ambassadeur d'Angleterre, et frère de Robert, ministre de la même cour, cultivait beaucoup l'évêque de Fréjus, dont il prévoyait la puissance, et sentait déjà le crédit solide et caché. Il fut le seul qui, à la première nouvelle, courut à Issy faire à l'évêque des protestations d'amitié. Comme c'était avant le dénoûment de l'affaire, tout défiant qu'était le vieux prélat par caractère et par expérience, il eut toujours depuis en Walpole une confiance dont celui-ci tira grand parti, au préjudice de notre marine et de notre commerce.

Après la scène que nous venons de voir, il est aisé de juger quels sentiments M. le Duc et l'évêque de Fréjus eurent l'un pour l'autre. Le premier, voyant qu'il fallait désormais compter pour quelque chose un homme si cher au roi, commença à lui marquer les plus grands égards; et l'évêque, qui n'estima jamais que le réel du crédit, évita tout air de triomphe, et continua de marquer à M. le Duc le respect dû à sa naissance. Pour la marquise de Prie, fort attachée à la fortune de ce prince et nullement à sa personne, elle comprit aisément qu'il fallait renoncer à la feuille des bénéfices, et borner beaucoup d'autres prétentions. Elle fit la cour au prélat, et n'oubliait rien pour l'engager à la distinguer de M. le Duc, qu'on regardait, disait-elle, comme son amant, quoiqu'elle n'eût jamais été que son amie; mais qu'elle cessait de l'être, voyant l'inutilité des bons conseils qu'elle lui donnait. Il est sûr que la meilleure preuve qu'elle eût pu alléguer de son peu d'amour pour M. le Duc était les infidélités qu'elle lui faisait; mais il ne lui était pas si aisé de tromper le vieil évêque qu'un jeune prince. Il était bien déterminé à délivrer l'État de tout ce qui avait eu part au gouvernement depuis la régence, et ne tarda pas à l'exécuter. Il ne paraît pas que M. le Duc, avant sa chute, en eût le moindre soupçon, car en se retirant de lui-même il eût évité l'exil, et peut-être prévenu en partie l'humiliation qui accompagna la disgrâce de la marquise.

Quoi qu'il en soit, le roi devant aller à Rambouillet, où M. le Duc était nommé pour le suivre, partit le premier, en disant à ce prince de ne se pas faire attendre, ce qui peut-être était de trop; mais l'évêque de Fréjus avait vraisemblablement arrangé tout le plan de l'exécution, et dicté jusqu'aux paroles.

A peine le roi était-il hors de Versailles, qu'un capitaine des gardes notifia à M. le Duc l'ordre de se retirer à Chantilly, pendant qu'on en portait à la marquise un autre qui l'exilait à sa terre de Courbe-Épine en Normandie. Pour finir ce qui la concerne et n'y plus revenir, elle regarda d'abord sa disgrâce comme un nuage passager. Un de ses amis particuliers, qui dîna avec elle le jour de son départ, m'a dit qu'elle lui avait demandé s'il croyait que cet exil fût long. Il était trop au fait de la cour pour en douter; mais il lui fit une réponse consolante. Soit que l'espérance la soutînt, soit que le chagrin n'étouffât pas en elle tout autre sentiment, une heure avant de partir elle passa dans un cabinet où elle avait fait venir un amant obscur, dont elle prit congé. Ils étaient apparemment trop occupés l'un de l'autre, ou trop pressés pour songer à fermer les fenêtres; de sorte que, de celles d'une maison voisine, quelques personnes furent témoins de ces tendres adieux. Elles n'en gardèrent pas le secret; et comme elles n'étaient pas assez près pour distinguer exactement le rival favorisé de M. le Duc, et qu'elles étaient fort éloignées d'en soupçonner le secrétaire du mari, on en fit honneur et des plaisanteries au P..., le seul homme qu'on sût avoir dîné avec elle ce jour-là, et qui me l'a conté.

La fermeté de madame de Prie ne se soutint pas longtemps. A peine était-elle à Courbe-Épine, qu'elle apprit que sa place de dame du palais de la reine lui était ôtée et donnée à la marquise d'Alincourt. Elle vit clairement alors que c'était être chassée de la cour à n'y jamais reparaître. Le désespoir la saisit, le chagrin la consumait, sans qu'elle eût même la consolation de persuader au médecin qu'elle fit venir, et à Silva, médecin de M. le Duc, dont elle recevait des consultations, qu'elle fût réellement malade. Ils prétendaient toujours que ce n'était que des vapeurs ou des attaques de nerfs, maladie qui commençait à être à la mode, et qui a supplanté les vapeurs, et du nombre de celles dont les médecins couvrent leur ignorance. Ils n'ont pas sans doute le pronostic des morts de désespoir; car ils avaient encore traité madame de Prie de malade imaginaire le jour qu'elle mourut, à vingt-neuf ans, après avoir séché quinze mois dans son exil.

Du cardinal de Fleury.

L'évêque de Fréjus, ouvertement honoré de la confiance du roi, qu'il avait toujours eue, aurait pu se faire nommer principal ministre; mais, satisfait d'en avoir la puissance, il en fit supprimer le titre et les fonctions visibles, et vraisemblablement conseilla au roi de ne le jamais rétablir. Le cardinal Mazarin avait, en mourant, donné le même conseil à Louis XIV. Le département de la guerre fut rendu à M. Leblanc; Pelletier des Forts eut le contrôle général des finances, et Bertelot de Montchêne, frère de madame de Prie, et pour qui elle avait fait créer une sixième place d'intendant des finances, fut obligé de s'en démettre. Toute l'administration de M. le Duc fut changée; et ceux qui furent forcés de se retirer furent censés avoir demandé leur retraite. C'est toujours ainsi que sont annoncés dans les nouvelles publiques les gens chassés de leurs places avec le plus d'éclat, et souvent avec justice. Qui ne sait l'histoire que par les imprimés du temps en connaît à peine le squelette.

L'opération la plus intéressante pour le public fut la suppression du cinquantième. L'évêque de Fréjus, sans changer le plan du gouvernement qu'il trouvait établi, et qui aurait eu besoin d'une autre forme dans la partie des finances, établit du moins une administration économique, qu'il suivit constamment dans tout le cours de sa vie, que dura son ministère. On peut lui reprocher trop de confiance dans les financiers. Il ne pouvait ignorer que leur prétendu crédit n'est que celui qu'ils tirent eux-mêmes du roi, quand ils paraissent le lui prêter. Il les soutint, faute de connaître les moyens de s'en passer, ou craignant peut-être d'entreprendre à son âge une réforme qu'il n'aurait pas le temps d'achever ou de consolider. Il y suppléa par l'ordre et l'économie, qui, dans quelque gouvernement que ce soit, doivent être la base de toute administration. Ce qu'il y a de plus essentiel pour la règle, il en donnait l'exemple. Jamais ministre ne fut si désintéressé. Il ne voulut en bénéfices que ce qui lui était nécessaire, sans rien prendre sur l'État, pour entretenir une maison modeste et une table frugale. Aussi sa succession eût à peine été celle d'un médiocre bourgeois, et n'aurait pas suffi à la dixième partie de la dépense du tombeau que le roi lui a fait élever. Sa mort pourrait rappeler ces temps éloignés où des citoyens, après avoir servi leur patrie, mouraient si pauvres, qu'elle était obligée de faire les frais de leurs funérailles. Les financiers, pour qui il avait trop de complaisance, n'auraient pourtant osé afficher le faste que nous avons vu depuis étalé par des échappés de la poussière des bureaux. Sous le ministre dont je parle, la perception était moins dure, et les payements plus exacts. En peu d'années, il égala la dépense à la recette, améliorant celle-ci par l'économie seule.

Comme je ne veux que rendre justice et non faire un éloge, je ne dissimulerai pas qu'on reproche avec raison à ce ministre d'avoir laissé tomber la marine. Son esprit d'économie le trompa sur cet article. Sa confiance en Walpole lui fit croire qu'il pourrait entretenir avec les Anglais une paix inaltérable, et en conséquence s'épargner la dépense d'une marine. Il devait sentir que la continuité de la paix dépendait du soin qu'il prenait de la conserver; qu'elle tenait à son caractère; et que des circonstances imprévues et forcées pouvaient toujours allumer la guerre avec les Anglais, nos ennemis naturels. Par une contrariété singulière, il craignait d'entreprendre des réformes que son grand âge ne lui permettrait pas d'achever, et en d'autres occasions il agissait comme s'il se fût cru immortel.

S'il a porté quelquefois trop loin l'économie, ceux qu'elle gênait en murmuraient, et tâchaient de persuader qu'il ne voyait pas les choses en grand; et mille sots, qui ne voient ni en grand ni en petit, répétaient le même propos. Mais le peuple et le bourgeois, c'est-à-dire ce qu'il y a de plus nombreux, de plus utile dans l'État, et en fait la base et la force, avaient à se louer d'un ministre qui gouvernait un royaume comme une famille. Quelque reproche qu'on puisse lui faire, il serait à désirer pour l'État qu'il n'eût que des successeurs de son caractère, avec une autorité aussi absolue que la sienne. Ce qui enfin est décisif, on n'a pas regretté la régence, on a maudit le ministère de M. le Duc; on voudrait ressusciter son successeur, et nous savons à quoi nous en tenir sur ce que nous avons vu depuis. J'en parlerai.

L'évêque de Fréjus s'est sans doute trop occupé de la constitution, qu'il pouvait laisser à l'écart mourir avec les opposants. Mais il était presque contre nature qu'un prélat assez satisfait de sa position eût assez de hauteur pour ne pas ambitionner le cardinalat, et ne pas saisir le plus sûr moyen de l'obtenir. Il n'avait pas pris le titre de principal ministre; il voulut du moins se procurer la décoration que ses prédécesseurs ecclésiastiques avaient eue dans sa place. On imagine bien qu'il ne trouva pas de difficulté. La première promotion de cardinaux qui devait se faire était celle des couronnes, et le roi donna sa nomination à l'évêque de Fréjus. Mais cette promotion n'était pas prochaine, et le prélat était pressé de jouir; il fallait donc le faire nommer hors de rang, par anticipation. L'agrément de l'empereur et du roi d'Espagne étant nécessaire, le roi, pour l'obtenir, leur déclara qu'il ne demandait que d'anticiper de peu de temps la nomination de la France, qui se trouverait remplie lors de la promotion des couronnes. Les deux princes, qui n'y perdaient rien, donnèrent leur consentement, et vraisemblablement auraient permis au pape de donner un chapeau *proprio motu* à un ministre puissant, sur la reconnaissance duquel ils s'acquerraient des droits. Mais l'évêque, à qui il importait peu qu'il y eût en France un cardinal de plus, n'y prétendait pas, et se contenta d'une distinction qui n'avait rien de trop éclatant [1]. Cela était d'ailleurs de son caractère. Il avait refusé le cordon du Saint-Esprit et l'archevêché de Reims, dans un temps où tout autre en aurait été ébloui.

Sans faste, avec un extérieur modeste, préférant le solide à l'ostentation du pouvoir, il en eut un plus absolu et moins contredit que Mazarin avec ses intrigues, et Richelieu en coupant des têtes.

Un ministère de près de dix-sept années a été un heureux interrègne; ce qui l'a suivi n'a été qu'une anarchie, et le cardinal de Fleury me fournira moins d'événements d'histoire dans l'intérieur de l'État, qu'un an de la régence. C'est que toute l'autorité fut constamment entre les mains du cardinal, et que

---

[1] Le cardinal de Fleury fut nommé le 11 septembre 1726, et la promotion des couronnes se fit en novembre 1727.

toutes les volontés si souvent partagées entre différents ministres avec égalité de pouvoir, et dès là si pernicieuses à l'État, se concentrèrent dans une seule. Tout marchait sur la même ligne; qui que ce soit de raisonnable n'osa jamais rien tenter auprès du roi contre son ministre. La reine même en sentit les conséquences. Quelque mécontente qu'elle pût être de la disgrâce du duc de Bourbon et du changement de ministère, elle ne chercha pas à influer dans le gouvernement, et se renferma dès lors dans ses devoirs, dont elle n'est sortie depuis dans aucune circonstance.

La conduite de la reine, l'obéissance des sous-ministres, et la soumission des courtisans, me rappellent l'extravagance de quelques jeunes étourdis de la cour, qui s'avisèrent un jour de vouloir jouer un rôle. Le cardinal les avait fait admettre aux amusements du roi, et dans une sorte de familiarité. Ils la prirent naïvement pour de la confiance de la part de ce prince, et s'imaginèrent qu'ils pourraient se saisir du timon des affaires. Le cardinal en fut instruit, et vraisemblablement par le roi même. Sous Richelieu, qui savait si bien faire un crime de la moindre atteinte à son autorité, et trouver des juges dont la race n'est jamais perdue, l'étourderie de ces jeunes gens aurait pu avoir des suites fâcheuses. Le cardinal de Fleury, qui ne prenait pas les choses si fort au tragique, en rit de pitié, les traita en enfants, envoya les uns mûrir quelque temps dans leurs terres ou devenir sages auprès de leurs pères, et en méprisa assez quelques autres pour les laisser à la cour en butte aux ridicules qu'on ne leur épargna pas. Il est inutile aujourd'hui de rechercher leurs noms : ils ne s'en sont fait depuis en aucun genre, et sont parfaitement oubliés. C'est ce qu'on appela alors *la conjuration des marmousets*.

On pourrait d'avance caractériser l'administration du cardinal de Fleury par une seule observation : c'est qu'en détaillant un mois de son ministère, on aurait le tableau de plus de seize années. Il faut en excepter la guerre de 1733 et celle de 1741, situations forcées où il fut plutôt entraîné qu'il ne s'y porta.

Lorsqu'après avoir reçu la barrette des mains du roi il vint lui faire son remercîment, ce prince lui fit l'honneur de l'embrasser aux yeux de toute la cour, et témoigna autant de joie que le nouveau cardinal en pouvait renfermer.

Chacun crut avoir part à la reconnaissance du cardinal de Fleury, et voulut en tirer parti. Le pape s'en servit pour reprendre sous œuvre sa constitution chancelante; Sinzindorf, grand chancelier de l'Empire, eut bientôt lieu de se savoir gré d'avoir été employé par l'empereur dans la négociation du chapeau; et le duc de Richelieu, notre ambassadeur à Vienne, d'avoir eu cette correspondance. Tous deux eurent besoin du cardinal dans une aventure qui leur était personnelle, et qui ne serait pas digne de l'histoire, si elle ne contribuait pas à faire connaître des hommes qui jouaient un rôle dans les affaires.

L'abbé de Sinzindorf, fils du grand chancelier, le comte de Vesterloo, capitaine des hallebardiers de l'empereur, et le duc de Richelieu, étaient à Vienne en liaison de plaisirs. Un de ces imposteurs qui vivent de la crédulité de certains esprits forts, moins rares qu'on ne pense, qui croient à la magie et autres absurdités pareilles, persuada à nos trois seigneurs que, par le moyen du diable, il ferait obtenir à chacun la chose qu'il désirerait le plus. On dit que le vœu du duc était la clef du cœur des princes; car il se tenait sûr de celui des femmes. Le rendez-vous pour l'évocation du diable était dans une carrière près de Vienne. Ils s'y rendirent la nuit. C'était l'été, et les conjurations furent si longues que le jour commençait à poindre, lorsque les ouvriers qui venaient à leur travail entendirent des cris si perçants qu'ils y coururent, et trouvèrent l'assemblée avec un homme vêtu en Arménien, noyé dans son sang, et rendant les derniers soupirs.

C'était apparemment le prétendu magicien, que ces messieurs, aussi barbares que dupes, et honteux de l'avoir été, venaient d'immoler à leur dépit. Les ouvriers, craignant d'être pris pour complices, s'enfuirent aussitôt, et allèrent faire la déclaration de ce qu'ils avaient vu. Les officiers de justice, apprenant le nom des coupables, et surtout celui de l'abbé de Sinzindorf, en donnèrent avis au chancelier, son père, qui n'oublia rien pour assoupir cette affaire. Quelque grave qu'elle fût pour tous les trois, elle intéressait plus particulièrement l'abbé de Sinzindorf, qui avait la nomination au cardinalat : et la promotion allait se faire.

Le chancelier avait acheté pour son fils cette nomination d'un abbé Strickland, Anglais, intrigant du premier ordre, qui avait trouvé le moyen de se procurer la nomination de Pologne. Tout habile qu'était Strickland, par un sort très-commun aux intrigants, il ne jouissait pas d'une réputation bien nette; et des mœurs peu régulières et trop connues lui faisaient craindre de ne pas voir réaliser ses espérances à Rome, où les concurrents ont un talent admirable pour se traverser les uns les autres. Il jugea donc à propos, pour ne pas tout perdre, de faire argent de ses droits ou prétentions avec le grand chancelier, qui les acheta pour son fils, et qui, ayant le département des affaires étrangères, eut toutes les facilités pour le substituer à Strickland. Mais l'aventure de l'abbé de Sinzindorf inspirait les plus justes craintes au père et au fils. Une complicité de magie aurait été à Rome d'un plus grand scandale que les mœurs de Strickland et l'assassinat de l'Arménien. Les crimes d'opinion, tout absurdes qu'ils peuvent être, l'emportent sur ceux qui blessent la morale et outragent la nature.

Le chancelier étouffa autant qu'il le put cette affaire à Vienne, en écrivit au cardinal de Fleury, et le pria de le seconder dans cette circonstance, en soutenant le duc de Richelieu, et traitant de calomnie les bruits qui pourraient parvenir en France. Le cardinal, pour qui le chancelier venait de s'employer au sujet du chapeau, et à qui le duc de Richelieu avait persuadé qu'il l'avait beaucoup servi, se prêta volontiers à ce qu'on désirait.

Cependant tout n'était pas encore fait ; il fallait surtout empêcher que l'affaire ne perçât à Rome trop défavorablement pour Sinzindorf. La seule présomption de crime de magie emporte excommunication. Le chancelier prit le parti d'envoyer au pape un mémoire où l'aventure n'était présentée que sous l'apparence d'une imprudence de jeunes gens, dont la calomnie pouvait abuser, mais pour laquelle cependant on demandait une absolution *ad cautelam*. On obtient assez facilement à Rome une absolution, quand on y reconnaît le pouvoir de la donner, et qu'un ministre puissant la demande. Elle fut donnée en particulier à l'abbé de Sinzindorf et au duc de Richelieu. Peu de temps après, l'abbé obtint la pourpre; et, pour dissiper tout soupçon, le duc fut compris dans la première promotion de chevaliers du Saint-Esprit, avec permission d'en porter les marques avant sa réception. A l'égard de Vesterloo, qui n'avait point de père ministre, ni de crédit personnel, il fut le bouc émissaire de l'aventure, s'enfuit de Vienne, perdit son emploi, et revint en Flandre, sa patrie, vivre et mourir dans l'obscurité.

Le duc de Richelieu, après s'être tenu renfermé quelque temps dans son hôtel, muni de son absolution secrète et décoré de son cordon, se montra dans Vienne plus brillant que jamais, et détruisit une partie des soupçons par l'assurance avec laquelle il les bravait. Il ne tarda pourtant pas à prendre congé, parcourut l'Italie, sans cependant passer par Rome, où il ne se souciait pas de faire confirmer son absolution par le pape. Il osa encore moins approcher de Modène. Les familiarités qu'il y avait eu entre la duchesse et lui, lorsqu'elle était mademoiselle de Valois, lui faisaient craindre, de la part du mari, un accès et un coup de jalousie italienne. Il revint en France, et y fut très-bien reçu du cardinal, qui l'initia auprès du roi. Il en a toujours été assez bien accueilli, en a reçu des grâces distinguées, sans avoir jamais joui d'une certaine confiance. Nous le verrons chargé d'emplois importants, avoir de brillants succès, et ne conserver que le coup d'œil d'un homme à la mode.

Le cardinal, qui, pendant tout son ministère, n'a jamais cessé de travailler à conserver ou rétablir la paix dans le royaume, s'occupait aussi du soin de l'entretenir chez toutes les autres puissances de l'Europe. Il savait, et personne ne l'ignore, qu'elles n'entrent jamais en guerre les unes contre les autres, sans que la France y soit entraînée par quelque circonstance. Il s'appliqua donc et parvint à concilier les intérêts de l'empereur, de l'Angleterre, de l'Espagne, et de leurs alliés. Le ressentiment de la cour de Madrid contre la France, sur le renvoi de l'infante, attira particulièrement l'attention du cardinal. L'accouchement de la reine d'Espagne fut l'occasion qu'on saisit pour entamer la réconciliation. Le roi écrivit aussitôt à son oncle, sur la naissance de l'infant, une lettre de félicitation et d'amitié, dont Philippe fut si touché, qu'il déclara sur-le-champ que la réconciliation était faite. La reine n'était pas si aisée à ramener; et quoiqu'elle fût obligée de contraindre ses sentiments, il fallut que le comte de Rothembourg, chargé de porter à l'infant le cordon du Saint-Esprit, se soumît à des formalités qui auraient été humiliantes si elles n'eussent pas été puériles, et uniquement destinées à apaiser la reine comme un enfant. Elle exigea que, dans une audience particulière que le roi et elle donneraient au comte de Rothembourg, il se mît à genoux en entrant, en les priant d'oublier les torts de notre précédent ministère. La reine, assise à côté du roi, et occupée d'un ouvrage de femme, ne leva pas les yeux sur l'ambassadeur lorsqu'il entra, et ne parut pas seulement y faire attention; mais le roi le fit relever, et, le présentant à la reine, la pria de ne plus considérer en France qu'un roi son neveu, et l'union qui devait être entre les deux couronnes.

Philippe V fut toujours si attaché à sa maison, que sa réconciliation fut sincère. La reine, paraissant par degrés oublier son ressentiment, en montra toujours assez pour persuader combien on avait à réparer avec elle, et tirer de la France les plus grands services pour les infants.

C'est ici le lieu de parler de l'altération qui parut dans l'esprit de Philippe. Quoique le public sût confusément la mélancolie où le roi était plongé, peu de personnes en connaissaient les accidents. Les entrées particulières, que la reine ne pouvait pas toujours éviter d'accorder à nos ministres comme ambassadeurs de famille, les mit à portée de rendre à notre cour compte de l'état du roi d'Espagne. D'ailleurs, ce prince voulait quelquefois les voir dans des moments où la reine aurait voulu les écarter, et d'autres fois la reine était forcée de recourir à eux dans des circonstances où il lui devenait nécessaire de tout avouer. Les dépêches du comte de Rothembourg et du marquis depuis maréchal de Brancas, nos ambassadeurs, offrent le triste tableau de l'intérieur de la cour d'Espagne.

On a vu que Philippe, élevé dans un respect craintif devant le roi, et la soumission à l'égard d'un frère dont il pouvait devenir le sujet, avait contracté un caractère d'obéissance pour quiconque entreprendrait de le gouverner. La princesse des

Ursins s'en était prévalue; et la reine, en la chassant, n'eut qu'à suivre un plan tracé. La solitude dans laquelle ce prince était continuellement retenu le jeta dans une mélancolie et des vapeurs qui allaient jusqu'à la folie. Sans aucune incommodité apparente, il était quelquefois six mois sans vouloir quitter le lit, se faire raser, couper les ongles, ni changer de linge; et lorsque sa chemise tombait de pourriture, il n'en prenait point que la reine n'eût portée, de peur, disait-il, qu'on ne l'empoisonnât dans une autre. Il mangeait, digérait, dormait bien, quoiqu'à des heures différentes. Celles de la messe, qui se disait dans sa chambre, n'étaient pas plus réglées. Un jour, c'était le matin; le lendemain, à sept heures du soir. L'hiver, sans feu, il faisait ouvrir les fenêtres, et les faisait fermer certains jours brûlants de l'été; au point qu'on gelait ou qu'on étouffait dans sa chambre, sans qu'il en parût affecté. Il supportait trois couvertures de flanelle dans les plus grandes chaleurs, rejetait la plus légère dans le froid le plus vif, et se montrait d'une manière assez indécente. Tant qu'il gardait le lit, il ne se confessait point; mais il marmottait quelquefois des prières.

Quand il se levait, il aurait pu marcher sans appui, si la douleur que les ongles allongés de ses pieds lui faisaient dans sa chaussure, ne l'en eût empêché. Avec ses ongles longs, tranchants et durs, il se déchirait en dormant, et prétendait ensuite qu'on avait profité de son sommeil pour le blesser; d'autres fois, que des scorpions étaient autour de lui et le piquaient. Dans des moments il se croyait mort, et demandait pourquoi on ne l'enterrait pas. Il gardait pendant plusieurs jours un morne silence, et sortait souvent de cette tristesse par des fureurs, frappant, égratignant la reine, son confesseur, son médecin et ceux qui se trouvaient auprès de lui, se mordant les bras avec des cris effrayants. On lui demandait ce qu'il sentait. *Rien*, disait-il; et, un moment après, chantait ou retombait dans la rêverie. Il lui arrivait de se lever brusquement dans la nuit, et voulait sortir en chemise et nu-pieds. La reine courait pour le ramener; alors il la frappait au point qu'elle était souvent meurtrie de coups.

Après avoir gardé le lit des mois entiers, dans la plus horrible malpropreté, il en passait autant sans vouloir se coucher, dormant dans son fauteuil; de sorte que ses jambes, toujours pendantes, en devenaient enflées. Quoiqu'il fît peu d'exercice, son ordinaire était très-fort; il voulait les aliments les plus substantiels, les viandes les plus solides : à dix heures du matin il prenait un consommé, dînait à midi, mangeait pendant deux heures, s'endormait ensuite pendant cinq ou six sans quitter la table, mangeait à son réveil six ou sept biscuits, et prenait à onze heures un fort consommé.

Il changeait et dérangeait les fonctions de jour et de nuit, se couchant à dix heures du matin, dînant dans son lit, travaillant avec quelques ministres, et se relevant à cinq heures pour la messe. Il dormait quelquefois douze ou quatorze heures, et le lendemain ne s'assoupissait que quelques minutes. Il se faisait apporter sur son lit plusieurs bréviaires, et faisait réciter par la reine les psaumes ou antiennes qu'il lui indiquait, pris alternativement des uns et des autres. Au milieu de ces pratiques dévotes, il s'aperçut un jour que sa chienne était chaude, envoya chercher un chien, la fit couvrir devant une assemblée de cinquante personnes, et s'étendit sur la génération en discours plus sales que savants. Dans d'autres occasions, sa dévotion ne l'empêchait pas de tenir des propos très-gaillards. Je ne m'arrêterai pas davantage sur des alternatives de folie et de raison. Je supprime des détails aussi fatigants pour moi que les extraits des dépêches [1] le seraient pour les lecteurs, si jamais ceci paraissait.

Il fallait que Philippe V fût du plus fort tempérament pour ne pas succomber à sa manière de vivre et aux remèdes qu'il imaginait. Il prenait une boîte de thériaque à la fois pendant plusieurs jours de suite, disant que ses médecins étaient des coquins, qui soutenaient qu'il n'était pas malade quoiqu'il se sentît près de sa mort, qui arriverait bientôt.

Malgré ses égarements, il conservait pour les affaires le sens le plus droit et la mémoire la plus sûre. Il refusa un jour une affaire qu'on lui proposait. *Il y a un an*, dit-il, *que je l'ai reje-*

---

[1] Particulièrement de celles des Ier, 8, 11 mars, 3 avril 1728, 24 mai 1729, juillet 1730, etc.

tée. Ses vapeurs se dissipèrent apparemment dans la suite; car je ne trouve ces détails que dans les lettres du comte de Rothembourg et du marquis de Brancas, qui se succédèrent dans l'ambassade d'Espagne.

Je remarquerai encore que le tempérament violent de Philippe pour les femmes s'étant fort affaibli, la reine fut privée d'une grande ressource pour le gouverner; et la nature ne la servant plus si bien, elle recourut, dit-on, à des remèdes excitants qui produisent rarement leur effet. Elle s'en servit inutilement un jour [1] pour inspirer des désirs, bien résolue de ne les pas satisfaire qu'elle n'eût obtenu ce qu'elle voulait. Il s'agissait d'engager le roi à travailler avec Patino, que ce prince avait pris en aversion. Il battit très-rudement la reine à cette occasion, la traitant de malheureuse, qui, non contente d'avoir ruiné son royaume, voulait attaquer son honneur et sa gloire. Pour se persuader sans doute qu'il avait raison dans ses violences, après l'avoir battue il l'obligea un jour à lui demander pardon. *Je veux*, disait-il à ses domestiques, *qu'elle se défasse de ses quatre évangélistes*. Il appelait ainsi Patino, le marquis Scoti, l'archevêque d'Amida, confesseur de la reine, et la camériste Pellegrine. Le roi entrait en fureur à leur sujet. A ces emportements succédaient souvent des propos aigres qui marquaient encore plus que des fureurs, un cœur ulcéré, une âme aliénée. On jugeait, au commerce intérieur du roi et de la reine, qu'elle n'avait dû qu'au tempérament ardent de son mari, que la dévotion seule rendait fidèle, un crédit soutenu depuis par la force de l'habitude. Philippe était dans cette sorte d'esclavage dont on secoue la chaîne par dépit, sans pouvoir et même sans vouloir absolument la rompre.

Quoique Philippe aimât tous ses enfants, il affectait souvent de dire devant la reine que Ferdinand, fils de sa première femme, était le meilleur de tous. Ce prince relevant de maladie, la reine lui marqua devant le roi la plus grande joie de son rétablissement; et le roi, par un clin d'œil et un sourire amer, fit entendre à son fils qu'elle le trompait. *Elle est*, disait-il,

---

[1] Le cardinal de Fleury, dans une de ses lettres du mois d'août 1740, prétendait que Philippe V était alors absolument nul.

d'une fausseté inouïe. Elle haïssait en effet le prince Ferdinand, quoiqu'il lui témoignât la plus grande soumission; mais son tort était de vivre, et d'être destiné à régner sur les enfants du second lit et sur elle-même ; ce qui était continuellement sur le point d'arriver. Depuis la mort de Louis Ier, en faveur de qui Philippe avait abdiqué, il conservait le désir d'une nouvelle abdication, que la reine redoutait. Il écrivait un jour (mai 1729) au président de Castille d'assembler le conseil, d'y déclarer son abdication, et qu'on eût à reconnaître pour roi le prince des Asturies Ferdinand. La reine, qui en fut informée, se jeta aux pieds de son mari, et à force de larmes l'engagea à consulter du moins le marquis de Brancas, alors notre ambassadeur. Le marquis l'exhorta, au nom du roi de France, à garder la couronne; et Philippe, sur qui ce nom du chef de sa maison était très-puissant, se laissa persuader, se fit rapporter le billet, et le déchira. Le maréchal de Tessé avait rendu le même service à la reine, après la mort de Louis Ier, en engageant au nom de la France, Philippe à reprendre la couronne. Son amour et même son respect pour la branche aînée de sa maison étaient tels, qu'au plus fort de ses vapeurs, ayant appris la naissance du Dauphin, il sortit à l'instant du lit, où il était depuis plusieurs mois, se fit raser, décrasser, vêtir magnifiquement, et fut de la plus grande gaieté.

Depuis l'orage que le marquis de Brancas avait calmé, la reine ne laissait au roi ni plume ni encre, et pour le distraire elle lui fournissait de petits pinceaux de papier roulé, et des lumignons de bougie délayés dans de l'eau, au moyen de quoi il s'amusait à dessiner. Mais si la reine l'empêchait d'abdiquer, elle ne pouvait lui en faire perdre le désir, et c'était un combat perpétuel.

Philippe, en voulant cesser de régner, et ne régnant pas en effet, n'en était pas moins jaloux de son autorité. Comme tous les princes faibles, qui, se trouvant incapables de l'exercer dans les choses importantes, s'imaginent d'en faire montre dans les bagatelles, Philippe disait quelquefois qu'il était le maître, et le prouvait par quelque puérilité. Par exemple, étant au port de Sainte-Marie, dans sa galère, près de partir, il vit lever l'ancre, demanda pourquoi cela se faisait sans son ordre, la fit rejeter, et relever une minute après.

Comme il sentait qu'il n'avait pas un ministre qui fût proprement de son choix, il leur marquait souvent de l'humeur. S'il soupçonnait, en signant les expéditions, qu'ils en affectionnaient quelqu'une préférablement à d'autres, il les mêlait toutes avant de signer, ou mettait sous la liasse celles qu'il trouvait dessus, et les renvoyait à un autre travail. Il brusquait ceux, tels que Patino, en qui il voyait des talents dont ils pouvaient abuser. Il traitait beaucoup mieux les plus bornés, qu'il supposait plus honnêtes gens. *C'est une bête*, en parlant de quelqu'un d'eux, *mais c'est un bon homme :* opinion assez commune, souvent très-fausse, et fort utile aux sots.

La reine avait de l'esprit naturel, mais sans la moindre culture, l'avait souvent faux, et la passion l'égarait encore. Cherchant toujours son intérêt personnel, elle s'y trompait dans bien des occasions, et prenait de fausses routes pour y parvenir. Elle avait de l'ambition, sans élévation d'âme. Incapable d'affaires, faute de connaissances, les défiances et les soupçons faisaient toute sa prudence. Elle avait la finesse et le manége des gens du peuple. Violente par caractère, elle se contenait par intérêt. Employant l'artifice où la candeur l'eût mieux servie, elle supposait toujours qu'on voulait la tromper, parce qu'elle en avait le dessein. Elle aimait les rapports, disposition, dans un prince, qui remplit sa cour de délateurs. Jusqu'au moment de son mariage, elle avait eu le cœur autrichien. Sa fortune dut naturellement le changer à cet égard; mais à sa haine contre la France succéda une jalousie plus préjudiciable pour nous, en Espagne, qu'une haine impuissante à Parme. Elle rechercha la France par nécessité, et aurait désiré, dans l'union des deux couronnes, que tous les efforts fussent mutuels ou supérieurs de notre part, et les intérêts séparés.

NOTES

Ecrites par M. l'abbé de Vauxcelles, sur son exemplaire des Mémoires secrets[1].

TEXTE.

L'archevêque de Narbonne, la Roche-Aymon, maître des états par les prérogatives de sa place, s'avise, pour faire sa cour, d'offrir un vaisseau... Le prélat, un des plus bornés de son ordre... (Page 28.)

NOTE.

On a réimprimé, au bout de cinquante ans, la liste de sa licence en Sorbonne, pour montrer qu'il avait eu le dernier rang. Il n'en est pas moins arrivé à tout *en rampant*. On fit une estampe où on le représentait poignardant la province de Languedoc, et rougissant sa calotte dans le sang de la malheureuse province. Je n'ai point connu d'homme plus ignorant; mais, il faut tout dire, il avait du talent pour gouverner; ses diocèses étaient bien conduits. Il a eu, comme un autre, son oraison funèbre; elle n'est même pas mauvaise, et il est plaisant qu'elle fut faite par un pauvre évêque *in partibus*, à qui il n'avait rien fait donner.

L'affaire en resta là; mais les soupçons ont subsisté longtemps. On ne voulait pas faire attention que Fagon et Boudin étaient intéressés à justifier l'insuffisance de leur art. (Page 33.)

Tout ceci est pris des Mémoires de Saint-Simon, pleins de la plus épouvantable haine contre le duc du Maine et madame de Maintenon. Duclos était plein tout à la fois de probité et de malice; il était porté à croire qu'un récit malin était vrai et qu'un récit vrai devait être malin.

Le duché de Bracciano ayant été vendu pour payer les dettes de la maison des Ursins... (Page 52.)

Il faut lire la maison Orsini. Le duché de Bracciano fut acheté par les Odescalchi, maison originaire de Côme, qui dut sa fortune à la banque, et sa grandeur à la papauté d'Innocent XI.

[1] M. l'abbé de Vauxcelles n'a fait des notes que sur le premier volume des *Mémoires secrets*.

Le père de la Chaise occupa longtemps ce poste (de confesseur), et procura beaucoup de considération à sa société. Souple, poli, adroit, il avait l'esprit orné, des mœurs douces, un caractère égal. (Page 77.)

Il n'était pas haï, même des sectes. J'ai cherché inutilement dans ma mémoire quel protestant lui dédia un ouvrage : mais j'ai lu cette dédicace, qui n'avait pas l'air d'une flatterie, mais d'un hommage sincère.

L'évêque d'Orléans d'aujourd'hui est celui qui a eu et qui aura toujours le moins d'autorité dans sa place, qu'il ne doit qu'à son peu de consistance. On y voulait quelqu'un qu'on pût déplacer sans choquer le public, et c'était, à cet égard, le meilleur choix qu'on pût faire : il y en a eu de plus haïs que lui, aucun de si méprisé. (Page 80, en note.)

J'ai combattu un jour Duclos sur cet article, et il m'avait paru disposé à le retoucher, d'autant plus que j'avais fourni un prétexte à sa malignité, en lui racontant quelques mots de l'évêque d'Orléans. Ce prélat, forcé à se retirer en 1772, alla scandaliser Marseille; puis il vint faire dans son diocèse une espèce de conversion, à laquelle il avait grande confiance. Il disait un jour : *J'espère de la miséricorde de Dieu; j'ai toujours été heureux : vous verrez que je finirai par aller en paradis.* Il fut remplacé par son neveu, qui a tourné comme on le sait. Il est resté de l'oncle un souvenir qui n'est assurément pas celui de l'estime, mais qui n'est pas non plus celui de la haine. Il avait de la gaieté et de la franchise, l'imagination d'un Provençal, l'ignorance et le libertinage d'un moine de Lerins. C'était lui qui avait fait séculariser ce monastère, où il avait fait profession.

Le successeur de ce moine fut l'ambitieux la Roche-Aymon, non moins ignorant, mais exercé dans l'enfance, par une mère intrigante, à prétendre aux grands honneurs. La mère vivait d'*affaires*; le fils fut un abbé de qualité, qui prit carrosse dès sa licence. Il voyagea à Rome, accompagné de l'abbé d'Aydie, qui l'éclipsait dans la société, mais qui resta bien en arrière pour la fortune. L'abbé de la Roche-Aymon fut fait évêque de *Sarepta*, dans la terre sainte, et coadjuteur de l'évêque de Limoges, qui demanda si instamment d'en être délivré, qu'on mit la Roche-Aymon à Tarbes, d'où il monta à Toulouse, puis à Narbonne, puis à Reims, d'où il parvint à la grande aumônerie et au cardinalat. Quand Louis XV mourut, il aspirait à mettre dans sa famille un titre de duc. On le chassa en 1777, et M. de Marbeuf le remplaça jusqu'en 1789. *Il m'a trop fait de bien*, etc., etc.

Saint Paul et saint Augustin, disait le fougueux jésuite (Tellier), étaient des têtes chaudes, qu'on mettrait aujourd'hui à la Bastille. A l'égard de saint Thomas, vous pouvez penser quel cas je fais d'un jacobin, quand je m'embarrasse peu d'un apôtre. (Page 81.)

Les historiens accablent la mémoire du P. Tellier, et je ne la défends pas ; mais il est impossible qu'il ait tenu le propos que Duclos raconte ici : il était avide d'anecdotes, mais il ne les examinait pas avec assez d'attention. C'est pour cela qu'il a calomnié le vertueux Lamoignon, au sujet de l'acquisition de la terre de Courson ; c'est pour cela aussi qu'il a raconté une fable sur la prétendue veuve de *Petrowitz*, fils du czar.

Quelque rapide qu'en fût la lecture (de la bulle *Unigenitus*), le saint père crut entendre un manifeste contre l'Écriture et les Pères, il en fut effrayé : mais Fabroni... (Page 82.)

Monsieur Duclos, je vous atteste que vous avez cru ces petits contes sur la foi du janséniste Ozanne et de pareils gazetiers. Clément XI était très-savant, grand théologien, bon littérateur, poëte même distingué parmi les modernes qui se sont avisés de faire des vers latins. Vous en faites ici un imbécile.

Cette bulle, présentée au roi le 3 octobre, reçut d'abord en France le même accueil qu'à Rome : Bissy même en parut indigné ; Tellier lui ferma la bouche. (Page 83.)

Fariboles inventées par les jansénistes, et que Duclos n'était pas fait pour croire ; mais il avait du faible pour ces conteurs-là, parce qu'ils étaient *anecdotiers* et frondeurs, *e lui anche*. De là aussi son goût pour les Mémoires de Saint-Simon, quoiqu'il ne les approuvât pas en tout. M. de Voltaire en faisait moins de cas.

Il n'y avait à cet égard personne à préférer au cardinal de Rohan, prélat d'une naissance illustre, formé par les Grâces pour l'esprit et la figure. (Page 84.)

Il avait fait ses études théologiques avec la plus haute distinction, et ses camarades de licence disaient qu'il était *le plus noble, le plus beau et le plus savant d'eux tous.*

Croyez-vous, répondit de Langle, que le pape soit incorrigible? (Page 86.)

Pierre de Langle, Breton, homme peu réservé, disait un jour devant milady Shrewsbury : *Pierre de Rome condamne Quesnel ; Pierre de Boulogne l'absout.* L'Anglaise, toute protestante qu'elle était, trouva ce propos déplacé. *La différence des deux Pierre est grande,* lui dit-elle ; *Pierre de Boulogne n'est qu'un Pierrot.*

Beaucoup de personnes prétendirent que cet ambassadeur (de Perse) n'était qu'un aventurier. (Page 87.)

Les Mémoires manuscrits de Breteuil, introducteur des ambassadeurs, racontent des scènes plaisantes de l'insolence et des emportements de cet ambassadeur. Breteuil fut obligé de prendre le ton menaçant.

Le lendemain, dès quatre heures du matin, elle monta en chaise de poste, et se fit précéder à l'archevêché par un homme de confiance, un peu plus que son ami. (Page 91.)

J'ai souvent entendu raconter ces mêmes faits à Duclos : il nommait cet ami intime, qui est mort plus de quarante ans après, et que j'ai vu dans une des premières places du département des affaires étrangères, M. de Bus..... Mademoiselle Chausseraie a souvent dit au même homme les détails de l'empoisonnement de Madame, en 1671.

Bolduc, premier apothicaire, m'a assuré qu'elle (madame de Maintenon) avait dit en sortant : « Voyez le rendez-vous qu'il me donne, cet homme-là n'a jamais aimé que lui. (Pag. 95.)

Monsieur Duclos, l'apothicaire Bolduc, qui était homme de mérite, et dont j'ai connu les enfants, n'a point entendu les paroles qu'on attribue à madame de Maintenon. Il les a crues sur la foi de quelqu'un, comme vous sur la sienne. Je crois que cela est imaginé par quelque plaisant de *l'œil-de-bœuf,* où parfois on s'avisait d'imaginer des contes à petit bruit.

Je ne réveille point les bruits sur madame de Soubise. (Page 113.)

Quelques-uns assuraient que le cardinal de Rohan, grand aumônier à la fin du règne, était le fruit de cet amour.

Louvois, qui frémissait de devenir inutile s'il n'entretenait, comme un feu sacré, celui de la guerre, espérait enflammer tout le protestantisme de l'Europe. (Page 116.)

M. de Rulhières a développé ces faits avec infiniment de sagacité ; il rend Louvois véritablement *exécrable*. Duclos n'a pas assez poussé ses recherches.

Il est fâcheux pour l'honneur de Bossuet, dont le nom était d'un si grand poids dans les affaires de religion... (Page 116.)

Bossuet, ami du chancelier le Tellier, s'en rapportait à lui sur cette grande affaire, dont peut-être Louvois leur dérobait les secrets et horribles ressorts. Cela est vraisemblable. L'ambitieux intendant de Poitou, que Louvois mit en œuvre, en savait plus long que le père de Louvois lui-même sur l'histoire secrète de la révocation de l'édit de Nantes. Il faut lire Rulhières pour s'en former une idée, sans pourtant adopter avec trop de confiance ses idées. *Il avait aussi son système.*

Au défaut du titre de reine, la duchesse de Berri, cherchant à s'en attribuer les honneurs et même à les outrepasser, traversa depuis le Luxembourg, où elle logeait, jusqu'aux Tuileries, entourée de ses gardes. (Page 135.)

Le caractère de la duchesse de Berri n'allait pas jusqu'à l'ambition : ce vice était plus haut qu'elle, mais elle avait toutes les prétentions et toute l'étourderie de la vanité. Duclos me disait un jour : *Elle ne doutait de rien non plus qu'une intendante.*

La marquise de Mouchy, dame d'atour de la princesse, en était la digne confidente ; elle vivait en secret avec Riom, comme la duchesse y vivait publiquement. (Page 142.)

Duclos m'a raconté que la duchesse de Berri avait sollicité madame de Mouchy de lui céder le comte de Riom. La Mouchy était une femme svelte : madame de Berri avait la taille épaisse. Quoiqu'on ne pût guère les prendre l'une pour l'autre, il fut convenu que madame de Berri serait substituée à la dame d'atour. Celle-ci donna un rendez-vous à Riom: la princesse en profita. Riom, étonné de cet embonpoint, disait le lendemain à un de ses amis: *Voyez cette madame de Mouchy, qui a l'air grosse comme une mauriette; cela tient une place énorme dans un lit.* Tel fut le commencement de ce scandaleux amour.

Rouillé du Coudray persuada aussi de rappeler les comédiens italiens, qui avaient été chassés par le feu roi. (Page 151.)

Cette famille de Rouillé n'est pas la même que celle qui s'est élevée de nos jours au ministère, et alliée avec MM. d'Harcourt. Les Rouillé du Coudray sont ou se disent plus anciens. Le poëte Rousseau fut d'abord précepteur du fils de ce du Coudray.

Au parterre de l'Opéra, un jeune homme que l'abbé Servien pressait vivement, lui dit: Que me veut donc ce b..... de prêtre? Monsieur, répondit l'abbé avec le ton doux de ses pareils: Je n'ai pas l'honneur d'être prêtre. (Page 164.)

Il est honteux de prostituer l'histoire à répéter des bons mots de libertin. L'éditeur aurait servi Duclos en supprimant cette anecdote infâme. Il ne m'a pas lu cet endroit; je l'en aurais fait rougir.

Le régent aurait bien voulu se le persuader; mais les conseils de Saint-Simon, passionné pour les prérogatives des ducs, lui étaient suspects. (Page 205.)

Il faut lire dans les Mémoires de Saint-Simon le ton d'élévation et de mysticité avec lequel il parle de la dignité de duc et pair: ce sont des méditations métaphysiques plus abstruses qu'un traité *de attributis.*

Il y avait alors à Paris une femme nommée la Fillon, célèbre appareilleuse, par conséquent très-connue de l'abbé Dubois. (Page 222.)

Le régent fut obligé dans la suite de paraître sacrifier cette femme: elle disparut. Elle eut ordre de passer pour morte; on lui donna douze mille livres de rente et trente mille francs d'argent: elle devint madame la comtesse de ***, qui alla vivre décemment dans une petite ville d'Auvergne, où Castanies se trouva quelques années après elle, sans la reconnaître : elle le prit à part, et lui révéla son secret.

Pendant que ces choses se passaient à Paris, le duc de Saint-Aignan, notre ambassadeur à Madrid, y était très-désagréablement. (Pag. 225.)

Nous avons vu ce duc mourir plus de cinquante ans après. Son père était né en 1610 : en sorte que le père et le fils ont parcouru entre eux les trois longs règnes de Louis XIII, Louis XIV et Louis XV, qui forment une période de cent soixante-quatre ans. Il épousa sur la fin mademoiselle Turgot, qui se trouva ainsi la bru d'un homme né en 1610, et la belle-sœur du duc de Beauvilliers, gouverneur du duc de Bourgogne, père de Louis XV.

FIN DU TOME SECOND.

TABLE

DU TOME DEUXIÈME.

	Pages.
Introduction	1
Préface	13
Mémoires secrets sur le règne de Louis XIV, la Régence, et le règne de Louis XV	21
Règne de Louis XIV	ib.
Régence du duc d'Orléans	120
Règne de Louis XV. — Ministère de M. le Duc	363
Ministère du cardinal de Fleury	406
Notes	419

www.ingramcontent.com/pod-product-compliance
Lightning Source LLC
Chambersburg PA
CBHW070547230426
43665CB00014B/1838